알츠하이머 치매 노인의
간호 제공자에 대한 심리 상담 지침

미국의학협회(American Medical Association) 편
Mary S. Mittelman · Cynthia Epstein
Alicia Pierzchala 공저
김정휘 · 김은영 공역

Counseling the Alzheimer's Caregiver:
A Resource for Health Care Professionals

학지사

●

역자 서문

이 글은 오랜 기간 동안 사연 많은 인생을 살아오다 노후에 불치병인 노인성 치매로 인하여 슬프고도 비극적이며 고통스럽고 한 많은 삶을 살고 계시는 치매 노인들과 노부모님에 대한 간병 요령(manual)을 다룬 안내서(guidebook)의 머리글인데 그래서 울면서 쓴다.

이 책에 등장하는 알츠하이머 치매 환자들은 우리의 부모님, 일가 친척, 동네 어르신, 나를 가르친 은사님일 수 있다. 알츠하이머 치매 환자들의 사정과 현재의 삶의 모습이 너무나 딱하고 슬펐으므로 눈물을 흘리면서 번역 작업을 했다. 그러면서 70세의 문턱에서 나는 이 책의 주인공이 되지 않기를, 알츠하이머 치매 분류군에 포함되지 않기를 간절히 기도한다.

성경에서 묘사한 천국과 지옥 중에서 지옥의 실상이 바로 이런 광경을 묘사한 것과 같다고 생각했는데, 그 이유는 이 어르신들의 모습과 삶의 실상이 너무 불행했기 때문이다.

고대 인도의 산스크리트어로 카르마(karma), 즉 인과응보가 이분들에게도 해당될까라는 회의가 생겼다. 도대체 전생에 또는 현세(現世)에 무슨 잘못을 했길래 인생의 말로가 이렇게 불행한가? 도대체 알 수가 없다.

998823이란 농담이 축복이거나 불행일 수가 있다는 생각도 했다.

보건복지부 통계에 따르면, 국내에서 65세 이상 노인의 치매 유병률은 2008년 8.4%로 42만 1,000여 명이다. 2012년엔 9.1%, 2020년에는 9.8%, 2050년에는 13.2%(약 237만 9,000여 명)가 될 것으로 예상된다. 노인 인구가 늘어나고 있는 추세이므로 전국의 치매 노인 수도 급증할 것으로 예상되고 있지만, 국가적 · 사회정책적으로 (노인 복지 측면에서) 치매 노인에 대한 행정적 · 경제적 대책과 지원이 불만족스러울 뿐만 아니라 치매 노인들을 위한 국공립·사립 복지 시설이 부족하며, 기존 사립 요양 시설도 적자이기 때문에 문을 닫거나 매매하는 사례가 늘어나고 있다. 아울러 몇몇 노인 요양 시설에서는 직원들이 치매 노인들을 학대하는 경우도 있고, 치매 노인이 폭력적이라는 이유로 묶어 놓고 지내게 하는 등 치매 노인 관리 및 보호에 어려움이 있다. 더욱이 직원들의 수가 부족하며, 직원들의 전문성과 재교육에도 문제가 있으며, 치매 노인 간병 지침(manual) 관련 자료도 불충분한 것이 현실이다.

한 조사에 따르면, 국내 총 치매 관련 비용은 2010년 약 48조 원이었으며, 2030년에는 113조 원, 2050년에는 134조 원에 이를 것으로 추산된다.

역자는 국립 치매노인병원을 시·도별로 또는 국·공·사립대학의 부속병원으로 적어도 1개 이상(서울, 부산, 대구는 2개 이상) 설치·운영하는 특단의 조치가 필요하다고 본다. 정부 예산 중에서 보건복지 예산이 가장 지출이 많은데도(국방예산보다 많음) 가시적인 효과가 발견되지 않는데, 비효율과 낭비 사례를 감사원 차원에서 점검할 필요가 있으며, 관료주의 위주의 각종 행정 규제를 시정하여 관(공무원)주도형 복지 행정이 아닌 '복지 수혜자 친화형이면서 맞춤형 (노인) 복지 행정'이 구현되기를 기대해 본다. 현재의 관주도형 복지 행정의 틀에서는 장애 자녀를 부양하고 있으며 생계 유지가 어려운 빈곤 가정의 부모가 자녀와 동반 자살하는 사례가 속출할 것이다. 실질적으로 빈곤하고 복지 혜택이 필요한 가정인데도 복지담당 공무원들은 이런저런 구실로(규정 탓) 실질적인 지원을 해 주지 않기 때문에 '맞춤형 복지'가 헛된 구호(미사여구)에 그칠 뿐이다.

치매는 뇌세포가 손상되거나 파괴되어 일상생활이 불편할 정도로 지적 능력이 심각하게 저하되는 난치병이다. 기억력 장애와 함께 언어장애, 방향감각 장애, 계산력 장애, 판단력 장애 등 적어도 한 가지 이상의 다른 인지 기능의 장애가 찾아온다. 또 시간이 갈수록 장애의 범위가 넓어진다. 치매 환자는 수십 년 전의 일은 자세하게 기억하면서도 최근에 일어난 일들은 잘 기억하지 못한다.

치매를 일으키는 원인은 백 가지가 넘지만, 알츠하이머 치매와 혈관성 치매가 전체의 80~90% 정도를 차지한다. 루이소체병, 전측두엽 치매, 알코올성 치매 등이 그다음으로 흔하다. 감염성 질환, 대사성 질환, 내분비 질환, 수두증 등과 같이 완치

가능한 치매도 10% 정도를 차지한다. 알츠하이머 치매는 65세 이상 노인 10명 중에서 0.9명꼴, 80세 이상의 노인 10명 중 4명꼴로 발생하는 가장 흔한 질환으로서 전체 치매 사례의 70%를 차지한다. 알츠하이머 치매(Alzheimer's disease: AD)는 뇌 속에 '베타 아밀로이드' 라는 독성 단백질이 과도하게 축적되면서 뇌세포가 서서히 죽어 가게 되는 질환이다. 그러나 여러 가지 후천적인 요인이 치매의 발병에 기여하는 '생활 습관병' 이므로 규칙적인 운동, 건강한 식생활, 만성병에 대한 적극적인 관리, 유산소 운동, 스트레스 관리 등을 통해서 발병 위험을 낮출 수가 있다.

이어서 뇌에 공급되는 혈류량이 줄고 혈액 순환에 장애가 생겨서 발생하는 혈관성 치매가 약 25%로 나타나는데, 우리나라에선 이 유형의 치매가 다수를 차지한다. 그 밖에 파킨슨병, 약물 오남용, 알코올 남용(주당들은 단주를 하는 것이 치매 예방에 특효약임), 뇌종양, 갑상선 기능저하증으로 인해 발생한다. 우리나라의 경우 남녀를 불문하고 중·고등학생, 대학생들은 기호식품으로, 성인들은 식사 자리에서 반주로 술을 마시는 것이 다반사이며 음주 문화에 관대한 편인데, 음주가 태아에게도 유해하고(임신 중인 여성이 음주를 하면 심신에 장애가 있는, 즉 태아알코올 증후군[FAS]이 있는 자녀를 출산할 수가 있음) 젊어서 겁 없이 마신 술이 후일 불치병인 치매 발병의 원인이 된다고 한다. 따라서 역자는 알코올성 치매 환자가 우리나라에서 증가할 것으로 전망한다.

치매 증상으로는 ① 가족과 친지를 알아보지 못하며, ② 아무것도 기억하지 못하고, ③ 대소변도 가리지 못하며, ④ 시간 관념이 약화되거나 위치나 장소, 가족과 친지를 구별하지 못하고(그래서 외출했다가 집으로 찾아오지를 못하므로 옷에 연락처와 이름이 적힌 이름표를 부착한다), ⑤ 인간으로서 최소한의 존엄성도 스스로 지키지 못하는 것 등이 있다(그래서 모든 노인의 간절하고 중요한 소망인 '품위 있게 노년을 맞이하기' 가 불가능해질 수 있다).

재임 중에 많은 치적을 남긴 레이건 전 미국 대통령은 자신이 치매에 걸려서 투병 중임을 국민들에게 알리고 "신이 나를 부를 때까지 열심히 살다가 국가에 대한 큰 사랑과 미래에 대한 영원한 희망을 간직하고 떠날 것" 이라는 작별 인사를 했다.

한평생 최선을 다해서 성공적으로 출세하고 저명 인사였을 인물들, 즉 대통령, 장관, 성직자, 회장(CEO), 국회의원, 사장, 교수, 총장, 성직자, 장군 등도 치매 환자가 되면 최소한의 인격, 존엄성과 품위도 지키지 못하게 되어 불행한 노년을 보내게 된다. 역자는 치매 환자의 불행한 실상을 잘 알기 때문에 노후에 치매에 걸리지 않기를 간절히 소망한다.

이 책은 M. S. Mittelman, C. Epstein과 A. Pierzchala의 *Counseling the Alzheimer's Caregiver: A Resource for Health Care Professinals*(American Medical Association[AMA], 2003)를 우리말로 옮긴 것이다.

이 책은 알츠하이머 치매 환자의 간병에 따른 장·단기 수고를 담당하는 간호 제공자(caregiver)와 가족, 노인 의학과 노인 심리학 전문가들, 가족치료 전문가들을 위해 알츠하이머 치매 환자들이 경험하는 신체적·심리적(정서적)·외상적(traumatic) 스트레스와 탈진(burnout)에 대한 대처 요령들에 대한 임상 실무 지침(manual)을 구체적으로 소개하고 있다. 이 책에서 소개한 방법들은 미국의 뉴욕 대학교 의과대학 내 알츠하이머 치매 치료 센터에서 15년 이상 적용해 온 경험적 임상 치료 개입(empirical clinical treatment intervention) 프로그램에서 검증된 증거 기반의 간병 지침이다.

알츠하이머 치매 환자들에 대한 임상적인 간병 지침을 다룬 이 책에서 전하고자 하는 메시지는 알츠하이머 치매가 불치병, 난치병이라고 실망하거나 포기하지 않고 알츠하이머 치매 치료 전문가인 간호 제공자와 치매 노인 자신이 신체적·정서적 건강과 안녕과 신념(믿음)을 유지하면서 회복을 위해 노력한다면 환자의 상태가 유의미하게 개선된다는 것이다.

알츠하이머 치매는 발병에서 진단까지 3년 3개월이 소요되는데, 상태가 심각해진 뒤에야 병원을 찾는다는 문제가 있고 여성보다 남성이 빨리 사망하는 것으로 밝혀졌다.

국내의 알츠하이머 치매 환자는 첫 증상이 나타난 후 평균 12.6년을 사는 것으로 나타났다.

이와 같은 사실은 정해관 삼성서울병원 예방의학과 교수와 나덕렬 신경과 교수 연구 팀이 1995~2005년 국내 대학병원에서 알츠하이머 치매로 진단받은 환자 724명

(평균 나이 68.5세)의 평균 생존 기간을 추적 관찰한 결과 밝혀졌다. 환자들은 첫 증상 후 평균 12.6년을 살았으며 첫 진단 후 평균 9.3년을 생존했다.

국내 알츠하이머 치매 환자의 평균 생존 기간을 분석한 것은 이번이 처음이다. 이 내용이 담긴 논문은 국제 학술지 『치매와 노인 인지장애』 최신호(2013)에 실렸다.

문제는 증상이 나타난 후 병원에서 진단을 받기까지 평균 3년 3개월이나 걸린다는 점이다. 이는 환자가 증상이 나타난 지 한참 지나, 즉 상태가 심각해진 후에야 병원을 찾는다는 것을 의미한다.

알츠하이머 치매의 경우 진단과 치료가 빠르면 빠를수록 뇌 기능의 퇴화를 늦추거나 중단시킬 수 있다. 생존 기간을 늘릴 뿐 아니라 환자가 인지 기능 및 판단력 등이 온전한 상태에서 좀 더 오래 살 수 있게 한다.

나 교수는 "갑자기 기억이 잘 나지 않거나, 말을 하거나 쓰는 데 문제가 있다면 빨리 병원을 찾아 뇌영상 검사와 혈액 검사 등을 받고 치매 여부를 확인해야 한다."고 강조했다. 특히 뇌경색에 걸릴 가능성이 높은지도 살펴봐야 한다. 뇌경색을 예방하면 치매의 진행 속도를 늦출 수 있다.

한편 이 연구에서는 당뇨병 병력이 있는 치매 환자의 생존 기간이 일반 환자에 비해 짧은 것으로 조사됐다. 그리고 평균적으로 여성 환자보다는 남성 환자가 첫 증상이 나타난 후 좀 더 빨리 사망했다.

차학봉 도쿄 특파원(조선일보)은 '치매 간병의 비극 막으려면'이라는 제명(題名)으로 치매 노인 간병과 관련된 문제의 현황과 심각성 관련 대처 방안 추진에 따른 정부 유관 기관과 지역사회 관련 단체의 역할 등에 관해서 일본의 동향을 상세하게 보도했다(조선일보, 2013. 5. 27.). 우리나라의 치매 노인 간병이 안고 있는 문제점도 이와 크게 다르지 않기 때문에, 그리고 이 책도 치매 노인 간병 문제에 관한 지침을 관계 당국과 임상(요양원) 실무자에게 제공하고자 하는 취지에서 펴내는 것이기 때문에 이 기회에 이 자료를 인용, 소개하고자 한다.

최근 일본 도쿄 아다치구(足立區)에서 어머니를 살해한 혐의로 46세 남성이 긴급 체포됐다. 그는 어머니를 목 졸라 죽이고 경찰에 자수했다. 그는 경찰서에서 "치매에 걸린 어머니를 간병하느라 통장이 바닥났고 정신적으로 더 이상 견딜 수 없었다."면서 "나도 자살하려 했다."고 말했다. 일본에서는 간병에 지친 나머지 부모를 살해하거나 자살하는 이른바 '간병 살인·자살'이 연간 수백 건 발생한다. 용서할 수 없는 패륜이지만, 이들은 누구보다도 부모를 사랑했던 사람이다. 그래서 이들을 단죄하는 재판정에서 판사조차 눈시울을 적시고 집행유예 판결을 내리는 경우가 대부분이다.

간병 살인·자살은 '간병 실업(失業), 간병 독신(獨身), 간병 고독(孤獨)'이라는 삼중고가 겹쳐 발생하는 비극이다. 간병으로 인해 정상적 취업이 불가능하고, 아르바이트 등으로 어렵게 돈을 벌어 생활하다 보니 결혼도 쉽지 않다. 간병에 따른 육체적 피곤에다 빈곤·고독이 겹치면 아무리 효자로 칭송받던 사람도 절망의 구렁텅이에 빠져 극단적인 선택을 한다.

고령화 시대 일본에서 간병 문제는 누구도 예외일 수 없다. 최근 일본의 한 연구소 조사 결과, 남성의 13.4%, 여성의 27%가 간병을 위해 직장을 그만둔 경험이 있다고 답했다. 일본에서는 간병 등을 위해 3개월의 휴직이 법적으로 보장된다. 하지만 치매의 경우 길게는 수십 년의 간병이 필요해 큰 도움이 되지 못한다. 자식의 도움을 받지 못해 노인이 노인을 돌보는 '노노(老老) 간병'의 문제도 심각하다. 일본 검찰은 지난해 원로 변호사를 목 졸라 숨지게 한 혐의로 체포했던 부인에 대해 기소유예 처분을 내렸다. 이 부부는 모두 치매에 걸린 상태였다. 검찰은 부인이 판단 능력이 없는 상태에서 살인을 저질렀다고 결론 내렸다.

일본은 간병에 관련된 의료·보험 제도가 한국보다 훨씬 발달해 있다. 그러나 치매 환자만도 300만 명을 돌파, 65세 이상 10명 중 1명이 치매로 고통받고 있다. 환자를 병원에 입원시키는 식의 의료 제도로 대처할 수 있는 단계를 넘어섰다. 그래서 일본 정부는 치매 간병을 전 사회적으로 지원하는 시스템의 구축을 서두르고 있다. 대표적인 것이 치매 환자를 조기 발견하고 돌보는 교육을 수료한 '치매 환자 서포터'다. 현재 410만 명을 넘는다. 관청·학교는 물론 기업들도 정기적으로 사원 대상으로 치매 교육을 실시한다. 구마모토(熊本)현의 경우, 치매 환자 서포터가 16만 5,000여 명으로, 인구의 9%나 된다. 입원형 간병으로 인한 막대한 의료비와 시설을 감당할 수 없어서 일본 정부는 집에서 고령자들이 치료를 받는 '재택(在宅)형 간병'도 확대하고 있다. 일정 비용을 내면 하루에도 몇 번이나 간병인을 부를 수 있는 '24시간 간병 시스템'도 서두르고 있다. 또 기존 도시 구조를 의료 기관 중심으로 재배치하는 '의 · 직 · 주(醫 · 職 · 住) 도시' 모델도 채택하고 있다.

　치매 환자의 간병을 개인의 효심이나 의료 기관에 맡겨서는 문제를 해결할 수 없다는 것을 절감하고 있기 때문이다. 일본보다 더 빠른 속도로 고령화를 향해 치닫는 한국도 서둘러 사회 전반의 시스템을 재구축해야 한다. 우리가 모두 '간병 비극'의 피해자가 될 수 있다는 점을 인식하는 데서 해결책은 나올 수 있다(차학봉, 2013. 5. 27., 조선일보).

　노인 심리학, 노인 의학, 노인 사회학, 노인 복지론 등의 분야에서는 노인 인구의 동향을 다음과 같이 분류하고 있다.

- 고령화 사회: 총 인구에서 65세 이상의 인구 비율이 7% 이상인 사회
- 고령 사회: 총 인구에서 65세 이상의 인구 비율이 14% 이상인 사회

　한국은 2000년에 이미 고령화 사회에 진입했고 2018년에는 고령 사회에 진입할 것으로 전망되고 있다. 또한 노인 인구의 증가 추세에 따라 알츠하이머 치매 환자를 비롯한 노인성 질병 환자도 증가할 것으로 예상되고 있다.

　오늘의 젊은 세대는 과거에 온갖 어려움과 시련(예컨대, 일제 침략과 6 · 25전쟁, IMF 경제위기 등)을 극복하고 경제적 풍요와 안정된 생활을 할 수 있도록 국가와 사회를 발전시킨 공로자이자 주인공인 70~80대 노부모 세대를 '위대한 세대(Great Generation)'라고 칭송하고 존경해야 마땅하지만, 젊은 세대뿐만 아니라 국가와 사회조차도 이 '위대한 세대'에 대한 응분의 예우를 충분하고 만족스럽게 해 주지 못하고 있다.

　아울러서 온갖 희생을 감당하며 귀하게 기른 자녀들에게 버림받아서 늙고 병든

노인들의 고독사(孤獨死) 문제나 치매에 걸린 부모를 유기하는 현대판 고려장(高麗葬) 문제는 어제오늘의 문제가 아니다. 『25시』의 작가인 게오르규는 한국의 경로효친(敬老孝親) 사상을 찬양하고 부러워하면서 한국의 노인들은 행복한 삶을 누리고 있다고 칭송했다고 하지만, 오늘날 세태와 인심이 변하여 노인들에 대한 예우와 대접이 만족스럽지 못한 실정이다.

이 책은 노인들의 소망인 '노년을 즐기기(successful aging)' 혹은 '품위 있게 노년을 맞이하기'가 노인들이 건강했던 과거의 희망사항일 뿐임을 직시하고, 누구에게나 사연 많은 삶의 경로(life path)와 과정에서 회피할 수 없는 생로병사(生老病死)라는 주제를 알츠하이머 치매 노인에 대한 간병 요령과 관련시켜 여러 가지 실제적인 문제를 노인 심리학, 노인 의학, 노인 간호학, 노인 복지론의 관점에서 다루고 있다.

미국의학협회(AMA)가 펴낸 이 책은 알츠하이머 치매 환자의 간호 제공자에 대한 상담 지침서(manual)로서 주제별 설명에 있어 미국의 실정을 바탕으로 하고 있다. 미국과 한국은 알츠하이머 치매 노인의 간병 및 보호와 관련된 의료 환경과 시설, 의료 복지, 지원 체제, 노인 문화와 가정생활 조건 면에서 질적·양적으로 차이가 있을 것이다. 그러나 알츠하이머 치매 노인에 대한 간병 서비스와 관련된 제도 및 의료 복지 체계에 있어 미국의 사례와 축적된 경험이 우리나라의 관련 실무자와 연구자들에게도 큰 도움이 될 것이라고 본다.

어려운 출판계 사정에도 불구하고 이 책을 국내 독자들에게 소개할 수 있도록 용단을 내려 주신 김진환 사장님과 출간에 이르기까지 수고해 주신 편집부 직원 여러분께 사의를 전한다.

2015년 8월
어머니와 아버지를 그리워하며
옮긴이 김정휘

※ 간병 살인 관련 특집 기사를 다룬 서울신문(2017. 9. 3. ～ 2017. 9. 5.)을 참조하기 바람. "치매 수발 6년, 아내 목을 졸랐습니다."가 1면 기사의 제목이며 그 비참한, 당해 보지 않은 사람은 이해하지 못하는 불행한 실상을 소개했다.

저자 서문

알츠하이머 치매(Alzheimer's Disease: AD)는 환자와 그 환자를 돌보는 가족들 모두에게 파괴적인 영향을 끼친다. 현재 400만 명의 미국인이 알츠하이머 치매를 앓고 있지만, 21세기 중반에는 환자 수가 1,400만 명에 달할 것으로 예견되고 있다. 이것은 베이비 붐 세대의 노화와 기대 수명 연장 때문일 것이다. 알츠하이머 치매의 발병률은 나이가 들면서 매우 증가하는데, 한 연구에 따르면 알츠하이머 치매 환자 10명 중 한 명은 65세 이상이고, 85세 이상이 되면 발병률은 50% 이상으로 증가한다. 이 질환으로 인해 치러야 할 비용은 엄청나다. 미국에서 알츠하이머 치매 환자에 대한 간호의 연간 총 비용은 1,000억 달러가 넘는다. 이제까지 알츠하이머 치매에 대한 치료 약물은 단지 약간의 발전을 보였을 뿐이고, 이를 완치하고 예방할 가능성은 여전히 미지수이다. 알츠하이머 치매가 21세기 건강 관리의 도전이라고 불리는 것도 놀랄 일이 아니다.

알츠하이머 치매 환자는 대부분 가족들이 보살피고 있다. 알츠하이머 치매는 그 특성상 서서히 환자의 인지적 능력뿐 아니라 기능적인 능력까지 상실하게 하므로 주요 간호 제공자(caregiver)는 24시간 환자를 간호해야 하고 이로 인해 매우 지치고 힘들어지게 된다. 그리고 시간이 지나면서 증상이 더욱 악화되고 정신착란과 같은 행동장애까지 나타나기 때문에, 간호 제공자들은 종종 심각한 정신적 그리고 감정적 고통을 겪고, 특히 우울증과 고통에 시달린다. 알츠하이머 환자를 돌보는 일과 관련된 스트레스는 환자를 필요한 때보다 더 일찍 요양원에 가게 만든다.

1980년대 초에 뉴욕 대학교 의과대학 내 알츠하이머 치매 치료 센터(New York University School at Medicine's Alzheimer's Disease Center)에서는 진단 평가를 받기

위해서나 임상적인 실험에 참여하기 위하여 혼자 또는 집단을 이루어 병원에 찾아온 환자들의 가족들을 위한 비공식적인 도움과 심리 상담을 제공하기 시작했다. 이러한 도움에 관한 간호 제공자의 긍정적인 반응은 그 효과성에 관한 공식적 연구를 추천하도록 해 주었다. 뉴욕 대학교의 배우자 간호 제공자 중재 연구는 국가의 보조를 받아 1987년에 시작되었다. 알츠하이머 치매 환자의 남편과 부인 400명 이상이 10년 동안 이 연구에 참여하여, 그들 중 몇 명은 현재도 참여하고 있다.

새로운 약물을 시판하기 전 검사의 기간을 갖는 것과 같이, 우리는 이 연구에서 무작위로 참석자를 정하여 조직화된 설문지를 사용하여 포괄적인 평가를 작성한 후 치료 혹은 통제 집단으로 그들을 나누었다. 이 평가는 간호 제공자가 이 연구에 참여하는 한 규칙적인 간격으로 반복되었다.

알츠하이머 치매 환자의 치료는 두 개의 목표가 있는데, 첫째는, 환자를 돌보는 배우자가 그들이 원하는 일을 하지 못하거나 환자를 요양원에 입소시키기를 피하고 있는 상황을 가능하게 만든다. 둘째는, 간호 제공자에게 돌보는 일이 끼치는 부정적인 영향을 줄인다.

알츠하이머 치매 환자의 치료에는 네 가지 요소가 있다. 첫 번째 요소는 주요 간호 제공자를 위한, 등록한 후 4개월 이내, 그들이 특정 요구를 처리하기 위하여, 두 개의 개인적인 심리 상담 회기로 나누어진다. 대부분의 간호 제공자가 가족들의 이해와 도움을 필요로 하고 있기 때문에, 주요 간호 제공자와 간호 제공자에 의하여 선정된 가족이 참여하는 4개의 가족 회기가 있다. 치료의 요소 중 두 가지는 지속적인 도움을 제공하는 것이다. 매주 만나는 지지 집단에 참여할 경우 간호 제공자가 치료 집단에 포함되어 있는 것이 필요하다. 아울러서, 알츠하이머 치매 환자의 치료에서 가장 중요한 요소는 우리가 '즉석 심리 상담' 이라고 부르는 것, 즉 환자가 위기와 문제에 직면했을 때 상담자가 전화를 통해 즉각적으로 도움을 줄 수 있도록 연결 가능한 상태를 유지하면서 정보 자료를 제공하고 부가적인 도움을 주고, 경제적 계획과 환자의 이상 행동을 다루는 것을 돕는 것이다.

치료 집단에 있는 각 간호 제공자는 모든 중재의 요건을 받아들여 질병의 기간 동안 도움을 받는다. 통제 집단에 있는 간호 제공자는 이 센터에서 제공되는 정보 자료를 제공받고 그들이 필요로 할 때 도움을 주지만, 공식적인 심리 상담은 받지 않는다.

우리는 이러한 과학적인 시도를 통하여, 심리 상담자와 간호 제공자와 가족을 돕는 것이 알츠하이머 환자에게 매우 효과적인 치료라는 것을 알아냈다. 프로그램으로 인하여 간호 제공자는 안녕을 유지할 수 있었고 환자를 요양원에 입원시키는 시기를 늦추거나 심지어 갈 필요가 없게까지 만드는 매우 인상적인 결과를 얻을 수 있었다. 치료 집단의 간호 제공자는 통제 집단에 있는 간호 제공자보다 일 년 정도 환자를 요양원에 입원시키는 시기를 늦추었다(Mittelman et al, 1996).

간호 제공자의 안녕(well-being) 또한 향상되었다. 통제 집단에 있는 간호 제공자들은 그들이 연구를 시작하고 나서 점진적으로 우울해졌으나, 치료 집단에 있는 간호 제공자들은 그렇지 않았다(Mittelman et al, 1995). 아울러서 치료 집단에 있는 간호 제공자들은 알츠하이머 치매 환자들의 가족들과 친해져 알츠하이머 치매 환자들이 받고 있는 감정적이고 실질적인 도움에 매우 만족해했다. 이것은 통제 집단에 있는 사람들에게는 적용되지 않았다. 아울러서 간호 제공자의 삶의 질에 영향을 주는 환자의 문제 행동은, 치료 집단의 간호 제공자가 그것을 더 잘 참고 다룰 줄 알았다.

이 연구는 의심할 여지없이, 심리 상담과 도움이 알츠하이머 환자를 집에서 가족들이 보살피는 데 큰 도움이 된다는 것을 보여 주었으며, 장기적이고 충분한 정서적인 도움과 고품질의 공동체 서비스는 큰 차이를 가져왔다. 이 책은 그와 유사한 결과를 달성하려는 건강 간호 전문가들을 돕기 위하여 마련된 지침서(manual)이다.

●

차 례

□ 역자 서문 / 3
□ 저자 서문 / 11

제1장 알츠하이머 치매: 필수 배경지식·················· 21

– 알츠하이머 치매의 이해 / 22
– 알츠하이머 치매의 진단 / 29
– 인지 능력 쇠퇴의 단계 / 34
– 알츠하이머 치매 환자를 돌보는 일이 가족에게 끼치는 영향 / 44
– 한국에서 활용되고 있는 치매 환자 진단 자료 / 51

제2장 알츠하이머 치매의 평가·················· 57

– 평가의 구성 요소 / 58
– 의학적 인상 / 75
– 예제: 알츠하이머 치매 상태에 대한 평가 요약 / 76

제3장　간호 제공자의 심리 상담 ································ 81

- 심리 상담 합의의 조건 / 82
- 심리 상담 과정 / 84
- 심리 상담 기술과 전략 / 92

제4장　가족 심리 상담 ······································· 103

- 가족 참여를 위한 준비 / 104
- 가족 심리 상담 과정 / 110
- 가족을 이해하기 / 123

제5장　즉석 심리 상담 ······································· 135

- 즉석 심리 상담의 이점 / 136
- 간호 제공자에게 즉석 심리 상담을 적용하기 / 138
- 즉석 심리 상담의 과정 / 138
- 즉석 심리 상담 전화로부터 심리 상담자가 배울 수 있는 것 / 145
- 즉석 심리 상담을 효과적으로 실행하기 위한 제안 / 147

제6장　간호 제공자를 위한 지지 집단 ························· 155

- 지지 집단 과정의 이점 / 156

– 누가 지지 집단에 의뢰되어야 하는가 / 159
– 의뢰할 때 심리 상담자가 지지 집단에서 고려하여야 할 것은 무엇인가 / 161
– 지지 집단을 위하여 간호 제공자가 준비하는 방법 / 164

제7장 간호 제공자가 변화에 적응할 수 있도록 돕기 ····· 171

– 돌보는 역할에 적응하기 / 171
– 심리 상담이 어떻게 간호 제공자를 도울 수 있는가 / 172
– 알츠하이머 치매의 전 과정에서의 정서적 반응 / 174
– 삶의 방식의 변화 / 189
– 경제적 쟁점 / 203

제8장 인간관계와 관련된 쟁점 ····· 209

– 알츠하이머 치매 환자와의 인간관계 상실의 의미 / 209
– 알츠하이머 치매 환자를 돌보는 배우자 / 210
– 알츠하이머 치매 환자를 돌보는 성인 자녀 / 221
– 다른 간호 제공자 / 228

제9장 알츠하이머 치매 노인과 환자에게서 나타나는 행동적 · 심리적 증상을 다루기 ····· 231

– 알츠하이머 치매의 증상을 이해하고 대응하기 / 232
– 알츠하이머 치매 환자에게 친화적인 환경을 만들기 / 239
– 변화하는 삶의 방식 / 243

– 알츠하이머 치매와 관련된 가장 흔하고 다루기 어려운 행동 / 257

제10장   **알츠하이머 치매 환자를 의학적으로 돌보기** ⋯⋯⋯⋯ **273**

– 알츠하이머 치매 환자를 위한 일상적 건강 돌봄 / 274
– 의학적 응급상황 / 281
– 알츠하이머 치매 환자의 입원 / 284

제11장   **집에서 알츠하이머 치매 환자를 돌보기** ⋯⋯⋯ **303**

– 알츠하이머 치매 환자를 집에서 돌보기로 결정하기 / 304
– 생활 방식을 선택하기 / 308
– 재택 치료를 도와주는 공식적인 서비스 / 313

제12장   **거주 간호** ⋯⋯⋯⋯⋯⋯⋯⋯⋯⋯⋯⋯⋯⋯ **337**

– 거주 시설에 알츠하이머 치매 환자를 입소시키는 결정 / 338
– 알츠하이머 치매 환자를 위하여 거주 시설을 선택하기 / 342
– 입소 과정 / 351
– 알츠하이머 치매 환자가 시설에 입소한 후에 간호 담당 직원의 역할 / 355

**제13장   알츠하이머 치매 환자의 생애에 대한 마지막 단계:
사망과 사별** ·· **363**

- 알츠하이머 치매 환자의 마지막 단계 / 364
- 알츠하이머 치매 환자의 마지막 단계에서 간호 제공자의 역할 / 367
- 알츠하이머 치매 환자에 대한 의학적 간호 쟁점을 다루기 / 371
- 알츠하이머 치매 환자의 사망 / 383
- 사체 부검 / 388

부록   A 간호 제공자 평가 총집(總集) / 391
B 참고 자료 / 396
C 알츠하이머 치매 관련 자료 / 400

□ 참고문헌 / 413
□ 찾아보기 / 417

제1장

알츠하이머 치매: 필수 배경지식

> 치매는 자기 자신과 이 세상 그리고
> 실존에 대한 무지(無知)를 유발하는 장애이다.

알츠하이머 치매 환자를 보살피는 간호 제공자에게 심리 상담 활동을 제공하고 있는 사람은 알츠하이머 치매(Alzheimer's disease: AD)의 본질에 대하여 포괄적으로 이해해야만 하고, 환자를 돌보는 일이 가족에게 끼치는 영향을 잘 알고 있어야 한다. 그들은 또한 인지 작용의 변화인, 나이와 관련된 기억력 장애(age associated memory impairment: AAMI), 그리고 정상도 아니고 치매도 아닌, 경계선상에 있는 경중 인지장애(mild cognitive impairment: MCI)와 같은 나이와 관련된 일반적인 질병들의 본질에 관하여 잘 알고 있어야 한다. 이 장에서는 알츠하이머 치매 환자의 인지적 능력의 어려움과 나이가 들면서 생기기 쉬운 치매를 위한 진단 평가의 구성요소의 개관을 소개한다. 또한 인지 능력 쇠퇴의 단계를 자세히 기술하고 이해를 돕기 위하여 관련 사례를 설명한다. 마지막으로, 알츠하이머 치매 환자를 돌보는 일의 영향과 간호 제공자와 환자에 대한 중재의 유익한 점을 소개하며 마치고자 한다.

알츠하이머 치매의 이해

정상적인 노화 작용인 경증 인지장애(MCI)와 알츠하이머 치매의 차이를 이해하는 것은 심리 상담자가 환자와 그의 가족에게 도움을 주기 위하여 필요한 첫 번째 단계이다.

나이와 관련된 기억력 장애

나이 든 사람들은 대부분 그들의 기억력이 예전만 못하다는 것을 알아차린다. 나이와 관련된 기억력 장애(age associated memory impairment: AAMI)는 대부분의 사람이 나이가 들면서 일어날 수 있는 변화를 의미하는 용어이다. 그러나 이러한 변화가 반드시 알츠하이머 치매의 조짐이라고 할 수는 없으며, 정상적 노화 과정의 일부분이거나 생체적 그리고 환경적 요인의 복합 작용에 의해서 야기된 것일 수도 있다 (나이가 듦에 따라 피부, 머리카락 색깔, 뼈 구성체, 노안, 그리고 뇌의 조직과 기능이 변하는 것과 마찬가지로). 한 연구는 이러한 변화의 진행 속도를 늦추는 것이 기억력 쇠퇴에서 가장 중요하다고 발표했다. 그러나 사람이 노령이 되어도 어휘력, 학습 능력 그리고 일반 지능(general intelligence, g factor)은 일반적으로 쇠퇴하지 않는다.

부정확한 청력 손상과 같은 신체장애는 나이 든 사람을 인지적으로 장애가 있는 것처럼 보이게 할 수 있다. 아울러서 활력이 떨어지는 갑상선 질환(underactive thyroid)을 가지고 있는 의학적인 조건은 돌이킬 수 없는 인지장애를 야기한다. 그렇기 때문에 인지 변화를 겪는 사람은 항상 완벽한 진단 평가를 받아야 한다.

경증 인지장애

경증 인지장애(mild cognitive impairment: MCI)는 정상적인 노화와 치매 사이의 있는 중간 단계를 의미하는 용어이다. 이 용어는 연구 중심의 환경(예: 대학, 연구소,

병원)에서 오랫동안 사용되어 왔으나, 최근에는 알츠하이머 치매의 약리학적 치료법의 도래로 인하여 실제 의학적 진단에서 사용된다. 경증 인지장애의 특징으로는 인지력(기억력, 집중력, 적응력)의 감퇴와 뇌의 특정 부분의 병리학적 변화에 상응하는 적응력의 감퇴(업무와 관련된 복잡한 일을 완수하거나 일상생활을 하기가 곤란)가 있다. 경증 인지장애를 진단하기 위해서는 사람이 반드시 정보 자료 제공자에 의하여 확인된 주관적인 기억력 손상에서 불편함이 있어야 하고 신경정신과학적인 실험을 통한 객관적인 기억력 손상의 증거가 있어야 하지만, 반드시 일상생활에서 불편함이 있어야 하는 것은 아니다.

이 경증 인지장애는 항상 그러한 것은 아니지만 종종 알츠하이머 치매와 마찬가지로 치매의 초기 단계와 같은 증상을 나타내기도 한다. 경증 인지장애로 진단받은 많은 사람은 안정적으로 잘 지내다가, 소수의 사례에서 증상이 호전되기도 한다. 이 단계에 있는 많은 사람은 다른 사람의 도움 없이 잘 지내기도 하지만, 대부분은 알츠하이머 치매나 치매의 다른 유형의 치매로 진행된다.

치매

치매(癡呆, dementia)는 그 자체가 질병은 아니지만, 일상생활이나 사회생활에서 지장이 있을 정도로 인지 기능에서 광범위한 악화(deterioration)를 수반하는 증상의 집합체이다. 인지장애와 더불어, 이 증상은 성격, 기분 그리고 행동의 변화를 포함한다. 많은 다른 환경들과 질병은 치매를 일으킬 수 있다. 치매는 항상 돌이킬 수 없는 질병은 아니다. 정상 상태로 회복할 수 없게 만드는 잠재적인 요소들로는 약, 알코올, 호르몬 또는 비타민 불균형, 또는 우울증이 있다.

많은 사람은 인지장애를 나이가 들어 감에 따라 생기는 부산물로 생각해 왔고, 사람들은 종종 "그녀는 나이가 들어서 기억력이 나빠졌어요. 그리고 당신의 나이는 되돌릴 수 없습니다." 또는 "그는 노쇠합니다. 그에게 무엇을 기대할 수 있단 말입니까?"라고 말한다. 그러나 우리가 '노쇠(senility)'라고 말할 때는 그것이 반드시 나이 듦의 결과는 아니며, 아무것도 할 수 없다는 것 역시 진실이 아니다. 이런 미신은 나이 든 사람들이 의학적 도움을 구하는 것을 방해하고 그들의 기능적인 쇠퇴 (functional decline)가 나이에 따른 결과라기보다 질환의 과정임에도 적절한 돌봄을 얻는 것을 방해한다. 많은 사람은 치매가 '미침(crazy)'의 동의어라고 잘못 생각하고 있고, 이 단어를 그런 식으로 사용한다. '노쇠'는 나이 든 사람들에게 치매를 일으키는 모든 원인을 설명할 때 사용할 때 사용하는 일반적인 용어이다.

알츠하이머 치매

알츠하이머 치매(Alzheimer's disease)는 치매(dementia)의 가장 흔한 유형이다. 그것은 점진적으로 발병하고, 특별히 기억과 학습에 주요한 뇌의 영역의 신경 세포 파괴를 특징으로 하는 진행성 신경퇴화적 질병(progressive neurodegenerative disease)이다. 알츠하이머 치매 환자의 뇌의 병리학적 변화는 뇌의 위축으로 이어지는 신경 세포의 퇴화와 상실 그리고 유사 녹말체 플라크(amyloid plaques)와 신경 섬유 덩어리(neurofibrillary tangles)를 구성하는 단백질의 이상 축적을 포함한다. 게다가 아세틸콜린(acetylcholine), 도파민(dopamine), 노르에피네프린(norepinephrine), 글루타민산염(glutamate) 그리고 세로토닌(serotonin) 같은 신경전달물질은 알츠하이머 치매에 영향을 끼친다. 알츠하이머 치매가 수년 동안에 뇌 안의 복잡한 여러 가지 사건에 의하여 발병한다는 것이 명백한 반면, 그 원인(또는 원인들)은 밝혀지지 않고 있다.

알츠하이머 치매의 증상은 보통 65세 후에 명확해진다. 그러나 빠르면 40세에 나타나기도 한다(흔하지는 않지만 더 젊은 경우도 있음). 알츠하이머 치매에 걸릴 위험은 65세가 넘으면 두 배가 된다. 질환의 원인은 사람마다 다양하다. 어떤 사람은 마지막 단계에 이르기까지 단지 5년만 걸릴 만큼 질환이 빨리 진행되고, 어떤 사람은 20년이 걸리기도 한다. 알츠하이머 치매의 마지막 단계까지 살아남는 사람이 사망하게 되는 공통적인 원인은 폐렴(pneumonia)이다.

정신적 변화의 유형, 심각성, 인과관계 그리고 진행 정도는 아주 다양하다. 알츠하이머 치매의 초기 증상은 종종 노화의 자연적인 징표로만 해석된다. 알츠하이머 치매는 전형적으로 망각, 집중력 상실, 그리고 문제해결 능력의 감퇴로 시작된다. 혼동과 무분별함 또한 생긴다. 질병이 진행됨에 따라 알츠하이머 치매는 인지 능력(cognition), 기능 역량(ability to function)을 무너뜨리고 성격을 변화시킨다.

보통 노화와 관련된 징표인 경증 기억력 상실과 경증 인지장애와는 대조적으로, 알츠하이머 치매와 관련된 기억력의 변화와 주요 치매 질환은 좀 더 잘 전염되고, 적응력, 기분, 행동, 언어, 말, 움직임, 협동력에 영향을 끼친다. 이런 변화들은 정상의 노화와 경증 인지장애와는 양적 또는 질적인 면에서 다르다.

많은 사람은 알츠하이머 치매가 신체 기능에는 영향을 끼치지 않는다고 알고 있다. 그것은 알츠하이머 치매가 초기 단계에서부터 기능 역량, 근육 움직임, 균형 유지 등에 미세한 영향을 끼친다는 것이 알려지지 않았기 때문이다. 만약 사람이 알츠하이머 치매의 마지막 단계까지 살아남는다면, 질병은 그들의 심신의 전 영역에 영향을 끼쳐서, 그들은 심지어 가장 기본적인 신체 활동까지도 하지 못하게 된다. 알츠하이머 치매가 노인을 가장 황폐하게 만드는 질환이 되는 이유가 바로 이것이다.

기억력에 심각한 문제가 있는 환자에게 진단 평가를 받을 필요가 없다고 생각하는 것은, 아무것도 할 수 없기 때문에 의사를 방문할 필요가 없다는 미신에서 비롯된다. 사실상 알츠하이머 치매 환자나 그의 가족의 고통을 덜어 줄 수 있는 많은 방법이 있다. 현재 진행 중인 질환을 방지하거나 멈추는 최근의 사용 가능한 약물은 없지만, 알츠하이머 치매에 대한 이해의 증진으로 인한 진보는 앞으로 그런 치료법을 개발하게 만들 수 있을 것이다. 현재 연구원들과 의사들은 환자와 간호 제공자의 삶의 질을 향상시키기 위하여 그들의 행동을 관리하는 방법과 간호 제공자의 기술을 향상시키는 방법을 고안하고 있다.

정신사회적인 중재(psychosocial intervention)는 알츠하이머 치매의 당사자나 그의 가족에게서 질병의 영향을 줄여 줄 수 있다. 알츠하이머 치매의 초기와 중기 단계에 있는 사람에게는 인지적 증상을 덜어 주기 위한 약물 투여가 가능하다. 게다가 몇 가지의 약은 알츠하이머 치매의 중기 단계에서 나타나는 불면증, 동요, 헛소리, 불안, 우울 등의 증상을 조절하는 것을 도와주기도 한다. 이것은 어떤 사람이 인지 능력의 현저한 변화를 보일 때 잘 훈련된 의학적 전문가로부터 철저한 진단 평가를 받는 것이 더욱 중요하다는 것을 말한다.

알츠하이머 치매의 원인과 관련된 공통적인 두려움은 가족에게 유전된다는 것,[1] 그리고 환자의 가족 구성원이 종종 그들 자신 또한 알츠하이머 치매에 걸릴 수도 있음을 걱정하는 것에 있다. 유전학자가 알츠하이머 치매의 많은 사례의 가족에게서 염색체 돌연변이(chromosomal mutations)를 찾기 시작했음에도 불구하고, 이런 가족들은 매우 희귀하다. 오로지 유전적 요인이 원인이 된 것은 알츠하이머 치매의 2%도 안 된다. 19번 염색체에 위치하고 있는, ApoE-4라는 ApoE 변형체는 질환에 걸릴 위험을 증가시키고 알츠하이머 치매의 시작점을 낮춘다. 그럼에도 불구하고 알츠하이머 치매 환자의 2/3는 최소한 ApoE 형식의 복사체 한 개는 가지고 있고, 정상적으로 나이 든 사람의 1/4도 거의 마찬가지이다.

현재 연구원들은 질병 없이 장수할 수 있는 방법뿐 아니라 노인 인구의 삶의 질을 향상시킬 수 있는 방법을 활발하게 찾고 있다. 현대 사회에서 기대수명이 증가하고 나이가 들면 알츠하이머 치매에 걸릴 위험성이 증가하기 때문에, 많은 사람은 현재 치매의 고통을 받을 수 있는 가능성에 직면해 있다. 현재 연구의 주요 초점은 알츠하이머 치매와 같은 황폐한 질병에 걸릴 시점을 연기시키고, 완화시키며, 막으려고 하는 것이고, 질병에 걸린 사람의 가족들을 돕는 방법을 개발하는 것이다.

노인에게 발생 가능한 치매의 다른 원인[2]

알츠하이머 치매와는 다른 원인에 의해 발생하는 치매도 있다. 그중에서 전부는

---

1) 알츠하이머 치매의 발생에 영향을 주는 다양한 원인들 중에서 모계(母系) 유전이 유력하게 지적되고 있다. - 역자 주

2) 알츠하이머 치매의 발병 원인에 관한 새로운 이론이 중국의 연구팀에 의해 다음과 같이 밝혀졌다(출처: 유용하, "인류의 두뇌 발달이 알츠하이머 불렀다". 서울신문 2015. 5. 27.).

고령화 사회로 접어들면서 많은 사람들이 암보다도 치매를 더 걱정하고 있다. 치매로 인한 사회적 비용은 암이나 심장질환, 뇌졸중을 모두 합한 것보다 많다는 연구결과까지 나와 있다.
이런 가운데 치매를 유발하는 '알츠하이머' 병이 인류 지능 발달의 대가라는 주장이 나왔다. 세계적인 과학저널 '네이처'는 중국과학원 상하이 생명과학연구원 연구팀이 "알츠하이머 같은 뇌

아니지만, 대부분은 치료가 불가능하다. 이 책이 알츠하이머 치매 환자의 간호 제공자에 대한 심리 상담에 관한 책이기는 하지만, 대부분의 정보 자료는 다른 질환에 의하여 치매에 걸린 노인의 간호 제공자를 대상으로 심리 상담을 할 때 매우 유용할 것이다. 각 질환의 명확한 질적인 요소들을 아는 것은 간호 제공자와 환자가 증상을 이해하고 그들이 진단을 받는 시기를 알아내고 그들을 적응시키는 데 도움을 줄 수 있을 것이다.

　몇 년의 기간 동안 걸음걸이, 신체적 균형 및 조정의 어려움 같은 전체적인 인지 기능의 진행성 퇴화를 경험하는 나이 든 노인은 사후에 알츠하이머 치매에 관한 치매를 유발하는 다른 조건들이 있었는지를 밝혀내기 위한 부검(剖檢)[3]을 받게 된다.

　질환은 인류의 지능 발달과 함께 진화됐다"는 연구 결과를 내놨다고 보도했다.

　알츠하이머는 동물 중에서 유일하게 사람만 걸린다. 인간과 유전적으로 가장 가까운 영장류인 침팬지조차 알츠하이머를 앓지 않는다. 연구팀은 여기에 착안했다.

　연구팀은 지능이 진화한 증거를 찾아내기 위해 아프리카, 아시아, 유럽계 조상을 가진 현대인 90명의 게놈을 분석했다. 현대인의 DNA를 분석하면 진화에 의한 뇌 구조의 변화를 추정해 볼 수 있기 때문이다.

　그 결과 연구진은 5만~20만 년 전 뇌의 폭발적 성장을 가져와 인류를 똑똑하게 만들어 준 것으로 보이는 6개의 유전자를 발견했다. 이 유전자들은 알츠하이머에 관여하는 유전자와 겹친다는 것도 알아냈다.

　뇌의 성장은 뇌 신경의 신호 전달에 관여하는 뉴런의 연결망이 복잡해진다는 것을 의미한다. 그러면 필요한 에너지와 처리할 정보도 늘어나 뇌에 큰 부담을 주게 된다.

　연구를 총괄한 쿤탕 박사는 "지능 향상에 따른 과부하로 뇌가 시달리게 되면서 언어능력, 기억력 같은 각종 인지 기능의 장애가 나타나는 것으로 보인다"고 설명했다.

　종래에는 두뇌를 많이 쓰면 치매 예방에 효과가 있다고 알려져 두뇌 활용을 권장하는 경향이 있었는데, 이 새로운 이론은 오히려 두뇌를 많이 쓰면 과부하(overloading) 상태가 되어 치매가 발생할 가능성이 높아진다는 것을 시사하는 새로운 해석을 하고 있다. 프로 운동선수나 체육교사들의 수명이 짧은 이유도 너무 많은 운동(즉, 신체 에너지의 과부하)을 하기 때문이라는 설명과 관련이 있는 연구라고 생각된다. 그런데 이 연구와 관련하여 의문이 제기되는 문제는 두뇌를(腦力을) 집중시켜 일하는 직종, 예를 들어 대학교수나 초중등 교사와 같은 교직자들, 연구자, 과학자, 금융업계 종사자, 거대 프로젝트 기획 운영자, CEO, 항공기 조종사, PC 프로그램 설계자, 거대 조직 운영 및 관리 책임자, 법조계 인사(판검사나 변호사), 물류 수송 관리자, 감정 노동자 등은 그 밖의 직무에 종사하는 사람보다 과연 치매 발병 가능성이 높은가이다. 이에 대해서는 실제로 직업군별로 치매 발병률을 조사하여 이론의 타당성을 검증해야 하며, 이에 대한 심층 연구가 필요하다고 볼 수 있다.

3) 사망 원인을 확인하거나 결정하기 위하여 실시하는 사체 해부 – 역자 주

많은 질환이 치매를 유발하지만, 시간, 과정, 관련된 의학적 질병, 운동신경 체계 이상의 부재 등과 같은 의학적 고려 요소들은 다른 진단을 받을 수 없게 만든다. 예를 들어, 감염, 암, 또는 치매에 관한 상태나 질병이 심하거나 진행 중이라는 설명(toxic explanations)은 빠른 임상적 퇴화를 불러온다(비록 주목할 만한 예외로 매독, 에이즈, 만성 알코올 의존증, 그리고 영양 불균형이 있지만). 간 또는 신장의 정지나 갑상선 기능 저하증(hypothyroidism)과 같은 내분비물 호르몬 장애(endocrine disturbances)로 인한 치매는 또한 명백한 의학적 비정상의 부산물로서 쉽게 진단된다.

특히 만약 치매의 증상이 갑작스러운 마비, 협응 능력의 상실, 또는 말더듬이의 출현 후에 즉시 시작되었다면, 뇌졸중은 치매(혈관성 치매)를 유발할 수 있다. 알츠하이머 치매가 있는 많은 환자의 뇌졸중은 치매를 악화시키고 그 과정을 더욱 가속화한다. 치매 과정 초기의 걸음걸이와 다른 운동 이상은 뇌수종(hydrocephalus), 파킨슨병(Parkinson's diseases), 루이소체병(Lewy-body disease), 외피기저 세포 퇴화(corticobasal degeneration), 또는 진행성 상피 세포 마비(progressive supranuclear palsy)를 앓고 있는 환자에게 흔하다. CT와 MRI 검사에서 뇌졸중, 뇌수종, 혈액 응고(예: 경막하의 헤모글로빈) 그리고 뇌종양을 발견할 수 있기 때문에, 이런 변칙들은 치매의 잠재적인 원인으로서 발견될 수 있다. 뇌 검사는 피크병(Pick's disease)[4]과 같은 전두측두엽 치매(fronto-temporal dementia)를 진단하는 데 유용하지만, 현저한 성격의 변화를 유발하는 탈억제 또는 냉담, 전형적인 행동, 언어의 상실 등을 포함한 의학적 특징은 또한 진단의 단서가 될 수 있다. 일반적으로 컴퓨터 단층촬영(CT)과 자기공명영상법(MRI) 그리고 기초적인 의학적 검사는 서서히 진행성 인지 장애를 보이는 환자에게는 사용할 수 없고, 대부분은 알츠하이머 치매라고 진단이 나온다. 부검은 알츠하이머 치매를 다른 주요 뇌질환과 구분하는 역할을 수행할 수 있다.

---

4) 중 · 노년기에 발생하는 치매 유형으로 뇌의 측두엽, 전두엽의 장애 - 역자 주

알츠하이머 치매의 진단

많은 사람은 알츠하이머 치매의 초기 증상에 대하여 그것이 질환이라기보다는 나이 때문인 것으로 돌린다. 길을 잃거나, 운전 사고가 나거나, 물건을 잃어버리거나, 그들을 납치한다고 다른 사람을 고소하거나, 시간과 날짜를 혼동하는 것과 같은 가볍게 보아 넘길 수 없는 일련의 사건이 일어난 뒤에야 가족 구성원들은 노인 가족을 위한 진단 평가를 받으려고 한다.

알츠하이머 치매의 진단을 위한 두 개의 일반적인 지침이 있다. 신경성장애, 의사소통장애, 뇌졸중, 알츠하이머 치매와 유관장애 국립학회(National Institute of Neurological and Communicative Disorders and Stroke-Alzheimer's Diesease and Related Disorders: NINCDS-ADRDA) 지침과 정신질환의 진단 및 통계 편람 제4판 (Diagnostic and Statistical Manual of Mental Disorders, 4th ed: DSM-IV)[5] 지침이 그것이다. 알츠하이머 치매의 진단을 위한 NINCDS-ADRDA 기준의 요약은 다음과 같다.

◆ 의학적 검사에 의하여 검증되고 간편 정신상태(Mini-Mental State) 검사 또는 그와 유사한 검사에 의하여 문서화된 치매
◆ 둘 또는 그 이상의 인지 영역의 결손(예: 언어, 기억, 지각)
◆ 기억 그리고 다른 인지 기능의 진행성 악화; 질병이 진행됨에 따라 환자는 일상적 활동과 변형된 행동 유형의 손상을 경험함
◆ 의식의 장애는 없음
◆ 40세에서 90세 사이에 시작되지만, 대부분은 종종 64세 이후에 시작됨
◆ 기억과 인지 능력의 결함을 원인으로 하는 다른 체계적 혼란과 뇌 질병은 없음

---

5) 국내의 출판사(학지사)에서 번역판이 출판됨 – 역자 주

알츠하이머 치매의 진단 평가 시에 치매의 증상을 진단하기 위하여 알츠하이머 치매 외의 다른 원인들을 제외할 수 있다. 이러한 치매의 원인들은 알츠하이머 치매와는 달리 일시적이고 회복 가능하다. 우울증, 갑상선 또는 심장 질환, 약물에 대한 반응, 알코올중독, 영양 부족, 머리 손상, 또는 눈이나 귀의 문제와 같은 회복 가능한 치매의 원인들은 그 사람이 알츠하이머 치매를 가지고 있다고 결정을 내리기 전에 제거되어야 한다. 이러한 조건들은 알츠하이머 치매와 공존하는 증상의 심각한 정도를 줄여 준다. 우리가 주의해야 할 점은 아주 나이 든 사람에게서 입원, 재배치, 또는 배우자의 죽음과 같은 스트레스를 주는 일은 치매라고 오인될 수 있는 일시적인 증상을 일으킬 수 있다는 것이다.

알츠하이머 치매를 판별할 만한 유일한 검사는 없다.[6] 전문의가 실시한 포괄적인 검사에는 증상의 자세한 병력, 자세한 개인사 및 가족사, 그리고 최근에 사용된 약물을 포함한 완벽한 건강 기록이 포함된다. 신경의학적 평가, 정신상태 분석, 신경심리학적 및 정신건강의학적 평가, 포괄적인 신체검사, 혈액과 소변 검사를 포함한 다른 검사들, 그리고 심전도(electrocardiogram), 컴퓨터 단층촬영(CT)과 자기공명영상법(MRI) 같은 뇌 검사들은 알츠하이머 치매를 제외한 치매의 원인들을 제거해 주는 것을 돕는다. 의사들은 현재 알츠하이머 치매의 증상을 보이는 사람의 80~90%를 정확하게 진단할 수 있다. 그러나 최종적인 진단은 부검을 통한 뇌 조직의 해부로서만 가능하다.

알츠하이머 치매를 가진 대다수의 사람은 주로 그들을 돌보고 있는 의사에게서 진단을 받게 된다. 이런 경우에 일반 개업의가 진단에 관하여 확신할 수 없거나 혹은 모든 변화를 나이 탓으로 돌린다면, 신경과 전문의나 정신건강의학과 의사의 전문적 심리 상담이나 특별 노인 의학(geriatric) 평가 프로그램이 요청되어야 한다. 진단 평가는 또한 뉴욕 대학교 의과대학 내 알츠하이머 치매 치료 센터(New York University School of Medicine's Alzheimer's Disease Center: NYU-ADC) 같은 대학병원의 기억력 장애 센터(memory disorder center)에서 수행될 수 있다. 미국 전역에는 30

6) 이 장 뒤에서 소개한 알츠하이머 치매 진단 검목표 내용 참조 요망 – 역자 주

개 연방의 지정된 알츠하이머 치매 센터(AD Centers)가 있다. 알츠하이머 치매 센터에서는 전문가들이 다음과 같이 포괄적으로 진단, 판별한다.

◆ 정신건강의학적 평가(a psychiatric evaluation). 이 진단 평가에서는 인지(기억, 집중, 적응) 평가를 포함하고 어떻게 그것이 사람의 일상생활에 영향을 끼치는지를 평가한다. 기억의 문제를 일으키는 행동과 기분의 평가뿐만 아니라 그 사람의 과거 의학적 및 정신건상의학적 병력에 관한 정보 자료도 포함한다.

◆ 심리측정 검사(a psychometric testing). 심리측정 검사는 객관적으로 인지적인 수행력(performance)—정확성, 속도, 그리고 정신적 과정의 다양한 측면의 질적 정도—을 측정한다. 이 검사는 즉각적 그리고 지연된 기억, 주의력, 언어, 집행력 그리고 문제해결력과 같은 기능을 평가하는 것을 포함한다.

◆ 신경의학적 검사(a neurological examination). 신경의학적 검사는 뇌 기능의 변화에 영향을 받을 때 언어, 걸음걸이, 손 · 발 · 신체 움직임의 협응 능력(coordination), 반응, 그리고 지각력(sensory perception)을 평가한다.

◆ 신체검사(a physical examination). 완벽한 신체검사는 심전도와 혈액, 소변 검사를 포함하여 수행된다. 이 검사들은 기억 결손(원인이 되는 또는 악화시키는)과 관련이 있는 조건의 존재 또는 부재를 결정한다. 이 조건들은 갑상선의 상태, 비타민 B12의 부족, 전해질 불균형(electrolyte imbalances), 고혈압, 그리고 심장 박동 장애(heart arrhythmia[rhythm disturbances])를 포함한다.

◆ 컴퓨터 단층촬영(CT)과 자기공명영상법(MRI). 컴퓨터 단층촬영(CT)와 자기공명영상법(MRI)은 인지장애를 일으키는 뇌졸중, 뇌종양 또는 수두증과 같은 조건들을 배제하고, 알츠하이머 치매, 경증 인지장애, 또는 나이와 관련된 인지 쇠퇴를 진단하는 것을 돕는 뇌의 이미지를 제공한다.

뉴욕 대학교 의과대학 내 알츠하이머 치매 치료 센터(NYU-ADC)에서는 몇몇 의사가 평가 후 진단을 내리기 위하여 만나서 합의를 한다. 그 뒤 의사들은 환자의 가족과 검사 결과를 상의하고, 진단에 관하여 설명해 주고, 적절한 조언을 해 준다. 뉴욕 대학교 의과대학 내 알츠하이머 치매 치료 센터와 같은 연구 기관에서는 새로운 약리학과 비약리학(pharmacological and nonpharmacological) 치료에 관한 연구의 참석 가능성 여부도 의논될 것이다.

의사와의 회의 후에 심리 상담자는 가족 구성원 중 한 명 또는 그 이상과 만난다. 심리 상담자는 진단에 대한 가족의 반응과 환자 또는 가족이 걱정하는 돌보는 일에 관하여 심리 상담하게 된다. 그들이 무엇인가 잘못되었다고 의심해서 평가 자료를 구하게 되므로, 많은 환자와 가족은 치매의 진단에 관하여는 놀라지 않는다. 몇몇 사람은 충격을 받고, 그 사실을 믿기를 거부하거나 또는 우울해지기도 한다. 다른 사람들은 그들의 의심이 확인되었기에 안도하기도 한다. 환자가 치매 판정을 받을 때, 심리 상담자는 또한 가족 중 누가 환자를 돌볼 의무를 맡을지에 관하여 가족이 결정을 내리는 것을 도울 수 있다. 마지막으로, 심리 상담자는 적절한 서비스와 지원을 제공하는 기관에 정보 자료를 요청할 수도 있다. 심리 상담자와 다른 임상 직원들은 환자 그리고/또는 치매에 걸린 환자를 돌보는 주요 가족과 연락을 유지하고, 질병의 진행 과정을 모니터하며, 필요할 때마다 도움을 줄 수 있어야 한다. 심리 상담자는 또한 심리 상담 요청에 응하고 다른 가족 구성원 또한 도와주어야 한다. 그렇게 함으로써 환자와 간호 제공자 모두 정신사회적 그리고 의학적 자료에 접근할 수 있다.

환자가 알츠하이머 치매에 대한 진단을 듣는 것이 그를 황폐하게 만들 수 있기 때문에, 많은 가족은 진단에 대하여 우려한다. 알츠하이머 협회(Alzheimer's Association)가 발행한 지침에 따르면, 알츠하이머 치매를 가지고 있는 개인은 그 진단에 대하여 알아야 할 도덕적·법적인 권리가 있다. 어떤 환자는 진단에 대하여 이해할 수 있기에는 너무 병이 진행되어 버렸을 수도 있다. 이런 경우에는 가족 회기가 환자 없이 열릴 것이고, 만약 가능하다면 환자가 진단 내용에 관하여 이해할 수 있게 노력을 할 것이다. 의사들은 진단에 대한 의미를 이해할 수 있도록 환자와 가족을 도와주면서 가족이 미래에 관한 건전한 열린 회의를 할 수 있도록 돕고, 모든 가족 구성원이 그들이 필요로 할 때 돌봄과 지원을 받을 수 있도록 보장해 줄 수 있다.

알츠하이머 치매의 전 과정에서 가족과 함께 작업해야 하는 과정이 이 책 전체에서 밀리와 테드가 질병과 싸우는 과정의 사례를 통해 설명된다.

　　모두 60대인 밀리와 테드는 비록 그들이 5년 동안은 일을 그만둘 계획은 없지만, 그들이 은퇴했을 때 무엇을 할지 생각하기 시작했다. 그들은 함께 여행을 다니면서 여가를 즐길 날만을 학수고대하고 있다.

　　밀리는 테드의 사무실에서 12월에 열리는 연중 주말 파티에서 무엇을 입을지에 관하여 이야기하기 시작했다. 테드는 어쩐지 처음으로 가지 않기로 결정한 것처럼 보였다. 밀리는 직장에서 무슨 나쁜 일이 있었는지 걱정이 되었다. 그녀는 지난 몇 달간의 테드의 행동에 대하여 생각해 보고는 그가 예전과 같지 않다는 것을 알아챘다. 그는 다소 늦게 집에 왔고, 항상 앉아서 일만 했으며, 심지어 작은 일에도 그녀에게 퉁명스러웠으며, 최근에 물건을 잘못 두거나 반복적인 일을 하는 등 매우 정신 없어 보였다.

　　어느 토요일, 테드는 밀리에게 일할 것이 있으니 그의 일에 상관하지 말 것을 요구했다. 그는 그의 방에 들어가 3시간 동안 앉아서 일만 했다. 그 후 그녀는 그의 방에 청소를 해 주러 들어갔고, 그녀는 차마 그가 일하고 있었던 종이들을 볼 수가 없었다. 여기저기 상관없는 문서들이 마구잡이로 모여 있었다. 그녀는 눈앞에 놓인 종이를 보고서는 충격을 받아 털썩 주저앉았다. 몇 분 뒤에 테드는 다시 일하러 들어왔다. 그녀는 충격을 다스리려고 노력하면서 그에게 무슨 일이 일어난 것이냐고 물었다. 테드는 그도 잘 모르겠지만 그가 너무 열심히 일한 탓이라고 말했다. 밀리는 테드에게 그가 안 좋은 것 같으니 의사를 찾아가서 심리 상담을 받기를 권했다.

　　처음으로 테드는 그의 주치의를 찾아갔고 그다음에는 신경과 전문의를 만났다. 철저한 진단 평가 후에 신경과 전문의는 테드와 밀리와 함께 검사 결과를 보았다. 그는 그들에게 테드의 증상이 알츠하이머 치매 때문이고 그 질환이 당분간 지속될 수 있는 경중 상태에 있다고 말했다. 의사는 테드가 조만간 은퇴하는 것을 고려해 보아야 하고, 더 이상 운전하지 말 것을 권유했다. 그들은 침묵 속에서 의사와 헤어졌다. 집에 오는 길에 밀리는 의사가 말한 것을 이야기해 보려고 노력했지만, 테드는 "나 좀 혼자 내버려 둬."라고 말했다. 며칠 뒤 밀리는 그 이야기를 다시 꺼냈다. 테드는 "내가 말했다시피, 나는 너무 열심히 일했기 때문이야. 당신도 두고 봐, 이 일이 끝나면 모든 것이 다시 좋아질 거야. 그리고 이 이야기를 아이들에게는 하지 말아 줘. 그들이 불필요하게 걱정하게 될 테니."라고 말했다.

인지 능력 쇠퇴의 단계

이 절에서, 우리는 정상에서 경중장애와 치매에 이르기까지 인지 능력을 측정하기 위한 몇 가지 척도의 간략한 개관을 소개하고자 한다. 그다음에는 이들 척도 중 하나인 전체적인 악화 척도(Global Deterioration Scale: GDS)와 각 단계에 알맞은 심리 상담 주제들을 소개하고자 한다. 이 책 전체에서 전체적인 악화 척도(GDS) 단계들은 알츠하이머 치매에서의 인지 쇠퇴의 기준점으로 사용되고 있다.

인지 능력의 쇠퇴를 측정하기 위한 척도

몇 가지 척도는 노인들의 인지 쇠퇴의 과정을 살펴보기 위해 사용되고 있다. 제일 폭넓게 사용되고 있는 척도는 의학적 치매 평정(Clinical Dementia Rating: CDR)과 기능적 평가단계 척도(Functional Assessment Staging[FAST] Scale)이다. 뉴욕 대학교 의과대학 내 알츠하이머 치매 치료 센터의 배리 라이스버그(Barry Reisberg) 박사가 의학적 치매 평정과 기능적 평가단계 척도를 고안했다. 전체적인 악화 척도(GDS)는 알츠하이머 치매의 인지 쇠퇴 과정을 살펴보기 위하여 사용되고, 진행성 치매와 나이 때문에 생기는 기억력 감소 사이의 경계를 포함하여 그 단계를 결정한다. 기능적 평가단계 척도(FAST Scale)는 전체적인 악화 척도(GDS)보다는 기능이 쇠퇴하는 알츠하이머 치매의 심각한 상태를 더 세부적으로 설명해 준다.

전체적인 악화 척도(Global Deterioration Scale: GDS)   GDS는 정상적 노화에서부터 알츠하이머 치매의 치매까지 인지 능력 쇠퇴의 과정을 살펴보는 데 사용된다. 그것은 '인지 능력의 쇠퇴가 없음'부터 '매우 심각한 치매'까지, 임상적으로 명백히 구분 가능한 일곱 개의 주요한 단계로 구성되어 있다. 처음의 두 단계는 명백한 정상 인지 기능과 관련되어 있다. GDS 1은 인지 능력의 쇠퇴의 객관적 징표도 없고 주관적 징표도 없다. GDS 2는 환자의 임상적인 상담에서 객관적인 증거로 뒷받침할 수 없는 기억력 손상의 주관적인 불평을 토로하는 단계이다. 이 단계에서의 사람은 고용 관계에서나 사회생활을 하는 데 있어서 부족함이 없어 보인다. GDS 2의 단계에 있는 사람이 불평하는 것은 자신이 잘 알고 있는 물건을 어디에다 두었는지 찾지 못한다거나 자신이 예전에 잘 알고 있던 사람의 이름을 잊어버린다는 것이다. 비록 그 결함들이 치매를 진단하기에는 불충분하다고 여겨지더라도, GDS 3는 객관적인 실험에서 명백한 결함을 보여 주는 단계이다. GDS 4에서 GDS 7 단계는 치매와 관련하여 인지 쇠퇴의 진행 단계라고 정의된다(경중, 경중중, 중중, 최중중 단계).

　　의학적 치매 평정(Clinical Dementia Rating: CDR)　　CDR은 전체적인 척도를 측정하는 데 있어서 보편적으로 사용되는 또 다른 수단이다. CDR은 기억, 적응, 판단과 문제해결, 지역적인 일, 집과 취미, 개인적인 일을 포함하여 6개의 인지 기능의 범주에서 수행력의 장애 정도를 5개로 구분한다. 5개의 장애 정도는 다음과 같다. 없음(none, CDR=0), 의심스러움(questionable, CDR=0.5), 경중(mild, CDR=1), 중중(moderate, CDR=2), 그리고 최중중(severe, CDR=3). 각 인지 기능의 6개의 범주에서 손상 정도를 등급 매기는 것은 하나의 전체적인 치매 등급으로 합쳐진다(즉, 0, 0.5, 1, 2, 또는 3). CDR은 환자와 정보 자료 제공자가 반구조화된(semi structured) 인터뷰를 할 때 임상의학자에 의하여 사용된다. 어떤 연구원들은 CDR=.5의 점수를 사용하는데, 이는 경중 인지장애를 표시하기 위해서이다. CDR의 1에서 3의 점수는 치매의 심각도가 증가함을 나타낸다.

　　기능적 평가단계 척도(Functional Assessment Staging[FAST] Scale)　　GDS로부터 이끌어 낸 FAST 척도는 인지 쇠퇴와 알츠하이머 치매와 관련된 기능적 악화를 측정한다. FAST 척도는 주로 식견이 있는 정보 자료 제공자와 간호 제공자에 의하여 얻어진 기본적인 정보 자료에 기초하여 점수를 매기고, 특히 이것은 매우 심각한 단계의 알츠하이머 치매의 기능적인 능력을 평가하는 데 유용하다. 11개의 하위 단계로 세분된 특정한 기능의 손실은 GDS의 마지막 두 단계와 기능적으로 동일하다.

인지 능력 쇠퇴의 GDS 단계와 심리 상담에서의 함의

이 절에서 우리는 경중 기억력 장애(GDS 3)부터 알츠하이머 치매의 가장 심각한 단계인 치매(GDS 7)까지 GDS의 각 단계를 자세히 기술할 것이다. 이러한 기술은 각 단계의 환자를 돌보는 가족의 인터뷰, 그리고 그들의 심리 상담 사례로 풀어 나갈 것이다. 여기에서는 간호 제공자가 각 단계에서 당면하고 있는 가장 두드러진 문제점들을 강조하고 그들의 요구를 충족하는 심리 상담자의 권고의 예를 제공할 것이다.

경증 기억력 장애(mild memory impairment, GDS 3)   이 단계에서는 그 사람의 나이 기준을 초과하는 혼동과 기증적 악화의 분명한 증거가 있다. 그럼에도 불구하고 그 사람이 치매를 진단하기에는 충분히 손상되지 않았어야 한다. 기억력 결손의 객관적인 증거는 강화된(intensive) 인터뷰에서 반드시 관찰될 수 있어야 한다. 어떤 사람은 이 단계에서 그들에게 친숙한 친구 및 가족과 단어 및 이름을 짝짓는 데 결함을 보인다. 그 사람은 글의 단락이나 책을 읽을 수 있지만 매우 소량에 머물 것이다. 그 사람에게 새로운 사람을 소개하면 잠시 후에 그의 이름을 잘 기억해 내지 못하고, 일터에서 그의 동료나 고객의 이름을 잊어버릴 것이다. 이 단계의 어떤 사람은 대화 도중에 생각의 흐름을 잡지 못하고, 단어나 표현을 잊어버리거나, 중요한 물건을 잃어버린다. 그 사람이 생소한 장소를 여행할 때는 길을 잃을 것이다. 그들의 행동은 고용 관계나 사회 환경에서 요구하는 것만큼 기대에 미치지 못할 것이다. 동료들은 그 사람의 비교적 형편없는 업무 능력을 알아챌 수 있을 것이다. 이 단계에서 비록 경증에서부터 중증에 이르는 불안이 종종 증상을 수반하더라도, 사람들은 문제가 있다고 생각하기를 거부한다. 이 초기 혼동 단계는 7년 동안 지속된다(〈표 1〉에 제시된 이 증상의 목록 및 알츠하이머 치매의 후기 단계와 비교해 보기 바람).

최근의 관련 연구는 인지상의 문제를 겪고 있는 75%의 사람이 알츠하이머 치매의 GDS 3단계로 발전할 수 있다고 발표했다. 이 단계에 있는 사람이 더 이상 다음 단계로 진행하지 않게 하는, 새로운 약리학적 중재 방안들이 현재 실험 중에 있다.

〈표 1〉 알츠하이머 치매의 전체적인 악화 척도(GDS)[7]

단계	증상과 행동	조력	지속 기간
GDS3 (경증 기억력 장애)	- 단어, 이름 찾는 데 어려움 - 대화 중 생각의 흐름을 잊음 - 생소한 장소에서 길을 잃음 - 업무 능력 저하 - 자료를 읽을 수는 있지만 기억을 하지는 못함	없음	7년
GDS4 (경증 알츠하이머 치매)	- 최근에 일어난 일에 대한 지식이 감소됨 - 과거에 있었던 개인적 일을 기억하지 못함 - 연속적 뺄셈에서 답을 도출해 내지 못함(40부터 뒤로 4단위씩 세기) - 생소한 장소를 여행하기 어려움 - 돈을 다루기 어려움 - 반복적인 질문 - 복잡한 업무를 수행하지 못함 - 친숙한 얼굴을 알아보지 못하는 문제는 없음 - 시간과 장소에 적응할 수 있음	최소한	2년
GDS5 (경중증 알츠하이머 치매)	- 가까운 가족의 이름이나 주소 그리고 전화번호 같은 개인적 삶의 국면을 회상할 수 없음 - 시간과 장소를 혼동할 수 있음 - 연속적 뺄셈을 할 수 없음 - 식사를 준비하고 옷을 고르는 데 도움이 필요함 - 떠돌아다니기, 분별력이 부족함 - 따라다니면서 돌보는 사람이 필요함 - 용변 보기, 먹기에는 조력이 필요치 않음	조력/감독이 필요함	1.5년
GDS6 (중증 알츠하이머 치매)	- 그들의 삶에서 최근의 일이나 경험들을 알지 못함 - 그들이 의존하고 있는 배우자의 이름을 잊음 - 옷을 입거나 목욕을 할 수 없음 - 사회적 금지 활동(저주, 성생활)에 대한 관념이 없어짐	일상 생활에서 조력이 필요할 때도 있음	2.5년

7) 이 장 뒷부분에는 '한국에서 활용되고 있는 치매 환자 진단 자료'를 수록하였다. – 역자 주

	- 망상적 행동(delusional behavior), 환각(hallucinations), 편집증(paranoia) 증상을 보임 - 강박적인 증상(똑같은 행동의 반복)이 나타남 - 정신장애가 있는 낮에 활동하는 리듬의 장애(밤에 깨어 있고, 낮에 잠을 잠) - 시도하는 일은 있지만, 완수할 수는 없음 - 근심, 무분별함, 동요, 폭력 - 10부터 뒤로 2단위씩 숫자를 셀 수 없음 - 친숙하지 않은 얼굴로부터 친숙한 얼굴을 구분해 낼 수 있음		
GDS7 (최중증 알츠하이머 치매)	- 제한된 어휘, 결국에는 모든 언어 능력을 잃게 됨 - 자신을 포함하여 어떤 사람이라도(가족이나 친지 포함) 알아볼 수 없음 - 화장실 사용 능력의 상실 - 씹고 삼키는 일을 할 수 없음 - 걷는 능력이 손상되거나 불가능 - 근육 위축이나 욕창에 걸리기 쉬움 - 감염이나 신체기관 체계가 쇠약해짐 - 흥분된 행동의 감소	모든 일상 생활에서 전적인 조력	7년 또는 그 이상

출처: Barry Reisberg, MD, New York University-Alzheimer's Disease Center.

심리 상담 기록

배경: 알츠하이머 치매 센터(Alzheimer's Disease Center)
심리 상담자: 아그네스 G(PsyD)
심리 상담 기록: M 부부

M 부부는 남편이 GDS 3단계에 있고, 그는 경증 인지장애로 판단된다는 진단 평가를 받게 되었다. 남편은 자신이 약속한 내용을 기억해 내는 데 어려움을 겪었고 20년 동안 교직에 있으면서 수업을 준비하기 위해 읽었던 기사들의 메모를 평소보다 더 자주 하고 있다는 것을 의식하고 있었다고 말했다. 그러나 그의 동료들은 그에 대해 "나

이가 들어서 생기는 일"이라고 농담 삼아 이야기했고, 그런 것 이외에는 그에게 달라진 것은 없었다. 남편은 진단 결과가 그가 정상임을 보여 준다고 생각하는 듯했다. 부인은 진단 결과를 듣는 매우 화가 났으며, 알츠하이머 치매로 이어질 수 있는 가능성에 관하여 염려가 되었다. 그녀는 남편이 그가 이야기한 것을 기억해 내지 못하는 것에 매우 화가 났다. 그녀는 의사에게 그가 기억력 손실의 진행을 방지하기 위해서라도 약물 복용을 하는 의학적 시도를 해 보았으면 좋겠다고 이야기했다. 이 시점에서 남편은 걱정이 앞섰고, 인터뷰 결과를 자시 되돌리고 싶어 했으며, 심리 상담을 위한 모임에도 앉아 있고 싶어 하지 않았다. 부인은 심리 상담자인 나와 좀 더 이야기하기 위해 자리를 지켰다. 나는 그녀에게 경증 인지장애를 진단받은 많은 사람이 알츠하이머 치매로 이어지며, 의학적인 시도를 위해서나 운동, 영양, 그리고 스트레스 감소를 위한 프로그램에도 등록하는 등의 신경을 써야만 한다고 이야기해 주었다. 나는 법적, 경제적, 그리고 건강관리 대리인(health care proxies)과 삶의 의지(living wills) 같은 건강 돌봄 계획을 논의하기 위한 회기에도 참석해 볼 것을 권유했다.

경증 알츠하이머 치매(mild AD, GDS 4)   GDS 4는 치매를 진단받은 사람이 인지 쇠퇴를 보이는 첫 단계이다. 이 단계에서는 명백한 결함이 의학적 면접에서 관찰된다. 이 단계에 있는 사람은 현재 그리고 최근에 있었던 일들을 기억해 내는 데 어려움이 있으며 자신의 개인적인 과거사 전부를 기억해 내지 못한다. GDS 4단계로 분류된 사람은 생소한 곳을 여행하거나 재정을 다루는 데 어려움이 있다. 그러나 이 단계에 있는 사람은 친숙한 사람을 알아보는 데는 문제가 없고, 시간과 장소에 잘 적응하며, 일상생활을 하는 데는 도움이 필요하지 않다. 치매의 초기 단계에 있는 사람은 자신에게 무엇인가 잘못된 점이 있다는 것을 종종 부인하려 한다. 그 사람은 더 이상 복잡한 일을 해결해 낼 수 없고 종종 도전할 수 있는 환경에서는 그 일을 피하려고 한다. 이 단계는 일반적으로 2년 동안 지속된다.

심리 상담 기록

배경: 기억력 평가 클리닉(Memory Assessment Clinic)

심리 상담자: 스테파니 K(PhD)

심리 상담 기록: 실비아 J

70세인 실비아는 74세이며 최근에 알츠하이머 치매 환자로 진단받은 그녀의 남편 해럴드가 심부름을 할 때 실수가 잦고, 스토브의 전원을 끄는 것을 잊는다고 했다. 그녀는 또한 그가 요즘 민감해 그의 문제들로 그와 이야기할 수 없다고 했다. 그녀는 자신이 무기력하고 무엇을 할지 모르겠으며 "집이 타 버리거나 또는 다른 무시무시한 일이 일어날지 모른다."는 생각에 두렵다고 했다. 그녀는 걱정되어 보이고 약간은 우울해 보였다. 그 부인은 남편의 문제점이 진단된 것에 대하여는 안심이 되었지만, 알츠하이머 치매에 관하여는 거의 아는 것이 없었다. 우리는 그 질병의 다른 단계에 대하여도 이야기해 보았고, 나는 그녀에게 더 많은 정보 자료를 위해서 읽을 자료들을 주었다. 우리는 부인의 집을 보다 안전하게 하면서 그녀의 남편이 독립적으로 활동할 수 있는 방법에 대하여 의논하였다. 나는 또한 남편이 알츠하이머 협회의 안전 귀가(Safe Return) 프로그램에 등록하기를 제안하였다. 지금까지는 남편이 모든 경제적·법적 문제를 관리하였다. 우리는 그의 자존감을 해치지 않으면서 모든 책임을 부인에게 넘길 수 있는 방법에 관하여 의논하였다. 나는 장기적인 경제적·법적 문제 그리고 건강관리 계획을 위한 좋은 아이디어를 알려 주었고, 부인은 어떤 계획이 이미 수립되어 있는지 알아보겠노라고 말했다.

경중증 알츠하이머 치매(moderate AD, GDS 5)　　이 단계의 환자는 간병인의 조력 없이는 생존할 수 없다. GDS 5로 구분된 사람은 더 이상 자신의 주소나 전화번호를 기억해 내지 못한다. 이 단계의 환자는 그들 자신의 이름이나 그들의 배우자와 자식들의 이름을 알지만 손자 같은 다른 가까운 가족들의 이름은 잊어버릴 수 있다. 그들은 자신이나 다른 사람의 주요한 사실들을 회상할 수 있지만, 자신이 졸업한 고등학교나 대학교의 이름은 더 이상 기억하지 못한다. 종종 이 단계에 있는 환자는 그들이 어디에 있는지, 날짜, 주, 계절을 혼동한다. 그들은 용변을 보거나 먹는 데에는 도움이 필요 없지만, 음식을 준비하거나 입을 적당한 옷을 고르는 데는 도움이 필요하다. 이 단계는 전형적으로 1년 반 동안 지속된다. 이 단계의 많은 환자는 사회생활을 계속 영위할 수는 있지만, 그들에게 도움을 주고 그들을 안전하게 보살펴 주는 사람이 있어야만 살아남을 수 있다.

심리 상담 기록

배경: 공동체 사회 서비스 기관(Community social service agency)
심리 상담자: 브라이언 N(LCSW)
심리 상담 기록: 토머스와 사이먼 K

　82세인 토머스는 81세이며 중증 알츠하이머 치매 환자인 그의 동생 사이먼을 돌보는 데 있어서 생긴 문제점들을 토로했다. 사이먼은 계단으로 오르내릴 수 있는 아파트에서 3층에 혼자 살고 있다. 사이먼의 가장 가까운 친족인 토마스는 같은 아파트에 살지만, 건강상의 문제가 있어서 사이먼의 건강을 돌보는 데 있어서 적극적으로 관여하는 편은 아니다. 토마스는 그의 동생이 더 이상 요리하거나 쇼핑, 청소, 빨래 등을 혼자서 할 수 없고 하루의 대부분을 자거나 TV를 본다고 말했다. 몇몇 이웃은 토마스에게 동생이 이웃의 편지들을 함부로 가져가 버린다고 말했다. 나는 토마스에게 사이먼이 질병이 있어서 그런 것이라고 이웃에게 설명해 줄 것을 조언해 주었다. 토마스는 그의 동생이 그 자신의 아파트에서 살기를 원하기 때문에, 다음의 서비스가 사이먼에게 적절할 것이라고 판단한다. 가정 건강 돌봄이(하루에 4시간), 그리고 주말에는 지역사회 식사 제공 프로그램. 나는 시설까지 교통 편의도 제공해 주는, 일주일에 세 번 만나는 사회적 및 재활 자극을 위한 성인 돌봄 프로그램도 추천해 주었다. 토마스는 사이먼을 위한 법적·경제적인 권리와 건강을 돌보아 줄 의무가 있다. 사이먼은 항시 보살펴질 것이며, 그를 돌봐 주는 프로그램은 필요에 따라 조정될 것이다.

중증 알츠하이머 치매(moderately severe AD, GDS 6)   GDS 6단계에 있는 환자는 비록 그들이 거의 항상 그들 자신의 이름을 기억하고 낯선 사람과 가족을 구분할 수는 있어도, 최근에 일어난 대부분의 일과 그들의 경험을 알지 못한다. 그들은 또한 그들이 어디에 있는지 어느 정도는 알 수 있다. 이 단계의 환자는 일련의 행동 계획을 세우기에 충분한 오랜 기억을 보유할 수 없다. 그들은 일상생활을 하는 데 있어서 조력이 필요하다. 이 단계의 알츠하이머 치매 환자는 더 이상 그들 스스로 옷을 입거나 목욕할 수 없다. 이 단계에서의 환자는 대소변의 실금 증상이 있다. GDS 6단계에서의 환자는 성격과 정서적 변화를 겪는다. 환자는 사회적 억제 본능을 잃는다. 망상 행동(남편이나 부인을 불청객으로 고소하거나, 상상 속의 인물이나 심지어 거울 속의 자신과 대화한다)을 자주 보인다. 똑같은 간단한 행동을 계속적으로 반복하는 것과 같은 강박적인 증상은 대체로 나타나지 않는다. 주행성의 신체 리듬은 환자를 낮에 자게 만들고 밤의 대부분의 시간을 깨어 있게 한다. 불안, 동요, 그리고 심지어 폭력적인 행동도 일어날 수 있다. 이 단계의 알츠하이머 치매는 약 2년 반 동안 지속된다.

심리 상담 기록

배경: 집단 의학 실습

심리 상담자: 조안 A(RN)

심리 상담 기록: 멜리사 Z

45세이며 결혼하여 두 아이가 있는 멜리사는 70세이고 미망인이며 약간 심한 중증의 알츠하이머 치매가 있는 그녀의 엄마인 앨리슨이 더 이상 혼자 살 수 없다고 판단하여 2년 전에 자신의 집으로 모셔왔다. 멜리사는 비록 그녀의 엄마와 같이 사는 게 쉬운 일은 아니어도 지금까지는 모든 것이 순조로웠다고 말했다. 그녀는 다음의 어려운 점들을 토로하였다. 어머니가 밤에 집을 떠돌아다니면서 자는 사람을 모두 깨워 버리는 일이 점점 더 심해지고 공격적으로 변했다. 그녀는 각각의 두 가지 사건에서 둘 중의 한 아이를 때렸다. 그리고 망상을 경험한다. 그녀의 행동은 가족에게는 매우 위협적이다. 멜리사는 이제는 너무 지쳤고, 어머니와 가족을 돌보는 것이 예전보다 힘들고 두렵다고 했다. 다음의 간호 계획이 제안되었다. 그녀의 어머니는 의사의 상담을 받아 그녀의 행동과 잠잘 때 생기는 문제점들을 평가받고 약물로 치료할 수 있는 가능성들을 알아보아야 한다. 나는 멜리사에게 그녀가 조금이나마 쉴 수 있도록 성인 주간 센터의 목록을 주었고, 그녀가 그녀의 어머니를 돌보는 데 그녀의 가족 구성원의 도움을 받기 시작하고 집안일을 나누어 할 것을 제안했다. 나는 또한 멜리사가 간호 제공자 지지 집단(support group)에 가입할 것을 제안했다.

최중증 알츠하이머 치매(severe AD, GDS 7)　이 단계의 모든 과정에서 환자는 모든 언어적 능력을 잃게 된다. 이 단계 초기에는 단어와 구를 말할 수는 있지만, 말하는 능력은 매우 제한된다. 후에는 전혀 말할 수 없게 된다. 비록 가끔씩 환자가 단어나 구를 말할지라도, 단지 말도 되지 않는 소리만 있을 뿐이다. 이 단계의 환자는 대소변의 실금 증상이 있으며 용변을 보거나 먹는 데 있어 조력이 필요하다. 이 단계의 전 과정에서 걷는 것과 같은 기본적 정신운동 기술(psychmotor skills)이 상실된다. 뇌는 몸에 더 이상 무엇을 하라고 지시할 수 없게 된다. 일반화된 경직 증상(generalized rigidity)과 발작적 신경 반응(developmental neurologic reflexes)이 종종 나타난다. 이 단계는 7년 또는 그 이상 지속될 수 있다.

심리 상담 기록

배경: 환자의 집
심리 상담자: 베티 S(RN)
심리 상담 기록: 알프레드 C

최중증 알츠하이머 치매를 앓고 있고, 누워만 있으며, 더 이상 말할 수 없고, 액체 상태로만 음식을 섭취하고 있는, 89세인 패트리샤의 건강 상태를 알아보기 위하여 집을 방문했다. 패트리샤는 지난해 몇 차례 폐렴 발작 증세를 보였으며, 매우 허약한 상태이다. 그녀의 남편인 92세인 앨프레드는 그의 부인을 어떤 방법으로 보살필지에 관한 아이들과의 의견 불일치에 관하여 나와 이야기할 필요가 있다고 했다. 남편은 부인을 계속 살게 하기 위해서 가능한 모든 조치를 계속 하고 싶다고 말했다. 그의 아이들은 그녀가 고통받고 있기 때문에 그녀를 말기 환자를 위한 병원에 입원시켜야 한다고 했다. 남편은 그녀의 최근의 상태에도 불구하고 그의 부인과 교감하는 것을 느낀다. 그는 그녀에게 안마도 해 주고, 둘이 함께 음악을 듣기도 한다. 나는 그에게 그가 그의 아이들과 함께 심리 상담을 받을 수 있도록 가족 기관(family agency)를 소개해 주었고, 그것이 그의 부인을 어떻게 돌볼지에 관련된 가족 분쟁을 해결해 주는 데 도움을 줄 것이다.

주의: 알츠하이머 치매가 진행된 단계에 있는 환자는 가능하다고 믿는 것 이상으로 가끔 인지적으로 온전해 보인다(상호작용, 주의 기울이기 그리고 집중에 있어서). 간호 제공자는 이런 일이 일어날 수 있다는 것을 알고 있어야 하며 그것이 일시적이라는 것과 환자의 치매 증상이 개선된 것이 아님을 알고 있어야 한다.

알츠하이머 치매 환자를 돌보는 일이 가족에게 끼치는 영향

알츠하이머 치매는 많은 가족 구성원에게 특히 많은 어려움을 가져다준다. 질병을 가지고 있는 친족에게 적응해 나가는 것, 그리고 그 증상과 돌봐야 할 환자의 현재의 욕구에 대처해 나가는 것은 질병이 진행되어 가면서 더 어려워질 것이다. 새로운 방식으로 자신의 안녕을 위하여 책임을 재정립하는 것은 간호 제공자가 되기 위한 과정의 일부분이다. 사람들은 환자 증상의 심각성에 따라 다른 시각으로 이 역할에 맞게 그들 자신을 다시 인식한다. 어떤 사람들은 이 역할을 수행함에도 불구하고 그들을 간호 제공자로 생각하지 않는다. 그 이유는 그 역할이 특별한 자격이 필요치 않은 가족의 삶의 일부분이라고 생각되기 때문이다.

알츠하이머 치매 환자가 단계에 따라 인지적·기능적 능력이 변해 감에 따라 질병이 간호 제공자와 가족에게 끼치는 영향 또한 변한다. 알츠하이머 치매의 후기 단계에서는 환자가 그들의 가장 기본적인 일상 욕구를 충족하기 위하여 다른 사람에게 의존하고, 점진적으로 그 욕구를 설명하기도 힘든 상태에 이른다. 돌보는 일의 부담은, 그들의 인지적 기능적 악화를 지켜보는 동안 그들의 친족의 안녕에 책임이 있는 가족 구성원에게 떠맡겨지게 된다.

알츠하이머 치매 환자를 돌보는 가족은 상당한 정서적 스트레스를 경험하기 쉽다. 돌보는 일의 가장 흔한 영향으로는 우울, 불안, 화, 스트레스, 슬픔, 고뇌 등이 있다. 이 영향은 개인적인 환경과 성격에 따라, 간호 제공자마다 다르다. 사용할 수 있는 사회적 지원의 양과 질, 그리고 환자의 행동에 대한 간호 제공자의 이해는 돌보는 일의 경험의 영향에 중요한 영향을 끼친다.

환자를 돌보는 일이 어떻게 직업일 수 있는가

알츠하이머 치매 환자를 친족으로 둔 간호 제공자의 반응에 관한 이해를 돕는 몇 가지 유용한 방법론(paradigms)이 있다. 일부 연구자들은 돌보는 직업에 대한 이미지를 사용하여 알츠하이머 치매 환자를 돌보는 가족 구성원의 경험을 설명한다. 이 유추는 돌보는 일의 시점, 다 단계, 전이와 변화, 그리고 마지막 지점이 있음을 강조하는 데 유용하다. 그리고 돌보는 일은 과거의 사건에 의하여 구성되며(개인사와 가족 관계) 긴 기간 동안 이어진다. 그것이 직업과 같은 이유는 그 일을 해야 하는 사람에게는 그것이 그 사람의 중심이 되기 때문이다.

다른 직업과는 달리, 돌보는 일은 사회적 지위나 계급도 없고 경제적인 보상도 없다. 간호 제공자에 관한 형식적인 기대도 없고, 잘한다고 해서 승진하는 것도 아니다. 돌보는 일은 일반적으로 계획되지 않은 것이고 종종 가지고 있는 직업에 더하여 부담이 되기도 한다. 알츠하이머 치매의 잠행적인 본질 때문에, 환자를 돌보는 가족은 그들이 돌보는 일을 하리라고 생각하기도 전에 그 임무를 떠맡게 된다. 어떤 간호 제공자들은 환자를 돌보던 다른 가족이 갑자기 죽거나 아프게 되거나 먼 지역으로 이사를 가거나 혹은 더 이상 그 일을 계속 하기를 거부할 때, 그들로부터 갑자기 그 역할을 맡게 된다.

진행성 손상

환자의 기력과 인지 능력, 건강의 쇠퇴는 많은 손상으로 여겨질 수 있다. 우리가 일반적인 알츠하이머 치매의 과정을 예상할 수 있는 반면, 특정 개인에게 일어날 새로운 증상을 예측하지는 못한다. 한 연구에서는 예상치 못한 변화가 가장 스트레스가 된다고 발표했다. 치매 환자의 간호 제공자에게 그 '직업'은 환자가 인지적 · 기능적 능력의 변화를 겪는 그 질병의 본질 때문에 작고 기대치 못한 변화를 갖게 된다. 환자의 만성적인 질환의 영향이 변하지 않는다면 간호 제공자는 증상과 그것들을 어떻게 관리할지 배울 수 있고, 그 지식은 큰 도움이 될 것이다. 간호 제공자에게 치매 환자를 돌보는 것이 매우 스트레스가 되는 한 가지 이유는 진행적인 질병의 본질이 간호 제공자의 자제력을 유지하기 어렵게 만들기 때문이다.

간호 제공자가 환자의 현재 증상을 관리하는 것을 배우는 것은 간호 제공자를 질병의 다음 단계에 닥칠 변화에 대하여는 준비시키지 못한다. 알츠하이머 치매를 가진 가족을 돌보는 데 있어서는 누구도 상대적인 안정세가 얼마나 오래갈지, 또한 그 환자가 언제 또 다른 손상에 직면하고 새로운 행동을 취할지를 예측할 수 없다. 간호 제공자가 한 변화에 적응하는 각각의 시간은 사람에 따라 다르다.

돌보는 일은 그것을 감당하는 당사자(간호 제공자)에게 많은 종류의 손실을 가져온다. 환자의 기능적 · 인지적 능력이 악화되면서, 간호 제공자는 인격적 손상을 경험한다. 어떤 시점에서 간호 제공자는 부인, 남편, 딸, 등과의 예전 관계를 상실하게 된다. 이것은 그들이 그 아픈 친족으로부터 정서적으로 분리되어야 함을 의미하는 것은 아니다. 그보다 환자가 점점 의존적이 되면서 그들은 그들의 원래 역할(부인, 남편, 딸 등)을 분리시키고 새로운 역할을 떠맡게 된다(배우자나 자식의 역할보다는 부모의 역할에 가깝게). 이 새로운 역할은 경멸적이고 가족 안에서의 나이와 환자의 예전 지위를 고려해 볼 때 적절해 보이지 않을 수 있다. 간호 제공자와 환자의 유대의 본질은 환자를 정서적으로 다가가기 힘들게 만드는 인지의 쇠퇴에 따라 변경된다.

환자가 인격의 상실을 견디는 동안, 간호 제공자 또한 사랑하는 사람과의 기대했던 미래를 잃게 된다. 게다가 아픈 친족을 돌보기 위하여 필요한 시간과 에너지를 헌신하려고, 많은 간호 제공자는 직업, 가족이나 친구와의 사회 활동, 다른 가족을 돌보는 것, 여가 활동 등 다른 삶의 역할에 쓰던 시간을 포기하거나 줄여야만 한다.

개인적 일화

　1996년 8월 나는 은퇴했다. 그리고 '축하하기 위하여' 내가 운전을 하여 알츠하이머 치매를 6년째 앓고 있는 나의 남편 헨리와 버몬트로 가기로 결정했다. 남편이 줄곧 운전을 해 왔기 때문에 그것은 나에게는 처음 있는 일이었다. 오랜 친구의 아들이 결혼해서, 나는 헨리가 그 결혼식에 가서 그의 오래된 친구들을 만나는 것이 좋겠다고 생각했다. 나는 또한 비밀 계획이 있었다. 우리가 여러 번 갔던, 우리에게는 신혼 여행지와 같은 버몬트 호텔에 가서 우리가 항상 즐겼던 실내 수영장에서 수영도 하고 탁구도 하려고 했다.

　그 여행은 악몽이었다. 그의 공간 인지력은 악화되었고, 그의 언어와 이해력은 점차적으로 제한되어 갔다. 매번 우리가 화장실 때문에 차를 멈췄을 때, 모든 종류의 복잡한 묘책을 생각해야 했다(헨리가 여자 화장실에 가거나 내가 남자 화장실에 가는 등). 그리고 내가 왜 이것들을 시도해야 하는지 영문을 몰랐다. 결혼식에서 내 친구를 보는 것은 나에게는 좋지 않은 경험이었고, 사람들이 그를 어떻게 대할지 어쩔 줄 몰라하는 것을 보면서 나는 무척 속이 상했다.

　모텔 건은 결정타가 되었다. 그는 그 장소를 알아보지 못했고, 나는 그가 수영복을 입는 것을 도와주어야 했다. 그는 조금 수영하는가 싶더니 가라앉아 버려 나를 경악하게 했다. 그는 탁구공을 치고 그 공을 따라가 다시 가져올 수는 있었지만, 그의 자리가 어디인지 헤맸다. 내가 붙들고 싶은 어떤 부인(denial)이나 기억은 내 눈앞에서 펼쳐진 엄청난 변화로 인해 사라졌다. 나는 배우자가 아닌 부모같이 느껴졌다. 내 안의 목소리는 "40년 뒤에, 우리는 더 이상 같이 있을 수 없을 것이다."라고 말했다. 나는 그를 머리로 받아들였다고 생각했지만 나에겐 심한 복통이 왔고, 그것은 7주간 지속되었다. 나는 사람마다 용인(acceptance)의 정도가 다를 것이라고 생각한다.

여러 가지로 해석할 수 있는 손상

1970년대에 폴린 보스(Pauline Boss)가 개발한 경계의 모호성(boundary ambiguity) 이론은 경계의 모호성에 관한 가족 구성원의 반응에 대하여 기술한다. 그것은 군인의 부인이 그의 남편이 행동을 실수했을 때 그녀의 반응을 기술하는 데 처음 사용되었다. 그녀는 알츠하이머 치매가 있는 가족 구성원을 가지는 것에 관한 스트레스를 설명하기 위하여 그녀의 생각을 계속 펼쳐 나갔다. 환자는 최소한 질병의 후기 단계까지는 신체적으로는 손상이 없어 보이지만, 간호 제공자에게는 더 이상 정서적으로 예전에 느낀 그대로가 아니다. 또한 상대적으로 제정신인 순간이 있긴 하지만, 이는 모호성을 가중시킬 뿐이다.

환자의 역할은 가족 안에서 더욱 애매해진다. 예를 들어, 가부장적인 아버지가 있는 가정에서는 그의 지위가 그의 한계로 인해 변경된다. 몇 가지 사례에서는 환자의 명백한 악화에도 불구하고 앞으로 떠맡을 책임을 고려해 그가 누렸던 권한을 빼앗으려고 하지 않는다. 간호 제공자는 환자의 지위에 관하여 확신할 수 없다. 환자가 예상치 못한 행동을 했을 때, 간호 제공자는 그것이 그들의 관계에 부여하는 의미가 무엇인지 확신할 수 없다. 간호 제공자가 관계의 변화하는 본질에 관한 함축된 의미를 이해하고 받아들이도록 돕는 것은 모호한 감정을 조금이나마 해소시킬 수 있을 것이다. 친족이 알츠하이머 치매 환자일 때는 인지 기능의 손상에 관한 형식적 또는 공적 인정도 하지 않고, 사랑하는 사람이 죽었을 때 하는 조문 절차도 마찬가지이다. 전통적인 의미에서의 사별(死別)도 없다.

스트레스 과정

환자를 돌보는 일에 따른 영향력은 천차만별이다. 어떤 사람은 심각하게 부정적으로 영향을 받지만, 그렇지 않은 사람도 있다. 어느 정도, 돌보는 일을 하는 것에서 생기는 영향은 중재자(moderators)에 의하여 완화될 수 있다. 사회적, 개인적, 물질적인 자원이 주요한 스트레스 원인들의 영향으로부터 완충제 역할을 할 수 있다. 이 책에서 기술된 정신사회학적 중재는 특정 중재자들—사회적 지원 및 돌보는 일에 숙달되는 것—을 함양시키는 것이 우울, 불안, 그리고 기관 밖에서 돌보는 일을 계속 할 수 없는 것과 같은 돌보는 일에 따른 영향을 줄일 수 있는 것이 가능하다는 이론에 바탕을 두고 있다.

이 책에서 기술된 중재를 위한 개념적인 동기를 제공하는 스트레스 과정 모델(stress process model)은 레오너드 펄린(Leonard Pearlin)과 동료들이 개발하였다. 이 모델에 따르면, 간호 제공자의 안녕은 질병과 환자를 돌보는 데서 직접적으로 생기는 주요한 스트레스 원인의 영향을 받을 뿐만 아니라 이차적인 스트레스 원인(가족 분쟁, 사회 활동의 제약)의 영향도 받는다. 사회적 지원과 환자의 행동의 의미를 이해한다면 질병이 주는 주요한 스트레스 원인의 부정적인 영향을 줄일 수 있을 것이다.

중재의 이점

치매가 진행 중인 배우자를 돌보는 일에 관한 중재의 통합된 주제는 사회적 지원을 늘리고, 가족 분쟁을 줄여 돌보는 일의 어려움을 견디고, 환자를 보호 시설로 보낼 필요성을 줄이기 위하여 간호 제공자의 능력을 함양시키는 것이다. 최소한 사회적 지원의 질을 증진시키는 것만큼 간호 제공자가 이용 가능한 사회적 지원의 양을 늘리는 것도 중요하다. 초점은 돌보는 일에 가족의 참여를 증가시키고 부정적인 면을 줄이는 것이다. 우선순위는 간호 제공자가 사용 가능한 적절한 사회적인 지원을 개선하는 것인데, 그것은 우선 간호 제공자가 현실적 기대를 갖도록 돕고, 그다음 긍정적인 반응을 유발할 수 있는 방식으로 그들에게 알려 주는 것이다.

중재는 교육과 지원을 통하여 환자가 보이는 행동 문제에 관한 간호 제공자의 평가를 변화시키고, 그럼으로써 그들의 영향력을 줄이는 부차적인 이득이 있다. 뉴욕대학교 의과대학 내 알츠하이머 치매 치료 센터에서 이용하고 있는 중재 프로그램(The NYU intervention)에서는 주요한 간호 제공자와 다른 가족 구성원을 위하여도 형식적인 지원을 제공한다. 이것은 심리 상담자와 함께 한 형식적인 심리 상담 회기 동안이나 그들이 필요할 때 제공한 제안과 같이 확립된 관계에서도 이루어질 수 있다. 간호 제공자가 적절하게 대처할 수 있도록 돕는 것은 환자를 더 오래 머물게 할 수 있고, 장애인 개호 생활 기관(assisted living facilities)이나 요양원 같은 보조적인 거주 기관에 환자가 입소하는 것을 간호 제공자가 받아들이는 것은 간호 제공자나 환자를 위한 더 나은 대안이 될 수 있다.

한국에서 활용되고 있는 치매 환자 진단 자료

가정에서 알아보는 치매 환자 점검표

* 20개 항목 이상이 해당되면 치매 전문의에게 진단받는 것이 필요함.

기억력

( ) 전화번호나 사람 이름을 기억하기 힘들다.
( ) 어떤 일이 언제 일어났는지 기억하지 못할 때가 있다.
( ) 며칠 전에 들었던 이야기 내용을 기억하지 못한다.
( ) 오래전에 들었던 이야기를 기억하지 못한다.
( ) 반복되는 일상생활에 변화가 생겼을 때 금방 적응하기가 힘들다.
( ) 본인에게 중요한 사항을 잊을 때가 있다. (예: 배우자 생일, 결혼기념일)
( ) 다른 사람에게 같은 이야기를 반복할 때가 있다.
( ) 어떤 일을 해 놓고도 잊어버려 다시 반복한 적이 있다.
( ) 약 먹는 시간을 놓친 적이 있다.
( ) 약속을 해 놓고도 기억을 못 하기도 한다.
( ) 여러 가지 물건을 사러 마트에 갔다가 한두 가지를 빠뜨리기도 한다.
( ) 가스 불을 끄는 것을 잊거나 음식을 태운 일이 있다.
( ) 남에게 같은 질문을 반복한다.
( ) 어떤 일을 해 놓고도 했는지, 안 했는지 다시 확인해야 한다.
( ) 필요한 물건을 두고 다니거나 또는 가지고 갈 물건을 놓고 간다.

언어 능력

( ) 하고 싶은 말이나 표현이 금방 떠오르지 않는다.
( ) 물건 이름이 금방 생각나지 않는다.
( ) 개인적인 편지나 사무적인 편지를 쓰기가 힘들다.
( ) 갈수록 말 수가 감소되는 경향이 있다.
( ) 신문이나 잡지, 책을 읽을 때 이야기 줄거리를 파악하지 못한다.
( ) 책을 읽을 때 같은 문장을 여러 번 읽어야 이해가 된다.
( ) TV에 나오는 이야기를 따라가기가 힘들다.

시 · 공간 지각 능력

(   ) 자주 보는 친구나 친척을 바로 알아보지 못한다.

(   ) 필요한 물건을 어디에 두었는지 몰라서 찾게 된다.

(   ) 전에 가 본 장소를 기억하지 못한다.

(   ) 방향감각이 떨어진다.

(   ) 길을 잃거나 헤맨 적이 있다.

(   ) 물건을 항상 두는 장소를 망각하고 엉뚱한 곳에서 찾는다.

(   ) 계산능력이 떨어진다.

(   ) 돈 관리를 하는 데 실수가 있다.

(   ) 과거에 쓰던 가구나 생활 용품의 사용이 서툴러졌다.

출처: 삼성서울병원 신경과 기억장애 클리닉.

치매 자가 진단 검목표(chcklist) 1:
한국형 치매 선별 질문지(KDSQ)

* 합계 6점 이상이면 보호자와 함께 치매 정밀 검사를 받아야 함.

	아니다(0점)	가끔(1점)	자주(2점)

1. 오늘이 몇 월이고 무슨 요일인지 잘 모른다.

2. 자기가 놔둔 물건을 찾지 못한다.

3. 같은 질문을 반복해서 한다.

4. 약속을 하고서 자주 잊어버린다.

5. 물건을 가지러 갔다가 잊어버리고 그냥 온다.

6. 물건이나 친지의 이름을 알아내기가 힘들어 머뭇거린다.

7. 대화 중 내용이 이해되지 않아서 반복해서 물어본다.

8. 길을 잃거나 헤멘 적이 있다. (가출했다가 집을 못 찾아 방황한 적이 있다.)*

9. 예전에 비해 계산능력이 떨어졌다. (예: 거스름돈이 계산을 잘 못한다.)

10. 예전에 비해 성격이 변했다.

11. 이전에 잘 다루던 기구의 사용이 서툴러졌다. (예: 세탁기, 전기밥솥, 경운기, 손 전화기)

12 예전에 비해 방이나 집안의 정리정돈을 하지 못한다.

13. 상황에 맞게 스스로 옷을 선택하여 입지 못한다.

14. 혼자서 대중교통 수단을 이용하여(예: 지하철, 버스, 택시) 목적지에 찾아가기 힘들다.

15. 내복이나 옷이 더러워져도 갈아입지 않으려고 한다

출처: 이지혜. 한국, 기대수명은 늘지만 치매는 더 젊어진다(조선일보. 2012. 5. 7.)

* 이런 경우를 대비하기 위해서 또는 가출해서 집을 못 찾고 방황하거나 연고지를 알 수 없는 행려병자로 불행한 처지에 놓이는 것을 방지하기 위해서 집이나 가족들의 연락 전화번호와 이름이 적힌 이름표를 옷에다 부착하는 배려가 필요하다.

치매 자가 진단 검목표 2

*8개 이상이 관련되면, 전문가(예: 정신건강 의학 전문의 또는 노인 의학 전문의)에게 심리 상담을 받아보는 것이 필요하다.

- 필요한 전화번호를 찾아서 전화하는 것이 어렵다.
- 상점에서 필요한 물건을 골라 정확한 돈을 계산하는 것이 어렵다.
- 음식 재료를 준비해서 요리를 하거나 혼자서 밥상을 차리는 것이 어렵다.
- 청소, 설거지, 집 안 수리, 손빨래 등 집안일을 예전처럼 잘 하지를 못한다.
- 버스, 전철, 택시를 혼자서는 이용하지 못하고 타인이 도와줘야 한다.
- 혼자서는 걸어서 가까운 상점이나 약수터를 갔다 오지 못한다.
- 정해진 시간에, 정해진 양의 약을 챙겨서 먹지 못한다.
- 공과금을 내거나 통장 관리, 재산관리를 혼자서 하지 못한다.
- 머리 빗기, 면도, 화장 등 몸단장을 혼자서 하지 못한다.
- TV, 세탁기, 청소기, 헤어드라이어 등 가전제품을 혼자서 사용하지 못한다.
- 옷, 안경, 지갑, 휴대전화 등 소지품을 혼자서 관리하지 못한다.
- 열쇠나 비밀번호를 이용해서 대문을 정확하게 열거나 잠그지 못한다.
- 사전에 계획된 집안 행사 등 모임 약속을 잘 지키지 못한다.
- 최근 한 달 동안 있었던 국내의 중요 뉴스를 기억하지 못한다.
- 예전부터 해 오던 화투, 장기, 바둑, 골프 등 취미생활을 잘 하지 못한다.

출처: 대한치매학회(2012).

치매 자가 진단 검목표 3

알츠하이머 치매(AD)에 걸렸거나 그 이전 단계인 기억상실성 경도 인지장애(aMCI)를 갖게 됐는지를 판단할 수 있는 진단법이 개발됐다고 영국의 데일리 메일 인터넷판이 온라인 과학전문지를 인용해 4일(현지시간) 보도했다.

미국 배너 선 보건연구소가 만든 진단법은 기억력과 방향감각 등 5개 범주에 속하는 21가지 질문에 본인의 가족이나 친구가 '예', '아니요'로 대답하게 한 것으로, 합한 점수가 15점 이상이면 알츠하이머 치매, 5~14점이면 기억상실성 경도 인지장애에 해당한다. 4점 이하라면 별 문제가 없는 것이다. 이 진단법의 정확도는 90%에 이른다고 연구소는 밝혔다. 질문 항목은 다음 표와 같다.

'예'는 질문 중요도에 따라 1점 또는 2점, '아니요'는 0점	0	1	2
건망증이 있습니까?			
그렇다면 몇 년 전보다 더 악화됐습니까?			
같은 날 질문이나 어떤 말 또는 이야기를 반복합니까?			
약속을 잘 잊어버립니까?			
물건을 엉뚱한 곳에 놓는 일이 한 달에 한 번 이상 있습니까?			
그 물건을 찾지 못해 다른 사람이 감추었거나 훔쳤다고 의심하는 경우가 있습니까?			
요일, 날짜, 월, 연도, 때를 자주 잊거나 날짜를 하루 한 번 이상 확인하는 경우가 있습니까?			
낯선 장소에서 방향감각을 잃습니까?			
집에 있지 않거나 여행 중에 당황한 태도를 보입니까?			
팁을 주거나 잔돈을 계산하는 등 돈을 취급할 때 잘못하는 경우가 있습니까?			
청구서를 지불하거나 돈을 결제할 때 잘못하는 경우가 있습니까?			
약을 먹어야 할 때를 기억 못하거나 약을 먹었는지 아닌지를 모를 때가 있습니까?			
운전을 잘 못하거나 옆에서 보기에 운전이 걱정스러운 경우가 있습니까?			
스토브, 전화기, 리모컨, 전자레인지 등 가정용품 사용에 문제가 있습니까?			
집에서 수리해야 할 곳을 제대로 수리하지 못하거나 집안일을 제대로 하지 못하는 경우가 있습니까?			

골프, 댄싱, 운동, 수예 같은 취미활동을 줄이거나 그만두었습니까?			
자신이 사는 동네와 같은 낯익은 환경에서 길을 잃은 적이 있습니까?			
방향감각이 저하되고 있습니까?			
단어를 잘 찾지 못합니까?			
가족이나 친구의 이름을 혼동하는 경우가 있습니까?			
낯익은 사람을 잘 알아보지 못합니까?			

출처: 과학 전문지 바이오 메드 센트럴-노인 의학(BMC-Geriatrics).

제2장

알츠하이머 치매의 평가

평가(assessment)는 심리 상담 과정을 형성하는 데 있어서 기초를 제공한다. 그것은 간호가 제공되고, 개인으로서 알츠하이머 치매 환자와 다른 가족 구성원과 관련하여 간호 제공자의 특징을 설명해 줄 수 있다. 이 장에서 우리는 특정 요소를 강조하고 왜 그 요소들이 알츠하이머 치매 환자의 간호 제공자를 대상으로 심리 상담을 하는 경우 중요한지에 중점을 두고 뉴욕 대학교 의과대학 내 알츠하이머 치매 치료센터에서 진행한 연구에서 쓰인 평가 방법을 기술한다. 우리는 또한 보살피는 경험과 보살핌을 제공하는 능력, 특별히 사회적 지원의 혜택과 가족 분쟁의 감소에 대한 연구와 의학적 경험에서 발견한 요소들을 강조할 것이다. 마지막으로 평가 과정을 실제로 시도해 보는 사례로 마치고자 한다.

출판된 알츠하이머 치매 진단용 척도들을 다 합치면 포괄적인 평가 기구를 만들어 낼 수 있다. 그 판단의 척도들을 사용하는 것은 임상의학자에게 심리 상담의 결과로 일어나는 변화를 측정할 수 있는 구체적인 방법을 제공한다. 뉴욕 대학교 의과대학 내 알츠하이머 치매 치료 센터의 중재 연구에서 사용된 진단 척도는 이 책의 뒤에 소개된 부록 A에서 예시 자료로 나열되어 있다.

평가의 구성 요소

평가는 정보 자료를 모을 수 있는 기회가 될 뿐만 아니라 유익하고, 이해하기 쉽고, 민감한 정보 자료를 심리 상담자에게 제공할 수도 있다. 각 심리 상담자는 인터뷰를 진행하는 자신만의 스타일이 있을 것이다. 어떤 사람들은 더욱더 조직적, 형식적인 반면, 다른 사람들은 대화적일 것이다. 어떤 스타일을 사용하든 간에 목표는 같다. 즉, 다음에 기술된 요건들과 관련된 정보 자료를 얻는 것이다. 현재 진행되는 평가는 변화를 측정하기 위해 앞으로 할 평가에 대하여 기초 자료가 되는 역할도 수행한다.

정보 자료를 이끌어 내는 과정에서 초점은 간호 제공자와 돌보는 환경에 맞추어져야 한다. 이것은 알츠하이머 치매 환자만큼이나 간호 제공자의 요구가 중요하다는 점을 강조하기 위하여 심리 상담에 의해 강조된 경험을 제공한다. 심리 상담자는 환자의 요구만을 존중하여 간호 제공자 자신의 요구는 무시하려는 의도를 자제할 필요가 있다. 간호 제공자는 환자를 더 잘 돌보려는 수단으로서뿐만 아니라 간호 목표로서 그들 자신의 웰빙을 유지하려고 노력하여야 한다. 간호 제공자에게 초점을 유지하기 위해서, 알츠하이머 치매 환자는 최초의 간호 제공자가 모이는 평가 회기에 참석하여서는 안 된다. 평가 면접은 간호 제공자가 환자를 안전하게 떠날 수 있을 시간과 장소에서 이루어져야 한다.

뉴욕 대학교 의과대학 내 알츠하이머 치매 치료 센터에서 사용하는 평가는 다음에 개관된 요건들을 포함한다. 평가를 기술하는 의도는 심리 상담자가 평가의 특징과 이런 종류의 심리 상담이 중요한 이유에 초점을 두도록 집중하는 데 있다. 심리 상담자는 그들이 일하는 작업에 이런 평가 작업을 적용할 수 있다. 몇몇 다른 작업에서는 다른 평가 형식이 사용된다. 다른 작업에서는 이런 광범위한 평가 작업을 적용하는 것이 불가능하다. 평가 과정에서의 반응들은 효과적인 개인에게 적합하게 구성된 심리 상담 계획을 만들어 내는 데 지침으로서 사용되어야 한다. 뉴욕 대학교 의과대학 내 알츠하이머 치매 치료 센터 평가는 연구의 맥락에서 진행되었다. 뉴욕 대학교 의과대학 내 알츠하이머 치매 치료 센터 연구 결과의 관점에서, 우리는 사회적 지원과 간호 제공자의 환자의 행동에 대한 평가가 심리 상담 과정에서 평가되고 함양되어야 할 필수적인 요소라고 제시한다.

거의 모든 작업에서 일상적으로 수집되는 자료, 예를 들면 나이, 성, 인종, 집 주소, 정식 교육의 수준, 직장에서의 지위, 결혼 여부, 가족 구성원, 경제적 상황, 현재 건강 상태 그리고 병력이 환자를 돌보는 데 있어서 어떤 영향을 끼치게 되는지 등을 검사한다. 알츠하이머 치매 환자의 간호 제공자에게만 특별히 관련이 있는 부가적인 자료, 예를 들면 치매의 가족력, 돌보는 일의 경험, 그리고 알츠하이머 치매에 대한 지식도 평가 시 고려되어야 한다.

각각의 평가 구성 요소는 그 자체만으로 값진 정보 자료이지만, 그것들의 의미와 돌보는 환경에서의 영향은 모든 정보 자료가 수집된 맥락에서 검토되어야 한다. 상당한 양의 자료들은 최초의 평가 시에 수집되며, 부가적인 관련 정보 자료는 심리 상담 과정에서 나타나게 될 것이다.

알츠하이머 치매 환자로 진단된 후 몇 주가 지났을 때 테드는 운전하다가 사고를 당했다. 그는 집에 와서 부인인 밀리에게 그가 가장 좋아하는 공구 가게를 찾다가 쇼핑센터에서 길을 잃었고 그의 차가 주차된 다른 차에 부딪치게 되었다고 말했다. 그는 매우 화가 났고 도무지 아무것도 찾을 수 없는 새로운 상점들이 많다고 말했다. 밀리는 겁이 났다. 며칠이 지나 그녀는 테드에게 이제는 운전을 하지 말 것을 당부했다. 그러나 그는 거절했다. 밀리는 또한 테드에게 일하러 가지 말 것을 당부했으나 소용 없었다. 그녀는 도움이 필요하다고 느꼈지만 과연 누구에게 이런 이야기들을 할 수 있을까? 테드는 밀리에게 그의 질병에 대하여 자녀들에게 말하지 말아 달라고 요구했고, 그녀는 어쨌든 그들에게 말하는 것이 옳은지에 관해서도 확신할 수 없었다. 밀리는 그녀의 친구가 그녀의 사춘기 딸과 문제가 있었을 때 지역 건강 센터에 간 적이 있고, 그때 그 심리 상담자가 매우 도움이 되었다고 이야기했던 것을 기억해 냈다. 아마도 그녀가 아무도 모르게 조언을 얻을 수 있을지도 모르겠다.

당면한 문제

평가의 최초 단계에서는 간호 제공자가 당면한 문제들을 기술한다. 왜 이 사람은 이 시기에 도움을 구하러 왔을까? 이 사람이 찾고 있는 도움의 종류는 무엇일까? 여기 이 사람은 돌보는 것에 대한 도움을 구하는 것일까? 평가는 간호 제공자에게 초점이 맞추어지고, 그것이 알츠하이머 치매 환자를 돌보는 가족들에게 심리 상담과 도움을 제공하기 때문에 간호 제공자는 사전에 이 서비스를 사용하게 될 것이다. 간호 제공자는 심리 상담자가 남은 평가 기간 동안에 발견하지 못한 사실들의 맥락 안에서 검토해야 할 아주 구체적인 일들을 기술할 것이다. 공통적으로 존재하는 문제들은 진단에 대한 반응, 질병의 증상, 질병과 관련된 가족 간의 갈등, 자료에 관한 정보 자료 요청 등을 포함한다. 만약 긴급한 상황이나 위기가 있다면 평가가 진행되기 전에 해결되어야 한다.

"내 남편 테드는 알츠하이머 치매 환자로 진단받았어요. 처음에 저는 그가 직업상 쓴 서류가 말도 안 된다는 것을 알아차렸지요. 그리고 나서 며칠 전에 쇼핑센터에서 그가 주차된 차를 들이받았기 때문에 다음에는 무슨 일이 일어날지에 관하여 겁이 납니다."

인구통계적 특성

심리 상담자는 간호 제공자의 나이, 성, 문화와 인종, 종교, 경제 상태와 고용 상태 그리고 가족 구성원에 대하여 조사할 필요가 있다. 간호 제공자와 작업을 할 때 이런 정보 자료가 필요한 이유를 다음과 같이 설명하겠다.

나이   간호 제공자의 나이는 특정 서비스나 지위에 어울리는 자격을 가졌는지 결정하는 데 사용될 수 있다. 또한 그것은 사람의 인생에서 많은 양상을 조사하는 데 기초적인 자료로 사용된다. 어떤 사람의 나이가 많다면, 심리 상담자는 그 사람의 신체적 건강이 특별히 예민하지는 않은지, 활력의 정도, 허약한 정도; 우울증을 포함하는 정신건강; 그리고 고립 가능성을 포함하는 사회적 여건에 대하여 알아야 한다.

나이 든 간호 제공자들은 전통적인 가족 구성원의 전통적인 역할을 고집한다(예를 들어, 부인은 주부이고 남편은 돈을 벌고 경제적인 역할을 담당하는 것). 그리고 간호 제공자의 역할을 수행할 때 새롭게 생겨나는 역할들에 대하여도 편안히 느낄 수 있도록 도움이 필요하다. 나이 든 간호 제공자들은 그들이 젊었을 때와는 또 다른 인생의 우선순위와 목표를 가지고 있다. 그들은 그들의 주요한 목표들을 이미 성취했거나 돌보는 역할에 관하여 많이 구속당하지 않을 것이다.

젊은 간호 제공자들은 그들의 배우자나 아이들을 이끌어야 하는 책무와 같이 돌보는 일과는 별도로 수없이 많은 책임을 가지고 있을 것이다. 알츠하이머 치매에 걸린 배우자를 둔 젊은 간호 제공자는 돈을 벌어 주는 사람도 없을 것이고 아이들도 돌봐야 하며 친구들도 없을 것이다. 젊은 간호 제공자는 나이 든 사람에 관한 정보 자료에는 친숙하지 않은 반면, 정보 자료나 지원을 구하기 위해 인터넷을 사용하는 것에 관해서는 더 친숙하다.

비록 나이라는 요소가 돌보는 역할에 관하여 접근하고 그리고 개인이 당면하고 있는 문제들에 관하여 접근하는 데 지침을 제공해 주긴 하지만, 각각의 나이가 비슷한 집단 안에서도 다양성은 존재하며, 심리 상담자는 일반적인 고정관념에 한정되지 않도록 주의해야 한다.

성   성 역할(gender roles)은 나이, 문화 그리고 가치관의 영향을 받는다. 예를 들어, 전통적인 가치관을 가지고 있는 남성 또는 여성 간호 제공자들은 가정에서는 성에 따라 서로 다른 역할을 수행하여야 한다고 믿는다(여자는 집안일을 하고, 남자는 돈을 관리한다). 여성 간호 제공자는 다른 가족 구성원의 개인적인 돌보기가 자연적으로 그들의 역할이라고 생각하는 반면, 남성 간호 제공자는 그렇지 않다. 어떤 간호 제공자들은 그들이 맡은 새로운 책임에 관하여 잘 적응하고 새로운 기술을 배우는 것을 즐긴다. 그러나 다른 사람들은 돌보는 일에서 새로운 의무를 떠맡는 데 있어서 성에 국한된 역할에서 벗어나는 데 어려움을 겪고 새로운 역할에 편안하게 될 때까지 도움이 필요하다.

간호 제공자의 관점에서 감당할 수 있는 임무가 무엇인지를 심리 상담자가 이해하는 것은 돌보는 일을 배분하는 데 있어서 도움을 줄 것이다. 어떤 간호 제공자들은 다른 가족 구성원에게 도움을 받기도 할 것이고 그들의 성을 고려해 부적당한 일이라고 생각되면 그 일을 하려고 하기보다는 형식적인 서비스를 이용할 것이다.

문화와 인종   간호 제공자의 인종과 문화적 기준은 환자의 치매 증상에 관한 지각에 영향을 끼친다. 이질적인 문화를 가진 사람은 알츠하이머 치매 환자의 의학적 진단을 받아들이더라도 그 원인에 관하여는 다른 탓으로 돌릴 것이다. 예를 들어, 치매는 어떤 문화에서는 신체와 정신의 불균형; 악령의 작용; 높은 권력, 가족 또는 조상 때문에 받는 벌[1]; 또는 나이 때문에 어쩔 수 없이 생기는 결과라고 생각한다. 의학적·문화적으로 조화로운 설명을 하는 방법은 심리 상담자의 작업에 영향을 끼칠 것이다.

많은 문화에서 가족 구성원이 아플 때 그를 돌보는 것은 누군가 떠맡아야 할 역할이라고 생각되기보다는 가족의 삶에 있어서 자연스러운 부분이라고 생각되어 왔다. "물론 나는 무엇을 해야 하든 간에 내 가족을 돕습니다." 특정 가족 구성원이 떠맡는 의무나 일은 문화에 따라 결정된다. 예를 들어, 성인이 된 자녀는 부모의 집에 머무르면서 가족이 원하는 대로 행동한다. 만약 젊은 세대가 미국의 주류 문화에 동화되고 나이 든 세대는 그렇지 않다면, 이것은 괴로운 상황을 초래한다.

문화는 또한 어떤 정도의 서비스가 받아들여질 수 있고 환자와 그들의 가족에게 사용되는지를 결정한다. 예를 들어, 자연 치유를 강력히 믿는 가족은 서구 의학의 도움을 쉽사리 받지 않으려 할 것이다. 다른 문화에서 온 많은 가족, 특히 최근의 이

---

1) 인도에서는 인과응보 또는 업보(karma)라고 해석한다. - 역자 주

민자들은 어디에 도움을 요청할지, 이 나라의 서비스를 어떻게 사용하는지, 또는 심지어 그 서비스가 그들에게도 해당하는지에 관하여 모를 것이다.

여러 가지의 사례에서는 언어가 서비스에 장애가 되거나 또는 심리 상담을 할 때 이해할 수 없는 부분들을 만들어 내곤 한다. 만약 가능하다면, 그리고 가족의 희망에 따라 그들의 모국어를 사용하고 그들의 문화를 이해하는 사람을 찾아 주는 노력이 이루어져야 한다. 심리 상담자는 간호 제공자의 문화적인 관점에서 비롯되는 쟁점들을 이해하려고 노력해야 하고 그 틀 안에서 작업하며 그 관점에서 친숙한 사람을 소개해 주어야 한다.

종교   종교는 많은 사람의 삶에 있어서 매우 중요하고 그들이 알츠하이머 치매 환자를 돌보는 접근 방식에도 영향을 끼친다. 종교는 힘과 안식의 원천이 된다. 종교라는 맥락 안에서, 사람들은 질병을 앓는 기간 내내 그들을 지탱할 수 있는 그 비극 속에서 의미를 찾는다. 그 개인들은 심리 상담자에게 의지할 뿐 아니라 삶의 안내자로서 종교 지도자에게도 의지한다. 심리 상담자와 종교 지도자에게는 특정한 내담자를 돕는 데 있어서 함께 작업하는 것이 유리하다. 어떤 간호 제공자들에게 종교는 돌보는 일과 관련된 스트레스를 줄여 주는 역할도 한다. 반면 다른 간호 제공자들은 그들의 종교적인 신앙에 따라 완벽하게 돌보는 역할을 해야 한다고 생각하기 때문에 종교가 스트레스와 부담으로 여겨질 수도 있다.

종교적 믿음은 가족들이 그 환자를 어떻게 돌볼지를 결정하는 역할을 한다. 어떤 종교는 어떤 의학적 절차를 수용하거나 거부할지에 대한 아주 구체적인 지침을 가지고 있다.

종교적 믿음은 또한 알츠하이머 치매에 있어서 어떤 진단을 받을지 확인해 주는 유일한 절차인 부검 절차를 밟을지에 관한 가족 결정에 영향을 끼친다. 대부분의 종교는 현재 사체를 부검하는 것에 관하여 용인하고 있지만, 어떤 사람들은 그들의 오래된 신념 때문에 그런 절차를 용납하지 않는다. 사체를 부검할지 하지 않을지에 대한 결정은 가족들 간의 의견 차이를 낳거나 가족 분쟁의 원인이 된다.

경제적 상태　　알츠하이머 치매를 가지고 있는 사람을 돌보는 것은 그 사람이 집에 있건 시설에 있건 간에 비용이 많이 든다. 심리 상담자가 가족의 경제적 상황을 아는 것은 가족에게 비싼 비용의 부담을 지우지 않고 환자를 돌보는 적당한 추천인을 제공하도록 돕는다. 가족들은 그들의 경제적 상태를 공개하는 것을 꺼릴 것이다. 심리 상담자가 경제 상태에 대해 질문하는 목적은 성인 일일 프로그램과 지역 건강 센터뿐만 아니라 의료 지원과 정부 프로그램의 혜택과 관련하여 그 가족들이 추천 대상이 되는지를 결정하기 위해서이고, 이 점을 가족들에게 반드시 설명해 주어야 한다.

고용 상태　　고용 상태는 간호 제공자가 환자를 돌보는 시간에 영향을 준다. 사람들은 만약 그들이 직업이 없다면 환자를 돌보는 것을 의무라고 생각하고 여가나 다른 자원 활동들을 그만둘 것이다. 직업이 있는 간호 제공자들은 집안에서 돌보는 일을 처리하는 데 있어서나 환자의 활동을 돕는 데 있어서 그가 일하는 시간에는 누군가의 도움이 필요할 것이다. 고용 상태는 심리 상담자가 추천할 수 있는 유형과 자료의 경제적 암시도 할 수 있을 것이다. 저임금 직업을 갖고 있거나 안정적 수입이 없는 간호 제공자는 적절하게 환자의 요구에 부응할 수 있는 자료를 찾는 데 도움이 필요할 것이다. 심리 상담자는 간호 제공자가 실직할 위험에 있거나, 승진 기회를 놓치거나, 또한 그들이 돌보는 일 때문에 일할 시간을 줄이거나 하는 일이 있다면 알고 있어야 한다.

교육　　교육의 수준은 사람이 질병을 이해하는 법과 정보 자료를 습득하는 방법을 결정한다. 어떤 간호 제공자들은 의학적·과학적인 용어로 질병을 이해할 수 있는 지식을 가질 것을 원하여 그 정보 자료를 위해 전문적 학술지를 읽기를 원하는 반면, 다른 간호 제공자들은 자신이 가지고 있는 정보 자료에 만족할 것이다. 제한적으로 교육받은 사람은 간단한 용어로 된 정보 자료를 원할 것이다. 비디오테이프는 몇몇의 사례에서는 정보 자료를 전달하는 데 있어서 책보다 더 효과적이다. 만약 사람이 기술을 사용하는 데 능숙하다면, 심리 상담자가 인터넷으로 자료를 제안하는 것도 가능할 것이다.

가족 구성원   가족 구성원의 수 및 그들과 간호 제공자와 환자 사이의 관계는 받을 수 있는 도움과 간호 제공자의 다른 의무들을 결정한다. 결혼한 간호 제공자의 배우자들은 (그들 자신을 제외한 환자를 돌보는) 간호 제공자를 응원하는 것에서부터 화내는 것까지 반응이 다를 것이다. 어린 자녀를 가진 간호 제공자들은 여러 가지 의무의 충돌을 경험할 것이지만, 성인 자녀가 있는 간호 제공자들은 돌보는 일을 나누는 데 있어서 자녀들의 의견을 존중할 것이다. 그래서 심리 상담자는 간호 제공자의 결혼 여부, 자녀의 수, 형제자매, 부모님, 그리고 간호 제공자나 환자와 친한 다른 친척들의 정보 자료를 알고 있어야 한다.

간호 제공자와 환자의 관계

미국에서는 알츠하이머 치매 환자의 반이 그들의 배우자에게 보살핌을 받고 있다. 약 1/3의 환자는 성인 자녀의 돌봄을 받고 있다. 형제자매나 손자와 같은 가족 구성원 또한 환자를 돌보고 있다. 환자와 간호 제공자의 가족 관계는 질병에 대한 간호 제공자의 반응과 돌보는 역할에 대해 중요한 시사점을 제공한다. 예를 들어, 배우자가 알츠하이머 치매로 고생한다면 그것이 간호 제공자의 모든 삶의 국면에 영향을 끼치는 반면, 환자와 같이 살고 있지 않은 성인 자녀는 자신의 삶의 방식을 조금이나마 유지할 수 있을 것이다.

배우자가 치매 환자를 돌보는 역할을 할 때는 그 배우자가 첫 번째인지 또는 전에 결혼한 적이 있는 사람인지, 현재 결혼 또는 전혼(前婚) 또는 다른 관계에서 자녀가 있는지를 주의해서 관찰해야 한다. 단지 이혼을 생각할 수 없기 때문에 형식적으로 결혼 관계를 유지하고 있는 간호 제공자는 알츠하이머 치매를 가진 배우자를 돌보아야 한다면 매우 불쾌해할 것이고, 이런 사연이 있는 부부의 행복은 그 질환에 의해 짧게 끝나고 말 것이다.

성인 자녀가 간호 제공자일 때는 그들의 형제자매와 다른 가족 구성원과 환자를 돌보는 의무를 배분하는 것, 어디서 환자를 돌봐야 할지, 잠재적인 유산의 관리를 어떻게 할지에 관하여 의견 불일치를 보일 것이다. 유산 처리 문제에 관한 의사 결정과 돌보는 의무를 나누는 것은 혼합된 가족의 경우에는 더욱 복잡하다.

환자와 간호 제공자의 관계는 환자의 자산에 접근할 수 있는 자격이 있는지, 그 자격에 지원할 수 있는지, 그리고 환자를 대신하여 의학적·법적 결정을 할 수 있는지에 영향을 끼친다. 간호 제공자는 다른 관계들과도 연결되어 있고, 환자에게 관여할 수 있는 정도의 의무와 간호 제공자 각자가 해야 하는 일도 있을 것이다.

환자에 관한 정보 자료

심리 상담자의 주요 초점이 알츠하이머 치매 환자의 간호 제공자에게 있다고 해도, 간호 제공자의 역할과 의무를 이해하기 위하여 환자의 심리 상담자가 알아야 할 필수적인 정보 자료가 있다.

질병에 관한 정보 자료   환자의 치매 단계에 관한 객관적인 정보 자료를 갖는 것은 중요하다. 이것은 심리 상담자가 알츠하이머 치매 환자의 능력과 한계에 관한 간호 제공자의 인지가 옳은지를 이해하는 데 도움이 된다. 환자의 능력에 대하여 과대평가 또는 과소평가하는 간호 제공자는 부적절한 요구를 할 것이고, 환자에 대해 서로 간의 절망을 초래할 수 있는 비현실적인 기대를 할 것이다. 이 정보 자료는 심리 상담자와 간호 제공자가 적절한 계획을 만들 수 있도록 도와줄 것이다.

만약 알츠하이머 치매의 진단 관련 정보 자료를 환자를 진료하는 의사로부터 얻을 수 있다면, 그것은 환자의 인지 상태에 관한 객관적인 자료가 될 것이다. 그렇지 않다면 다음과 같은 질문을 제기함으로써 환자의 치매 상태에 대한 심각도를 이해하는 것이 가능하다.

◆ 당신의 가족에게 최근에 있었던 일에 관하여 기억하는 것에 어려움을 겪나요? 같은 질문을 계속해서 하나요? 물건을 잃어버리거나 제자리에 놓지 않나요? 이

질문에 대한 대답이 긍정이라면 환자는 치매의 초기 상태일 수 있다.

◆ 신체적 장애(physical disability) 때문이 아니라, 당신의 가족이 돈 계산을 하거나, 혼자 여행하거나, 또는 전화기를 사용하는 데 도움이 필요한가? 이 질문에 대한 대답이 긍정이고 다음의 질문에 대한 대답은 부정이라면 환자는 치매의 중기 단계일 수 있다.

◆ 신체적 장애 때문이 아니라, 당신의 가족이 옷을 입고, 목욕하고, 또한 먹는 데 도움이 필요한가? 이 질문에 대한 대답이 긍정이라면 환자는 치매 말기이다.

환자가 가지고 있는 다른 질병에 관하여 아는 것도 중요하다. 그 다른 질병들은 기능적 장애를 악화시키고 간호를 복잡하게 만들 것이기 때문이다. 간호 제공자에게서 환자의 정보 자료를 얻을 때, 심리 상담자는 가능한 한 무지(無知)나 남용에 관하여 주의 깊게 들어야 한다.

배경지식   돌보는 일을 함께 조율하고 추진하기 위해서는 환자의 삶, 고용 상태, 사회적 삶, 다른 관심사나 취미, 책임, 그리고 가족 안에서 담당하는 역할 등에 관한 그림을 가지고 있어야 한다. 환자가 이 활동들을 계속할 수 있는지에 관하여 의문이 생겨날 수 있다. 대안적으로 이런 활동들은 환자에게 계속적인 자극과 자기만족의 원인이 될 수도 있다.

환자의 가정환경   환자가 살고 있는 환경에 관하여 질문하는 목적은 그것이 안전한지, 그 사람의 독립적인 작용을 함양하는지, 그리고 환자를 돌보는 것을 쉽게 해 주는지에 관하여 평가하기 위해서이다. 알츠하이머 치매가 진행되는 전 과정에서 적절한 조명 유지, 방과 방 사이의 장애물 제거, 좁은 공간에서의 양탄자 제거 같은 사항을 고려할 필요가 있다. 집 안의 안전과 관련된 다른 질문들은 독극물과 날카로운 물질에 접근할 수 있는지, 욕실과 창문에 잠금 장치가 되어 있는지와 같이 환자의 질병 단계에 따라 초점이 맞추어져야 한다. 어떤 질문들은 환자가 시골에 살고 있는지 또는 도시에 살고 있는지와 관련이 있다. 심리 상담은 간호 제공자가 이런 목표를 달성하기 위하여 변화를 제안하는 것을 포함한다.

평가 면담 자료 발췌: 밀리와 테드

밀리는 "나는 62세이고 테드는 고작 65세입니다. 우리는 이 일이 있기 전까지는 건강하게 살아왔습니다. 테드는 항상 힘이 넘쳤어요."라고 말했다.

"나는 15년간 일해 왔지만 아이들이 자랄 때는 집에 있었고, 테드만 일을 했습니다. 그는 보험회사에서 일했습니다. 나는 아이들과 남편을 돌보는 것이 좋았습니다. 그리고 그는 항상 집안일을 잘 도와주었습니다. 그는 아무거나 고칠 수 있었고, 항상 공과금을 밀린 적이 없었습니다. 우리는 미래에 관하여 걱정이 없었습니다. 테드는 안정적인 직업이 있었고 당분간은 퇴직할 계획이 없었습니다. 이제 그는 알츠하이머 치매 환자로 진단받았기 때문에 직장을 그만두려고 합니다. 신경과 전문의는 테드가 알츠하이머 치매 중기에 해당하므로 퇴직하는 것이 좋을 것이라고 말했습니다."

"우리는 평범한 미국 가정이라고 말할 수 있습니다. 우리는 여행도 많이 다니지 않았고, 우리는 41년 전에 이사 온 그 집에 아직도 살고 있습니다. 나는 교회를 열심히 다니고 있습니다. "

"나는 현재 같은 법무법인에서 비서로 15년간을 일해 왔습니다. 나는 일하지 않아도 되었지만 아이들이 자라고 나서는 무엇인가 내가 할 일을 찾았고, 테드가 그의 친구가 비서를 원하니 내가 해 보라고 해서 직장을 구할 수 있었습니다. 나는 직장이 필요 없었지만, 테드는 항상 좋은 조력자였습니다. 이제 나는 남편 없이 무엇을 할 수 있을지 모르겠습니다."

"우리는 세 명의 훌륭한 자녀를 두고 있습니다. 톰은 40세입니다. 그는 다이앤이라는 좋은 여자와 결혼해 십대 자녀 둘을 두고 있습니다. 다른 딸인 캐럴은 38세이고 세 명의 자녀를 두고 있습니다. 톰과 캐럴 모두 가까이 살고 있고, 다른 아들인 매트는 멀리 살고 있습니다."

환자를 간호하는 데 있어서 간호 제공자의 역할

환자를 간호하는 양과 종류는 간호 제공자가 도움을 구하는 문제에 영향을 끼친다. 만약 간호 제공자가 환자를 최우선으로 간병하고 있고 모든 직접적인 문제를 해결하고 있다면, 심리 상담은 간호 제공자 자신의 노력을 함양시키기 위한 형식적인 서비스 교육을 포함할 것이다. 만약 간호 제공자가 직접적으로 환자와 대면하고 있는 다른 간호 제공자를 관리하고 있다면, 그들은 서로 의견 일치에 이르고 현실적인 기대를 형성하는 방법에 관한 도움을 원할 것이다. 간호 제공자가 환자와 같이 살고 있지 않은 경우에는 일터와 집, 환자의 집을 멀리 다녀야 할 것이다. 그들은 환자의 요구에 대한 현실적인 도움을 줄 수는 없지만, 가까이서 감독하지 않고서는 집에서 간호 제공자에 대한 감독과 관리, 간호 제공자의 업무와 일상생활의 관리를 하는 데 어려움을 겪을 것이다. 만약 환자가 주거 시설에 살고 있다면, 간호 제공자는 그 직원들과 자주 교류하고 방문하며 환자의 현실적 기대에 부응할 수 있도록 심리 상담을 할 필요가 있다.

환자와는 먼 거리에 살고 환자를 규칙적으로 방문할 수 없는 간호 제공자는 환자의 안전과 안녕을 보장하고 위기 발생 시에 방문할 위험을 최소화할 수 있는 감독 시스템을 가지고 있을 필요가 있다. 환자를 규칙적으로 방문할 수 있는 간호 제공자는 환자를 잘 보살피면서 자기의 시간을 너무 할애하지 않도록 잘 짜인 시간표를 가지고 있어야 한다. 모든 간호 제공자는 환자에 대한 정보 자료를 위해 일일 시간표를 가질 필요가 있다.

간호 제공자의 신체적 건강

심리 상담자는 간호 제공자의 현재 질병에 관하여 물어보아야 한다. 신체적, 시각적, 청각적 상실; 약물 복용; 알코올의 사용; 그리고 전반적인 현재의 신체적 건강에 대한 주관적인 평가. 마지막 항목이 중요한 이유는 실제 그들이 가지고 있는 질병의 수보다 사람의 능력이 알츠하이머 치매 환자를 돌보는 데 있어서 중요한 지표가 되기 때문이다.

간호 제공자의 신체적 건강의 정도와 질병은 돌보는 양과 그/그녀가 안전하게 제공하는 감독의 정도를 결정한다. 간호 제공자가 신체적으로 아프고, 불구이고, 허약하다면 부가적인 도움이 없을 경우 그들 자신과 환자를 위험하게 만들 수도 있다.

간호 제공자가 종종 환자의 요구 때문에 자신의 건강을 함부로 다루는 경향이 있기 때문에, 심리 상담자는 간호 제공자가 자기 태만을 저지르지는 않는지를 유심히 살펴보아야 한다. 이런 간호 제공자들은 수면, 운동 그리고 영양을 포함하여 자신을 돌보는 일을 중요시해야 하고, 의사를 규칙적으로 방문해야 한다.

간호 제공자의 정서적 건강

간호 제공자의 정서적 안정과 쾌활함은 돌보는 일에 더 잘 적응하게 할 수 있다. 알츠하이머 치매 환자의 간호 제공자는 그들의 어려웠던 인생 역정의 사전 경험을 현재의 상황에 불러일으킬 것이다. 이런 정서적 반응들은 간호 제공자의 신체적 건강을 해치는 데 기여할 수 있다(예를 들자면, 자기 태만으로써). 그것은 또한 간호 제공자가 사회적 지원과 휴식을 얻으려고 하지 않게 만들고, 간호 제공자와 환자의 잠정적인 사회적인 고립을 초래할 것이다.

간호 제공자의 정서적 반응이 격해지고 심하게 손상되면, 이런 증상들은 치료의 초점이 되어야 하거나 그 사람은 당장 치료받을 수 있는 환경에 놓여야 한다. 만약 간호 제공자의 환경이 환자를 어려움에 처하게 한다면, 다른 가족이 개입되어야 하거나 추천인이 보호적인 서비스를 만들 필요가 있다. 과거에 정신 질환이 있거나 만성적으로 정신 이상 증세가 있던 간호 제공자는 알츠하이머 치매 환자를 돌보는 일을 함에 있어서 영향받기 쉽고 부가적인 도움이 필요할 것이다. 자살을 상상하거나 계획하고 있는 간호 제공자는 반드시 당장 적절한 치료를 받아야 한다. 심리 상담자는 또한 알코올이나 약물 남용의 사용이 있는지를 알아보기 위하여 반드시 이에 대하여 질문해야 한다. 간호 제공자의 정서적 질환의 극단적인 사례에 대비하여, 심리 상담자는 환자를 돌보는 데 있어서 다른 대안을 추진해야 한다(예: 다른 가족 구성원이 돌보거나 요양원에서의 휴식).

간호 제공자는 우울이나 불안과 같은 정신 이상 증세가 심해질 위험에 있다. 환자를 돌보고 있는 배우자는 특히 우울증의 위험이 있다. 한 연구에 따르면, 심리 상담과 지원이 간호 제공자의 우울증 경험의 횟수에 많은 영향을 끼친다. 간호 제공자는 이런 이상에 대한 감독을 받아야 하고, 심리 상담은 사회적 지원을 증가시키고 이런 이상 증세를 감소시키기 위한 수단으로서 환자의 증상에 대한 현실적인 평가를 내려야 한다. 어떤 간호 제공자는 부가적으로 약리학적 중재로부터 도움을 받는다.

질병에 관한 간호 제공자의 이해와 반응

알츠하이머 치매에 대한 간호 제공자의 지식　　어떤 간호 제공자는 심리 상담을 받으러 오기 전에 알츠하이머 치매에 대하여 많은 양의 연구를 할 것인 반면, 그렇지 않은 경우도 있을 것이다. 어떤 사람은 그 질병이 진행됨에 따라 그들의 친척에게 무슨 일이 일어날지를 아는 것을 두려워할 수도 있다. 환자에게 일어날 질병의 영향에 대한 정확한 이해는 환자의 행동에 대한 간호 제공자의 이해와 미래에 대한 현실적인 계획에 영향을 끼치고 적절하게 환자를 돌볼 수 있게 한다. 4장에서는 질병에 대한 간호 제공자의 이해 정도를 평가하기 위한 질문들에 대하여 자세하게 기술한다.

환자의 행동에 대한 간호 제공자의 이해　　심리 상담 절차에서 환자의 능력과 손상 정도에 대한 간호 제공자의 이해가 심리 상담자가 치매의 심각성에 대하여 얻은 다른 정보 자료와 비슷한지를 아는 것은 중요하다.

간호 제공자의 증상에 대한 이해 방법은 그것이 스트레스인지 또는 우울증인지와 같이 돌보는 데 있어서 중요한 결정 요소이다. 예를 들어, 간호 제공자는 알츠하이머 치매 환자가 일부러 장애가 있는 것처럼 행동한다고 생각하는가? 간호 제공자는 알츠하이머 치매 증상을 노화의 표시라고 생각하는가? 간호 제공자는 알츠하이머 치매 환자가 지금 행동하는 것과 마찬가지로 계속 행동할 것이라고 말하는가? 만약 그렇다면 환자의 행동의 원인에 대한 무지를 교정하기 위한 심리 상담은 잠재적으로 간호 제공자의 안녕에 강한 영향을 끼칠 것이다.

환자의 행동에 대한 반응　알츠하이머 치매 환자를 돌보는 과정에서 환자의 기억력과 행동의 변화에 대한 간호 제공자의 반응은 시간에 따라 변할 것이고, 또한 그 반응은 그들의 기질과 그들이 다루는 많은 일을 반영할 것이다. 질환의 초기 단계에 있는 친척을 보살피는 사람은 시간이 지난 후에는 상대적으로 행동이 양호해지면 많이 좌절할 수 있다. 처음에 매우 적극적이었던 간호 제공자는 나중에는 그 질병의 증상을 다소 쉽게 지나칠 것이다. 간호 제공자의 반응의 동기를 이해하면서 심리 상담자가 부가적인 질병에 대한 교육이나 행동 관리 기술의 증진, 환자의 행동에 담긴 의미의 재설정, 휴식 권고 등을 결정하는 것은 간호 제공자가 스트레스를 덜 받고 환자에게 효과적으로 반응하는 것을 돕는다.

> "신경과 전문의가 그에게 알츠하이머 치매에 대해 진단을 내리면서 그 질환에 대해 조금 말해 주었습니다. 내 이웃의 어머니도 알츠하이머 치매 환자이고, 그녀는 떠돌아다니곤 했습니다. 경찰관이 어머니를 집에 데려가라고 했습니다. 테드가 그렇게 똑같이 행동한다고 생각하는 것조차 참을 수가 없습니다."

> "나는 테드 때문에 짜증이 납니다. 그는 내가 말하는 것을 흘려 듣습니다. 왜 그는 같은 질문을 계속 해대는 걸까요? 그것이 정말 나를 짜증나게 합니다."

사회적 지원

사회적 지원에는 가족이나 친구와 같은 비형식적인 지원과 유료 인력이나 사회적 서비스와 같은 형식적인 지원이 있다.

비형식적 지원　사회적 지원에는 많은 차원이 있다. 사회적 네트워크의 많은 사람들(아이들, 형제들, 친구들) 그리고 그들과 간호 제공자의 관계, 각 구성원이 제공하는 지원의 종류(정서적, 업무 관련적, 경제적), 구성원 간 네트워크에서의 부정적 반응, 간호 제공자가 지원 시스템을 찾는 것을 돕는 방법, 간호 제공자가 그/그녀의 욕구를 얼마나 잘 돌보고 있는가. 심리 상담자는 간호 제공자의 사회적 네트워크의 질적 정도를 평가하기 원할 것이고, 만약 필요하다면 간호 제공자를 도울 수 있도록 구성원의 역할을 증진 시키는 방향으로 작업할 것이다. 간호 제공자인 배우자는 질병 발생 이전에는 사회적 지원의 주요 원천이었던 남편 또는 부인에게 의존했을 것이다.

자연적으로 고립 상태에 이르게 되는 간호 제공자들은 도움의 손길을 원하는 것이 부담스러울 수 있다. 사회적 지원이 돌보는 일의 부담을 얼마나 덜어 주는가에 관한 연구를 그들과 공유하는 것은 유용한 반면, 사회적 상호작용 자체만을 평가하는 것은 그들에게 부담스러울 수 있다.

가족은 간호 제공자들에게 귀중한 도움이 될 뿐만 아니라 스트레스의 원천이 될 수도 있다. 관련 연구는 가족 분쟁을 줄이는 것은 간호 제공자가 가족의 지원을 증가시키는 것만큼이나 중요하다고 말한다. 최선의 경우 가족 구성원은 언제 어떻게 도움을 제공할지 알아내어 간호 제공자에게 도움을 주어야 한다. 최악의 경우 가족 구성원이 서로 이해하지 못하고 비현실적인 기대를 하여 서로 비판적이 되고 화를 내면 간호 제공자에게 스트레스를 증가시킬 수 있다.

형식적 지원　심리 상담자는 간호 제공자가 이미 형식적 지원, 집에서의 유료 도움, 일일 돌봄이, 다른 지역 지원 등을 받고 있는지, 그리고 이 서비스들이 간호 제공자와 환자의 욕구를 제대로 만족시키는 정도에 관해 알고 싶어 할 것이다. 환자가 노인 의료보험 제도(Medicare), 저소득층 의료보장 제도(Medicaid), 재향군인국(Veteran Administration benefits), 장애 보험 등의 혜택을 받고 있는지를 아는 것은 중요하다.

"우리는 우리의 자녀들과 매우 가까웠고 톰과 다이앤을 항상 돌보아 왔습니다. 매트가 멀리 살긴 하지만, 우리는 그와도 매주 대화를 나누었습니다. 어떻게 당신은 나에게 자녀들로부터 도움을 받으라고 이야기할 수 있나요? 우리는 아직 그들에게 아무 이야기도 하지 않았습니다. 우리는 이미 많은 좋은 친구를 잃었습니다. 그러나 그들이 나를 위해서 무엇을 해 줄 수 있나요? 나는 캐럴의 자녀를 돌봐 주는 것을 좋아합니다. 그리고 톰의 자녀가 어렸을 때도 그의 자녀를 돌봐 주곤 했어요. 그러나 불행히도 나는 아무것도 아이들에게 요구할 수가 없네요."

"왜 내가 집안일을 위해서 누군가를 고용해야 하죠? 나는 요리하고, 청소하고, 쇼핑하고 테드 또한 가정적인 남자인데 말입니다."

삶의 질

앞에서 기술한 요소에 덧붙여, 각각의 개인이 삶의 질을 위해 무엇이 중요한지에 관한 전체적인 그림을 얻는 것은 중요하다. 그/그녀의 가치관은 무엇인가? 삶의 질을 높이기 위하여 간호 제공자가 변화해야 할 점은 무엇인가? 의학적 전통에서 도출해 낸 일련의 생각은 삶의 질을 측정하는 수단으로서 신체적인 기능과 건강한 행동을 강조한다. 현재 그 개념은 정신건강과 정신 기능, 사회 활동과 사회적 기능, 직업적 기능, 그리고 종교적 활동(영적 수행, 명상, 기도)을 포함하는 데까지 넓혀졌다.

우리는 간호 제공자가 '0'은 최악 그리고 '100'은 최선을 의미하는 섭씨 온도계와 같은 하나의 그림적 표상으로 삶의 질을 나타내는 것에 매우 잘 반응한다는 것을 발견했다. 그것은 그들이 의미 있다고 여기는 그들의 삶의 국면을 이야기하는 데 있어서 배경을 제공한다. 이 측정은 심리 상담 후에 반복될 때 전반적인 향상의 지표로서 유용하다. 환자를 돌보는 능력이 있다고 생각하고 적절한 사회적 지원을 받는 간호 제공자는 일반적으로 그들의 삶의 질이 향상되었다고 평가할 것이다(아마도 그들의 자신감, 충분한 수면, 그리고 더욱 효과적인 신체적 · 정서적 지원 때문에).

"만약 당신이 이 질문을 몇 달 전에 했다면 나는 내가 원하는 전부를 가지고 있다고 말했을 겁니다. 그러나 지금 모든 것이 변했습니다. 나는 0에서 100까지의 척도 중에 내 삶의 질은 75라고 말할 수 있습니다."

의학적 인상[2)]

평가를 하는 동안에 심리 상담자는 심리 상담이 진행되면서 나타나는 경험과 함의를 향한 간호 제공자의 일반적인 행동의 양상을 얻으려고 노력할 것이다. 이것들은 신체 언어(body language), 대화의 어조, 간호 제공자와 심리 상담자의 상호작용과 같이 진술되고 진술되지 않은 의학적인 인상이다.

새로운 생각에 호의적이고, 문제해결 능력이 뛰어나고, 긍정적이고, 어려운 상황에서도 웃음을 찾는 간호 제공자는 적절한 도움과 정보 자료를 고려할 때 돌보는 역할을 하는 데 있어서 내부적인 재능을 가지고 있을 것이다. 돌보는 일은 유연함과, 엄격한 사람에게는 과도한 요구라고 느껴질 수 있는 다른 사람의 욕구에 대한 초점, 절망하지 않고 인내하기, 또한 자기중심적이기를 요구한다. 잘 우울해지는 성격을 가지고 있는 사람은 질병을 돌보는 과정에서 돌보는 일을 수행하는 데 있어서 동기와 에너지를 동원하는 데 어려움을 겪을 수 있다. 불안한 사람은 질병에서의 기대하지 못한 난관에 닥쳤을 때 필요한 결정을 내리기가 곤란해질 수 있다.

외향적이고 사회적 관계가 활발한 사람은 돌보는 일에 부여된 한계를 알아낼 것이다. 왜냐하면 그들은 질병의 과정에서 그들의 친족과 관계를 지속하지 못할 것이기 때문이다. 내향적인 사람은 도움을 구하고 도움을 받는 데 어려움을 겪을 것이고 전문적으로 돌봐 주는 사람과 다른 서비스 제공자와 교류하는 데 강압적인 느낌을 받을 것이다.

----

2) 이 주제의 요지는 간호 제공자의 유능성은 그의 성격 유형(예: 문제해결 역량, 성격의 안정성과 유연함, 참을성, 내향성이나 외향성, 불안 수준과 종류, 과업에 대한 책임성 등)에 의해서 좌우된다는 것을 시사한다. - 역자 주

간호 제공자의 개성을 이해함으로써, 심리 상담자는 알츠하이머 치매 환자를 돌보는 방법에 있어서 그들의 강점을 최대화하고 그들의 한계의 영향을 최소화하는 중재를 계획할 수 있다. 심리 상담자는 또한 개별 간호 제공자에게 돌보는 일에 있어서의 특히 쉽거나 어렵게 느껴지는 특정한 측면을 기대할 수 있다. 심리 상담의 전 과정에서 심리 상담자는 부정적인 결과를 얻지 않기 위해서 간호 제공자의 특징을 알아야 한다. 평가에서 얻어진 정보 자료로는 돌보는 개인 각각을 위한 심리 상담 계획을 만들 수 있다.

예제: 알츠하이머 치매 상태에 대한 평가 요약

밀리와 이야기를 한 후, 지역 센터에 있는 심리 상담자는 다음과 같이 평가 내용을 기술했다.

밀리는 62세의 여성이고, 65세 테드와 41년간의 결혼 생활 중이다. 그들은 둘이 다 카프카스 사람이고 루터 교회에 다닌다. 장남인 톰은 40세이고 결혼했으며 13세와 16세인 두 아이를 두고 있다. 밀리와 톰과는 한 시간이 걸리는 거리에 떨어져 산다. 둘째 아들인 매트는 34세이고 다른 주에 살고 있다. 딸인 캐럴은 38세이고 결혼하여 각각 8세, 6세, 4세인 아이 셋을 두고 있고, 한 시간 반이 걸리는 거리에 떨어져 살고 있다. 밀리는 현재 전일제 비서로 고용되어 있고, 그곳에서 15년간 일해 왔다. 그녀와 테드는 그들의 결혼 생활을 통틀어 중산층 이웃과 함께 이층짜리 집에서 계속 살아왔다.

밀리가 심리 상담을 받으러 온 이유는 그녀의 남편이 최근에 알츠하이머 치매 환자로 진단받았기 때문이다. 테드는 알츠하이머 치매만 빼면 아주 건강하다. 밀리는 그녀의 남편의 직업, 그의 안전 그리고 그들의 미래에 관하여 걱정하고 있다. 그녀는 테드 없이 자신이 무엇을 해야 할지 모르겠다고 했지만, 그녀가 그 문제에 대해 어떻게 접근할지 알 때까지 테드의 질환에 대해 그의 가족에게 말하고 싶어 하지 않는다. 밀리는 계속 테드의 질병에 관하여 아무에게도 알리고 싶지 않다고 이야기하고 비밀을 지킬 수 있는 심리 상담 과정이 있는지에 관하여 물어본다. 나는 그녀에게 심리 상담으로 얻은 모든 정보 자료는 비밀로 지켜질 것이라고 확신시켰고, 외부인과 우리의 심리 상담 정보 자료를 공유할 때의 내가 가진 의무를 설명해 주었다.

밀리의 건강은 좋다. 그녀는 행복한 결혼 생활을 유지해 왔다고 말했다. 그는 언제나 좋은 제공자였고, 항상 계산서를 담당했으며, 집을 고쳐 주었던 반면, 그녀는 요리와 음식 쇼핑을 도맡아 했다. 밀리는 그녀와 그녀의 남편이 그들의 아이와 함께 좋은 관계를 유지했다고 말했다. 비록 오래된 친구들은 밀리와는 다른 주로 이사 갔지만, 밀리는 그녀의 직장 동료와 이웃과 다정하게 지냈다. 밀리와 테드는 규칙적으로 교회에 다녔다.

밀리는 유쾌하고, 다정하게 말하는 사람이지만 걱정스러워 보였고, 우울한 증상도 있었다. 그녀는 남편이 인지적 어려움을 겪는다는 것을 알면서 매우 스트레스를 받았다고 진술했다.

밀리에게는 많은 장점과 가족의 지원이 있다. 그러나 남편의 진단 결과로 인해 그녀는 그에게 나타나는 변화에 어떻게 대처할지 막막해했다. 그녀는 알츠하이머 치매에 대해 잘 이해하지 못하고 있으며, 이 시점에서 다른 정보 자료를 얻기 위한 그녀의 노력도 기대할 수 없다. 그녀는 조직하고 문제를 푸는 능력을 가진 일을 잘해 내어 왔으며, 이것은 우울과 불안의 증상을 줄이고 지원에 접근하는 데 도움을 줄 수 있을 것이다. 당면한 문제는 테드의 운전과 직업적 위험 및 가족에게 그 진단을 알리는 것이다.

다음 장에서 우리는 밀리와 그 심리 상담자 간에 합의한 심리 상담 계획을 검토해 볼 수 있을 것이다.

심리 상담자용 검목표(checklist)

당면한 문제

☐ 간호 제공자에게 왜 도움을 구하러 왔는지 물어보라.

☐ 전체 평가 과정에서 밝혀지지 않은 요소의 맥락에서 특정한 이슈가 있는지 살펴보라.

평가

☐ 왜 환자가 아닌 간호 제공자에게 초점을 두는지를 설명하라.

☐ 알츠하이머 치매 환자는 평가 인터뷰 현장(field)에 동석하지 말아야 한다.

인구통계적 특성

☐ 간호 제공자의 나이, 성, 문화 그리고 인종, 종교, 경제적 그리고 고용 상태, 교육 배경 그리고 가족 구성원에 대하여 기록하라.

간호 제공자와 환자의 관계

☐ 간호 제공자와 환자의 (현재 그리고 과거) 관계를 평가하라.

환자에 대한 정보 자료

☐ 의학적인 정보 자료 없이, 환자의 치매의 심각한 정도를 당신이 평가할 수 있는 세 가지 질문을 하라.

☐ 환자의 인생, 구직 상황, 가족에서의 역할과 책임, 그리고 사회적 삶에 관하여 물어보라.

☐ 가정환경이 안전한지를 평가하라.

돌보는 역할

☐ 알츠하이머 치매 환자를 돌보는 데 있어서 간호 제공자에게 요구되는 역할을 평가하라.

간호 제공자의 신체적 건강

☐ 간호 제공자가 자신의 전체적인 건강을 어떻게 평가하는지를 물어보고 간호 제공자

의 의학적 내력을 기록하라.
□ 수면, 운동 그리고 영양적인 요구에 대한 주의를 포함해 자신을 돌보는 것을 평가하라.

간호 제공자의 정서적 건강
□ 정서적 반응의 심각성을 평가하고, 진단받을 수 있는 적당한 곳을 추천하라.
□ 과도한 양의 알코올과 약물 섭취가 있는지 찾아보라.
□ 우울한 간호 제공자의 자살 의도나 계획이 있는지 평가하고 당장 적당한 조치를 취하라.
□ 간호 제공자의 무능이라는 극단적인 경우에 대비하여 환자를 돌볼 수 있는 대안적인 계획을 마련하라(예를 들면, 다른 가족이 돌본다든가, 요양원에서의 휴식).

질병에 관한 간호 제공자의 이해와 반응
□ 간호 제공자의 알츠하이머 치매에 관한 지식의 정도를 평가하라.
□ 환자의 능력 정도와 도움의 필요에 관한 간호 제공자의 이해를 조사하라.
□ 간호 제공자가 감당하기에 가장 힘들어하는 증상을 알아보라.

사회적 지원
□ 간호 제공자의 사회적 관계(비형식적 지원)의 질을 평가하라.
□ 이런 종류의 서비스가 간호 제공자의 욕구에 부합하는지 알아보기 위하여 형식적인 지원을 평가하고 환자가 자격이 되는 서비스를 사용하고 있는지 알아보라.

삶의 질
□ 간호 제공자에게 '0'은 최악, '100'은 최선을 나타낼 때 환자의 현재 삶의 질이 어느 정도에 해당하는지 물어보라.

의학적 인상
□ 간호 제공자의 장점을 이용하고 단점을 해결하기 위한 개인적인 심리 상담 계획을 만들기 위해 간호 제공자의 개인적 성격 유형을 평가하라.

제3장
간호 제공자의 심리 상담

　간호 제공자는 진단의 시점부터 사별(死別)의 시기까지 질병의 전 과정에서 언제든지 심리 상담을 받고 싶어 할 것이다. 그들은 환자의 행동 관리, 또는 지원에 관한 일반적인 도움과 같이, 구체적인 문제에 관한 도움을 요청할 것이다. 알츠하이머 치매에 관한 심리 상담자의 경험과 지식은 간호 제공자가 경험한 것, 그/그녀가 현재 상황을 효과적으로 다루기 위해 알아야 할 것, 그리고 질병이 진행되면서 변화될 것을 예측하는 것과 같은 환자의 질병의 단계를 이해하는 데 도움이 될 것이다. 심리 상담자는 질병의 새로운 단계에 대응하거나 또는 요양 시설에 가야 할 때 간호 제공자를 도울 수 있다.

　알츠하이머 치매 환자를 돌보는 간호 제공자를 대상으로 심리 상담을 하는 것은 여러 가지 목적이 있다. 가장 두드러진 목적은 간호 제공자의 신체적·정서적 안녕을 유지하고 함양하는 것이다. 간호 제공자는 알츠하이머 치매 환자의 고독, 스트레스 그리고 우울증에 관해서 돌보는 일을 하면서 생기는 부정적인 영향을 줄인다.

그리고 환자가 잘 보살핌을 받을 수 있도록 보장한다. 심리 상담은 교육, 지원, 추천, 그리고 부가적인 자원에 관한 정보 자료를 제공하는 것을 포함할 수 있다.

이 장에서는 중재를 수행하고 실행하는 것을 통해 간호 제공자와 접촉하는 것부터 결과를 평가하는 것까지 심리 상담의 전 과정에 대한 지침(guide)을 다뤘다. 그것은 또한 심리 상담자가 간호 제공자의 장점을 풍부하게 하고 그들의 한계를 최소화하는 심리 상담 전략과 기술을 포함한다.

심리 상담 합의의 조건

각각의 심리 상담 환경(setting)에는 서비스를 제공하기 위한, 고객에게 명백하게 설명되어야 하고 심리 상담이 시작되기 전에 합의되어야 하는 그것만의 절차와 필요조건이 있다. 고객은 어떤 서비스가 제공될지, 보수가 필요하다면 얼마인지에 관하여 이해할 필요가 있다. 계약을 진전시킴에 있어서, 심리 상담자는 소견 설명서(protocol)에 제시된 쟁점들(횟수, 시간, 빈도, 기간, 회기 장소), 그리고 적용할 수 있다면 누가 가족 심리 상담 회기에 참가하는지에 관하여 언급할 필요가 있다.

알츠하이머 치매 환자에 관한 소견 설명서

알츠하이머 치매 환자의 평가(assessment)에 부가하여, 뉴욕 대학교 의과대학 내 알츠하이머 치매 치료 센터(New York University School at Medicine's Alzheimer's Disease Center)에서 사용하고 있는 소견 설명서는 주요 간호 제공자와 함께 두 번의 개인적인 심리 상담 회기와 네 번의 간호 제공자와의 만남, 그리고 접수면접 후(4장의 가족 심리 상담에 대한 논의 참조) 몇 달 이내에 이루어지는 가족 구성원과의 만남을 포함한다. 이 소견 설명서의 가장 중요한 부분으로는 우리가 필요할 때마다 전화로 상담하는 즉석(ad hoc) 심리 상담(5장 참조)이라고 부르는 것이 있다.

만성적인 기간 동안 진행성 특징을 보이는 알츠하이머 치매에 부응하여, 뉴욕 대학교 의과대학 내 알츠하이머 치매 치료 센터의 모형은 환자의 질환 기간 동안 간호 제공자에게 지원과 심리 상담을 제공한다. 질환으로 야기된 환자의 변화 때문에, 유료 집안 돌봄이나 일일 돌봄이 서비스 같은 것이 필요하고, 입원과 같은 비상사태에 대비하여 간호 제공자는 언제든지 지원과 도움을 요구할 것이다. 신체적으로나 정서적으로 간호 제공자가 쇠약해지는 것과 같이 집에서 돌보는 일에 대비하는 것은 환자가 집에 있을 때 매일 생겨날 수 있는 문제이다.

　심리 상담자가 이 소견 설명서를 수행할 수 있을지는 기관이나 건강 돌봄 제공자의 정책, 고객의 경제적 상태, 그리고 보험의 가입 유무에 따라 결정된다. 예를 들어, 집에서 돌보는 과정에서 심리 상담을 제공하는 것이 기관의 정책과 맞지 않는다면, 간호 제공자는 이 과정을 편안하게 수행할 수 있는 다른 지원 서비스를 알아보아야 한다. 간호 제공자가 기관에 의해 제공될 수 있는 서비스의 본질을 확실히 이해하는 것은 필수 요소이다.

　간호 제공자와 만남의 시간을 결정할 때, 심리 상담자는 유연해야 한다. 일하고 있는 간호 제공자는 저녁이나 주말의 회기(sessions)에 참여해야 하고, 약하거나 움직일 수 없는, 또한 환자를 떠날 수 없는 간호 제공자는 집에서 열리는 회기에 참석해야 한다. 간호 제공자가 심리 상담 회기에 참석해야 하는 경우에는 그 시간 동안 환자를 감독할 사람을 정해야 하고, 특정한 시간과 날짜에만 회기에 참석할 수 있다. 다시 말하지만, 심리 상담자가 있는 뉴욕 대학교 의과대학 내 알츠하이머 치매 치료 센터를 방문할 수 없거나 주말이나 저녁에만 가능한 간호 제공자가 이 소견 설명서를 그대로 따라 할 수 있는지는 심리 상담자의 능력 정도와 심리 상담이 제공되는 환경에 좌우된다. 간호 제공자의 스트레스를 최소화할 수 있도록 회기 시기를 정하는 각고의 노력을 하는 것은 매우 바람직하다.

참가자

　만약 간호 제공자가 기꺼이 동의하고 가족 구성원이 시간을 낼 수 있다면, 심리 상담 계획은 개인별 회기뿐만 아니라 가족 회기도 포함해야 한다. 한 연구에 따르면 가족의 도움은 알츠하이머 치매 환자의 간호 제공자의 안녕을 위해 필수적인 요소이다. 그러므로 모든 가능한 방법을 동원하여 간호 제공자가 가족 회기에 참여하도록 배려해야 한다. 간호 제공자가 가족 회기 참여를 꺼린다면, 왜 꺼리는지를 알아보아야 한다. 그리고 심리 상담자는 적당할 때 가족 회기 참여를 막는 어려움을 극복하기 위하여 간호 제공자를 도울 수 있을 것이다(가족 심리 상담은 4장에서 논의한다).

심리 상담 과정

심리 상담 과정은 간호 제공자의 평가의 복습, 목표의 확인, 그리고 그 목표에 도달하기 위한 계획 세우기를 포함한다. 이 과정은 반복적으로 예전에 세운 목표를 달성하고 새로운 이슈가 생겨나면서 이루어진다. 이 전 과정을 통해서 심리 상담자는 정서적 지원, 교육, 문제해결의 지원, 그리고 부가적 자원의 추천을 제공할 것이다. 2장에서 논의된 평가가 심리 상담 과정에서 중요한 이유는 그것이 간호 제공자에게 중요한 영역을 탐색하기 위한 최초의 기회를 제공하고, 심리 상담자에게는 관심과 돕고자 하는 의도를 표현할 기회를 제공하기 때문이다. 간호 제공자를 대상으로 심리 상담을 할 때, 임상의학자는 반드시 치료의 기본적인 틀과 다른 임상의학자와 고객의 관계에서 기대되는 행동의 표준을 고수하여야 한다.

심리 상담 과정의 단계

심리 상담 과정의 다섯 단계는 다음과 같다.

1단계: 간호 제공자에 대한 평가 결과를 복습하기   평가는 심리 상담자가 심리 상담을 위한 개인적인 계획과 간호 제공자와 환자의 개인적인 욕구에 기반을 둔 지원을 수립할 수 있도록 정보 자료를 제공한다. 심리 상담자는 최초의 심리 상담 회기에

앞서 평가의 결과를 복습해야 하고, 간호 제공자의 동의하에 심리 상담의 목표가 될수 있는, 다루어야 할 가장 중요한 이슈가 무엇인지 요약해야 한다.

　만약 심리 상담자가 간호 제공자에게 영향을 주고 있는 심각한 의학적·정신건강의학적 문제를 발견했다면, 첫 번째로 해야 할 일은 내담자에게 적당한 다른 사람을추천받도록 돕든가 다른 건강 전문가와 협동하여 일하는 것이다. 이 경우 심리 상담자와 간호 제공자는 다음과 같은 사항을 분명히 정의해야 한다.

◆ 왜 특정 이슈가 다른 환경에서 더 잘 다루어질 수 있는가
◆ 다른 환경을 위한 추천의 목적
◆ 심리 상담 과정에 적합한 다른 환경에서 정보 자료를(지식을) 얻는 방법
◆ 간호 제공자가 앞으로 언젠가는 다시 이 환경으로 돌아올 수 있는지의 여부

　2단계: 문제와 쟁점(issues)을 알아내기　평가를 하는 동안, 간호 제공자는 많은 문제를 나타냈을 것이다. 그것은 가장 심각하고 쉽게 인지되는 하나의 문제일 수도 있고, 간호 제공자를 압도하는 여러 가지 문제일 수도 있다. 이 문제들은 명확해질 필요가 있거나 또는 심리 상담 계획을 세울 수 있도록 언어로 바뀌어야 한다. 간호 제공자가 문제를 명확하게 인식하여 변화에 접근하도록 하는 것은 심리 상담의 전체적인 부분이다. 문제를 명확히 하는 전 과정에서, 심리 상담자와 간호 제공자는 간호 제공자를 괴롭히는 것이 무엇인지 더 잘 이해할 수 있을 것이다. 알츠하이머 치매 환자를 돌보는 일은 간호 제공자의 인생의 한 부분일 뿐인데도 다른 의무들과 문제들 때문에 특히 부담이 되는 것 같다. 간호 제공자가 이것을 인식하도록 돕는 것은 그/그녀에게 돌보는 일의 부담에 대한 더욱더 현실적인 평가를 해 줄 수 있을 것이다.

　심리 상담자와 간호 제공자가 문제의 원인과 그것을 해결하기 위한 최선의 방안에 대하여 관점을 달리할 때도 있을 것이다. 이런 경우에 쟁점이 간호 제공자와 환자의 안녕에 관한 것이라면 심리 상담은 다른 관점을 해결하기 위한 것일 수 있다. 심리 상담자와 간호 제공자가 동의한 문제가 다루어지는 것은 심리 상담의 과정에

서 중요하다.

간호 제공자가 말한 어떤 쟁점이 간호 제공자와 환자가 위험에 처해 있다는 것을 암시한다면, 이것은 명백히 심리 상담의 최우선 순위가 되어야 한다. 간호 제공자가 이런 상황에 대하여 말하기를 꺼린다면, 심리 상담자는 해악을 방지하기 위하여 적극적으로 중재에 나설 조치를 취하여야 한다.

간호 제공자와 함께, 심리 상담자는 다루어야 할 문제와 그들의 중요 순위를 정하여야 한다. 예를 들어, 간호 제공자가 치매 중기 단계에서 보이는 반복적인 질문을 참지 못하고 이 행동을 중지시키는 것이 가장 중요한 쟁점이라고 생각할 수 있다. 간호 제공자는 이런 환자가 비교적 독립적으로 활동할 수 있기 때문에 진단의 정확성을 의심할 것이다.

이런 경우에 간호 제공자는 자신이 그 행동에 대해 더 참으려고 하거나, 환자가 같은 질문을 반복하는 횟수를 줄이기 위하여 새로운 방법을 찾으려고 노력하기 전에, 환자는 아프다는 것을 이해해야 한다.

간호 제공자가 알아낸 이런 문제에 추가하여, 심리 상담자는 자신의 고려의 대상이 아닌, 간호 제공자의 주의를 끌 만한 쟁점이나 알아내지 못한 지금 당장 중요한 쟁점도 찾아야 한다. 간호 제공자가 언급한 문제들은 가끔 알아내지 못한 다른 논쟁거리가 되어 심리 상담의 중요 부분이 될 때도 있다.

심리 상담자는 심리 상담이 시작될 때 자신이 간호 제공자와 함께 반드시 다루어야 할 필요가 없는 쟁점에 관하여 알고 있을 것이다. 이런 쟁점은 심리 상담 과정의 후반에서 논의되기도 하고, 심리 상담자는 간호 제공자가 쟁점에 대한 최초의 해석이 잘못되었다고 결정하면 제거하기도 한다.

밀리는 그녀의 첫 평가에서 몇 가지 문제에 대해 말했다. 그녀는 심리 상담자에게 그녀의 남편 테드가 자동차 사고를 당한 후, 그의 진단과 신경과 전문의 만류에도 불구하고 운전을 하겠다고 고집 피운다고 말했다. 그녀는 또한 테드가 더 이상 친구와 어울리려고 하지 않는다거나, 직장에서의 재미있는 이야기를 하지 않으려 한다고 말했다. 그녀는 상점에서 그녀를 위한 물건을 사 오는 것을 잊어버리고, 그는 어제 잔디를 깎았는데도 오늘도 잔디를 깎는다고 계속 이야기한다. 테드는 과거의 그처럼 더 이상 믿을 만한 사람이 아니다. 심리 상담자와 밀리는 함께 해결하여야 할 두 가지 문제, 즉 운전을 하는 것이 테드의 안전을 위협할 수 있다는 것과 직장 환경이 테드를 위험에 처하게 만들 수 있다는 것에 동의하였다.

3단계: 심리 상담 목적을 설계하기　　문제가 확정되면, 다음 단계는 목표를 수립하고 그것에 도달하기 위한 조치를 강구하는 것이다.

심리 상담자는 간호 제공자의 질병에 대한 이해를 증진시키거나 간호 제공자가 돌보는 일에 대한 도움을 얻도록 돕는 것과 같은 목적들을 알아낼 것이다. 그것들이 가치 있는 목적들인지에 관한 간호 제공자의 동의를 얻는 것은 그 목적이 달성될 수 있는 조치를 알아내는 데 필요하다. 예를 들어, 간호 제공자가 알츠하이머 치매의 성질을 알기 위해 관련된 책을 읽거나 비디오테이프를 보기로 결정했다고 하자. 만약 그 목적이 돌보는 계획을 수립하는 데 적합한 것이라면, 첫 번째 조치는 가족이나 친구에게 환자는 돌보는 데 참여해 달라고 부탁하는 것이다. 심리 상담자와 함께, 각 간호 제공자는 자신의 개인적인 환경과 관련해 구체적인 목표를 정해야 한다.

목적이 달성될 수 있는 가능성을 최대화하기 위한 조치는 현실적이어야 하고 각 간호 제공자의 여건에 맞추어져야 한다. 예를 들어, 만약 간호 제공자가 노인 센터의 회원이라면, 심리 상담자는 간호 제공자가 돌보는 일에 관한 도움을 얻기 위한 자원을 조사하기 위해 사회복지사와 이야기해 보기를 권할 수 있다. 만약 심리 상담자가 질문을 통해서 간호 제공자가 해결책을 찾도록 만들어 준다면, 경험은 더욱더 힘이 되어서 간호 제공자는 자신이 문제를 해결하는 데 있어서 큰 투자를 했다고 생각할 것이다.

밀리와 심리 상담자는 마침내 테드에게 운전을 그만두라고 말하려고 합의를 보았다. 그러나 당장은 그에게 낮에 집에서 멀지 않고 친숙한 장소에서만 운전할 수 있도록 조언을 해 주는 것이 좋을 것이다. 밀리와 심리 상담자는 그 문제에 관하여 어떻게 테드에게 접근할지를 의논했다. 심리 상담자는 밀리에게 그녀가 전에 테드와 운전에 관하여 이야기할 때 무슨 일이 있었냐고 물었다. 밀리는 어느 날 그녀와 테드가 함께 영화를 보러 가기 위한 준비를 다 마쳤을 때 "우리가 나갈 때가 되었으니 하는 말인데" 라고 말을 꺼냈다. "나는 용기를 내어 그가 운전하는 것이 더 이상 안전하지 않다고 말했어요. 그리고 내가 운전할 테니 나에게 차 키를 달라고 했어요. 그는 거부하면서 '그만둡시다. 나는 아무 데도 가고 싶지 않아요.' 라고 하더군요."

4단계: 양식과 치료적 접근법을 정하기 바람직한 목표를 알았으면, 다음 단계는 그 목표를 달성하기 위해 가장 적절한 형식과 치료 방법을 고르는 것이다. 어떤 목표들은 개인적인 심리 상담이 적절할 것이고, 어떤 목표들은 가족 심리 상담, 집단 지원, 다른 서비스로의 의뢰, 또는 교육적인 강의들이 적절할 것이다.

각 심리 상담자는 이미 특정 치료 접근법에 친숙하여 그것을 적용하기를 원할 것이다. 뉴욕 대학교 의과대학 내 알츠하이머 치매 치료 센터에서 이용하고 있는 중재 프로그램에서 효과적으로 사용되고 있는 그 접근법은 이 장의 뒤에서 간략히 기술하고 설명하겠다. 어떤 목표들은 여러 방법이 혼합되면 가장 잘 달성될 수 있다.

밀리와 심리 상담자는 그들이 함께 '운전' 이라는 쟁점에 대하여 해결해 보기로 결정했지만, '일' 의 쟁점은 밀리가 자녀의 도움을 받을 수 있도록 가족 심리 상담으로 토론해 보는 것이 도움이 될 것이다. 그러나 그것은 가족에게 테드가 아프다는 것을 알리는 것에 관한 테드의 동의가 필요할 것이다. 밀리는 한 번에 한 가지만 해결하는 편이 좋다고 해서, 그들은 운전에 관한 일이 해결될 때까지 가족에게 알리는 것에 관한 문제는 미뤄 두기로 합의했다. 심리 상담자는 테드의 운전에 관한 문제에 접근하기 위하여 역할연기를 시도해 보는 것에 관하여 물어보았다. 그녀는 역할연기가 각자 밀리와 테드가 되어 보는 것임을 의미한다고 설명해 주었다. 그들은 이것을 남은 회기 시간 동안에 실험했고, 밀리는 그녀가 사용한 방법을 가지고 다시 해 보기를 원했다. 그들은 다음 주 같은 시간에 개인별 회기를 다시 한 번 가질 것을 합의했다. 심리 상담자는 또한 밀리에게 테드의 질환을 더 잘 이해할 수 있게 알츠하이머 치매에 관한 책을 주었다.

5단계: 심리 상담의 진행 과정을 평가하기   평가는 심리 상담의 전 과정을 통해서 이루어지기도 하고, 심리 상담 계획에 따라서는 특정한 때에 이루어지기도 한다. 하나의 목표가 달성되면 또 다른 덜 중요한 목표가 다루어지기 때문이다. 대안적으로, 심리 상담의 초점이 되는 새로운 쟁점이 떠오르는 것이다. 합의된 목표가 이 시기에는 해결되지 못할 수도 있다. 만약 심리 상담자가 정해 놓은 환경에서 할당된 시간 계획 동안 목표가 달성되지 못하면, 심리 상담자는 간호 제공자의 욕구를 만족시킬 수 있는 다른 자료와 환경을 추천해 주어야 한다. 평가는 심리 상담자와 간호 제공자의 공동 작업이고, 그들은 어떤 목표가 달성되어야 하는지 합의하여야 한다. 심리 상담자의 도움하에 간호 제공자는 언제 변화와 진행이 일어나는지에 관하여 인지할 수 있어야 한다. 평가의 일부분은 왜 어떤 목표는 달성할 수 없고, 장애를 인식하는 데 할애되어야 하며, 이것들을 극복하는 것이 심리 상담의 목표가 된다.

밀리는 다음에 예정된 심리 상담 회기에 오지 못했지만, 심리 상담자가 그녀에게 전화를 하자 다음 주에 오기로 했다. 밀리가 도착했을 때 그녀는 자신이 이야기한 것들은 아무것도 실행하지 못했고, 테드의 기분을 상하게 하느니 차라리 위험을 감수하겠다고 말했다. 그는 항상 자신이 외출할 때마다 운전을 해 왔기 때문에 그녀가 운전하는 것을 정당하지 않게 생각하였다. 그녀는 그녀가 과민 반응을 해 온 것은 아닌지 궁금했다. 그녀가 말했다. "모두들 이따금 사고를 일으키곤 하잖아요." 심리 상담자는 테드가 운전하는 것은 그 가족의 상징이라는 것과 밀리가 남편의 변화에 적응하기 위해 그녀의 역할에 관한 그녀의 감정이 변한 것을 알아냈다. 테드의 질환에 관한 밀리의 정서적인 암시들을 다루는 것을 돕는 것이 심리 상담의 초점이 되었다.

심리 상담 과정에서 고려할 사항

심리 상담 과정은 간호 제공자와의 첫 만남으로 시작되고, 심리 상담자가 환자의 대처 기술, 사회적 지원, 그리고 그/그녀의 욕구와 함께 환자의 것도 간호하는 능력을 함양시키는 모든 것을 포함한다. 심리 상담자는 간호 제공자가 알츠하이머 치매를 이해하고 그 결과를 받아들이도록 도와주고, 그 과정에서 생겨나는 쟁점들을 다소 다른 형식으로 후에 떠올릴 수 있을 것이다. 물론 이것은 치료상의 과정의 정상적인 부분이다. 간호 제공자가 계속 새롭게 적응해야 할 슬픔, 상실, 화(분노), 절망, 죄의식과 같은 감정은 알츠하이머 치매 환자의 진행성 쇠퇴에 의해 새롭게 되살아난다.

사람들은 환자가 알츠하이머 치매에 걸렸다는 사실을 받아들이더라도, 환자가 정상으로 회복될 수 있을 것이라는 그들의 믿음과 희망을 한 번에 버리지는 못한다. 예를 들어, 간호 제공자는 비록 환자의 행동이 질환 때문이라는 것을 알지라도 환자의 특정한 행동(예: 고맙다는 말을 하지 않는 것) 때문에 기분이 많이 상할 것이다. 간호 제공자는 진단의 의미를 받아들이기 위하여 심리 상담의 도움이 필요할 것이다. 환자의 질환에 관하여 가족이나 친구에게 알리고 싶지 않은 간호 제공자는 그들이 원하는 지원이나 도움을 받을 수 없을 것이다. 어떤 사람들은 사람들이 자신에게서 떠날까 두려워서 진단을 비밀로 간직하기도 한다.

만약 어떤 사람이 알츠하이머 치매의 초기 단계이고 가족도 그 진단에 관하여 공개적으로 토론해 보기를 원한다면, 그들은 미래에 관한 계획을 함께 세울 수 있다. 예를 들어, 환자가 참여할 수 있는 사전 지시 같은 것이다. 가족 구성원과 알츠하이머 치매 환자는 이 쟁점을 해결하기 위하여 필요한 정보 자료를 원할 것이다. 특히 환자의 기능 정도가 예측 불가능하다는 질병의 본질 때문에, 간호 제공자는 질환에 관하여 많이 배울 필요가 있다.

질환의 초기 단계에서 알츠하이머 치매 환자는 지지 집단이나 형식적 지역 활동에 참여함으로써 도움을 얻을 수 있다. 중기 단계의 환자는 간호 제공자가 행동 변화를 다루는 것에 관한 고민을 가지고 센터에 찾아오며, 신체를 돌보는 것이나 집에서 돌봐 주는 서비스를 원한다. 가장 심한 단계에서는 간호 제공자가 그들의 친족을 위해서 완전하게 신체를 돌봐 주어야 하거나 그것을 대신 해 줄 사람을 고용해야 한다. 그리고 죽음에 관한 문제에 직면한다. 질병의 과정에서 간호 제공자는 그들의 친족을 위해 어떻게 건강을 돌봐 줄 것인지에 관하여 배워야 하며, 입원의 가능성, 그리고 그들의 안녕을 유지하는 것에 관하여 다루어야 한다.

효과적인 심리 상담은 반드시 계속적일 필요는 없고 간헐적일 수도 있다. 일단 심리 상담 관계가 확립되면, 부가적인 심리 상담 회기는 간호 제공자의 필요에 의해서나 심리 상담자가 간호 제공자에게 도움이 될 것이라는 판단하에서 시작된다.

부가적인 심리 상담의 필요성은 환자의 행동 변화 또는 기대되거나 새롭게 생기는 쟁점이 있을 때 자주 일어난다. 환자가 안정되어 있는 동안 간호 제공자는 환자로 인해 또는 환자를 돌보는 계획의 변화로 인해 무산되었던 자신의 안정도 찾을 수 있다. 신뢰했던 가정 간호 도우미가 떠나 버릴 때, 간호 제공자는 새로운 사람을 찾아서 훈련시켜야 한다. 이것은 새로운 사람이 고용될 때까지는 비교적 자유로웠던 임무에서 더 일상적인 돌보는 일을 해야 함을 의미한다. 유사하게, 환자가 안정적인 동안에 생각하지 못했던 슬픔이나 회환의 감정들은 환자의 질병이 진행됨에 따라 새로운 증상이 나타나면서 다시 되살아난다. 심리 상담 및 경험과 더불어, 간호 제공자는 일련의 위기에 대처하기 위하여 내적이고 외적인 자료들을 더 동원할 것이다.

심리 상담자가 간호 제공자와 작업하는 방식은 자신만의 스타일을 알고 내담자의 요구를 이해하는 기능을 한다. 평가를 진행하는 동안에 심리 상담자가 얻은 정보 자료(특히 간호 제공자에게 자원이 될 수 있는 장점 그리고 심리 상담에 의해서 극복될 수 있는 한계)는 심리 상담 계획을 세우는 데 있어서 틀이 될 것이다. 아울러서 심리 상담자는 항상 간호 제공자의 다른 인생의 국면과 돌보는 일에 있어서 상호작용하는 방법도 관심 있게 관찰해야 한다. 아픈 아이 돌보기, 다른 가족의 책임, 간호 제공자의 직업은 돌보는 일을 함에 있어서 고려 대상이 되어야 한다. 알츠하이머 치매 환자를 돌보는 일이 심리 상담의 중요 초점이긴 하지만, 그 일은 간호 제공자의 삶의 전반적인 맥락 안에서 평가되어야 하고 다른 욕구와 목표도 고려되어야 한다.

심리 상담은 정서적인 도움을 주고 돌보는 일의 기술을 배우는 기회를 제공하기 위한 것이다. 일반적으로 이 책에서 묘사된 심리 상담은 현재 알츠하이머 치매 환자를 돌보는 일에 초점이 맞추어져 있다. 이것은 억압되었거나 의식하지 못한 쟁점들을 다시 환기시키려는 것이 아니다. 과거의 일을 조사하는 것은 제한되어 있고, 가능하다면 현재의 일로부터 과거의 부정적인 경험들을 분리해서 생각하는 방법을 찾는 일이다. 이 접근은 과거 경험의 영향을 최소화하려는 시도가 아니라, 가능한 시기에 새로운 시작을 위한 기회를 창출해 내기 위한 것이다. 부모는 가족의 도움을 구하는 것이 어색한 아이들에게 도움을 청하기를 꺼리거나, 과거에 소원하게 지냈던 친척들을 그들의 지원 연결망의 부분으로 포함시키지 않으려고 한다. 부모의 질환은 가끔 해체되었던 가족 간의 관계를 다시 확립(복원)하는 안전하고 용납할 만한 근거를 제공하기도 한다.

심리 상담 기술과 전략

각 심리 상담자는 그들의 특별한 방식의 틀 안에서 작업할 것이다. 이 방식은 심리 상담자의 훈련과 일의 경험, 개성, 그리고 특정한 기술과 전략을 사용하는 법에 따라 발전된다. 다음의 심리 상담 방식은 뉴욕 대학교 의과대학 내 알츠하이머 치매 치료 센터에서 간호 제공자에게 유용했던 방식이다. 조사, 역할극, 인식 재구성, 행동 수정, 시각화/심상의 이용 그리고 유머. 이 방식들을 알츠하이머 가족 구성원에게 사용·설명해 보았다. 심리 상담자는 이미 이 방식에 친숙하고 그것을 잘 사용할 줄 안다. 이 설명은 이 방식에 친숙하지 않은 심리 상담자에게 간호 제공자와 작업하는 데 있어서 새로운 방법을 찾을 수 있게 도와줄 수 있다. 심리 상담자는 심리 상담 회기에서 특정한 기술만 쓰려고 고집해서는 안 되고, 그들은 간호 제공자가 말한 쟁점, 심상 그리고 주제들에 부응하여 모든 방식을 간호 제공자를 돕는 데 있어서 창조적으로 사용하는 것이 좋다.

심리 상담 전략

앨런과 그의 부인인 마지는 시카고에 있는 딸을 방문하는 긴 여행길에서 방금 집에 돌아왔다. 마지와 함께 동행하는 것이 쉽지 않았던 그는 그들이 이제 친숙한 환경으로 돌아오면 모든 것이 좋아질 것이라고 생각했다. 그들이 집에 돌아왔지만, 문제는 낯선 환경이 아니라 그녀가 치매의 더 심각한 단계로 들어선 것이었다. 마지는 시카고 여행을 전혀 기억해 내지 못했고, 출근한 앨런에게 계속 전화해서 언제 딸에게 가느냐고 물었다. 그녀는 또한 샐리에게도 반복적으로 전화했지만, 샐리는 그녀가 일하러 가면 메시지를 받아 주는 자동 응답기가 있었다. 마지는 자동 응답기의 목소리가 딸이라고 생각하고, 그녀가 자신의 질문에 대답하지 않는다며 화를 냈다.

앨런은 상담자가 이 문제를 해결하는 데 도움을 줄 것이라고 기대하며, 상담자를 방문하기로 약속했다. 앨런은 "사무실은 내가 유일하게 쉴 수 있는 공간이었는데, 이제는 마지가 그곳에도 있는 것처럼 느껴집니다. 나는 집중할 수가 없습니다. 나는 내가 마지의 다음 전화 통화를 기다리는 동안에는 전혀 숨조차 쉴 수가 없습니다. 이제 샐리는 나에게 매일 전화해서 엄마가 자동 응답기에 소리치게 하지 말아 달라고 부탁합니다."라고 말했다. 상담자는 우스갯소리로 "당신의 숨을 참는 것은 당신 건강에 좋지 않습니다. 왜 마지가 계속 당신에게 전화를 건다고 생각하십니까?"라고 물었다. 앨런은 "아마도 그녀는 외로운가 봅니다."라고 대답했다. "그러나 나는 그녀와 항상 집에만 있을 수는 없습니다. 그러면 나는 숨도 쉴 수 없을 거예요."라고 그가 다시 말했다. 상담자는 물었다. "어떻게 하면 숨을 쉴 수 있으시겠습니까?" 앨런은 대답했다. "마지의 자매는 와서 좀 도와주고 그녀와 몇 시간을 같이 보내기를 제안했습니다. 그리고 나는 그녀가 그렇게 해 준다면 너무 좋을 거예요. 아마도 내가 그녀의 제안을 받아들이면 마지는 덜 외로울 거고, 나는 좀 자유로워질 수 있을 거예요. 만약 마지가 샐리에게 전화하기를 그만두면 샐리도 나에게 화를 내지 않을 거고, 나는 다시 그녀와 평상시처럼 대화할 수 있을 겁니다."

이 짤막한 이야기에서 우리는 어떻게 심리 상담자가 말을 듣는지, 그리고 그의 경험담의 설명과, 그리고 그의 요구를 명확히 하기 위해 이미지와 연관시키는, 그의 어조를 보았다. 이런 방식으로 그녀는 그의 감정을 파악하고 그가 어떻게 고민에서 빠져 나올지 그가 결론을 내리는 것을 도와 줄 수 있었다.

조사

조사는 심리 상담에서 사용되는 기본적인 기술이다. 심리 상담자는 심리 상담 기간 동안 필요한 정보 자료를 수집하고, 간호 제공자가 문제에 대한 직관을 가질 수 있도록 돕고, 생각과 쟁점에 대한 느낌을 정리하는 것을 조사하기 위하여 그/그녀의 독특한 질문과 대답의 방식을 사용한다. 이것은 간호 제공자가 상황을 다른 시각에서 볼 수 있게, 그리고 느낌을 명확히 하게 해 주고 그/그녀가 제기한 문제에 관하여

심리 상담 전략

윌리엄은 다음의 상황에서 상담 회기에 참석했다. 그와 알츠하이머 치매 중기에 있는 그녀의 아내 테레사는 그들의 친구 집에서 열리는 저녁 파티에 초대를 받았다. 처음에 그는 초대를 받아서 좋았다. 자주 만나지는 못해도 오랜 친구였으며 가끔 만나면 예전에 그랬듯이 좋은 시간을 보내곤 했다. 그는 그들이 공유하는 몇 가지 재미있는 일을 기술했다. 윌리엄은 상담자에게 초대에 대하여 잠시 생각해 본 뒤에는 그가 그 초대에 응할지 확신이 서지 않는다고 말했다. 상담자는 무엇이 고민이냐고 물었다. 윌리엄은 테레사가 요즘 피곤하기 때문에 더 이상 집 밖에 나가는 것을 즐기지 않으며, 그는 그 저녁 초대에서 그녀에게 스트레스를 주고 싶지 않다고 했다.

상담자는 윌리엄이 그녀와 공원에서 즐거운 시간을 보냈다고 말한 것을 기억하고는 윌리엄에게 왜 테레사와 밖에 나가는 것에 대한 태도가 변했느냐고 조사해 보았다. 처음에 상담자는 윌리엄의 설명에서 야기된 몇 개의 쟁점을 다루었다. 테레사가 기분이 좋지 않기 때문에? 그가 테레사가 야외 활동을 꺼리는 것을 눈치챘기 때문에? 윌리엄은 모든 질문에 대하여 아니라고 대답했다. 상담자가 윌리엄에게 그들이 초대에 응한다면 그가 생각하는 저녁이 어떨지에 관하여 물어보며 '조사'에 들어갔을 때 윌리엄은 망설였다. 상담자는 테레사가 그 저녁 파티에 가면 너무 스트레스를 받는다고 윌리엄이 생각하고 있는지 물어보았다. 윌리엄은 또 한 번 망설였다. "그렇게 스트레스를 받지는 않겠지만……." 상담자는 그가 말하고 싶어 하지만 선뜻 꺼내 놓지 못하는 것이 있는 것같이 느껴진다고 상냥하게 말했다. 윌리엄은 잠시 조용히 앉아 있더니 마침내 말문을 열었다. "나는 테레사를 사랑합니다, 당신도 알잖아요, 나는 그녀와 같이 시간 보내는 것을 좋아합니다. 그러나 음, 그녀는 가끔 황당한 짓을 해요. 내가 말하고자 하는 것은, 나는 그것이 질병 때문이라는 것을 알지만 그녀를 모르는 사람도 그 파티에 있을 거 아니에요."

자신만의 해결책을 고안해 내도록 돕는다.

이 사례에서 간호 제공자가 그녀와 함께 보낸 정보 자료를 알아내기 위한 심리 상담자의 민감한 질문은, 간호 제공자를 그의 진정한 고민이었던, 테레사가 가끔 황당한 행동을 하는 것을 표현하기에 충분히 안정적으로 느끼게 해 주었다. 심리 상담자는 그가 처음에 합리화했던 그의 설명을 반박하려고 하기보다는 그가 그의 진정한 문제가 무엇인지 말할 때까지 그를 지원하면서 그의 감정을 조사하여야 한다. 이 시점에서는 테레사가 그 모임에 참석할지 여부가 불명확하지만, 심리 상담은 윌리엄에게 그가 그의 부인의 변화에 대한 그의 감정과 그들의 삶의 영향을 점검하는 데 기회를 제공했다.

인지 재구성

인지 재구성(cognitive restructuring)은, 사람에게 부정적인 생각 유형을 알게 한 다음 문제를 더욱더 이성적이고 건설적으로 다시 접근하게 하는 치료적 방법이다. 인지 재구성에서 심리 상담자는 간호 제공자의 관점이 상황을 바라보는 유일한 방법이거나 유일한 현실적 해석이 아니라는 것을 보여 주는 대안적 설명을 소개한다.

심리 상담 전략

프랭크는 그의 오랜 친구인 피터가 알츠하이머 치매 진단을 받은 지 몇 달 후에 나타난 낮은 자존감과 거부 반응 때문에 상담을 받으러 왔다. 프랭크는 피터의 가족과 잘 지내지 못했다. 그는 피터의 가족을 방문했을 때 피터가 과거가 그랬던 것처럼 그를 대화에 껴 주려고 노력하지 않았다고 말했다. 프랭크는 이제 자신이 피터에게 덜 중요한 존재인지, 그리고 그가 그들과의 관계를 접으려고 하는 것인지에 관하여 물어보았다. 상담자는 프랭크에게 피터가 과거에 그의 가족에게 행동하듯이 행동하는지에 관하여 물어보았다. 프랭크는 "이제 생각해 보니 아닙니다. 피터는 누구에게도 말하는 법이 없었어요." 프랭크는 상담자가 알츠하이머 초기 환자는 그들이 압도당하고, 이름을 잊어버릴까 두려워하고, 다른 사람과 같이 있을 때 자신 없어하기 때문에 사회적인 환경에서 벗어나려고 한다고 설명하자 자신이 알츠하이머 치매에 관하여 아는 것이 거의 없다는 것을 알았다. 이런 종류의 행동들은 알츠하이머 치매 환자의 적응적인 반응이고 그가 사랑하는 사람의 애정이 변해서가 아니다. 프랭크는 피터의 행동을 이해하는 다른 방법을 알고는 안도하였고 다음번에는 더 현명하게 대처하여야겠다고 생각했다.

행동 수정

행동 수정(behavior modification: BM)은 통제력을 조절하거나 습득한 행동을 변화시키는 기술들을 사용한다. 심리 상담자가 형식적인 행동 수정 소견 설명서와 그것의 원칙들을 사용하지 않는 동안, 사람을 새롭게 바람직한 행동으로 이끌 수 있는 이론에 근거하여, 그것이 긍정적인 결과로 이어질 수 있다면, 그 이론 또한 유용하다고 할 수 있다.

환자와 오랫동안 같이 지내 온 간호 제공자는 환자에게 관습적인 행동 양식을 보여 줄 수 있다. 환자가 알츠하이머 치매를 가지고 있기 때문에 간호 제공자의 행동은 과거와 똑같은 결과를 낳지 않을 것이다. 예를 들어, 간호 제공자는 더 이상 가능하지 않은 반복된 증거에도 불구하고, 알츠하이머 치매와 관련하여 자연적으로 계속 합리화하려고 할 것이다. 심리 상담자는 간호 제공자가 관습적인 행동을 유지하는 것이 잘못된 것이라는 것을 알게 하고, 그/그녀의 현재 행동과 관련하여 새로운 방법을 모색하게 도와야 할 것이다.

심리 상담자는 간호 제공자의 더 이상 건설적이지 않은 행동이나 적당하지 않은 행동, 환자를 향한 가능한 다른 행동들을 인식하게 도와줄 수 있다. 그것은 간호 제공자가 새로운 행동을 연습하도록 하고, 다른 방식으로 행동하는 것이 어떤 느낌인지 심리 상담자와 이야기할 수 있도록 하는 점에서 중요하다. 만약 새로운 행동이 계획대로 잘 수행되지 못한다면, 물론 다른 방법을 생각할 필요가 있을 것이다. 심리 상담자의 격려는 간호 제공자가 알츠하이머 치매 환자가 이룩한 진전을 인식하도록 도울 수 있다.

이론상으로는 간호 제공자의 새로운 행동은 그 자체가 보상이다. 심리 상담자의 승인과 지원은 간호 제공자를 정서적으로 도울 수 있을 뿐 아니라, 환자와 관련하여 그/그녀가 다른 방법으로 행동할 수 있는 방법을 모색하도록 돕는다.

심리 상담 전략

데어드레는 알츠하이머 치매 초기 단계에 있는 남편 팀이 당뇨 약을 복용하는 것을 거부했을 때 항상 그와 소리 지르며 싸우게 되는 것에 대하여 불평했다. 그녀는 항상 그에게 의사의 지시를 따르라고 설득하지만, 결국에는 소리 지르며 싸우다가 끝이 난다고 말했다. 데어드레는 상담자에게 팀이 만약 약을 거르게 되면 아플 것이 뻔하기 때문에 자신은 화가 난다고 말했다. 데어드레는 또한 이미 자신의 걱정이 남편을 화나게 한다는 것을 알고 있었다. 상담자는 그것이 그녀의 걱정에서 비롯된다는 것을 알았기 때문에 간호 제공자로서의 그녀의 행동을 비판하지는 않고, 그녀에게 남편이 약을 잘 먹을 수 있도록 하고, 집안 분위기를 향상시킬 수 있는 새로운 방법을 고안해 내도록 도와주었다. 상담자는 데어드레에게 팀이 정말로 좋아하는 것이 무엇이냐고 물었고, 그녀는 그가 공원을 산책하는 것을 좋아한다고 말했다. 상담자와 데어드레는 실험을 해 보기로 결정했다. 데어드레는 팀에게 키스하면서 말했다. "이 약을 먹은 후에 나와 함께 산책하러 가요." 그녀는 소리 지르지 않기로 결심했고, 흥분하거나 그녀가 요구하는 것을 그에게 강요하지 않기로 했다. 그들은 그녀가 팀이 약을 먹게 하기 위한 새로운 전략을 사용했을 때 그녀가 어떻게 느끼는지와 그가 결국 싸움을 일으키지 않고 약을 먹는지를 알아보기 위하여 2주 뒤에 다시 만나기로 했다.

역할극/본뜨기 학습

역할극(role-play)에서 간호 제공자는 자신의 역할을 더욱 명확하게 이해하기 위하여 다른 사람의 역할을 해 보는 것이 좋다. 심리 상담자와 간호 제공자는 문제적 상황을 찾아 다른 상황극을 꾸며 볼 것이다. 이 장의 전반부에서 우리는 밀리의 사례를 논해 보았고, 그녀의 심리 상담자는 밀리가 테드의 운전에 관한 문제를 해결하기 위하여 역할극을 실시해 보았다. 여기 심리 상담자가 밀리 역을 한 그들의 역할극의 한 부분이 있다. 그들은 테드의 운전에 대하여 비판적인 태도를 취하기보다는 밀리에게 초점을 맞추기로 결정했다.

심리 상담 전략

밀리 역의 상담자: 테드, 당신도 알다시피, 내가 어제 본 텔레비전 프로그램에 대해서 말인데, 거기서 여자는 더 독립적이어야 한다고 했어요.

테드 역의 밀리: 그래, 그들이 너무 지나치지 않는 한 나도 동의해.

밀리 역의 상담자: 아, 테드, 좀 심각하게 생각해 봐요. 나는 내가 좀 더 독립적일 수 있는 방법에 대하여 생각해 보았고, 그 결과 당신이 나에게 여러 가지 계산서를 다룰 수 있는 법과 우리가 함께 나갈 때 내가 운전하는 법을 가르쳐 주었으면 좋겠어요. 쇼에서의 그녀는 그녀의 남편이 그녀가 처음으로 고속도로 운전을 하도록 했고, 그녀는 말할 수 없을 정도로 기분이 좋았대요.

테드 역의 밀리: 아, 그거 재미있겠군. 당신을 지켜보리다.

심리 상담자가 테드 역을 하면서, 그들이 동일한 상황을 역할극으로 해 보았다. 이 접근법은 밀리의 더 직접적인 방식과는 매우 다르고, 밀리가 오래된 방식을 버리고 다른 대안을 찾아낼 수 있도록 만들었다.

시각화

시각화(visualization)는 간호 제공자가 상황에 대한 새로운 접근법을 마음속에 그려 보도록 도와주는 것을 심리 상담의 초점으로 할 때 매우 효율적일 수 있다. 이 기술은 목표를 달성하기 위해서 심상을 사용한다. 그것은 행동을 수정하는 데 있어서나 스트레스를 줄이고 자기 인식을 함양하는 데 매우 유용하다. 예를 들어, 행동 변화를 목적으로 사용한다면, 간호 제공자가 그 행동을 하는 것처럼 마음속에 그려 보아 새로운 기분을 느끼게 도와주고, 그 행동을 하기 전에 그들의 마음에서 새로운 방식으로 연습해 볼 수 있게 해 주고, 자존감을 얻고 또한 목적한 변화를 얻음으로써 안식을 얻도록 도와준다.

심리 상담 전략

　밀리는 역할극에서 시나리오를 연습해 보기로 동의했다. 그녀의 자신감을 쌓기 위해, 상담자는 역할극이 어떻게 펼쳐질지에 관한 시각화를 해 보자고 제안했다. 상담자는 밀리에게 눈을 감고 테드가 옆에서 지켜보는 와중에 운전을 하고 있는 그녀의 모습을 그려 보라고 했다. "밀리, 무엇이 보이나요?" "나는 그가 내가 하는 모습을 쳐다보고 있는 것이 상상이 되고, 내가 무엇을 잘못했는지를 지적하려고 하는 그의 모습이 눈에 선하네요." "그리고 당신의 기분은 어떤가요?" "나는 무척 긴장되고 이것을 시작하지 말았어야 했다고 바라고 있어요." 상담자는 밀리에게 이 불편한 상황을 벗어날 방법을 상상해 보라고 요청한다. "당신의 상상력을 사용해 보세요." 상담자가 말한다. 밀리는 잠시 동안 생각해 보더니 말했다. "나는 나 자신에게 말하고 있어요. 나는 이 상황을 이겨 내야 한다고." 상담자는 그녀에게 계속 해 보라고 권유한다. "다음에는 무슨 일이 벌어지나요?" 밀리는 갑자기 웃음을 터뜨린다. "나는 테드에게 말합니다. 당신이 승객 좌석에 앉아 있는 것이 쉽지 않을 테지만, 그곳이 바로 운전을 가르치는 사람을 위한 좌석이에요." 그러고 나서 기쁨에 가득한 밀리는 상담자에게 말한다. "귀여운 당신, 그렇게 생각하지 않나요?"

유머

　유머는 심리 상담자와 간호 제공자가 업무 수행상의 관계를 확립하고, 심리 상담자가 간호 제공자의 상황에 대한 지식이 조금 있고, 그/그녀가 재미있는 대상을 찾았을 때 가장 효과적이다. 이것은 문젯거리가 되거나, 굴욕적이거나 간호 제공자에게 고통이 되거나 하는 주제를 피하면서 심리 상담자가 감각을 가지고 유머를 사용해야 하고, 특정한 상황에서 간호 제공자에게 알츠하이머 치매를 가진 사람을 보고 웃는 것과는 다른 것임을 확인시켜 주어야 한다.

모든 사람이 같은 사물을 보고 웃긴다고 생각하지는 않는다. 심리 상담자가 회기 시간에 농담 목록을 작성해서 가져오는 것은 권장할 만한 일이 아니다. 그러나 그 상황에서 재미있는 것을 찾아내거나 웃음을 즐기는 것은 스트레스를 줄일 수 있고, 간호 제공자와 심리 상담자의 심리 상담 관계를 더욱 돈독히 해 줄 수 있으며, 좋지 않은 기분을 표현할 수 있도록 돕는다.

심리 상담 전략

상담자가 그녀의 남편의 상태가 어떤지에 관하여 묻고 나서, 간호 제공자는 그녀가 그녀 자신이 기대하는 것보다도 훨씬 오래 그가 100세까지 살까 봐 걱정이라고 '농담'을 했다. 그리고 나서 그녀는 그의 형제자매가 모두 비교적 젊은 나이에 죽었다고 말했다. 상담자는 그의 건강한 모습이 그녀의 좋은 요리 덕분이 아닐지 물었다. "아마도."라며 그녀는 웃었다. "또는 내가 요리를 전혀 하지 않기 때문일 수도 있죠." 이 상황에서 유머러스한 접근법은 상담자와 간호 제공자가 일상사에 대하여 접근할 수 있게 해 주었지만, 간호 제공자의 이중적인 감정은 거의 표현되지 못하였다.

심리 상담자용 검목표(checklist)

심리 상담 합의의 조건
☐ 심리 상담 소견 설명서는 기관 또는 건강을 돌봐 주는 공급자의 정책, 고객의 경제적 상태, 그리고 보험의 고려 사항에 의하여 기술한다.
☐ 심리 상담 계획은 가능하다면 가족 회기뿐 아니라 개인별 회기도 포함하여야 한다.
☐ 심리 상담 계획은 환자가 갖고 있는 질환의 전 과정에서 간호 제공자의 지원을 포함하여야 한다.

심리 상담 과정
☐ 최초의 심리 상담 회기 전에 간호 제공자는 평가를 복습하고 오라.
☐ 간호 제공자가 가지고 있는 문제를 명확히 해 주고 우선순위를 매기는 데 도움을 주라.
☐ 간호 제공자에게나 환자에게 위험이 발생되는 문제가 있다면 그것을 최우선 순위로 하여 해악을 방지하도록 조율하라.
☐ 현실적인 목표를 세우고, 그것을 달성하기 위한 조치를 마련하라.
☐ 목표를 달성하기 위해 가장 적절한 방식과 치료법을 정하라.
☐ 심리 상담을 알츠하이머 치매 환자나 간호 제공자의 개인적인 환경에 맞추라.
☐ 정서적인 지원과 돌보는 기술을 배우기 위한 기회를 제공하라.
☐ 목표를 달성하기 위해 내담자와 같이 작업한 진척 상황을 평가하라.

심리 상담 기술과 전략
☐ 쟁점을 조사하기 위해 질문하고 대답할 때는 공감을 표현하고 간호 제공자와의 관계를 확립하라.
☐ 간호 제공자의 부정적인 생각 유형에 대한 대안적 해석 방법을 소개하라.
☐ 간호 제공자의 비건설적인 방법의 행동 양식을 인식하도록 돕고, 환자와 관계된 새로운 방법을 배우라.
☐ 간호 제공자가 문제된 상황에 새로운 방식으로 접근할 수 있도록 돕는 역할극을 사용하라.
☐ 간호 제공자가 행동을 수정하고, 스트레스를 줄이며, 자기 인식을 함양시키는 데 지침이 될 수 있도록 시각화 기술을 포함시키라.
☐ 적당한 때 스트레스를 줄이기 위하여 유머를 사용하라.

제4장

가족 심리 상담

가족 심리 상담의 목적은 주요 간호 제공자, 돌보는 일에 가장 정신적 지원을 많이 하고 있는 가족 구성원, 그리고 그들이 감당하고 있는 알츠하이머 치매의 변화에 그들이 적응하는 데 있어서 그 가족 구성원을 돕기 위한 것이다. 스트레스 과정 이론(1장 참조)에 의하면, 가족의 지원은 주요 간호 제공자의 스트레스를 줄여 주는 데 중요한 역할을 하는 반면, 가족 분쟁은 주요 간호 제공자에게 강한 부정적 영향을 끼친다. 심리 상담은 한 사람만이 돌보는 역할을 하는 것을 막고, 가족 분쟁을 줄이며, 돌보는 일을 하는 각자에게 긍정적으로 공헌을 하는 것을 최대화할 수 있다. 이 장에서는 가족 심리 상담 회기를 마련하고 수행하는 과정을 통해 심리 상담자에게 지침을 마련해 줄 것이다.

가족 참여를 위한 준비

개인별 회기(individual session)에 참석하는 동안, 심리 상담자는 간호 제공자와 함께 가족 심리 상담을 위한 준비를 시작할 것이다. 심리 상담자는 가족 구성원이나 친구들로부터 도움을 얻기 위한 새로운 생각을 소개하고 왜 이것이 유용한지(지원을 받고, 스트레스를 줄이며, 관계를 재정립함)를 설명할 것이다. 돌보는 일은 환자(그들의 삶에서 중요한)를 돌보는 일을 공유하며 가족 구성원을 더욱 가깝게 모이게 할 수도 있다. 가족 심리 상담자는 가족 구성원 중에 어느 가족의 안녕을 최소한으로 해치는 범위 내에서 그들이 함께 효과적으로 일하도록 도울 수 있다.

밀리는 심리 상담자에게 전화해서 "나는 아이들에게 그가 알츠하이머 치매 환자라는 것을 말하지 말라는 테드와의 약속을 어겼습니다. 나는 톰에게 어젯밤에 말했습니다. 나는 어쩔 수 없었습니다. 나는 그 질환 때문에 너무 힘들었고, 특히 운전하는 문제에 관하여, 테드가 운전을 그만두지 않으려고 했기 때문에, 그 사실에 관하여 나는 우리 아이들이나 다른 사람에게 그것에 대하여 이야기할 수밖에 없었습니다. 나는 우리가 심리 상담 시에 대화했던 것을 상기하며, 테드의 질병에 대하여 더 이상 숨길 수가 없었습니다. 나는 우리 아들 톰에게 전화해서 그에게 모든 이야기를 털어놓았습니다. 톰은 안 그래도 아버지에게 무슨 문제가 있는 것은 아닌지 나에게 물어보려고 했던 참이라고 했어요. 나는 내가 비록 아무에게 말은 하지 않았지만, 테드가 문제가 있다는 것을 그들이 모르는 것은 아니었다는 사실을 알게 되었습니다. 나는 톰에게 가족 심리 상담에 참여할 것을 제안했습니다. 그는 그렇게 하라고 말했습니다." 심리 상담자는 말했다. "당신은 자녀들에게 말할 준비가 되었습니까?" 밀리가 말했다. "네, 나는 그들의 지원과 도움을 받겠습니다."

간호 제공자의 저항을 다루기

간호 제공자가 알츠하이머 치매 환자의 가족이 간병에 참여하고자 하는 요구를 거부하는 것은 흔한 일이다. 간호 제공자가 가족이 간병에 참여하는 것을 거부하는 몇 가지 이유는 다음과 같다.[1]

- 다른 가족 구성원에게 간병 의무가 떠맡겨지는 것을 주저함
- 다른 가족에 의하여 돌보는 방식이 간호 제공자가 원하지 않는 방식으로 변하는 것에 대한 두려움
- 알츠하이머 치매 환자가 무능력해 보이는 것에 대한 두려움이 나타나는 것에 대한 불편함
- 가족이 심리 상담을 정신건강의학적인 도움으로 잘못 해석하는 것에 두려움
- 다른 가족에게 친족의 알츠하이머 치매를 숨기고 싶어 하는 바람
- 다른 가족에게 말하는 것이 전문가를 포함하여 외부인에게 알리는 것에 저항
- 소원해진 가족에게 다시 연락하고 싶지 않은 마음
- 가족에게 거부당할 것에 대한 두려움

심리 상담자는 (가족 구성원이 참여할 방법을 찾는 것을 도와주는) 가족 심리 상담의 목적과 의미에 관하여 간호 제공자의 관점을 변화시킬 수 있다. 돌보는 일에 관한 심리 상담과 정신건강 치료를 구분하는 것은, 심리 상담 받으러 오는 것이 그/그녀가 단순히 무능하다거나 정신적 문제를 가지고 있다는 것을 의미하지 않는다는 것을 간호 제공자에게 재차 확인 시켜 줄 수 있다. 만약 간호 제공자가 감정에 집중된 이유(emotion-focused rationale)에 반응하기 쉽다면, 심리 상담자는 만약 다른 가족 구성원이 심리 상담에 참여한다면 그들이 스트레스를 덜 받을 것이라고 지적할 수

---

1) 알츠하이머 치매 환자가 병원이나 시설에 입원 또는 입소한 후 간호 제공자에게 치료와 간병 서비스를 전일제나 시간제로 위임하기로 환자의 가족과 의료진이 결정한 이상, 알츠하이머 치매 환자에 대한 간병 책임자는 간호 제공자이다. - 역자 주

있다. 만약 간호 제공자가 더 문제 집중적이라면, 가족 지원의 가치에 관한 연구를 참조하여 인지적 접근을 하는 것이 더욱 효과적일 수 있다. 가족 심리 상담이 간호 제공자뿐만 아니라 환자의 삶의 질도 향상시킬 수 있다는 것을 설명하는 것도 도움이 될 것이다. 간호 제공자는 모든 가족 구성원이 알츠하이머 치매에 대하여 학습하고 전문가로부터 돌보는 일에 관한 조언을 받음으로써 생기는 잠재적 가치에 감사할 것이다.

가족 심리 상담 기술

조지는 그의 상담자에게 그의 형제는 어떤 것에도 합의해 본 적이 없다고 말했다. "나는 그의 도움 없이 꽤 잘 지내 왔습니다. 만약 그가 끼어든다면, 나의 상황은 더 어려워질 것입니다. 그렇다면 나는 그와 어머니를 상대해야만 할 것입니다." 상담자는 말했다. "글쎄요, 조지, 만약 우리가 가족 회기에 모두 모이게 되면, 우리는 당신의 형제가 당신을 괴롭히지 않으면서 당신의 돌보는 일을 좀 덜어 줄 수 있는 방법을 찾을 수 있을 것입니다. 당신은 지금 당신이 얼마나 지쳐 있는지에 관하여 계속 이야기하고 있잖아요. 당신의 형제가 당신이 휴가를 간 사이에 돌보는 일을 해 주는 것에 동의하는 것은 어떻습니까?" 조지는 말했다. "만약 당신이 나의 형제가 그렇게 해 주도록 설득해 준다면 아마도 그를 초대하는 것은 가치 있는 일이 될 것입니다."

간호 제공자가 가족 구성원에게 도움을 요청하는 것은 이혼, 별거, 또는 다른 종류의 관계가 소원해지는 일이 있을 때 특히 어렵다. 예를 들어, 만약 주요 간호 제공자가 환자의 배우자인데 환자의 자녀의 부모가 아니라면, 돌보는 일을 하는 것에 누가 참여할지에 관하여 가족들 간에 분노와 분쟁이 있을 수 있다.

반드시 주의해야 할 점은 대부분의 간호 제공자에게 가족 심리 상담이 유익하지만, 알츠하이머 치매와 관련된 문제점을 처리하기 위하여 가족을 불러 모으는 것이 추천되지 않는 상황도 있다는 것이다. 알츠하이머 치매를 가지고 있는 친족은 다른 가족 구성원에게는 지금 당장 처리해야 할 최우선 순위의 일이 아닐 수 있다. 다른 가족 구성원의 심한 정신병은 알츠하이머 치매 문제를 효과적으로 처리할 수 있는 가능성에 영향을 줄 수 있다. 어떤 가족들의 경우는 문화적 가치가 개인적인 가족 문제를 공개하는 것이나 가족 밖에서 도움을 얻는 것을 가로막을 것이다. 만약 간호 제공자가 다른 사람에게 진단에 대하여 밝히거나 지원을 받는 것에 대하여 가족 구성원의 참여를 원치 않거나, 가족 중 다른 사람에게 우선순위가 있을 때와 같은 경우에는 가족 심리 상담을 포기할 수 있다.

누가 참여해야 하는가

우리는 평가에서 포함해야 할 요소로 알츠하이머 치매 환자에 대한 간호 요청에 따른 가족 심리 상담 접수면접 평가(intake assessment), 간호 제공자가 사회적 관계를 맺은 사람, 그들과 간호 제공자와의 관계, 그리고 그들이 돌보는 일에 한 공헌(2장 참조), 또한 간호 제공자가 조력을 받으면서 얼마나 만족하는지를 포함할 것을 권장한다. 이 정보 자료는 심리 상담 시에 어떤 가족 구성원이 참여해야 하는지, 심리 상담자에게는 간호 제공자가 언급한 사람보다 더 적절한 사람이 있는지를 결정하는 데 있어서 기초적인 자료로 사용된다. 심리 상담자는 간호 제공자가 좋지 않은 감정을 가지고 있는 가족 구성원들도 가족 회기에 참여시키도록 유도해야 한다. 왜냐하면 그 사람도 돌보는 일을 거드는 데 여전히 관심을 가지고 있을 수 있기 때문이다.

모든 가족 심리 상담 회기에서 동일한 가족 구성원이 참여하는 것이 일반적으로 선호되고 있다. 몇몇 사례에서는 지리적 거리 또는 다른 제한 사유로 가족 구성원이 단지 특정 회기에만 참석할 수 있을 것이다. 만약 간호 제공자가 요청한다면 가족 회기에 포함될 수도 있다. 그러나 심리 상담자와의 일관된 접촉을 해야 참석 가능성에 관한 필요한 계획과 변화를 만들 수 있기 때문에, 모임에서 가족 구성원을 변화시키는 결정은 신중하게 내려야 한다.

가족의 정의　어떤 사람이 가족을 어떻게 정의하고 심리 상담에서 가능한 참석자를 어떻게 결정하는지는 문화적 기준과 개인적, 가족적 전통을 반영할 것이다. 어떤 간호 제공자에게는 대모(godmother), 조부모의 자매, 사촌, 가족을 오랜 기간 도와준 유료 도우미, 그리고 친구들이 모두 가족 심리 상담 회기에 참여 가능한 후보자들이다.

알츠하이머 치매를 가진 사람이 가족 심리 상담에 참여해야 하는가   간호 제공자는 종종 알츠하이머 치매 환자가 가족 심리 상담에 참여해야 하는지를 물어보곤 한다. 이 질문은 민감한 문제들을 일으키고 심리 상담자가 언제 어떻게 알츠하이머 치매 환자가 가족 문제에 참여해야 하는지에 관하여 가족들에게 도움을 줄 수 있는 기회를 제공한다. 알츠하이머 치매 환자를 참여시키는 의도는 가족 안에서 그/그녀의 지위를 유지하고 가족 문제에 그/그녀의 참여를 권장하기 위해서이다. 그럼에도 불구하고 환자가 위협적이라고 느끼거나, 감소된 인지 능력 때문에 그/그녀가 더 이상 대처할 수 없는 상황에서는 환자를 보호하는 것이 중요하다.

> 밀리는 심리 상담자에게 그녀가 그녀의 모든 자녀와 테드가 심리 상담 회기에 와 주기를 바란다고 말했다. 그녀가 테드에게 그 모임에 관하여 이야기했을 때, 그는 말했다. "나에게 상담은 필요하지 않소. 나에게는 아무런 이상이 없어요. 만약 당신이 내가 도움이 필요하다고 생각한다면 당신만 가시요." 밀리는 이것을 심리 상담자에게 이야기했을 때 테드의 반응은 흔히 있는 일이라고 말했다. 그것은 모든 것이 괜찮은 것같이 행동하면서 가능한 불편한 상황으로부터 멀리 떠나 있으려는, 그가 그 자신을 보호하려는 그만의 방법인 것이다. 밀리는 말했다. "아마도 처음에는 그가 그곳에 없는 것이 낫겠어요."

환자를 가족 구성원에 포함시키는 문제에 관하여 찬반 논쟁이 있다. 알츠하이머 초기 단계의 환자는 많은 강점과 인지 능력이 있고 그 자신과 가족을 위해서 계획을 세우는 공헌을 할 수도 있다. 알츠하이머 치매 환자와 가족이 상호작용하는 것을 보는 것은 2차적인 보고서가 제공될 수 없는 환자에게 가족이 반응하는 방식에 대한 정보 자료를 제공해 줄 수 있다. 가족들이 환자가 참여하기를 원하는 이유는, 심리 상담자가 그들이 알츠하이머 치매 환자와 어떻게 교류하는지 직접 목격하도록 원하면서, 환자를 모든 가족 활동에 참여시키기를 원하고 '그/그녀의 뒤에서' 환자에 대하여 이야기(뒷담화)하는 것에 대하여 죄책감을 느끼기 때문이다.

다른 가족 구성원은 가족 심리 상담 모임에 환자가 참석하지 않도록 하기를 선호한다. 환자가 참석하게 되면 가족 구성원은 간호 제공자로서 겪는 어려움들을 토로하는 데 자유롭지 못할 수 있기 때문이다. 간호 제공자와 다른 가족 구성원은 그들의 친족이 토론 때문에 받을 영향에 관하여 걱정하지 않으면서, 환자의 질병에 관하여 그들의 반응을 토론할 안전한 장소를 갖기를 원한다. 아울러 그들은 알츠하이머 치매 환자가 심리 상담 회기 때문에 화가 날까 봐 걱정할 수도 있다. 그들은 환자에게 지장을 주는 행동을 어떻게 다룰지 또는 환자의 의무들을 어떻게 떠맡을 것인지에 관하여 이야기를 할 것인데 그/그녀의 면전에서 이야기한다면 쑥스러울 수도 있다. 만약 환자가 이성적으로 더 이상 심리 상담 회기에 참석할 수 없고 그것을 가족들이 안다면, 그들은 환자를 가족 회기에서 제외하기를 원할 수도 있다.

심리 상담자에게는 알츠하이머 치매 환자를 회기에 참석시킬지 여부를 결정하기 전에 만나 보는 것이 도움이 될 수 있다. 가끔 이것은 환자를 포함시키는 정도를 정하는 데 있어서 도움이 된다. 심리 상담 회기 후에 심리 상담자가 알츠하이머 치매 환자의 참석이 생산적이지 않다고 생각되면, 심리 상담자와 간호 제공자는 환자의 강점과 손상과 배제의 이유를 검토하여야 한다. 심리 상담자는 첫 번째 회기는 환자가 가족 심리 상담 회기에 참석하지 않은 상태에서 진행해 볼 것을 권유할 것이고, 그다음 앞으로의 회기에 관하여 결정할 것이다. 가능한 타협은 몇몇 회기에서는 알츠하이머 치매 환자를 참여시키고 다른 회기에서는 환자 없이 진행하는 것이다.

가족 구성원을 초대하기

일단 심리 상담자는 간호 제공자가 가족 구성원이나 그/그녀가 원하는 참석자를 확정하도록 도와주었다면, 그들의 참석 가능성이 검토되어야 한다. 모든 참석자를 가장 편하게 만들 수 있는 최적의 장소와 시간은? 만약 참석을 원하는 사람들이 대부분 멀리 살고, 전화 상담같이 다른 형식으로 진행해야 한다면 최소한 몇 번의 회기에서는 그러한 점들이 다시 고려되어야 한다.

대부분의 경우 간호 제공자는 심리 상담 회기에 가족 구성원과 친구들을 초대하는 사람이 된다. 시간의 경우, 만약 간호 제공자가 심리 상담 회기에 참석하기로 약속한 가족 구성원과 연락이 닿지 않는다면, 심리 상담자는 간호 제공자를 위하여 접촉을 시도할 수 있다.

심리 상담자는 가족 구성원과 접촉을 시도할 때 어떤 정보 자료들이 공개되어야 하는지에 관하여 검토하여야 한다. 가족 구성원은 간호 제공자의 심리 상담 회기 참석이나 환자의 진단에 관하여 알 수도 있고 모를 수도 있다.

가족 구성원은 긍정적으로 참석의 초대에 응할 수도 있고 거부할 수도 있다. 소원하게 지내던 어떤 가족 구성원은 가족과 다시 연락하게 되는 계기로서 참석의 기회를 환영할 수도 있다. 다른 사람은 그들이 원하는 것보다 더 많이 요구되는 것에 대한 두려움으로 참석하기를 거부할 수도 있고 간호 제공자가 환자와 같이 참석하는 것을 원하지 않을 수도 있다. 만약 잠정적 참석자가 다른 가족 구성원에게 부정적인 의견을 보인다면, 심리 상담자는 이 회기의 목적이 간호 제공자를 돕고 환자에게 최선의 간호를 하는 것이라고 설명해 주면서 그들의 마음을 바꿀 것을 설득할 수 있을 것이다.

가족 심리 상담 과정

가족 회기를 소집하는 것은 가족에게 무엇인가 중요한 일이 일어났다는 것을 주제로 대화를 나눔으로써 참석에 초대된 사람에게는 안도와 불안을 동시에 불러일으킬 수 있다. 첫 번째 회기에서는 참석자들이 이해할 수 있고 긍정적인 느낌을 받을 수 있게 하며 그들이 경험 많고 공평한 전문가로부터 도움을 받을 수 있다는 경험을 제공해야 하고, 그것은 그들에게 안전한 환경을 유지시켜 줄 것이다. 만약 이렇게 된다면 참석자들은 과정을 진행해 나가기를 원할 것인데, 이는 궁극적으로는 서로에게 계속적인 지원이 되는 기초를 제공할 것이다. 첫 번째 회기가 특별한 의미로 다가올 때, 심리 상담자의 도움 없이도 계속해 나갈 수 있다는 기대를 갖게 할 수 있는 마지막 회기도 그렇게 될 것이다.

　심리 상담 과정은 회기 시에 일어나는 것들이 회기가 끝났을 때 회기와 시간을 벗어나서까지도 끼치는 영향들을 확실하게 보장해 주는 방식으로 진행되어야 한다. 각 회기는 앞으로의 계획과 문제해결에 대한 모형을 제공하여야 한다. 심리 상담자는 계속 변화하는 질환의 전 과정에서 참석자들이 배우고 변화하여 가족 심리 상담에 의하여 계획을 고안해 내고 전략을 짜는 능력을 가질 수 있다는 기대를 전달할 수 있다. 심리 상담 회기가 진행되는 동안 가족 구성원이 응하는 방식은, 모든 참석자에게 환자를 돌보는 것과 간호 제공자를 돕는 데 있어서 서로 협동할 수 있는 각 가족 구성원의 역할에 대한 정보 자료를 제공해 줄 수 있다.

　심리 상담자는 항상 각 가족 구성원의 돌보는 일의 참여 정도에 관한 현실적인 평가를 전달하여야 한다. 심리 상담자는 심지어 가족 구성원이 무력감, 화(분노), 고통, 또는 그들 또는 다른 사람들이 인정하지 않는 행동을 표출하더라도 용서를 하고 판단을 하지 말고, 모든 감정과 경험을 받아들여야 한다. 그러나 만약 알츠하이머 치매 환자를 해치는 등의 부적절한 행동을 기술할 때에는 심리 상담자가 어려운 상황에 관한 이해와 동정을 표시한 뒤 그의 정서적 반응에 대처할 다른 대안을 제시하여야 한다. 각 참석자에 관한 긍정적인 존중을 표시해야 할 심리 상담자의 필요성은, 알츠하이머 치매 환자 또는 다른 가족 구성원과 관련하여 건설적이지 못한 행동을 인식하는 것이나, 다른 대안적인 반응을 검토해 보는 것을 배제하지 못한다.

　심리 상담자와 가족 간의 상호작용은 욕구를 충족할 뿐 아니라 교육과 자원을 제공하는 데 방향을 맞추어야 한다. 가족과의 모든 상호작용은 치료법이 된다. 심리 상담자가 소견 설명서에 기술된 방식으로 참석자에게 되짚어주기(feedback)를 하는 것도 대화와 교섭을 위한 모델이 되는 기회가 되는 것이다.

최초의 가족 회기

최초의 가족 심리 상담을 위한 회기는 심리 상담자에게 간호 제공자의 가족 구성원을 만나고 어떻게 그들이 상호작용하는지, 그리고 그들의 친족의 질병이 개인별 또는 집단별로 어떠한 영향을 끼치고 있는지를 알 수 있는 기회가 된다. 심리 상담자는 회기의 뼈대만 제공할 뿐 모든 계획은 변경 가능하다. 전형적인 첫 번째 회기는 참석자를 소개하기, 가족 구성원 등이 주요 간호 제공자에 대한 알츠하이머 치매의 영향에 대해 이해하는 것에 대한 조사, 판별상의 문제, 잠정적인 해결책 그리고 업무 분담, 요약, 그리고 다음 회기 추진 계획을 포함하여 몇 가지 구성 요소가 있다.

이 회기의 과정에서 심리 상담자는 모든 가족 구성원, 특히 돌보는 일을 가장 많이 떠맡고 있는 사람뿐만 아니라 알츠하이머 치매 환자에게 그것이 도움이 될 것임을 확실하게 하기 위해 가족과 함께 하는 최초의 업무의 지침에 관한 인상을 형성하게 된다. 가족의 상호작용과 개인의 역할과 가족에 대한 공헌들의 평가는 간호 제공자가 개인별 회기 때 제공한 정보 자료에 기초한 계속 진행되는 과정의 연속이다. 심리 상담자는 계속적으로 심리 상담 전략을 가다듬고 새로운 정보 자료가 나타날 때마다 회기 내용의 정보 자료를 수정한다.

1단계: 친밀한 관계(rapport)를 수립하기　　심리 상담자는 처음에 각 가족 구성원을 환영하고 그들의 개성을 존중하며, 그/그녀를 가족들에게 소개하면서 그들과 친밀한 관계를 수립한다. 처음의 가족과의 만남에서 훈훈하고 반기는 분위기를 주고 동시에 명확한 형식의 대화를 하는 것은 심리 상담자가 감춰 둔 계획이 없다는 것을 그들에게 믿게 만들고 연합체를 만드는 데 도움을 줄 뿐만 아니라 참석자 간의 대화 형식의 모델을 제시해 줄 수도 있다.

> "안녕하세요, 저는 글로리아 스털링이에요. 그리고 나는 여러분의 어머니와 아버지가 아팠을 때부터 계속해서 그녀와 만나서 이야기를 해 왔습니다. 여러분이 편하다면, 나를 그냥 글로리아라고 부르세요. 저에게 여러분을 소개해 주시고, 밀리와의

> 관계를 말해 주세요. 그리고 여러분의 편한 호칭을 말해 주세요. 나는 내가 그렇듯 테드가 여기 없다는 것을 여러분 모두가 알고 있으리라고 생각합니다. 나는 여러분의 어머니로부터 그가 여기 오고 싶어 하지 않는다는 것을 들었어요. 그리고 물론 우리는 그것에 대해 차후에 이야기해 보도록 합시다."

이것은 각 구성원의 호칭을 명확히 할 수 있는 적절한 시간이다. 예를 들어, 어떤 문화에서는 나이 든 사람들은 환경에 상관없이 항상 형식적 방법으로 불리길 원한다. 다른 사례에서는 그들의 이름이나 가족 안에서의 역할(엄마 또는 아빠)로 불리는 것이 적당할 것이다.

2단계: 소견 설명서를 소개하기　심리 상담자와 가족 구성원이 그들 자신을 소개하고 나면, 심리 상담자는 참석자에게 회기의 주요 목적이 환자와 주요 간호 제공자를 도와주기 위해서라는 것을 설명해 주고, 모든 참석자의 회기 내용에 일반적인 동의를 할 것을 확인하여야 한다. 심리 상담자는 참석자가 그들이 이성적으로 기대하는 것을 이해시키기 위하여 기관이 제공하는 서비스의 범위를 명확히 하고, 같이 협력하는 것에 관한 지침(기본 규칙이 되는 소견 설명서와 심리 상담자의 역할)을 설명해 주어야 한다. 심리 상담자는 그들이 서로 정보 자료를 공유한다고 합의하지 않는 한, 참석자들에게 회기에서 일어나는 사항들은 비밀로 지켜 주어야 한다는 것을 확실히 해 두고, 각자의 의견과 요구를 존중해야 한다.

3단계: 각자의 관점을 알아 가기　심리 상담자는 각 참석자가 묘사하는 알츠하이머 치매 환자의 변화와 그들의 질병에 관한 이해 정도를 물어보면서 협력적인 과정의 착수를 공유하는 분위기를 만들 수 있다. 이것은 모든 참석자에게 다른 사람의 관점을 들을 수 있는 기회를 마련해 주고 또한 주요 간호 제공자가 겪고 있는 어려움에 대하여 각 구성원이 알게 해 준다. 사실 이런 생각과 느낌은 집단 안의 가족 앞에서 처음으로 표현하는 것일 것이다.

심리 상담자는 "나는 작년 또는 그 이상의 기간 동안 여러분이 여러분의 아버지가 겪고 있는 변화에 대하여 알아차렸을 것이라고 생각합니다. 가족과 친지 여러분 모두가 아시다시피, 여러분의 아버지는 알츠하이머 치매를 앓고 계시는 환자입니다. 나는 현재 일어나고 있는 일을 의논하기 위하여 가족으로서 당신들이 모두 모임에 참석한 첫 번째 시간이라고 알고 있습니다. 여러분이 이제까지 환자를 지켜본 것과 질병에 대하여 알고 있는 것이 있다면 의견을 같이 나누어 보도록 합시다."라고 말하면서 회기를 시작했다. 매트는 말했다. "당신도 알고 있다시피 아버지가 과거에 나에게 전화하듯이 하지 않았고, 내가 아버지에게 전화를 걸면 그는 황급히 끊어 버려서 나는 오래전부터 아버지를 걱정하고 있었습니다. 그러나 누구도 나에게 아무것도 이야기해 주지 않았습니다. 그리고 나는 이 화제를 꺼내는 첫 번째 사람이 되고 싶지 않았습니다." 톰은 무엇인가 잘못되었다는 것을 알아차렸고, 마침내 그는 문제를 알아 무엇인가 조치를 취할 수 있기 때문에 안심이 된다고 말했다. 캐럴은 말했다. "안심이 된다고? 미친 거야? 그것은 그를 이제 요양원에 보내겠다는 말이잖아." 그녀의 남편인 돈은 그들이 과장하고 있다고 말했다. "물론 그가 변했지만, 그것은 대부분의 사람이 나이가 들면 다 그런 것과 마찬가지입니다." 심리 상담자는 사람들이 종종 가지고 있는 노화에 대한 잘못된 믿음에 관하여 명확이 해 줄 필요가 있다고 메모를 했다.

이러한 최초의 언급을 한 후, 심리 상담자는 주로 간호 제공자를 돕기 위하여 얼마나 그들의 관점이 이 회기의 목적과 일치하는지에 관하여 가족들이 이해할 수 있게 안내해 주어야 한다.

"나는 아버지의 변화에 관하여 당신이 지켜보았다는 것을 알고 있습니다. 아버지와는 어머니가 대부분의 시간을 함께 보내 왔기 때문에, 나는 그녀가 어떻게 지내왔을지에 관하여 당신들이 어떻게 생각하는지가 궁금합니다." 캐럴은 말했다. "당신이 언급하니 하는 말인데, 어머니는 아이들과 같이 놀아 주는 것을 좋아하셨어요. 그러나 이제 어머니는 아이들이 성가시다고 불평합니다." 밀리는 대답했다. "나는 그것에 대하여 알아차리지 못했는데, 나는 너의 아버지의 문제를 항상 머릿속에 담아 두고 있었단다. 나는 그가 해고될까 봐 두려웠거든. 그가 어떻게 그런 치욕적인 일을 겪고

서 살아갈 수 있을까? 그리고 만약 내가 일을 심리 상담 회기계속 한다면 그가 어떻게 생각할까? 나는 아직 은퇴할 준비가 안 되었는데." 심리 상담자는 테드와 밀리에게 일어난 일에 관하여 가족 구성원이 그들의 느낌을 이야기할 수 있도록 격려했다.

4단계: 쟁점과 처리되어야 할 문제를 확인하기　　각 가족은 간호 제공자를 우선적으로 돕자는 목적에 다가가는 방식이 각자 다르다. 질병에 관한 관점을 이야기하는 과정에서, 모든 참석자는 질병에 관하여 어느 정도의 지식을 가지고 있는지를 알고 간호 제공자에게 우선적으로 도움을 주기 위하여 그들이 더 중요하다고 생각하는 쟁점에 관하여 이야기할 것이다. 참석자들은 또한 그들 자신의 삶에서 중요한 쟁점들도 알 수 있을 것이다.

심리 상담자는 개인의 관점과 요구와 공통 관심사에 관하여 듣고, 쟁점과 처리되어야 할 문제에 관한 기초를 마련하기 위하여 이 관찰된 것을 참석자들과 공유할 것이다. 심리 상담자는 가족 구성원이 다른 사람의 상이한 관점 그리고 유사점을 이해하는 것을 도와줄 수 있다.

가족은 테드가 해고되기 전에 그가 일을 그만두는 것을 중요하게 생각했다. 심리 상담자는 밀리가 테드에게 이 이야기에 관하여 이야기해 보고 그의 반응을 잘 다루어야 한다고 지적해 주었다. 매트는 말했다. "나는 그에게 말할 수 있는 좋은 방법이란 없다고 생각합니다. 우리가 어떤 이유를 제시할 수 있을까요?" 캐럴은 말했다. "만약 엄마가 그와 집에 같이 있지 않는다면 아버지는 하루 종일 무엇을 할까요?" 그녀의 오빠는 밀리에게 아버지가 직장을 그만둔다고 하는데 그녀에게 직장을 그만두지 말라고 말했다. 심리 상담자는 말했다. "가장 시급한 문제는 어머니가 그녀에게 중요한 것을 포기하지 않으면서 아버지의 직장 문제에 관하여 무엇인가 조치를 취해야만 한다는 것처럼 보입니다." 그녀는 그것이 모든 사람의 마음속에 있는 욕구를 충족하면서 조화로운 조치를 취하는 일이라고 할 수 있다고 언급했다.

계속되는 가족 회기에서는 심리 상담자가 쟁점을 명확히 하고 어떤 쟁점이 처리되어야 하는지 그 순서에 관하여 일반적인 합의를 얻어야 한다. 심리 상담자는 가족들이 어떤 문제에 관하여 이야기할 필요성을 모른다거나 또는 그 문제를 이야기하는 것이 너무 어렵다고 생각되어 언급하지 않은 쟁점에 관하여 소개하여야 한다. 의학적, 법적, 그리고 장기적으로 돌보는 일을 하기 위한 경제 계획 등은 제기되어야 할 필수 쟁점이다.

이 회기 장소에서는 과거 쟁점과 풀리지 않은 가족 분쟁들이 밝혀진다. 가끔 가족들은 가족 회기에서 어떤 쟁점들이 다루어 질지에 관하여 다른 의견을 보일 때도 있다. 심리 상담자는 그들의 불편한 심기를 이해하고 그들이 환자와 주요 간호 제공자를 위하여 모였다는 사실을 환기시켜 주어야 한다. 심리 상담자는 가족에게 새로운 스트레스가 많은 상황이 과거의 분쟁사를 다시 떠올리게 하는 것은 당연한 것임을 언급할 수 있다. 그러나 회기의 목적은 현재의 상황에 초점이 맞추어져야 하고, 지난 일은 다른 시간과 장소에서 다루어지는 것이 더 효과적임을 설명해 주어야 한다.

가끔 하나 또는 그 이상의 가족 구성원이 특히 질병에 관하여 심각한 반응을 보이고 부가적인 도움을 요구할 때도 있다. 만약 이것이 가족 회기의 범주를 넘어선 것이라면, 그것은 기관 안에서나 또는 다른 부가적인 적당한 서비스를 추천하여 부가적인 개인별 회기에서 다루어져야 한다.

5단계: 변화 과정의 시작   가족은 오랜 시간에 걸쳐 해결되어야 할 쟁점과 당장의 주의를 요하는 쟁점 등 많은 쟁점에 관하여 알았을 것이다. 가족이 이런 쟁점들에 압도되지 않으면서 그것들을 해결하도록 돕기 위해, 심리 상담자는 가족이 그들에게 중요한 한두 가지의 목표에 관하여 알게 한 다음, 그다음 회기 전에 그것들을 달성하는 것이 쉽도록 도와주고, 가족이 업무를 분담하는 것을 도와주어야 한다.

문제와 쟁점의 일부는 실현 가능한 특성을 가지고 있기 때문에 구체적인 과업을 달성함으로써 해결될 수 있다. 적당한 과업은 모든 관련된 재정 서류를 모은다거나, 알츠하이머 치매 환자를 알츠하이머 협회(Alzheimer's Association)의 안전 귀가(Safe Return) 프로그램에 등록한다거나, 돌봄 센터를 매일 방문해 본다거나, 환자를 방문한다거나 또는 더 자주 간호 제공자에게 전화를 거는 것을 포함한다. 어떤 일은 즉각적인 효과가 있고, 다른 것은 앞으로의 계획을 세울 수 있게 해 줄 것이다. 그들의 명백한 실현 가능한 가치와 함께, 과제는 가족들에게 함께 해결하려는 연습을 하게 해줄 기회를 제공해 주고 다음 회기에서 다루어져야 할 영역을 확인시켜 줄 것이다.

심리 상담자의 역할은 각 가족 구성원의 욕구, 장점, 한계 등을 고려하여 업무 할당을 하는 토론에 지침을 제공하는 것이다. 지리적 거리, 경제적 수단, 정서적 능력, 그들 자신의 핵가족의 갈등적인 돌봄 필요 그리고 직업은 아픈 친족을 돌보고 주요 간호 제공자를 돕는 데 공헌하기 위하여 각 가족 구성원의 능력을 결정하는 데 있어서 큰 비중을 차지한다. 직접적으로 환자를 돌볼 수 없는 가족 구성원은 다른 방식으로 공헌해야 하거나 고용된 돌봄이를 위한 돈을 지불해야 한다. 각 가족 구성원은 자신의 경제적, 신체적, 정서적 자산이 환자를 돌보는 데 얼마나 많이 할당되는지를 평가해야 한다.

구체적인 쟁점에 더하여, 정서적 욕구와 느낌들이 표출될 것이다. 어떤 가족 구성원은 그들의 노력이 평가되지 못하고 당연시되거나 오해되었다고 느낄 것이다. 이런 환경에서는 가족 구성원이 슬픔, 유감 그리고 실망의 감정을 나타낼 것이다. 모든 가족이 가족 심리 상담에 참여하도록 함으로써, 각 구성원은 도움을 주거나 받고 자신이 좀 덜 외롭다고 생각하게 된다. 비판적이고 현실에 대하여 잘 모르는 가족은 다른 사람에게 끼칠 수 있는 영향에 대하여 인지하기 시작할 것이다. 감정들이 조사되고 난 후, 가족 구성원들은 이해하게 되고 각자에 관하여 더욱 세심한 배려를 하게 되며 그들의 대화 형식을 변화시키려 노력할 것이다.

모든 사람은 도와줄 수 있는 방법을 찾으려고 노력했다. 매트는 그의 직장 동료에게 아버지가 은퇴 정책을 찾는 데 도움을 달라고 부탁했다. 톰은 아버지가 그가 제일 좋아하는 취미인 낚시를 하는 것이 얼마나 좋은지를 생각해 보면 어떻겠느냐고 말해 본다고 했다. 심리 상담자는 아버지를 질병에 따른 영향으로부터 보호하는 전략을 세워야 한다고 지적하고, 그들에게 그것이 그들의 의도인지를 물어보았다. 그들은 모두 그런 점이 그와 대화하는 데 있어서 불편하다고 말했다. 그녀는 그들의 고민을 아버지에게 직접 이야기한다면 어떤 일이 일어날지 이야기해 볼 것을 제안했다.

6단계: 회기를 마무리하기　마무리하는 회기에서 심리 상담자는 전체 회기에서 논의한 그/그녀의 관찰에 따른 논평을 요약할 수 있다. 심리 상담자의 견해는 심리 상담 회기에 참석한 가족 구성원에 대한 감사, 주요 간호 제공자에 대한 도움을 증진할 것, 그리고 가족이 가진 능력과 그들이 극복해야 하는 대인관계의 어려움에 대한 인식, 앞으로 교육이 더 필요한 부분, 그리고 현재 작업 중인 일의 쟁점과 문제점에 대한 인식에 관한 것이 포함되어야 한다.

> 심리 상담자는 가족 구성원이 제기한 테드의 질병에 관한 찬반 의견을 검토했다. 그녀는 그가 어떻게 반응할지는 예측 불가능하고 그것의 실마리와 단서는 테드에게서 얻어야 한다고 말했다. 만약 그가 솔직하게 열린 토론을 하기를 원하는 것처럼 보이면, 그들은 그와 '직업'에 관한 문제를 다루어 볼 수 있을 것이다. 만약 그가 쟁점 주변의 일만을 말하고 싶어 하거나 그가 문제가 있다는 것을 인정하기를 거부한다면, 그들은 그와 대면하거나 그에게 진실을 주입하려는 시도를 해서는 안 된다. 심리 상담자는 그녀가 가족 모두가 어려운 상황에 처해 있다는 것을 이해하고 있고 각자 서로 도우려고 한다는 것을 알고 있으며 테드와 밀리의 요구를 처리해 주려고 노력하려 한다는 것을 알고 있다고 말했다. 마지막으로, 그녀는 그들이 다음 주에 이 논쟁점을 가지고 계속 의논을 해 볼 수 있다고 말했다. 그녀는 또한 알츠하이머 치매에 대하여 배울 수 있는 몇 권의 책을 읽어 보라고 권유하였다.

다음 회기에 관한 계획을 세우기 위하여 마지막 회기에서는 충분한 시간이 남아 있어야 한다. 뉴욕 대학교 의과대학 내 알츠하이머 치매 치료 센터의 중재 전략은 간호 제공자와 가족 구성원이 언제나 이용할 수 있는 즉석 심리 상담(ad hoc counseling, 5장에서 자세히 기술함)을 제공한다. 만약 즉석 심리 상담이 심리 상담자가 일하는 환경의 소견 설명서의 일부분이라면, 자료가 어떻게 사용될지, 회기 사이에 어떻게 심리 상담자와 연락할지를 이야기하기 위하여 회기의 마지막에 시간이 예약되어야 한다. 잘 사용된다면, 이 자료는 회기 사이에 부가적 도움과 정보 자료를 제공할 수 있다. 심리 상담자는 가족들이 즉석 회기에서 가족 회기 때 공유하지 말 것을 당부한 정보 자료를 유출하는 문제에 관하여 주의할 것을 당부할 수 있다. 심리 상담자는 가족 중의 특정 개인과 개인적인 관계를 맺지 말 것과 전체 가족과 같이 심리 상담을 해야 할 쟁점에 관하여 개인별 회기를 약속하지 말 것을 알려 주어야 한다.

진행 중인 심리 상담 회기

모든 심리 상담 회기는 지난 회기에 대한 되짚어주기(feedback), 참석자가 달성하기로 합의한 과업을 수행하면서 겪은 일, 어려움(해결된 것과 그렇지 못한 것)의 인식, 계속적으로 노력을 기울이기 위한 계획을 세우기, 지난 회기 이래로 생긴 새로운 문제점, 다른 사람이 해결하지 못하여 생긴 새로운 쟁점을 포함한다.

회기 전반에서, 비록 외면상의 논의는 과업과 관련되어 있지만, 기저의 주제는 돌보는 일과 환자의 질병에 대한 정서적 의미들이 대부분을 차지한다. 교육은 모든 회기에서 가장 중요한 구성 요소이고, 알츠하이머 치매 환자에 대한 지식의 정도와 모든 가족의 요구에 따라 수정되어야 한다.

1단계: 지난 회기를 검토하기　각 회기의 시작에서, 심리 상담자는 지난 회기 때 발생한 것에 관한 간단한 요약을 해야 한다. 심리 상담자는 참석자들에게 지난 회기에 관한 반응과 회기 과정의 개념(concept)을 강화하기 위한 회기 후에 참석자들이 회기를 계속 진행할 것인지에 관하여 물어볼 수 있다. 그 반응들은 심리 상담자가 앞으로 가족들을 이해하는 데 도움을 주고 그/그녀가 가족은 상호 돕고 의무를 나누는 것이라는 것을 알게 할 수 있다. 각자 자신의 생각을 말하고 나면 심리 상담자는 응답자의 반응의 유사점과 차이점에 대하여 지적할 수 있다.

2단계: 과거의 약속을 검토하기　지난 회기에서 참석자들은 구체적인 과업을 수행할 것을 동의하고 그들의 대화와 행동의 양식을 변화시키는 노력을 할 것을 동의했을 것이다. 심리 상담자는 그들의 다양한 약속의 수행 성공도에 주의를 기울여야 한다. 아울러서 회기의 취지에 비추어, 그들이 잘못한 것과 해야 할 일들 중에 언급되지 못했던 것을 알게 되었다면 그들은 다시 그것들을 고려해야 한다. 심리 상담자는 가족 구성원이 경쟁적으로 느끼지 않고 달성해야 할 중점 과업에 초점을 맞추는 방식으로 회기를 시작해야 한다.

회기에서는 다음과 같은 질문들의 답을 유도해야 한다. 가족들이 맡은 과업을 잘 진행해 나가고 있는가? 만약 그렇다면 그들이 어떻게 그렇게 하였는가? 그들이 임무를 완수하고 그들의 행동을 성공적으로 변화시켰을 때 그들은 어떻게 생각하는가, 그리고 그들이 극복해야 할 장애물은 무엇인가? 만약 과제를 완수하지 못하였다면 그것은 정서적, 실질적인 장애 때문인가 또는 가족 구성원의 분쟁 때문인가?

> 회기를 시작할 때, 밀리는 심리 상담자에게 테드가 은퇴하는 데 동의하였다고 말했다. 심리 상담자는 그들이 어떻게 이런 결론을 내렸는지를 물어보았습니다. 일요일에 톰은 그들의 예전과 다름없는 저녁 식사 후에 테드가 혼자 있는 틈을 타서 그에게 아직도 일을 즐기고 있느냐고 물어보았다고 말했다. "아버지가 말씀하시길, '왜 그런 질문을 하니?'라고 물어서 나는 그가 예전만큼 일에 관하여 말씀이 없어서 그렇다고 말했습니다. 아버지는 말하셨어요. '너도 알다시피, 너의 어머니도 같은 말을 하더구나. 네 어머니가 말했을 때는 내가 생각했던 것보다 더 빨리 조만간 은퇴해야겠다고 생각하게 되었단다.'" 밀리는 그날 저녁 아이들이 집으로 가고 나서 테드가 낚시와 정원일을 하는 것이 얼마나 좋을지에 관하여 이야기하기 시작했고, 결국에는 은퇴할 날이 올 것이라고 말했다고 했다. 밀리는 다음 일요일 저녁 식사 후에 테드가 가족들에게 은퇴하기로 한 결정을 말했다고 했다. 캐럴은 "나는 아버지가 그런 결정을 내려 너무 기뻤습니다. 왜냐하면 나는 우리 둘이 일하지 않는 동안 그와 시간을 같이 보낼 수 있기 때문입니다."라고 말했다. 밀리는 테드의 직장 문제가 해결된 것 같아 안심이 되었습니다. 톰은 "우리는 우리가 아버지에게 직접 그의 질병에 관하여 이야기하지 않고서 그의 지시를 따랐던 것 같습니다. 우리가 올바른 일을 했기를 바랍니다."라고 말했다. 캐럴은 "우리가 잘 했다고 생각해요."라고 말했다.

모든 가족 구성원의 반응에 주의를 기울이는 것은 상호 협조적인 팀을 만드는 데 매우 중요하다. 그럼에도 불구하고 가족 구성원의 노력에 대한 주요 간호 제공자의 반응은 절대적으로 중요하다. 왜냐하면 그것은 그/그녀를 위한 그들의 노력을 강화할 수도 있고 오해와 잘못 전달된 부분을 강조하는 데 사용될 수 있기 때문이다. 앞으로의 회기에서는 어떻게 하면 가족 구성원들을 더 효과적으로 도울 수 있을 것인지에 관하여 이끌어 가야 한다.

3단계: 최근의 고려 사항에 관한 쟁점을 확인하기   회기의 과정에서, 어떤 쟁점은 해결이 되고 다른 것은 우선순위에 있는지가 명백해진다. 아울러서 새로운 쟁점, 문제점 그리고 분쟁이 나타날 것이다. 이것들은 첫 번째 회기에서 원래의 쟁점을 해결했던 방식대로 논의될 것이다. 가족 구성원들은 이전의 회기에서 제기되었던 쟁점과의 유사점을 알고 과거 해결된 접근 방식을 현재의 문제에도 적용할 수 있다.

캐럴은 테드가 그의 시간을 어떻게 보낼지에 관한 문제를 해결하여 밀리가 계속 그녀의 직장에 다닐 수 있게 되었다고 말했다. 캐럴은 그녀의 자녀를 학교에 바래다 주고 테드의 집에 가서 밀리가 일하러 간 동안 테드의 옆을 지켜 주었다. 돈은 "모든 일이 잘되어 가고 있고, 밀리와 테드가 도움이 필요하다는 것을 알지만, 우리 가족은 뭡니까? 우리는 세 자녀가 있고 캐럴은 자녀를 돌볼 수가 없습니다. 그녀는 그녀의 아버지에게 그녀의 모든 시간을 할애하고 있습니다. 다이앤은 왜 아무 일도 하지 않는 겁니까? 그녀는 시간제 근로자일 뿐이고 그녀의 자녀는 우리 애들보다 나이가 더 많습니다."라고 말했다. 심리 상담자는 비록 가족들이 문제를 해결했다고 생각하지만, 다른 새로운 문제가 생겼다는 것을 알게 되었다. 캐럴이 너무 많은 책임을 부담하고 있는 것이다. 톰은 테드의 질병 단계에서 볼 때 항상 누군가 옆에 있어야 할 필요는 없다고 생각한다고 말했습니다. 톰의 말을 듣고서 캐럴은 그녀가 과잉보호를 하고 있는 것이 아니고, 테드의 안전을 확실히 보장할 수 있는 조치가 필요하다고 주장했다. 캐럴은 "아버지는 긴 거리를 산책하는 것을 좋아하는데, 만약 아버지가 길을 잃으면?"이라고 말했다. 이것은 심리 상담자가 집의 안과 밖에서 있을 수 있는 안전 사고의 쟁점에 관하여 말할 수 있는 기회를 주었다. 그녀는 안전 귀가 프로그램에 대하여 설명하고, 그들이 테드를 프로그램에 등록시킬 것을 제안하였다.

4단계: 회기를 마무리하기   각 회기의 마지막에, 심리 상담자는 이제까지 달성한 성과와 앞으로 달성해야 할 목표에 관하여 요약하고 검토할 수 있다. 업무 할당은 반드시 검토되어야 한다. 심리 상담자는 또한 다음 회기의 시간과 요일, 그리고 누가 참석할 것인지를 논의하여야 한다. 만약 다음번의 회기가 알츠하이머 치매 환자가 임종하기 전에 모이는 마지막 가족 회기라면, 가족들에게는 그것이 놀라움으로 다가오는 것이 아니라 임종을 준비할 수 있도록 유념할 수 있는 기회가 되어야 한다.

마지막 회기

심리 상담자는 이것이 마지막 회기임을 고지하고 그들이 달성한 성과를 요약하는 것으로 회기를 시작하여야 한다. 목표는 이 회기를 기점으로 가족 자신이 스스로 해결할 수 있는 힘을 주는 것이다.

이 회기에서는 지난 회기에서 논의된 문제들에 대한 검토와 성과 및 새로운 쟁점을 포함하는 이전 회기의 유형을 따른다. 마지막 회기에서는 새로운 쟁점이 생기면, 이전 문제가 해결된 것과 연관 지으면서 보다 더 주의를 기울여야 한다. 가족은 공유하고 있는 의무에 대한 내재된 원칙들을 이해하고 주요 간호 제공자를 위하여 도움을 제공하여야 한다.

심리 상담자는 참석자들에게 그들 자신만이 알게 된 사실들과 느낌들을 물어볼 것이다. 그들은 또한 마지막 회기가 그들에게는 어떤 의미가 있는 것인지에 관하여 생각해 볼 것을 요구받을 것이다.

심리 상담자는 그동안의 진전 상황을 검토하였다. 그러나 그녀는 캐럴이 걱정하고 있는 것을 주시하였다. 캐럴은 예전에 그녀의 할머니가 요양원에 간후 그곳을 싫어했던 일을 기억하기 때문에 테드가 요양원에 가는 것을 우려하고 있다고 말했다. 심리 상담자는 그녀에게는 그것이 매우 화가 나는 경험이었겠지만 그런 종류의 돌보는 일에 대한 요구는 앞으로 당분간 일어나지 않을 것이고, 알츠하이머 치매 환자의 대부분은 집에 머물게 된다고 말해 주었다. 아마도 우리는 테드가 현재 자신의 시간을 어떻게 보내고 있는지에 관하여 이야기를 해 보아야 한다.

밀리는 테드가 정원에서 대부분의 시간을 보내며 그의 우표 수집 취미도 다시 시작했다고 말했다. 캐럴은 그녀가 테드를 몇 번 데려다 주었으며 그녀와 함께 그녀의 아이의 리틀 리그(Little League) 연습에도 갔다고 말했다. 톰은 주말마다 테드와 낚시를 하러 갔다. 밀리는 테드가 전에 일하고 있을 때보다 덜 긴장되어 보인다고 느꼈으며 그녀가 적어도 당분간의 그녀의 직장을 계속 다닐 수 있을 거라고 생각했다. 그녀는 그녀의 문제로 아이들을 귀찮게 하기 싫었지만, 지금은 도와주고 있는 아이들이 있다는 것이 얼마나 좋은지를 실감한다고 말했다.

심리 상담자는 가족들에게 이것이 마지막 회기라는 것을 다시 환기시켜 주었다. 그녀는 그들이 앞으로 어떤 문제라도 생기면 그녀에게 전화하라고 당부하였다. 모두 전화로 도움을 청할 수 있는 사람이 있다는 것에 행복해 보였다. 그녀는 또한 그들이 알츠하이머 치매 환자를 돌보는 이웃을 위한 지지 집단에 가입할 것을 권유하였다.

즉석 심리 상담에 관한 체계가 있다면, 참석자들은 그 자료들이 현재의 권고와 심리 상담에 유용한지, 또한 그에 대한 소견 설명서의 사용을 검토하여야 한다. 각 회기는 당사자가 일평생 이뤄 놓은 진전, 아직 이루지 못한 목표, 앞으로의 격려에 관한 마지막 언사로 끝맺어야 한다.

마지막 가족 회기 후에 뉴욕 대학교 의과대학 내 알츠하이머 치매 치료 센터에서 사용하고 있는 소견 설명서에서는 간호 제공자와 함께 간호 제공자의 관점에서 가족 회기의 효율성을 평가하고, 자료, 심리 상담, 지원을 위하여 간호 제공자의 최근의 요구에 근거해 추천을 해 주기 위하여 개인 심리 상담 회기를 가진다.

가족을 이해하기

모든 가족 구성원은 각자 서로 대화하고 다른 세계와 교류하는 자신들만의 문화가 있다. 뉴욕 대학교 의과대학 내 알츠하이머 치매 치료 센터에서 사용하고 있는 소견 설명서에는 가족 회기의 형식적 구조가 포함되어 있지 않다. 그러나 뉴욕 대학교 의과대학 내 알츠하이머 치매 치료 센터에서 근무하는 심리 상담자들은 단위로서의 가족의 기능하는 방식과 심리 상담을 하는 동안 그들이 서로 어떻게 상호작용하는지에 관하여 비형식적인 평가를 한다.

알츠하이머 치매 환자의 가족과 함께 일하면서, 우리는 알츠하이머 치매 환자뿐 아니라 가족 분쟁에 관한 간호 제공자의 평가와 반응이 간호 제공자의 안녕에 지대한 영향을 끼친다는 것과 그것이 심리 상담 과정에서 적당한 때 평가되고 해결되어야 한다는 것을 알아냈다.

만약 가족을 체계적으로 이해한다면, 한 구성원이 심각한 만성적 질병을 갖게 되는 것과 같은 변화는 체계 전반을 흔들고 각 가족들에게 영향을 끼칠 것이 분명하다. 가족치료 문헌에서 소개되고 있는 개념은 관찰된 것을 조직화하고, 현재 진행 중인 작업을 위한 목표를 설정하고, 어려운 영역을 구분해 내고, 결과를 평가하는 데 체계를 제공해 줄 것이다. 그들은 알츠하이머 치매 환자의 간호 제공자가 겪고 있는 어려움에 부응하여 강점뿐 아니라 어려운 점을 구분하는 데 도움을 줄 수 있다.

개방성

가족들은 서로에 대하여서나 바깥세상에 대하여 자신을 드러내는 정도가 다르다. 가족들의 전통과 규범이 그 구성원을 바깥세상과 교류하지 못하도록 한다면, 그들은 심리 상담을 포함한 지원을 편안하게 구하기가 힘들 것이다. 그런 가족에서의 부모들은 아이들이 무엇을 들어야 하는지, 그리고 바깥 사람들과 얼마나 공유할 수 있는지에 관하여 엄격한 규칙을 가지고 있을 것이다. 예를 들어, 만약 부모가 "공공의 장소에서는 더러워진 옷을 빨지 마라."라고 말했다면, 그것은 문제들이 가족 안에서 지켜져야 함을 의미한다. 그런 가족의 구성원은 자신의 감정을 다른 가족 앞에서나 외부인에게 표현하기를 꺼릴 것이다. 이런 가족들은 그들의 친족의 알츠하이머 치매에 관하여 공공연히 인정하려고 하지 않을 것이고 도움을 요청하려고 하지도 않을 것이다. 이런 개인이 가족의 건강을 돌봐 주는 사람에게 접근하려고 할 때, 그/

그녀는 가족들의 이해를 얻기 위해 더 많이 노력해야 하고, 심리 상담자는 회기에 다른 가족 구성원을 포함하려는 도움을 제공하여야 한다.

더 친근한 가족을 참여시키려고 할 때, 심리 상담자는 그들이 개인적인 가족 문제를 밝히지 않는 삶의 방식을 존중한다는 것을 보여 줄 필요가 있다. 그런 종류의 가족들을 도울 때에는 더 객관적인 정보 자료로 접근하는 것이 더욱 유용하다. 심리 상담자는 알츠하이머 치매에 관하여 알려진 것을 의논하는 교훈적 방식으로 접근하고 구체적인 사실과 쟁점에 관한 대화를 확립하려고 노력하여야 한다.

개방적인 가족은 그들을 보다 자유롭게 표현하고 심리 상담 회기를 그들의 친족의 질병에 관한 정서적 반응을 처리하기 위하여 이용하며 그것들을 다루는 데 도움을 기꺼이 받아들인다. 그러나 감정이 격해져 있을 때, 심리 상담자의 과업은 가족들이 그것을 조절하는 것을 돕고 그들의 에너지가 효과적으로 사용될 수 있도록 초점을 맞추는 것이다.

가족 안에서의 관계와 역할

가족 심리 상담의 목표 중의 하나는 알츠하이머 치매 환자가 가족 안에서 전에 가지고 있던 역할을 하는 것을 환자의 능력에 따라 변화시키는 방법에 대하여 가족들을 교육시키는 것이다. 만약 가족이 명백한 가부장적 구조를 가지고 있다면, 역할은 명백히 정의될 것이다. 그런 가족에서는 힘과 권력을 가지고 있는 사람이 알츠하이머 치매를 앓는 환자가 되었을 때 가족들은 다시 질서를 잡는 데 어려움을 겪는다. 그들은 권력을 가진 인물을 잃게 되고, 그/그녀의 역할을 떠맡기 위한 그들의 능력에 있어서 경험도, 자신감도 없을 것이다. 만약 아버지가 주요한 의사 결정자이고 가족 안에서 이끄는 역할을 하는 사람으로 인정받아 왔다면, 그 가정에서의 부인과 성인 자녀들은 아버지가 해 왔던 일을 떠맡는 것이 힘들 것이다. 알츠하이머 치매 환자가 자기가 하던 일들을 나누어 하기를 싫어하고 가족들은 그/그녀와 맞서기를 두려워할 때 상황은 더욱 악화된다. 심리 상담은 가족 안에서의 환자의 자리를 계속 존중해 주면서 가족들이 새로운 역할을 이어가도록 도와줄 수 있다.

가족 안에서 관찰된 역동 중의 하나는 그 구성원들 간 관계에서의 친밀성과 배타성이다. 특정 가족 구성원이 다른 구성원들을 배제하는 동맹이 있었을 때, 그들은 양극단을 형성하고 갈라져서 가족이 단위로서의 역할을 할 수 있는 기능을 방해할 것이다. 돌보는 배우자와 그/그녀의 한 자녀만의 강한 유대는, 예를 들어 다른 형제자매가 돌보고 있는 부모에게 도움과 지원을 하는 데 어려움을 주게 된다. 그들은 그들의 노력이 부모에게 거슬리고 환영받지 못한다고 생각할 것이다.

대처 방식

스트레스 과정 모형(stress-process model)에서는 스트레스의 원인이 평가되는 방식은 반응의 양에 영향을 끼친다고 말한다. 가족들이 환자의 행동 및 기능 저하가 알츠하이머 치매 때문에 야기된 것임을 이해할 때, 그들은 그것들이 고의로 그렇다고 생각하는 것과는 반응을 달리할 것이다. 알츠하이머 치매 환자를 돌보면서 받는 스트레스에 관한 각 가족 구성원의 반응은 그 환경과 그것을 극복할 수 있는 지각(senses)을 다루기 위한 다른 방법과 자료에 관한 이해에 달려 있다. 만약 개별적으로 가족 구성원이 무력하고 다른 가족 구성원이 비협조적이라고 느낀다면, 그들은 그들이 노력하는 것에 대한 도움과 격려를 받고 있다고 생각할 때보다 그들이 처한 상황에 더욱 스트레스를 받을 것이다.

알츠하이머 치매 환자를 돌보고 있는 사람의 요구에 응하는 가족들의 방식은 전에 있었던 다른 어려운 일에 관한 경험에 근거를 둘 것이다. 만약 전에는 그들이 그들의 자료를 동원하고 서로 협조적으로 해결했다면, 심리 상담자는 그들이 사용했던 건설적인 전략을 확인시키고 현재 상황에도 효과적으로 사용될 수 있는 유사한 대처 방식을 제안할 것이다. 어려운 상황에 같이 모여 본 적이 없는 가족은 그들이 대처 기술이 필요하다는 것을 발견하고, 심리 상담 과정에서 그것들을 마련하기를 바랄 것이다.

심리 상담은 알츠하이머 치매 환자를 돌보는 요구에 대처하는 서로를 돕기 위하여 그/그녀의 능력을 함양시키는 각 가족 구성원을 도울 수 있다. 심리 상담자는 전에 있었던 스트레스 원인에 관하여 어떻게 반응했는지 구체적으로 물어봄으로써 참석자들의 대응 유형에 관하여 알 수 있을 것이다. 스트레스 환경에 적응하는 간호 제공자의 능력은 사회적 지원, 경제적 자원(예: 수입, 필요한 서비스를 구매할 수 있는 능력) 그리고 정신적 자원 또는 성격 특성(예: 자존감, 통제감)에 의하여 영향을 받을 것이다.

한 연구에 의하면, 감정에 치중하기보다는 문제 지향적이고 정보 자료를 찾는 대처 방식이 더 좋은 결과를 낳는다고 한다. 심리 상담자는 개인적인 문제 대처 방식과 그들이 어떻게 전체적인 가족의 반응과 연관되어 있는지, 그리고 어떻게 최선의 건설적인 방법의 사용을 동원하는가에 관하여 알아야 한다.

대화 방식

심리 상담자는 가족들이 서로 이야기하는 내용과 과정에 관하여 잘 알아야 한다. 신체 언어, 눈 맞춤 정도, 가족들이 서로 관심을 가져 주거나 외면하는 정도는 심리 상담자에게 가족들이 서로 대화하는 방식에 관한 지침을 제공할 수 있다. 어떤 가족은 공개적으로 말하는 반면, 다른 가족은 안으로 묻어 둔다. 어떤 가족은 그들의 생각을 직접적으로 표현하며 그들을 위하여 책임을 다한다. 다른 가족은 다른 사람에게 그들 자신의 감정을 빗대어 표현하거나 다른 사람이 그들을 위하여 대신 그들의 감정을 표현하거나 행동하도록 유도한다.

가족들은 질병이나 죽음과 같은 특정 주제를 토론하는 데 있어서 느끼는 정도가 다르다.[2] 어떤 가족은 관습상 성인 자녀들과 이야기하지 않는 특정한 주제가 있다. 가족들이 그들의 친족의 질병, 증상의 원인, 개인적 돌봄 욕구에 관하여 이야기하기를 꺼릴 때, 심리 상담자는 그들이 직면한 특정 쟁점에 관하여 말하는 것에 익숙하지 않다는 것을 받아들여야 한다. 그럼에도 불구하고 그들은 환자의 요구에 부응하고, 그것에 관하여 서로 이야기해 보기 위한 방법을 찾아야 할 것이다. 이런 장벽을

---

2) 사연 많은 인간사에서 매우 중요한 주제가 죽음, 성, 돈인데 그럼에도 불구하고 담론(談論)으로 다루는 것을 금기(taboo)시하고 있다는 문제가 있다. - 역자 주

넘기 위해 심리 상담이라는 안전한 환경을 이용하는 것이 가능하다. 이것을 장려하는 하나의 방법은 심리 상담자가 배변실금(排便失禁, fecal incontinence)이나 요실금(尿失禁, urinary incontinence)[3] 같은 가족들이 불편을 참아야 하는 증상에 관하여 직접적으로 이야기하는 것이다.

심리 상담자는 그/그녀 자신을 가족들과 효과적으로 일할 수 있도록 그들의 스타일에 맞게 조절하여야 한다. 대화의 과정뿐만 아니라 의미도 이해하는 심리 상담자의 능력은 가족들의 기분과 요구를 알아차려서 그들을 도울 수 있게 하고, 만약 환경이 충분히 안전하다면 가족들은 위험을 무릅쓰고라도 그들의 기분을 말할 것이고 직접적으로 도움을 요청할 것이다. 심리 상담자가 알츠하이머 치매와 가족이 당면하고 있는 분쟁에 대하여 현실적이고 동정적으로 이야기하는 방식은 가족들을 그들의 친족의 질병에 관하여 보다 개방적이고 직접적으로 말하도록 고무할 수 있다.

문화와 종교

문화와 종교적 믿음은 가족들이 알츠하이머 치매를 이해하는 데 영향을 끼치고 도움에 관한 환자의 요구에 대한 반응을 누가 제공할지를 결정짓는다. 종교적 믿음과 정신은 또한 간호 제공자에게 질병에 관하여 이해하고 받아들이는 관점과 돌보는 일을 하는 그들의 책임의식의 바탕을 제공할 수 있다.

가족의 문화적 가치, 생각, 믿음 그리고 행동은 알츠하이머 치매 환자의 주요 간호 제공자에게 도움을 주는 데 있어서 구조적인 틀을 제공할 수 있다. 반면 문화적·종교적 가치와 규범은 화합하는 정도를 달리하기 때문에 세대 간 그리고 세대 안에서 분쟁을 일으킬 수 있다. 성인 자녀, 형제자매, 배우자 그리고 다른 가족 구성원은 다소 지배적인 문화에 동화될 것이다. 이것은 알츠하이머 치매 환자에게 어떤 것이 적절한 도움을 줄 수 있는지에 관하여 가족 구성원들끼리 의견을 달리할 수 있는 여지를 만든다. 다른 가족들의 기대를 저버리고 전통적인 견해를 따르는 가족에게 동화

---

3) 배변실금과 요실금은 배설 기능을 본인의 자유의지대로 조절할 수 없는 증상이다. 알츠하이머 치매의 대표적인 증상들이다. – 역자 주

된 가족 구성원은 그들이 그들의 돌보는 의무를 회피한다고 생각하게 만들 수 있다.

만약 가족이 심리 상담자와 다른 문화적 배경을 가지고 있다면, 특히 그 가족이 사회가 따르는 지배적인 문화를 따르고 있지 않다면, 효율적일 수 있는 심리 상담자의 능력은 그 가족의 특별한 문화(가치, 기대 행동, 과거의 경험, 언어, 종교적 믿음)를 이해하는 데에 달려 있다. 만약 심리 상담자가 가족이 특별한 서비스를 받아야만 더 편안하고 효율적으로 도움이 된다면, 그들이 거부당했다는 느낌이나 실패했다는 느낌이 들지 않도록 왜 의뢰(referral)가 이루어졌는지 설명해 주는 것이 중요하다.

알츠하이머 치매에 관한 가족의 지식을 평가하고 함양시키기

알츠하이머 치매에 관한 가족의 지식과 환자의 기능에 영향을 끼치는 현재와 앞으로의 영향, 치료법, 돌보는 방법들을 평가하는 것은 특히 중요하다. 심리 상담자가 가족 회기 동안 제공하는 교육의 정도와 깊이는 가족들이 이미 알고 있는 것, 그리고 어떻게 가족들이 그들의 자식을 알츠하이머 치매 환자를 매일 돌보는 앞으로의 계획에 적용하는지에 달려 있다.

흔하지는 않지만, 어떤 가족은 알츠하이머 치매의 진단, 증상 그리고 치료법에 관한 최근 지식을 가지고 있다. 다른 가족은 지식이 거의 없거나, 알츠하이머 치매와 그 영향에 관하여 잘못된 지식을 가지고 있다. 이런 차이는 환자의 증상의 원인, 적절한 치료, 또는 돌보는 수단에 관한 가족 분쟁을 일으킬 수 있다. 그들은 또한 돌보는 가족이 환자의 능력과 한계에 관하여 불신하도록 만든다. 알츠하이머 치매에 관한 지식이 거의 없는 사람은 환자의 능력 밖의 행동에 대하여 의도된 행동이라고 탓할 것이다. 가족 심리 상담 회기에서 교육은 모든 참석자가 기초 정보 자료를 얻고 온전한 정보 자료의 부족에서 오는 분쟁을 막는 것을 도울 수 있다.

더 많은 지식을 알고 있는 가족들은 알츠하이머 치매 환자와 간호 제공자의 요구, 장점 그리고 한계뿐만 아니라 그 요구를 만족시키기 위한 그들의 능력을 더 잘 평가할 수 있다. 알츠하이머 치매 환자에 대한 간호를 가장 효과적으로 수행하기 위해서, 알츠하이머 치매에 대한 교육이 환자의 간호 제공자에게 계속 진행되어야 하고 그것이 심리 상담 과정에 포함되어야 한다.

심리 상담자는 각 가족 구성원이 어떻게 정보 자료를 얻기를 선호하는지, 예를 들어, 서식, 세미나 또는 인터넷을 통해서인지 알아내야 한다. 심리 상담자는 또한 적절한 서적, 비디오, 또는 참석자들이 독립적으로 복습할 수 있는 자료들을 제공하고, 만약 그들이 골랐다면 그것을 회기에서 토론해야 한다. 가족 구성원들에게 그들이 매체에서 얻은 모든 정보 자료가 믿을 만한 것은 아니며, 하나 이상의 정보 자료를 참조하도록 노력할 것을 환기시켜 주는 것이 중요하다.

가족들에게는 그들이 건설적으로 사용할 수 있는 만큼의 정보 자료가 주어진다. 정보 자료의 양이 너무 적으면, 그들이 환자와 간호 제공자를 이해하는 것과 적절한 돌봄 계획을 세우는 것을 방해한다. 너무 많은 정보 자료는 지레 겁을 먹게 하므로 가족 구성원들이 제 역할을 다하게 하기보다는 그 반대가 되기 쉽다. 알츠하이머 치매에 관한 정보 자료를 스스로가 얼마나 원하는지를 명확히 알지 못하는 사람이 많다. 정보 자료 요구에 관한 이유가 조사되어야 하는 까닭은 그것이 정보 자료에 함의된 의미뿐만 아니라 가족들의 질병에 관한 이해 그리고 심리 상담자가 제공한 정보 자료의 민감도에 관하여 심리 상담자에게 통찰력을 제공할 수 있기 때문이다. 가족들에게 알츠하이머 치매의 전 과정을 한꺼번에 설명하는 것이 최선은 아니며, 현재 영향을 끼치고 있는 질병의 정보 자료, 그리고 가까운 미래에 그들이 무엇을 예측할 수 있는지에 관하여 집중하는 것이 좋다.

심리 상담자는 가족들이 알고 있는 알츠하이머 치매에 관한 지식과 그 질환의 영향을 평가하기 위하여 다음에 소개한 내용의 개요를 가족들에게 물어볼 수 있는 질문의 지침으로 고려할 수 있다.

1. 진단
- 언제, 어디에서, 누구로부터 당신의 친족이 알츠하이머 치매 진단을 받았는가?
- 당신은 가족이 앓고 있는 알츠하이머 치매에 관하여 무엇을 들었는가?
- 당신은 알츠하이머 치매에 관하여 궁금한 질문 사항이 있는가?

2. 질환 진행 과정

- 당신은 알츠하이머 치매의 진행 과정에 관하여 무엇을 알고 있는가?
- 당신은 알츠하이머 치매의 진행 과정에 관하여 어떻게 알았는가?
- 당신이 알고 있는 당신 친척의 장애는 무엇인가?
- 당신은 알츠하이머 치매 때문에 생기는 증상과 다른 원인 때문에 생기는 증상들을 알고 있는가?

3. 돌보기 위한 방법

- 당신이 알고 있는 알츠하이머 치매 환자를 돌보고 지원할 수 있는 방법들에는 무엇이 있는가?
- 당신은 알츠하이머 치매 환자를 돌보는 방법에 관한 정보 자료를 어디에서 구하는가?
- 당신에게 가장 유용했던 정보 자료는 무엇인가?

4. 치료법

- 당신은 이용 가능한 치료법에 관하여 알고 있는가?
- 당신은 실험적인 치료법에 관하여 알고 있는가?

이런 질문들을 함으로써, 심리 상담자는 참석자의 질환에 대한 이해도와 어떤 부분에서 교육이 더 필요한지 알 수 있다. 이것은 또한 심리 상담자의 알츠하이머 치매에 관한 오해와 다른 가족들이 가지고 있는 잘못된 정보 자료를 없애는 좋은 기회를 제공한다.

요약

알츠하이머 치매의 영향은 가족 안에서 해 오던 역할, 가족 간의 관계, 개인과 가족 전체에 영향을 끼치는 상이한 여러 문제들, 가족 구성원들이 간병 문제에 대처하는 기술, 그리고 가족 구성원들이 얼마나 알츠하이머 치매에 관하여 이해하고 자료들을 이용하는지를 포함한 많은 요소에 따라 다양해지고 좌우된다.

정상적인 삶의 단계로 진전하고 싶은 욕망은 가족 구성원이 알츠하이머 치매 환자로 진단받는다고 해서 멈추지 않는다. 알츠하이머 치매 환자를 돌보는 것은 성인 자녀에게는 그들의 새로운 가정에서의 역할과 그들의 부모에 대한 의무 사이에서 갈등을 일으킬 수 있다. 이것은 또한 자녀를 간호 제공자로 두고 싶지 않은 부모에게도 영향을 끼친다.

가족 간에 알츠하이머 치매 환자를 돌보는 일과 관련된 스트레스에 대응하면서 부정적인 상호작용을 하는 것은 흔한 일이다. 가족 심리 상담은 가족 구성원들에게 그들의 친족의 질환 정도와 가족 간의 돌보는 임무가 가족 간의 관계가 악화된 근본 이유임을 인식하게 할 수 있다.[4] 이 문제들을 직접적으로 다룸으로써 그들은 가족 간의 관계가 개선되는 것을 알게 될 것이다. 알츠하이머 치매 환자의 간병에 참여하고 있지 않은 이에게는 돌보는 일에 있어서 더욱 적극적이 되기를 고무할 수 있다. 심리 상담은 또한 도우려고 하는 사람이 배제되지 않도록 도와줄 수 있다. 돌보는 일에 있어서 성공적인 협력의 부산물로서 전체 가족의 기능이 향상될 수 있다.

---

4) '긴 병에 효자(孝子) 없다'는 말이 있다. 알츠하이머 치매나 또 다른 노인성 정신·신체장애를 앓고 있는 노부모나 가족을 보살피고 간병하는 문제와 관련하여 직계가족이나 친인척들은 생활권이 다르고 생업에 종사해야 하는 회피할 수 없는 현실적인 사정 때문에 실제로는 자녀와 가족들이 필요 경비를 공동 분담하면서 전문 간병인에게 간병 서비스를 위임하는 방안으로 이 문제를 해결하고 있는 것이 현실이다. – 역자 주

심리 상담자용 검목표(checklist)

가족 참여를 위한 준비
□ 가족 지원의 이점을 설명함으로써 간호 제공자의 저항을 처리하라.
□ 누가 가족 심리 상담에 포함되어야 하는지 확인하기 위하여 평가 자료를 토의의 기본
  자료로 사용하라.
□ 알츠하이머 치매 환자를 참여시킬 것인가를 평가하고 결정하는 데 필요한 경우에는
  환자를 만나라.

최초의 가족 회기
□ 자신을 소개하고 가족 구성원의 소개도 부탁하라.
□ 소견 설명서, 회기의 목적, 기관이 제공하는 서비스의 범위, 기본 규칙, 그리고 심리
  상담자의 역할에 대하여 설명하라.
□ 개인이 처한 상황을 그/그녀의 시각에서 설명할 기회를 주라.
□ 쟁점을 명확히 하고 무엇이 다루어질지, 어떤 순서로 할지에 관한 동의를 얻으라.
□ 하나 또는 두 개의 목적을 정하고 가족들이 업무를 할당하는 것을 도우라.
□ 당신이 관찰한 바를 요약하고 다음 회기의 진행을 위한 계획을 세우라.

진행 중인 심리 상담 회기
□ 지난 회기에서 상담한 주제, 내용, 반응을 검토하고, 참석자들의 반응을 물어보라.
□ 지난 약속을 검토하고, 참석자들의 성과와 그것을 수행하면서 느낀 점을 물어보라.
□ 현재 고려하고 있는 쟁점을 파악하라.
□ 성과를 요약하고 여전히 남아 있는 목표들을 검토하라.

마지막 회기
□ 마지막 회기임을 인지하고 목표를 성취하기 위한 성과를 요약하라.
□ 이전 회기의 유형을 반복하라. 새로운 쟁점을 알았다면 그것들을 전에 해결했던 쟁점
  과 연결시켜 보라.

가족을 이해하기

□ 가족마다 공개하는 정도가 다르다는 점을 인식하여 심리 상담을 그들의 스타일에 맞추라.

□ 가족 구성원이 가족 안에서의 환자의 위상(존재)을 존중하는 동안 그들이 새로운 역할을 수행하는 것을 도우라.

□ 당신이 주요 간호 제공자가 돌보는 일에 필요한 요구 사항을 처리하는 것을 돕기 위하여 가족을 안내할 때 개인적인 대처 방법을 알아 두라.

□ 감정의 표현을 촉진하기 위하여 가족들이 소통하는 스타일을 알아 두라.

□ 가족의 문화적 특이성을 알고 만약 그들에게 유용하다면 그것을 특성화된 서비스에 추천하라.

□ 진단, 질환 과정, 돌보는 일 그리고 치료법에 관한 질문을 함으로써 가족이 가지고 있는 알츠하이머 치매에 관한 지식을 평가하라.

제5장

즉석 심리 상담

알츠하이머 치매의 증상, 환자의 기능적 · 인지적 능력, 그리고 지원, 정보 자료에 관한 간호 제공자의 요구는 시간이 지나면서 변한다. 뉴욕 대학교 의과대학 내 알츠하이머 치매 치료 센터에서 사용하고 있는 중재 전략은 필요할 때 개인과 가족에게 전화로 심리 상담을 보완하면서 이런 요구에 부응한다. 우리는 이를 즉석 심리 상담(ad hoc counseling)이라고 부른다.

중재의 형식적 부분으로서의 즉석 심리 상담의 개념은, 개인 심리 상담을 받은 지식이 많은 간호 제공자조차 그들의 심리 상담자들에게 정서적인 도움뿐 아니라 알츠하이머 치매 환자를 돌보는 일, 자료에 관한 질문을 하기 위하여 전화를 건다는 사실을 관찰한 뉴욕 대학교 의과대학 내 알츠하이머 치매 치료 센터에서 근무하고 있는 심리 상담자들의 경험으로부터 진화되었다. 즉석 심리 상담의 목표는 간호 제공자에게 질병의 전 기간 동안 지속적인 전문적 지원을 제공함으로써 변화하는 요구에 부응하는 것이다. 이 체계는 가족들에게 그들이 필요로 할 때 안전망, 안식을 위하여 돌아올 수 있는 안락하고 안전한 장소의 보장, 지원, 자료, 정보 자료 그리고 도움을 제공한다.

이 장에서는 즉석 심리 상담의 구성 요소를 기술하고, 심리 상담자에게 전화로 심리 상담하는 전 과정의 지침을 제공하며, 즉석 심리 상담 체계를 어떻게 구축할 것인지 의논해 본다.

즉석 심리 상담의 이점

즉석 심리 상담(ad hoc counseling)[1]은 편리하고 비용 절감적인 방식으로 가족 구성원들에게 빠른 응답을 제공하기 위하여 고안되었다. 단기 심리 상담(consultation)은 어떤 상황이 광범위한 전문가적 도움을 받아야 하는 중대한 문제로 변화하는 것을 막을 수 있다. 간호 제공자와 친숙한 누군가로부터 즉각적 응답을 받는 것은 감정적인 것이 될 수 있는 상황도 해결할 수 있다. 간호 제공자는 문제를 해결하거나 위기에 대처하면서 전문가와 15분 동안의 몇 번의 통화를 함으로써 엄청난 이익을 볼 수 있고, 앞으로 몇 달간은 더 이상의 도움이 필요하지 않다. 이 자원의 이용은

즉석 전화 심리 상담

글래디스는 냇을 수년간 돌보아 왔고, 그에 대해 거의 불평하지 않았다. 어느 날, 그녀는 상담자에게 전화를 걸어, "어젯밤 나는 냇을 때렸습니다! 그는 우유가 가득 담긴 컵을 깨뜨려 내 깨끗한 침대 이불에 쏟아 버렸습니다. 이런 일이 전에도 백 번은 일어났지만, 어젯밤에 저는 그 일을 참을 수가 없었습니다. 후에 나는 나 자신에게 죄책감이 들었습니다. 자기 자신을 주체할 수 없는 사람을 때리는 나는 도대체 어떤 사

---

1) 특별하고 긴급한 목적을 위한 (불규칙) 상담. 우리나라의 종합병원에서 시급한 치료를 해야 하는 환자에게 대응 서비스를 하기 위한 응급실을 운영하고 있으며 입원, 치료가 긴급한 환자의 이동을 위해서 구호용 헬리콥터를 운영하고 있는 것도 즉석 심리 상담과 같은 맥락이라고 할 수 있다. - 역자 주

람이란 말입니까?"라고 말했다. 상담자는 "글래디스, 나는 당신을 오랫동안 알아 왔고, 자기 자신을 주체할 수 없는 사람을 때리는 사람은 아주 피곤하고 휴식을 취하지 않은 사람이라고 생각합니다. 사람들이 그녀가 지나치다고 말하건 간에 말입니다. 당신이 자책할 필요는 없습니다. 만약 당신이 당신 자신을 돌보지 않는다면 냇을 돌볼 수 없다는 것만 생각하도록 하세요." 글래디스는 "당신도 알다시피, 나의 아이들이 나에게 내가 너무 지쳐 보인다고 수도 없이 말하고 그들이 아버지를 돌볼 테니 나보고 쉬라고 합니다. 아마도 나는 며칠 동안 플로리다에 있는 내 동생을 보고 와야겠어요. 그리고 그들에게 냇을 돌보라고 할 겁니다."

그 자체로 믿을 만할 것이다.

즉석 심리 상담은 두 가지 방식으로 지속적인 돌봄을 제공한다. 서비스의 기간과 서비스 제공자의 영속성이 그것이다. 뉴욕 대학교 의과대학 내 알츠하이머 치매 치료 센터에서 가족들은 처음부터 중재안이 모든 참여자를 위한 도움을 포함하고 있고 모든 가족은 환자의 질병 기간 동안 알츠하이머 치매 환자를 돌보는 일과 관련하여 그들이 필요할 때 심리 상담자와 연락할 수 있다는 것을 알게 된다. 즉석 심리 상담은 비록 간호 제공자가 사용하는 다른 자료들을 배제하지는 않지만 가족들이 새로운 자료를 굳이 찾지 않고도 편하게 알 수 있게 하고, 어려운 상황이 발생할 때마다 도움을 줄 수 있다.

가능할 때마다 서비스는 개인 및 가족 회기에서 함께 했던 심리 상담자에 의하여 제공된다. 간호 제공자는 그들과 전에 같이 일하고 관계를 맺었던 심리 상담자에게 전화하는 것을 제일 편하게 생각할 것이다. 심리 상담자는 이미 간호 제공자의 환경에 익숙해져 있고, 간호 제공자와 심리 상담자는 확립된 친밀한 관계(rapport)를 가지고 있으며, 심리 상담자는 새로운 심리 상담자가 갖지 못하는 쟁점에 관한 통찰(insight)을 제공해 줄 수도 있다.

예를 들어, 응급상황 또는 예전 심리 상담자가 더 이상 기관에 없을 때와 같이 개인 및 가족 회기 때 함께했던 심리 상담자에게 서비스를 받을 수 없다면, 영속성은 심리 상담 회기를 기술한 문서에 의하여 유지될 수 있고 전화 심리 상담은 언제든지 다른 심리 상담자에게 받을 수 있을 것이다.

간호 제공자에게 즉석 심리 상담을 적용하기

간호 제공자가 시스템을 적절히 사용하고 편하게 전화를 걸 수 있게 하기 위해서는 서비스의 본질이 명확해야 한다. 이는 알츠하이머 치매 환자를 돌보는 가족 구성원의 질문에 대답하기 위한 지원 및 심리 상담 서비스이다. 서비스는 전화번호가 적힌 설명서 또는 카드를 간호 제공자에게 제공함으로써 쉽게 사용할 수 있게 한다.

다음에 예시한 기준은 앞으로의 발신자에게 설명되어야 한다.

◆ 누가 서비스를 사용할 수 있는가?(내담자만인지, 가족 구성원이라면 누구나인지)
◆ 전화 서비스가 가능한 시간
◆ 그들이 전화로 심리 상담할 수 있는 쟁점은 무엇인가?
◆ 그들이 얼마나 자주 전화할 수 있는가?
◆ 부가적인 심리 상담이 가능한 상황
◆ 정규 심리 상담자 또는 직원 중 어떤 심리 상담자가 전화에 응대할 것인가?
◆ 이 서비스는 의학적 또는 정신건강의학적 응급상황을 다루기 위하여 준비되어 있는가?
◆ 적용 가능하다면, 서비스의 비용은 얼마이고 이 비용은 보험에 포함되는가?

즉석 심리 상담의 과정

즉석 전화 심리 상담은 초점이 정보 자료와 자료를 제공하거나 위기와 응급상황에 간호 제공자를 도와주면서 특정 문제와 쟁점을 해결하는 짧고 대화적인 접촉으로 구성된다. 이 전화 만남을 통하여, 심리 상담자는 상황을 악화시키는 어려운 점을 파악하려고 노력하고 간호 제공자가 그 해결책에 다가가도록 안내해 준다.

많은 즉석 전화는 표면상으로는 단순히 정보 자료를 요청하는 것처럼 보이지만, 사실은 정서적 도움을 받기 위한 진술되지 않은 욕구에 의하여 동기화된다. 심리 상담자의 형식적인 심리 상담 기간 동안 간호 제공자의 도움을 요청하는 방식과 관련된 사전 경험은 간호 제공자가 전화를 하는 진정한 이유를 이해하는 데 지침을 제공한다.

전화 심리 상담의 과정은 개인 및 가족 회기 때 심리 상담자가 사용한 방법과 기술에 의존한다. 그러나 거기에는 두 가지 중요한 차이점이 있다. 첫 번째, 즉석 심리 상담에서는 심리 상담자가 간호 제공자가 새로운 것을 만들어 내기보다는 가지고 있는 힘과 대처 능력을 사용하도록 돕는다. 두 번째, 심리 상담자는 많은 대화 형식을 사용할 수 있는 직접적인 심리 상담과는 달리 전화로 대화하기 때문에 보이지 않는 상황에 전적으로 의존한다.

다음에 제시되는 단계는 필요할 때 발신자의 요구, 명백한 응급 전화, 그리고 심리 상담자와 발신자의 친밀도에 따라 유연하게 그리고 수정해서 사용하거나 생략해 버릴 수도 있는 제안들이다.

1단계: 내담자와의 관계를 정립하기

전화상으로 이야기할 때는 상대방의 신체 언어, 얼굴 표정을 볼 수 없다. 따라서 통화 중에 어떻게 대응할지 알아내기 위하여 심리 상담자는 내담자가 사용하는 정확한 단어, 간호 제공자의 목소리 어조, 간호 제공자의 기분을 알아채기 위해 머뭇거리거나 말을 잠시 멈추는 시기와 빈도 같은 언어적인 힌트를 주의 깊게 들어야 한다.

테드의 질환은 치매의 중기까지 진전되었다. 어느 날 밀리가 심리 상담자에게 전화를 했을 때, 그녀의 첫마디에서 그녀가 화가 난 것을 알 수 있었다. "글로리아, 당신이 날 좀 도와주세요! 테드가 발로 나를 찼어요! 믿기지가 않아요. 그는 우리 결혼 생활 내내 나에게 이렇게 대한 적이 없는데 말이에요!" 글로리아는 말했다. "당신은 정말 참담하겠어요. 아픈가요?"

심리 상담자는 관심을 나타내는 질문을 하고 반응을 주의 깊게 들음으로써 발신자와 관계를 만들 수 있다. 심리 상담자는 그/그녀가 발신자를 돕기 위해 있다는 믿음을 전달함으로써 정서적인 유대를 쌓도록 노력하여야 한다. 심리 상담자는 어조 또는 선택된 단어에서 발신자의 감정에 대한 힌트를 얻어 그/그녀의 생각을 공유하기 위하여 안전하고 편안한 환경을 만들어 주어야 한다. 종종 이러한 반응은 발신자의 감정을 진정시킬 것인데, 이어 발신자는 전화를 건 이유를 공유하는 것을 시작할 수 있다.

2단계: 상황의 심각도를 평가하기

심리 상담자는 상황이 즉각적인 주의를 요구하는지, 발신자가 흥분했으나 상황은 위험하지는 않은지, 그가 특별히 괴로운 것은 아니지만 일반적인 도움이나 정보 자료를 요구하는지에 관하여 평가할 필요가 있다. 이것은 간호 제공자가 고조된 기분에서 전화를 했을 때 그들 자신이 이런 구분을 할 수 없으므로 매우 중요하다.

드물게는 간호 제공자가 심한 의학적 또는 정신건강의학적 응급상황 때문에 전화를 건다. 이런 경우 심리 상담자는 간호 제공자가 119에 전화를 걸도록 제안을 할 것인지 또는 그들 자신이 처리할지에 관하여 결정하여야 한다. 심리 상담자는 또한 간호 제공자가 다른 가족에게도 이 사실을 알리도록 제안할 수 있다. 119에 전화하는 것을 꺼리는 간호 제공자가 있는 이유는 그들이 그 상황이 심각하다는 사실을 노출하는 것을 피하고 싶거나 응급조치를 받을 만큼 심각하지 않다고 판단하기 때문이다. 심리 상담자는 그 상황이 응급조치를 받을 만큼 심각해 보이지 않더라도 119에 전화하는 것이 심각한 상황을 가장 빠르게 처리하고 필요한 도움을 받을 수 있는 방법이라는 것을 간호 제공자에게 확인시켜 주어야 한다.

밀리가 신체적으로는 다친 곳이 없다는 것을 확인하고 테드가 진정된 후, 글로리
아는 이 상황이 정서적인 위기일 뿐 의학적인 긴급상황이 아니라는 것을 알았다. 그
리고 그녀는 이 상황에 대하여 좀 더 알 필요가 있었다.

3단계: 전화를 걸게 된 동기를 파악하기

다음 단계는 상황, 전후 사정, 그리고 간호 제공자가 그것을 어떻게 생각하는지를
파악하는 것이다. 심리 상담자가 묻는 질문은 그/그녀가 간호 제공자가 전화를 건
이유를 이해하는 데 도움을 줄 것이다. 심리 상담자는 그/그녀의 감정 그리고 상황
에 대한 생각을 표현하도록 유도하고 그 대답을 이해함으로써 간호 제공자가 그 문
제에 관하여 새로운 시각을 갖도록 도와줄 수 있을 것이다.

"밀리, 당신이 화가 난 것을 이해는 하지만, 그 일이 일어나기 직전에 무슨 일이 있
었는지 나에게 조금만 이야기해 줄 수 있을까요?" 밀리는 말했다. "테드가 주간 보호
(day care) 센터에 다닌다고 말한 것을 기억하시나요?" 그리고 그의 옷을 입혀 주고,
아침을 준비하는 등의 그들의 오전 일상사를 이야기하기 시작했다. 그녀는 이것들을
하는 데 보통 한 시간 반이 걸린다고 말했다. 그날 아침은 그녀의 직장 상사가 사무실
에 평소보다 30분 일찍 오라고 해서, 그녀는 테드를 평소보다 일찍 주간 보호 센터에
보내야 했다.

4단계: 간호 제공자가 문제를 해결하는 방법을 알아보기

대부분의 간호 제공자는 도움을 청하기 전에 그들 스스로의 문제 또는 쟁점들을
해결하려고 한다. 심리 상담자는 다음과 같은 정보 자료를 얻음으로써 어떻게 간호
제공자가 그 상황에 접근하는지 알 수 있다. 대답으로부터, 심리 상담자는 간호 제
공자가 상황에 대응한 방법을 알 수 있다. 그것이 알츠하이머 치매의 영향에 대한

오해 때문인가? 간호 제공자의 정서적인 상태가 상황의 대응 방식에 영향을 끼쳤는가? 만약 이번이 그 문제의 처음이 아니라면, 이번 간호 제공자의 반응은 달랐는가, 그리고 만약 그렇다면 이유는 무엇인가? 다른 가족, 친구 또는 전문가들이 이 문제에 관하여 그/그녀와 협력하고 있는가? 만약 심리 상담자가 간호 제공자와 사전 교류 경험이 있고 그/그녀의 상황에 익숙하다면, 최근의 상황을 다루기 위하여 이 사람과 과거에 성공적으로 사용했던 방법을 제안해 보는 것도 가능할 것이다.

> "나는 테드의 스케줄을 변경하고 싶지 않았어요. 왜냐하면 그것이 알츠하이머 치매 환자에게 좋지 않기 때문이죠. 그래서 나는 그를 평소 일어나던 시간에 깨워 그에게 서둘러야 한다고 말했어요. 나는 그의 옷을 빨리 입혀야 했고, 내가 그의 신발을 신기려 할 때 그가 나를 발로 찼어요!" 이 시점에서 심리 상담자는 테드가 밀리가 늦을까 봐 초조해하고 있다는 사실을 눈치챘고, 그의 평소 아침 일정을 빨리 진행하려 했다는 것을 알 수 있을 것이다. 그녀는 또한 테드의 질병 단계에서는 왜 서두르는 것이 중요한지 이해하지 못하고 서두를 때 오는 스트레스를 참지 못한다는 것을 밀리가 이해하지 못했다는 것을 알 수 있다.

5단계: 문제를 해결하기 위하여 새로운 대안을 모색하기

그/그녀의 상황에 대한 이해와 문제를 해결하기 위한 시도들에 근거하여 각 선택들의 실행 가능성을 평가하면서, 심리 상담자는 간호 제공자와 함께 대안을 의논할 수 있다. 앞으로는 그들 자신이 해결책을 찾는 능력을 키우기 위하여 간호 제공자들이 추천된 전략 뒤에 숨은 의미를 이해할 수 있도록 도와주는 것도 일반적으로 좋은 생각이다.

가끔 심리 상담자는 간호 제공자가 여러 번 전화하도록 권유할 수도 있다. 만약 문제가 복잡하다면 간호 제공자는 여러 번의 전화를 해야 하고, 완벽하게 상황을 처리하기 위하여 그 전화 사이사이에는 몇 가지의 조치를 취하여야 한다. 만약 심리 상담자가 전화를 하게 된 내재된 이유가 정서적인 도움이 필요해서 전화를 한 것으로 생각되면, 심리 상담자는 간호 제공자가 다시 전화하기를 권유할 수 있다.

심리 상담자는 밀리에게 그녀가 알츠하이머 치매 환자는 스케줄을 변경하는 데 있어서 어려움을 겪는다는 것은 알았지만, 남편에게는 그런 일이 얼마나 힘겨운 것인지에 관하여는 예상치 못했다고 말했다. 그녀는 밀리에게 그 단계의 알츠하이머 치매 환자는 천천히 움직이는 것이 보통이며, 서두르기를 원하는 압박에 관하여 부정적으로 대응한다고 설명해 주었다. "아마도 그는 또한 당신이 일찍 가야 한다는 압박을 받고 있다는 것에도 반응한 것 같습니다." 테드는 그를 서둘러 준비시키는 것에 대하여 불편하게 생각하고 있었지만 그녀에게 말할 수 없었을 것이다. 그가 그녀를 발로 찬 행동은 그가 기분이 나쁘다는 것에 대한 표현이었을 것이다. 밀리는 말했다. "아, 알겠습니다. 그가 나를 해치려 한 것이 아니었군요. 그렇다면 이제 저는 일찍 근무하러 가는 것이 불가능한 건가요? 만약 다음번에 직장 상사가 저에게 일찍 오기를 원하면 저는 그에게 무엇이라고 말해야 하나요?" 심리 상담자는 밀리가 테드의 요구가 변했다는 것은 이해했으나 그녀 자신의 요구를 어떻게 충족할지에 관하여는 생각하지 못했다는 것을 알았다. 그녀는 말했다. "글쎄요, 한 가지 방법을 생각해 봅시다. 당신들 모두의 문제를 해결할 만한 방법을 떠올려 보는 것은 어때요?" 그들은 다양한 대안에 관하여 이야기했다. 그리고 밀리는 테드를 조금 일찍 깨워 그가 평소에 준비하던 속도대로 준비하는 것이 좋겠다고 말했다. 그녀는 또한 테드가 주간 보호 센터에 갈수 없을 때를 대비한 대안책을 마련해 놓는 것이 좋을 것이라고 생각했고, 그녀가 일찍 집을 나설 때 집에서 누군가의 도움을 받는 것도 고려해야 했다. 심리 상담자는 밀리에게 가정 간호 기관(home care agencies)의 목록을 주면서 하루 동안 도움을 청하려고 할 때 전화를 해 보라고 했다. 비록 밀리는 집안일을 회사에 알리고 싶어하진 않지만, 테드가 알츠하이머 치매 환자라는 사실을 직장 상사에게 알리는 것이 낫다고 생각했다. 그런 뒤 직장 상사가 그녀의 스케줄을 변경시키기를 원할 때 그녀는 사전 통지가 필요하다는 것을 설명할 수 있을 것이다.

6단계: 전화를 마무리하기

즉석 전화의 범위 안에서 간호 제공자가 요구가 어느 정도 충족되었다고 생각되거나, 적절한 도움을 위한 추천을 올바르게 하였다면, 심리 상담자는 전화를 마무리할 수 있다. 만약 추가적인 자료를 사용하기를 제안하였다면, 심리 상담자는 간호 제공자가 그 권고가 왜 행하여졌는지를 이해할 수 있도록 하여야 한다. 심리 상담자는 또한 자신과 간호 제공자가 앞으로의 심리 상담에서도 만나게 될 수 있음을 강조하여야 한다.

> 밀리는 말했다. "내가 당신과 통화할 수 있어서 다행입니다! 테드가 어떻게 느끼는지에 관하여 나에게 더 이상 말할 수 없다는 것을 생각하면 마음이 아프지만, 저는 이제 최소한 그가 왜 그렇게 행동했는지에 관하여 이해할 수 있게 되었습니다." 심리 상담자는 "도움이 되어서 저 또한 기쁩니다. 밀리, 당신도 알다시피 필요하면 언제나 제게 전화를 해도 좋아요."

7단계: 전화 내용을 문서화하기

즉석 전화 심리 상담의 내용을 문서화하는 것은 앞으로의 돌봄 계획뿐만 아니라 상호작용에 관한 간결하고 완벽한 내용을 제시하는 개인 심리 상담 기록과 유사하여야 한다. 전화 심리 상담을 기록하는 형식은 심리 상담자가 일정하고 일관된 방식으로 정보 자료를 문서화하도록 도와줄 수 있다. 이것은 심리 상담자와 고객이 전화 통화 중일 때 기록을 빠르게 살펴볼 수 있는 데 매우 유용하다. 전화 통화의 기본적인 형식은 다음과 같은 내용을 포함하지만, 각각의 환경의 요구에 맞게 수정될 수 있다.

- ◆ 전화 심리 상담의 시각과 날짜
- ◆ 전화 심리 상담의 기간
- ◆ 전화를 받은 심리 상담자의 이름
- ◆ 내담자를 담당하고 있는 심리 상담자의 이름(적용 가능하다면)

- ◆ 전화 심리 상담 발신자가 설명하고 있는 문제점의 본질
- ◆ 상황에 관한 심리 상담자의 평가
- ◆ 전화 심리 상담 발신자를 위한 제안
- ◆ 앞으로의 계획(또 다른 심리 상담 전화, 개인별 회기 등)

즉석 심리 상담 전화로부터 심리 상담자가 배울 수 있는 것

개인적인 심리 상담을 위한 의학적 기록은 간호 제공자에게 지속적이고 질 높은 돌봄 서비스를 제공하기 위하여 매우 중요하고, 이것은 즉석 심리 상담 전화를 하는 동안에 심리 상담자가 기록하는 것이 중요한 것과 마찬가지이다. 이것은 동일한 고객으로부터 한 명 이상의 심리 상담자가 전화를 받아야 할 때 특히 유용하다. 전화 심리 상담 기록은 심리 상담자에게 간호 제공자의 시간에 따라 변화한 요구 사항, 발생한 문제들, 문제의 빈도, 환자의 조건 변화, 그리고 간호 제공자에게 일어난 변화에 대한 새로운 문제들의 전체적인 그림을 보여 준다.

전화 심리 상담 기록은 또한 시간에 따른 간호 제공자의 진전을 나타낸다. 새로운 쟁점과 해결책들로 간호 제공자와의 전화 심리 상담이 이루어지면서, 심리 상담자는 내담자가 돌보는 일을 더욱 잘해 내는 것을 관찰할 수 있을 것이다. 예를 들어, 진단을 받아들이고, 돌보는 계획을 가지고 앞으로 나아가는 간호 제공자는 과거에 특히 문제가 되었던 쟁점을 해결하고 그/그녀의 지원 체계를 확장하면서 이익을 얻게 될 것이다.

만약 짧은 시간 내에 동일한 간호 제공자로부터 많은 전화가 걸려온다면, 발견되어서 해결하여야 할 내재한 어려움이 있을 것이다. 발신자는 특히 고민하거나 걱정하고 있지만 그 이유가 무엇인지는 모를 것이다. 간호 제공자가 이야기하지 않은 상황이 전화를 걸게 된 동기일 가능성이 있다. 겁을 주지 않는 방식으로, 심리 상담자는 발신자가 반복적으로 전화를 걸고 있다는 사실을 알게 하고, 발신자가 전화를 건 근본 이유에 관하여 파악할 수 있도록 도와주어야 한다. 간호 제공자의 근본적

인 요구를 그가 파악하고 표현할 수 있도록 돕는 것은 효과적인 반응을 찾는 길로 인도할 것이다.

가끔 간호 제공자는 여러 번 전화를 걸어 똑같은 문제로 다른 심리 상담자와 통화할 수도 있다. 모든 심리 상담자가 이용 가능한 사전 통화 기록이 있다면, 심리 상담자는 다른 심리 상담자가 발신자와 이야기한 내용과 간호 제공자가 만족했던 해결책을 알 수 있을 것이다. 간호 제공자는 문제에 대한 결정을 내리기 전에 다른 의견(조언)을 구하고 싶어 할 것이다. 심리 상담자는 이런 전화들에 효과적으로 대처하기 위해 서로 간에 심리 상담을 하고 계획을 세울 수 있다.

다수의 가족으로부터 걸려 온 전화는 그 가족이 문제를 해결할 수 없거나 분쟁 중이라는 것을 의미한다. 이것은 가족 구성원끼리 서로 이야기할 수 없고 중재자를 구하고 있다는 것을 의미한다. 심리 상담자는 사례에 따라 이를 단체 전화로 할 것인지, 다른 가족 회기를 소집할 것인지, 다른 자원이 필요한지에 관한 결정을 내려야 한다.

어떤 가족 구성원은 심리 상담자에게 다른 가족 구성원에 대한 개입을 해 달라고 요청할 수도 있다. 예를 들어, 성인 자녀는 만약 그/그녀가 집에서 환자를 돌보고 있는 부모님께 부가적인 도움이 필요하다고 생각하거나 환자가 적절히 감독되지 않고 있는 경우, 그리고 부모님이 그/그녀의 충고를 받아들이지 않는 경우 전화를 할 수 있다. 어떻게 발신자가 문제를 해결하려고 노력했는지, 왜 이런 시도들이 효과적이지 못했는지에 관하여 조사한 뒤, 심리 상담자는 발신자가 직접 부모님과 문제를 해결하도록 도와주어야 한다. 만약 과거의 가족사 때문에 또는 부모님이나 간호 제공자가 위험에 처해 있어서 이것이 불가능해 보이면, 심리 상담자는 간호 제공자에게 직접 전화를 거는 것에 관하여 동의할 것이다. 발신자는 심리 상담자가 간호 제공자에게 가족 구성원의 요청에 의하여 전화를 걸었다는 사실을 밝히는 것에 관하여 알아야 하는 것은 필수적인 사항이다.

문제가 일어나기를 기다리거나 어려운 상황이 계속되기를 기다리기보다, 심리 상담자가 간호 제공자나 가족 구성원에게 먼저 전화를 거는 다른 상황들이 있다. 예를 들어, 환자가 병원에서 퇴원을 했거나 또는 입원을 해야 한다는 것을 아는 심리 상담자는 그들이 준비하는 것을 돕기를 원할 것이다. 전화를 거는 다른 이유는 간호 제공자에게 새로운 서비스나 자원에 관한 정보 자료를 제공하려고 하기 때문이다. 아울러서 심리 상담자는 간호 제공자가 도움을 요청하기를 권고받았음에도 도움을 구하지 않으려고 한다는 것을 알 때, 그/그녀가 억제하는 것을 극복하기를 기다리기 보다는 그 사람에게 정기적으로 전화를 해 보는 것이 좋다.

즉석 심리 상담을 효과적으로 실행하기 위한 제안

많은 환경은 알츠하이머 치매 환자를 돌보고 있는 가족의 요구에 잘 부응하기 위하여 내담자의 전화에 대답하기 위한 정책들을 수립해 왔다. 다른 기관들은 간호 제공자의 요구에 대응하기 위하여 그들의 체계를 수정하거나 새로운 체계를 만들어 내기도 한다. 지속적인 돌봄의 제공, 전화를 받는 심리 상담 직원의 접근 가능성, 그리고 그 직원들이 얼마나 훈련이 잘 되어 있고 친절한지에 관한 환경에 의존하는 제공되고 있는 즉석 심리 상담의 유형은 필요할 때마다 전화로 심리 상담을 제공하고 있다.

전화 심리 상담이 간호 제공자에게 효과적인 도움을 제공하기 위해서는 간호 제공자에게 접근 가능하여야 하고 심리 상담자에게 고통을 주거나 부담이 되어서는 안 된다.

뉴욕 대학교 의과대학 내 알츠하이머 치매 치료 센터에서 이용하고 있는 중재 프로그램이 개인 및 가족 심리 상담에 참가한 모든 가족 구성원에게 열려 있기는 하지만 그것이 모든 환경에 적절하거나 가능한 것은 아니다. 각 환경에서 누가 즉석 심리 상담에 참여하고 어떤 환경인지를 고려하여 지침들이 만들어져야 한다.

알츠하이머 치매 환자의 간호 제공자를 위한 즉석 심리 상담 체계를 만들기 위하여 고려해야 할 몇 가지 쟁점은 누가 전화를 받을 것인지, 언제 그 서비스를 사용할 수 있는지, 어떤 종류의 훈련된 직원이 전화를 받는지, 서비스에서의 금지 사항은 무엇인지를 포함하여야 한다.

즉석 심리 상담 시에 전화를 받는 사람은 누구인가

이상적으로 즉석 심리 상담 시에는 개인 심리 상담 때 간호 제공자와 만났던 심리 상담자가 전화를 받아야 한다. 과거사를 알고 있는 심리 상담자는 간호 제공자의 요구에 효과적으로 대응할 수 있다. 만약 심리 상담자가 다른 심리 상담자의 내담자와 통화 중이라면, 발신자가 설명하는 쟁점에 집중하기 위하여 상황을 평가하기 위한 여분의 시간이 필요할 것이다.

뉴욕 대학교 의과대학 내 알츠하이머 치매 치료 센터에서 이용하고 있는 중재 프로그램을 수행하는 데 있어서 우리는 즉석 심리 상담 시 전화 통화에 일반적으로 15분에서 25분 정도 소요된다는 것을 발견했다. 하루 동안 여러 통의 전화를 받기 때문에, 이상적인 시간은 심리 상담자의 업무량에 따라 조정되어야 한다.

전화는 처음에는 자원봉사자, 안내원 또는 자동 수신 메시지를 통하여 검토된다. 만약 발신자가 자원 정보 자료를 요구하면 전화를 받은 사람이 그것을 제공해 줄 수 있다. 만약 심리 상담자의 주의가 요구되는 쟁점이라면, 심리 상담자가 그것을 통지받아 간호 제공자가 시간이 있을 때 회답을 해 준다.

서비스는 언제 사용 가능한가

심리 상담자는 전화를 받거나 해 주기 위하여 하루 일정에서 특정한 시간을 정해 놓기를 원할 것이다. 예를 들어, 간호 제공자들은 만약 필요하다면 심리 상담자가 전화로 회답할 준비가 되어 있을 때 특정 시간이나 날짜에 전화를 할 것이다. 이런 체계에서는 심리 상담자와 간호 제공자 모두 언제 전화에 응대해야 하는지 알고 있다. 심리 상담자가 전화를 회신하기 위하여 특정한 시간을 정해 두었을 때, 그들은 아마도 고객의 정보 자료 또는 자원의 이름들을 모으며 그 전화를 준비할 수 있을 것이다. 이런 체계의 단점은 간호 제공자가 그들에게 고통스러운 문제를 다루면서 만약 그들이 특정한 시간을 기다려야 한다면 전화를 걸 용기를 잃어버리게 된다는 것이다.

간호 제공자는 낮 또는 저녁의 어떤 시기에라도 도움의 필요성을 느낄 것이다. 만약 근무 시간 이후의 즉석 심리 상담이 실행 가능한 방법이라면, 이런 체계가 확립될 수 있는 몇 가지 방법이 있다. 한 가지 방법은 각 심리 상담자가 자신의 내담자 전화만을 받도록 저녁 시간을 할당하는 것이다. 다른 방법은 훈련된 자원봉사자가 24시간 도움을 줄 수 있는 전화 회선을 만드는 것이다.[2] 각 심리 상담자는 그/그녀에게 전화가 왔다고 알려 줄 수 있는 응답 서비스를 가지고 있을 것이다. 만약 당신의 환경이 근무 시간 이후에 전화 심리 상담을 다루기 어렵다면, 간호 제공자들은 간호 제공자와 환자를 위하여 항상 전화 접근성을 제공하고 있는 알츠하이머 협회(Alzheimer's Association) 800 핫라인 번호의 서비스에 관하여 고지받을 수 있다.[3]

어떤 종류의 훈련과 자원이 필요한가

즉석 심리 상담 시에 전화를 받는 모든 사람은 어떤 종류의 질문들에 관하여 대답해 줄 수 있으며, 어떤 종류의 질문이 즉석 전화 심리 상담에서 적절하고, 다른 곳을 추천해 주기 위하여 무엇이 필요하고, 어떻게 응급상황을 판단하는지에 관하여 알 필요가 있다. 전문가가 아닌 사람들은 심리 상담, 조언 또는 개인적인 의견을 제공하지 않도록 주의할 필요가 있다. 이런 전화에 효과적이고 효율적이고 편안하게 대답해 주기 위하여, 심리 상담자들은 알츠하이머 치매, 그 질환의 과정에서 일어나는 쟁점들, 또한 자원의 목록 그리고 다른 유용한 정보 자료들을 가지고 있어야 한다.

심리 상담자들은 간호 제공자가 계속적으로 물어보는 질문에 관한 응답을 이메일로 보낼 수 있는 검목표(checklist), 정보 자료 카드, 또는 안내서와 매뉴얼을 가지고 있을 수 있다. 예를 들어, 공통된 질문이 '주간 보호 센터를 선택하고자 할 때 무엇을 찾아봐야 하는가?'라면, 심리 상담자는 간호 제공자와 통화 중일 때는 미리 준비

---

2) 즉석 심리 상담자는 언제, 누구에게서 전화가 올지를 잘 알 수 없으므로 상담 서비스를 제공하기 위해 대기하는 동안에는 사적인 일로 휴대전화를 사용하지 않도록 주의해야 한다. 즉, 알츠하이머 치매 환자와 그 가족 또는 간호 제공자의 전화 접근성이 보장되어야 한다. - 역자 주
3) 알츠하이머 치료와 예방이 중요하므로 예방 관련 번역서 출간을 2019년에 준비 중에 있다. - 역자 주

해 둔 검목표를 읽어 줄 수 있고, 그들에게 이메일로 답장을 보낼 때는 미리 인쇄해 둔 검목표를 보내 줄 수 있다.

완성된 자료 목록에는 다음과 같은 정보 자료가 포함되어야 한다.

◆ 알츠하이머 협회의 공립 사무실과 지역 지부 연락처(주소, 전화번호, 하는 일 등)
◆ 알츠하이머 치매의 초기 단계에 있는 환자를 위한 지지 집단 연락처(주소, 전화번호, 하는 일 등)
◆ 간호 제공자를 위한 지지 집단 연락처(주소, 전화번호, 하는 일 등)
◆ 알츠하이머 치매 환자를 돌보는 일을 이해하고 전문화된 건강 돌봄 전문가들

즉석 전화 심리 상담

기관의 오랜 고객인 해리는 그가 빠르게 대답을 받아야 하는 질문이 생겨 도움의 전화(help line)의 상담자에게 전화를 하게 되었다. 그는 알츠하이머 치매를 고칠 수 있는 치료법에 관한 모든 자료를 읽어 보았고 정기적으로 인터넷을 찾아본다고 했다.[4] 그는 매우 전망이 있어 보이는 웹사이트에서 본 새로운 약을 그의 부인에게 시도해 보는 것에 관하여 상담자의 의견을 묻고자 했다. "당신은 내가 그것을 해야 한다고 생각하십니까? 그것이 그녀를 더 악화시킬 수도 있기 때문에 내 자녀들은 내가 좀 더 주의를 기울여야 한다고 하더군요. 그러나 나는 이 시점에서 어떤 것이라도 시도해 보고 싶습니다. 어쨌든 그녀는 악화되는 것 아닙니까?" 상담자는 "이것은 중요한 결정입니다. 그리고 나는 당신에게 무엇을 하라고 말할 수 없군요. 그러나 당신이 시도한 만큼 당신은 알아내야 합니다. 그 연구에서 약속한 것과 참여하는 데 있어서의 위험성과 이점들 말입니다. 내가 당신이 결정하기 전에 그 연구를 진행하고 있는 사람들에게 물어볼 질문들의 목록을 보내 드리겠습니다. 당신이 인터넷을 찾아보고 있다는 것은 훌륭한 일이기는 하지만, 잊지 말아야 할 것은 모든 인터넷 사이트가 믿을 만한 것은 아닙니다. 당신은 이 새로운 약물에 관한 어떤 정보 자료라도 정부 기관의 사이트에 있는지를 찾아보고 당신 부인의 전담 의사와도 상담을 해 보도록 하세요."라고 말했다.

의 연락망(주소, 전화번호, 하는 일, 도움을 받을 수 있는 방안, 필요 경비 분담 방안, 설립 · 운영 주체 등)

◆ 가정 돌봄 기관들의 연락망(주소, 전화번호, 하는 일, 도움을 받을 수 있는 방안, 필요 경비 분담 방안, 설립 · 운영 주체 등)

◆ 성인 주간 보호 센터의 연락망(주소, 전화번호, 하는 일, 도움을 받을 수 있는 방안, 필요 경비 분담 방안, 설립 · 운영 주체 등)

◆ 거주 기관들(원조 생활 시설, 요양 기관 등)의 연락망(주소, 전화번호, 하는 일, 도움을 받을 수 있는 방안, 필요 경비 분담 방안, 설립 · 운영 주체 등)

◆ 노인 또는 알츠하이머 치매 환자에게 서비스를 제공하는 지역 서비스 기관들의 연락망(주소, 전화번호, 하는 일, 도움을 받을 수 있는 방안, 필요 경비 분담 방안, 설립 · 운영 주체 등)

◆ 통증 완화 간호와 호스피스 기관의 연락망(주소, 전화번호, 하는 일, 도움을 받을 수 있는 방안, 필요 경비 분담 방안, 설립 · 운영 주체 등)

◆ 65세 이상의 고령자를 대상으로 한 의료보장 제도(Medicare)와 65세 이하의 저소득자와 같은 노인을 위한 건강 보험(Medicaid, 신체장애자의 의료 보조 제도) 관련 연락망(주소, 전화번호, 하는 일, 도움을 받을 수 있는 방안, 필요 경비 분담 방안, 설립 · 운영 주체 등)

◆ 알츠하이머 치매 연구 센터의 연락망(주소, 전화번호, 하는 일, 도움을 받을 수 있는 방안, 필요 경비 분담 방안, 설립 · 운영 주체 등)

◆ 알츠하이머 치매를 전문으로 다루는 종합병원 및 외래병원들의 연락망(주소, 전화번호, 하는 일, 도움을 받을 수 있는 방안, 필요 경비 분담 방안, 설립 · 운영 주체 등)

◆ 알츠하이머 치매에 관한 정보 자료를 설명한 책, 비디오, 웹사이트들, 그리고 인터넷 연락처(이용 또는 구입 방법과 가격)

◆ 알츠하이머 치매 환자를 돌보는 데 사용되는 의학적 장치 및 기구들(이용 또는 구입 방법과 가격, 구입처)

---

4) 치매 치료를 위한 도우미 연락처는 지역별 치매 안심센터가 운영되고 있다. 접근성은 지역별로 차이가 있다. - 역자 주

즉석 심리 상담의 한계는 무엇인가

간호 제공자들은 가끔 의학적 또는 정신건강의학적 응급상황 때문에 전화를 한다. 그들은 즉시 119로 전화하도록 안내되어야 한다. 새로운 의학적 치료나 연구에 관한 질문들은 종종 알츠하이머 치매 연구 센터나 국가 기관에 있는 전문가들로부터 대답을 들어야 할 필요가 있다. 잘 정리되고 최근 것으로 이런 자원의 전화번호와 주소들이 즉석 전화 심리 상담에서 항상 사용할 수 있도록 준비되어야 한다.

언제 심리 상담자들은 간호 제공자에게 부가적인 개인적인 심리 상담을 제공하여야 할까? 간호 제공자가 겪고 있는 문제들이 너무 복잡하여 전화로 다 대답해 줄 수 없을 때, 예를 들어 환자를 요양원에 보내는 것에 관하여 가족들의 의견 일치를 볼 수 없을 때와 같은 상황에서 그렇다. 어려운 정서적 쟁점들은 개인별 회기 또는 치료를 위한 의뢰를 요청한다. 전화 심리 상담이 간호 제공자가 현재 겪고 있는 문제를 다루는 데 있어서 종종 가장 효율적이고 비용 절감적인 방법이긴 하지만, 하나의 부가적인 회기를 제공하는 것이 간호 제공자에게나 심리 상담자에게나 스트레스를 줄여 주는 좋은 결과를 낳는 때도 있다.

즉석 전화 심리 상담

수차례의 직원 회기의 전 과정에서, 알츠하이머 환자를 돌보는 것을 전문으로 하는 지역 건강 연구 센터의 상담자들은 환자가 더 심한 상태의 치매로 들어서며 새로운 행동의 양상을 보일 때 한 명의 간호 제공자로부터 평균적으로 네 번의 전화를 받았다고 했다. 한 상담자는 네 번의 전화가 하나의 개인 심리 상담 회기와 맞먹는다는 것을 알아냈지만, 개인별 회기에서 도움을 주는 것이 환자를 다루는 데 있어서 더 자신감이 생긴다고 했다. 몇몇의 다른 상담자도 동의했다. 심리 상담자들은 기관의 관리자에게 이런 상황에 한 번의 개인별 회기를 포함시키는 것이 가능한지와 감독자의 승인을 얻어 부가적인 회기를 제공하는 방법에 관하여 물어보기로 결정했다.

이 장에서는 간호 제공자에게 유용한 지속적인 지원 방법의 한 형식으로서 즉석 심리 상담에 관하여 기술하였다. 알츠하이머 치매 환자를 돌보는 가족 구성원에게 유용한 진행 중인 지원의 다른 형식으로는 6장에서 기술되는 간호 제공자 지지 집단(support group)이 있다.

심리 상담자용 검목표(checklist)

즉석 심리 상담

□ 전화 심리 상담을 통하여 지속적인 돌봄의 유지

□ 접촉의 내력을 유지하기 위하여 심리 상담 내용을 문서화하기

□ 전화 통화를 위하여 전화번호가 있는 안내서나 카드의 형식으로 서비스의 기준을 설명하기

즉석 심리 상담 과정

□ 대화를 시작함으로써 발신자와 연락 시 반응을 주의 깊게 듣기

□ 전화를 건 이유를 결정하기

□ 상황의 심각성을 평가하고 그 상황이 즉각적 주의를 요하는 것인지를 결정하기

□ 문제를 해결하기 위하여 간호 제공자가 행한 것과 전화를 걸기 전의 쟁점을 조사하기

□ 문제를 해결하기 위한 대안을 마련하기

□ 필요하다면 적절한 추천을 하여 전화를 마무리하기

□ 문제의 본질, 심리 상담자의 평가, 발신자에 대한 권고, 앞으로의 계획을 포함하여 전화 내용을 문서로 기록, 보관, 분석하기

즉석 심리 상담의 실행

□ 누가 즉석 심리 상담 전화를 받을 것인지를 결정하기

□ 즉석 심리 상담 전화 시간 일정을 편성

□ 어떤 종류의 질문에 대답할 것인지, 언제 추천을 할지에 관하여 즉석 심리 상담 전화를 받을 모든 사람을 훈련시키기

□ 심리 상담자에게 자료의 목록을 제공하기

제6장

간호 제공자를 위한 지지 집단

가족 구성원들의 안녕은 알츠하이머 치매 환자를 계속적으로 돌보는 데서 제기되는 요구로 인해 제한을 받는다. 지속적인 지원의 요구에 대한 응답으로, 뉴욕 대학교 의과대학 내 알츠하이머 치매 치료 센터에서 사용하고 있는 소견 설명서는 개인 및 가족 심리 상담 회기를 마무리하면서 주요 간호 제공자를 지지 집단에 가입하도록 요구한다. 현재 뉴욕 대학교 의과대학 내 알츠하이머 치매 치료 센터에서나 다른 곳에서, 간호 제공자와 다른 가족 구성원에게 지지 집단에 가입하도록 권하는 것은 일상적 관행이 되었다.

가족 구성원과 친구들은 간호 제공자를 위한 귀중한 사회적 지원을 제공해 줄 수 있다. 지지 집단들은 사회적 지원을 동료 집단과 함께하는 환경으로까지 확장해 주는 보충적인 기능을 담당한다. 간호 제공자 지지 집단에 참여하는 경험은 지속적 상호 지원과 정보 자료의 공유를 포함하여 특별한 혜택을 제공해 준다. 경험과 지식의 저장소로서의 지지 집단 기능이 서로 성장하고 변화할 수 있는 장치를 제공해 주는 것이다.

　이 장에서는 간호 제공자 지지 집단에 참여하는 데서 오는 혜택과 어떻게 그리고 언제 간호 제공자를 지지 집단에 가입하도록 추천하는지, 그것을 위하여 무엇을 준비해야 하는지, 집단들은 어떤 기능을 하는지, 어디서 그들을 찾는지, 그리고 어떻게 그들의 효율성을 평가하는지에 관하여 의논해 볼 것이다.

지지 집단 과정의 이점

　사회과학 연구는 사회적 지원을 구체적인 도움(신체적 · 경제적), 정보 자료, 정서적 지원 그리고 사회화를 포함한 많은 국면을 가지고 있는 구성체라고 정의한다. 지지 집단은 사회적 지원을 통하여 구성원들이 환자와 또 환자들이 간호 제공자들에게 하는 요구들에서 오는 고통을 대처할 수 있게 하고, 좌절감과 고립감의 감정을 덜어 주는 것을 돕는다. 그들은 또한 질병의 전 과정에 관한 교육과 많은 자원을 제공한다.

　간호 제공자들은 그들이 직면하고 있는 쟁점이나 그들이 내리는 결정과 유사한 경험을 하여 그들을 이해하는 다른 사람에게 그들의 이야기를 함으로써 혜택을 받을 수 있다. 간호 제공자들은 가족이나 친구들에게 이야기하는 것이 부적절하고 어려울 때 그들과 같은 일을 하는 동료들에게 그들의 쟁점을 이야기하는 것이 편안할 것이다. 이런 쟁점들은 알츠하이머 치매 환자와의 관계의 변화, 친밀감, 가족 및 친구에 대한 실망, 경제적 또는 법적 쟁점, 부정적 감정 등을 포함한다. 돌보는 일에서 소외되고 그들의 경험에서 외롭다고 느끼는 사람들은 지지 집단 환경에서 다른 사람들과 경험을 나누면서 혜택을 받을 수 있다.[1]

---

1) 이와 같은 지지적인 환경이나 인간관계는 스트레스나 탈진(burnout)을 경감하고 치료하는 데 효과적인 처방이다. – 역자 주

지지 집단 경험

말라와 제프는 항상 활동적인 사회생활을 해 왔다. 그들은 함께 정기적으로 어울려 다니는 많은 친구를 가지고 있다. 그들은 종종 파티를 열고 많은 가족 간의 파티도 열었다. 제프는 수년간 알츠하이머 치매를 앓고 있었고, 갈수록 더욱 심각한 상태가 되고 있었다. 그녀는 더 이상 사람들이 그녀의 집에 오는 것을 즐길 수가 없게 되었다. 그것이 그녀에게는 너무 큰 고통이었다. 말라는 그녀의 지지 집단에서 그녀의 고립감에 관하여 의논해 보기로 결정하였다. 몇몇 집단 구성원은 그들도 유사한 경험을 하고 있다고 말했다. 한 사람은 그녀가 그녀의 친구에게 그녀의 남편의 질환과 그것이 그에게 어떤 영향을 끼치고 있는지 말한 뒤에도 그들의 친구들과 여전히 어울려 다닌다고 말했다. 다른 사람은 만약 그녀가 한 번에 단지 몇 명만 초대하고 음식에 너무 공들이지 않는다면 여전히 친구들을 초대할 수 있다고 말했다. 다른 간호 제공자는 "내가 남편 없이 파티에서 재미있게 지낼 수 있다고는 한 번도 생각해 본 적이 없어요. 어느 날 내가 너무 외로워서 그렇게 하기로 결정했을 때, 내 남편도 재미있어 하기를 원했지만, 실제로 내가 너무 흥겨워한 것이 너무 놀라운 경험이었어요."라고 말했다. 말라는 그녀가 생각하지 못한 가능성이 있다는 것을 알게 되었다. 그녀는 "나의 사회생활이 끝난 것이 아니군요."라고 말했다.

다른 집단 구성원의 경험으로부터, 간호 제공자들은 그들의 친족의 질병에도 불구하고 그들의 오래된 사회적 관계를 유지하는 것이 가능하다는 것을 배운다. 그들의 전략을 공유함으로써 어떻게 해야 하는지도 알게 된다. 그들은 또한 집단 경험과 같은 배에 타고 있는 개인과의 관계에서 만족을 이끌어 낼 수도 있다.

정서적인 지원

지지 집단은 고립감을 겪을 때의 그 고통스러운 정서적인 표현을 격려하고 참고 받아들인다. 알츠하이머 치매와 같은 만성적으로 퇴화되는 소모성·진행성으로 고통스러운 질환을 겪는 환자를 돌보는 전 과정에서, 간호 제공자는 분노와 좌절, 죄책감과 슬픔, 무력감과 두려움 같은 감정을 느낄 수 있다. 간호 제공자들은 종종 가족이나 친구들에게 부담을 주고 싶지 않고 간호 제공자가 평가되거나 오해받을 수 있는 것이 두려워 그들의 감정을 표현하기를 꺼린다.

어려운 정서를 공유할 때, 간호 제공자는 그 정서가 지극히 정상이고 모두 다 그렇게 느끼고 있음을 알게 된다. 이 과정은 긴장을 줄여 주고 정서를 표현하게 하며 질병에서 오는 좌절과 슬픔을 해소한다. 감정의 공유와 지원을 받는 데서 오는 느낌, 그리고 다른 사람에 의해서 받아들여진다는 것은 집단 구성원 사이의 관계를 증진시키는데 그것이 집단에 소속되는 것의 가장 큰 이점이 될 것이다. 특히 어려운 쟁점을 해결해 낸 한 사람의 능력은 다른 사람이 그들이 겪는 어려움도 다루어 보도록 고무할 것이다.

간호 제공자들이 그들의 고통스러운 감정을 표현하는 것에 어려움을 겪는 것과 같이, 돌보지 않는 사람들은 그들의 아픈 가족을 돌보는 데서 오는 경험에 관한 만족을 기술하는 것이 희한해 보일 것이다. 아무 소동 없이 알츠하이머 치매 환자에게 특별 이벤트를 열어 주는 것과 같은, 관련되지 않은 사람에게는 사소해 보이는 일일지라도 이런 경험들은 간호 제공자에게 기쁨을 줄 수 있다. 돌보는 일의 긍정적 면은 다른 간호 제공자들에 의하여 가장 잘 이해될 수 있다. 예를 들어, 동료 지지 집단 구성원들은 환자의 성격 또는 인간관계 역동성의 변화 때문에 어려웠던 관계가 개선될 때 오는 간호 제공자의 기쁨을 이해 할 것이다.

교육적 자원

간호 제공자를 한 집단으로 모으는 데서 오는 장점은 그것이 알츠하이머 치매에 관한 지식과 자원, 돌보는 일의 전략, 그리고 개인적인 경험을 교환하는 기회를 제공해 주는 데 있다. 질병이 수년간 지속되기 때문에, 지지 집단은 질병의 단계에 따라 풍부한 경험을 가지고 있는 간호 제공자가 포함될 것이다. 돌보는 일을 막 시작한 구성원은 질환에 따른 증상과 행동에 어떻게 대처하는지 경험이 있는 사람으로부터 배울 수 있을 것이다. 질병이 진전된 알츠하이머 치매 환자의 간호 제공자들은 질병의 초기 단계에 있는 가족들과 정보 자료와 전략을 공유함으로써 만족감과 통제감을 이끌어 낼 수 있을 것이다. 오랜 기간 동안 알츠하이머 치매 환자를 돌본 사람은 간호 제공자가 그 일을 할 때 힘이 되는 한마디를 해 줄 수 있다.

지지 집단 구성원은 사회적 서비스 및 건강 서비스, 법적·경제적 쟁점, 자격 프로그램, 그리고 위탁 간호 프로그램(respite programs), 자택 간호(home care), 그리고 요양원(nursing homes)과 같은 지역사회 자원에 관한 최초의 정보 자료를 제공한다. 구성원의 개인적인 경험은 정보 자료에 신빙성을 더해 주고, 가끔 간호 제공자들은 전문가보다 동료에게서 제안된 새로운 전략이나 정보 자료 수집을 시도해 보기도 한다. 지지 집단의 지도자는 간호 제공자들이 서로 공유하는 정보 자료의 정확성이나 신빙성에 관하여 감독하여야 한다.

간호 제공자는 자신의 개인적 경험에 기초하여 정보 자료를 제공하는 반면, 지지 집단의 지도자는 전문적 경험에서 얻어진 지식에 기초하여 다른 시각으로 정보 자료를 제공하여야 한다. 지지 집단의 지도자는 자료에 관하여 더 많은 정보 자료의 접근을 할 수 있을 것이다. 전문가로서, 지지 집단의 지도자는 또한 개인의 경험에 기초하여 돌보는 환경의 차이점과 정보 자료의 한계를 지적할 수 있다.

누가 지지 집단에 의뢰되어야 하는가

알츠하이머 치매 환자의 모든 가족 구성원은 지지 집단 경험에서 어떤 것이라도 얻어 갈 수 있다. 어떤 사람에게는 정서적 지원이 가장 큰 이득이 될 것이고, 다른 사람에게는 교육이 가장 큰 이득이 될 것이다.

개성, 문화 그리고 가치 체계는 간호 제공자가 지지 집단에 가입하고 참여할 수 있는 능력에 영향을 끼친다. 어떤 사람에게는 집단 안에서 감정을 공유하는 것이 관례적이지 않아서 그렇게 하는 것이 받아들여지지 않을 수도 있다. 가입 시의 질문은 이런 간호 제공자들에게 그들의 반대하는 이유와 가능한 이득을 저울질해 보기 위하여 조사되어야 한다. 어떤 경우에는 간호 제공자가 적절한 후보자가 아님이 명백할 때도 있는 반면, 다른 후보자들은 조사를 통해 집단 경험을 하기를 희망하는 결과를 낳을 때도 있다.

> 밀리는 항상 테드의 질환에 관하여 이야기하고 싶어 했지만 그녀의 가족과 친구들은 그것을 듣기를 지겨워하고 있다. 그녀는 그녀의 심리 상담자에게 전화를 걸었고, 심리 상담자는 "종전에 내가 당신이 지지 집단에 가입할 것을 권유했었습니다. 그곳에서는 알츠하이머 치매 환자를 배우자로 둔 사람들이 모임을 만들어서 그들이 겪고 있는 것을 공유하고 있습니다. 아마도 지금 한번 가입해 보는 것이 어떨까요?'라고 말했다. 밀리는 "나는 다른 부인들과 남편들이 알츠하이머 치매를 어떻게 다루고 있는지를 들어 보는 것이 좋을 것 같습니다. 그러나 그런 개인적인 문제를 낯선 사람들과 이야기해 본다는 것을 상상할 수가 없습니다." 하고 말했다. 심리 상담자는 "당신이 말하고 싶지 않은 것은 말하지 않아도 됩니다."라고 말했다. 밀리는 그것에 관하여 생각해 보기로 했다.

서로 다른 개성을 가지고 있는 사람들은 지지 집단의 적절한 후보자들이다. 다양성은 구성원 간의 교류의 폭을 넓혀 줄 수 있다. 어떤 사람은 시작부터 외향적이고 활발하게 공헌할 것이다. 다른 이는 처음에는 조용하고 그들의 의견이나 생각을 표현하려 하지 않거나 질문을 꺼릴 테지만, 궁극에 가서는 활발한 참석자가 될 것이다. 어떤 사람은 단지 듣는 것만으로도 도움을 받을 수 있다는 것을 기억하는 것이 중요하다.

간호 제공자의 집단 참여에 있어서 적격성을 결정할 때는 간호 제공자의 장점과 단점이 집단 안에서 어떻게 조화될지를 고려해야 한다. 집단 안에서 잘 적응하지 못하는 간호 제공자는 극단적인 성격을 가지고 있다. 예를 들어, 다른 사람의 의견을 듣지 않는 자기도취적인 사람이거나, 대화를 독점하거나, 제한된 사회적인 기술을 가지고 있거나, 정서적으로 폭발적이거나 아주 내성적인 사람일 때 그러하다. 그들은 개인 심리 상담을 먼저 받는다면 지지 집단에서 좀 더 잘할 수 있을 것이다.

정신 병력이 있거나 심각한 병리학적 증상이 있던 간호 제공자는 집단이 너무 무섭게 느껴지거나 자극적일 수 있고, 집단의 분위기를 흐릴 수도 있다. 또한 집단의 참여를 막는 다른 신체적 또는 의학적 증상이 있을 수도 있다.

의뢰가 연기되어서 마침내 지지 집단에 참여하게 된 간호 제공자들도 있다. 예를 들어, 일시적으로 시간을 내기 어려워 정기적인 지지 집단의 참여가 어려웠던 사람들, 그들의 친족의 질병 진단을 막 알게 되어 알츠하이머 치매의 의미를 아직 이해하고 있지 못하는 사람들, 또는 환자를 돌보는 일에 너무 힘이 들어서 지지 집단의 목적에 초점을 맞추지 못하여 당장 지지 집단에 참여할 수 없는 사람들이 해당된다.

의뢰할 때 심리 상담자가 지지 집단에서 고려하여야 할 것은 무엇인가

지지 집단은 그 구성, 구조 그리고 리더십으로 특징지을 수 있다. 이상적으로 지지 집단은 끝나는 시간이 없고, 매주 만나며, 전문적으로 훈련된 지도자가 있고, 나이와 가족 관계가 환자와 유사한 구성원들을 가지고 있다. 의뢰 시에 심리 상담자의 의견은 특정한 지역적 영역 안에서 사용할 수 있는 자원에 한정된다. 앞으로의 집단 구성원과 심리 상담자는 지지 집단의 여러 가지 형태와 간호 제공자의 요구에 부응할 수 있도록 어떻게 조직할 것인지에 관하여 의논하여야 한다.

집단 구성

지지 집단은 구성원 간에 편안하게 교류하고 서로를 잘 알고 있을 때 가장 잘 기능할 수 있다. 어떤 간호 제공자들은 그들을 닮은 다른 사람에 대하여 강한 유대감을 느끼는 반면, 다른 사람들은 더욱 다양한 구성원을 좋아한다. 모든 지지 집단의 구성원들이 알츠하이머 치매 환자를 돌보는 공통적인 경험을 가지고 있는 것과는 반대로, 다음과 같은 지지 집단 구성원의 특징은 또한 간호 제공자와 의논해야 한다.

- ◆ 나이: 간호 제공자는 자신과 비슷한 연령대에 있는 사람과 의논하는 것이 더욱 편하다고 생각할 것이다.
- ◆ 인종과 문화: 문화적 가치와 기준이 어떤 사람은 유익하다고 생각하고 다른 사람은 고통스럽다고 생각하는 경우에는 돌보는 일에 관한 태도에 영향을 끼친다.
- ◆ 종교: 간호 제공자는 그들의 종교적 믿음의 맥락 안에서 그들의 돌보는 일의 경험을 이야기하는 것이 더욱 편안하다고 생각한다.
- ◆ 사회경제적 지위: 자원의 사용을 위한 접근이 사회경제적 지위와 관계가 있기 때문에, 다양한 경제적 · 교육적 배경을 가진 간호 제공자들은 이런 쟁점을 서로 이야기하는 것을 불편하게 생각할 것이다.
- ◆ 알츠하이머 치매 환자와의 관계: 알츠하이머 치매 환자를 돌보는 배우자에게 질병이 끼치는 영향은 성인 자녀 또는 다른 가족 구성원에게 끼치는 영향과 매우 다르다. 관계에 기초하여 집단을 나누는 것이 일반적으로 추천되지만, 그것이 항상 가능한 것은 아니다. 혼합된 집단의 이점은 환자와 다른 관계를 가진 사람을 통해 다른 시각을 알게 되는 것이다. 간호 제공자들은 그들 자신의 가족 구성원의 태도에서 통찰력을 얻게 된다.
- ◆ 같은 가족의 구성원들: 같은 가족의 구성원들이 같은 집단에 참여하는 것은 일반적으로 권고되지 않는다. 서로를 대면한 자리에서 그들의 감정을 표현하는 것이 쉽지 않고, 그들은 돌보는 일에 초점을 맞추어 이야기하기보다는 가족 문제에 관하여 이야기하는 경향이 있기 때문이다.
- ◆ 돌보는 일의 단계: 각각 다른 단계에 있는 환자의 간호 제공자가 직면하고 있는 쟁점에 관하여 듣는 것은 가족의 형편(사정과 심리 상태)에 따라서 고통이 되거나 유익한 정보 자료가 될 수 있을 것이다.

집단 구성에서의 다양성은 다른 사람이 참여와 지지 집단 경험에서 도움을 얻는 것을 막아서는 안 된다. 심리 상담자는 명백한 차이를 지적함으로써 돌보는 일의 경험을 공유할 수 있게 배려를 하여야 한다.

지지 집단 경험

마이크와 릭은 릭이 알츠하이머 진단을 받은 이래 15년간 파트너였다. 이 기간 동안 그들은 게이 사회의 요구와 감정에 대해 민감한 센터에서 의학적인 도움을 받았다. 그러나 마이크가 간호 제공자 지지 집단에 갔을 때, 그는 불편했고 그가 환영받지 못하는 것 같았다. 회기의 마지막에 그는 지도자에게 그가 다시는 오지 않을 것이라고 말했다. 그는 다른 구성원들이 게이들과 어울려 본 적이 없어 그를 원하지 않는다고 생각한다고 말했다. 지도자는 어떤 구성원들에게는 맞는 말이지만 전부 다 그렇게 생각하는 것은 아니라고 말했고, 다음 주에 다시 와서 그가 생각하는 바를 구성원들에게 말해 보라고 권유하였다. 그녀는 또한 알츠하이머 치매(AD)에 관한 토의가 그에게 유익한지 물어보았다. 그는 그것이 약간은 겁이 난다고 말하였다. 그는 아직 모든 사실에 관하여 듣고 싶어 하지는 않았다. 상담자는 마이크에게 많은 간호 제공자가 다른 사람들이 질병에 관하여 이야기할 때 화를 내며, 이것이 그 회기에 관한 그의 반응에 영향을 끼쳤는지 그가 고려해 보아야 한다고 말했다.

구조

간호 제공자를 지지 집단에 의뢰할 때는 다음과 같은 구조적 또는 조직적 특징이 의논되어야 한다.

시간, 장소, 그리고 회기의 빈도 지지 집단은 가능한 한 접근할 수 있어야 하고 간호 제공자의 요구와 생활 방식에 맞는 시간에 만날 수 있어야 한다. 지지 집단은 일주일에 한 번, 이 주일에 한 번, 또는 한 달에 한번, 낮 또는 저녁에 만날 수 있다. 전형적으로 회기는 한 시간 반 동안 열린다.

규모 지지 집단은 6~8명의 규모에 이르며, 구성원들은 경험을 나누기 위하여 그들의 시각을 긍정적으로 교류하는 기회를 갖게 된다.

공개 대 비공개   공개 집단은 새로운 구성원을 계속적으로 영입한다. 공개 집단을 고려하고 있는 사람은 이미 확립된 구성원들과의 인간관계 속에 그가 새로 가입하는 것을 걱정할 것이다. 이것은 처리되고 극복되어야 할 현실적인 고민이다. 일반적으로 공개 집단은 무제한으로 만나는 반면, 비공개 집단은 특정한 회기의 수를 정해서 만나게 되므로 시간이 제한되어 있다.

지지 집단의 지도자들

간호 제공자를 위한 지지 집단은 정신건강 전문가 또는 비전문가(일반적으로 전에 간호 제공자이었던 사람)에 의하여 이끌어진다. 어떤 사람은 전문가가 집단을 이끄는 것이 그들에게 더욱 신빙성 있는 정보 자료를 제공해 주고 안전한 정서적 환경을 만들어 준다고 생각한다. 다른 사람은 전에 돌보는 일을 했던 사람이 지도자인 집단에 참여하기를 선호하는데, 같은 경험을 가진 지도자가 그들의 문제와 요구를 더 잘 이해하고 동감한다고 생각하기 때문이다.

지지 집단의 지도자는 비전문가이건 전문가이건 간에 알츠하이머 치매와 간호 제공자의 요구에 관하여 잘 알고 있어야 하며 집단의 과정과 반응에 관한 경험을 가지고 있어야 한다. 지도자들이 다양한 개성과 삶의 방식을 가지고 있지만, 그들은 유사하게 훈련되어야 한다. 지지 집단을 이끄는 책임을 두 명의 지도자가 나누게 된다. 가능하면 간호 제공자들은 지도자의 삶의 방식이 그들 자신의 것과 유사한 사람에게 의뢰되어야 한다.

지지 집단을 위하여 간호 제공자가 준비하는 방법

심리 상담자가 일단 간호 제공자가 지지 집단에 적당하다고 결정하면, 다음 단계는 간호 제공자에게 간호 제공자 지지 집단의 목적을 설명하고, 간호 제공자가 가입함으로써 어떻게 이득을 얻게 되는지, 그리고 무엇을 기대할 수 있는지에 관하여 소

개해 주는 것이다. 간호 제공자가 집단에 참여해 본 적이 있는지, 그 경험이 어떠했
는지, 간호 제공자가 지지 집단의 도움에 관해 기대하는 바는 무엇인지, 간호 제공
자를 위하여 일하는 지지 집단에 관한 오해가 있는지에 대하여도 논의하게 된다. 그
생각에 관하여 간호 제공자가 긍정적으로 기울어지긴 해도, 간호 제공자가 집단에
참여하는 것에 관하여 꺼리는 것은 흔한 일이다. 어떤 사람은 그들이 심리치료
(psychotherapy)에 의뢰될까 봐 걱정하기도 한다. 심리 상담자는 지지 집단과 심리
치료 목적의 집단 간의 차이에 관하여 설명해 줄 수 있다. 지지 집단의 목적은 지원
을 제공하는 것이지, 알츠하이머 치매 환자의 성격을 변화시키거나 행동, 방어기제
또는 구성원 간의 관계를 설명하는 것이 아니다.

밀리는 그녀의 심리 상담자에게 전화를 걸어, "나는 나의 친구 줄리에게 내가 지
지 집단에 가입하는 것을 생각하고 있다고 말했고, 그녀는 내가 아마도 그것을 싫어
할 것이라고 말했습니다. 그녀는 집단치료를 받은 적이 있는데 매우 개인적인 일에
관하여 말해야만 했습니다. 나는 내가 그런 일을 할 수 있을 것이라고 생각하지 않습
니다."라고 말했다. 심리 상담자는 밀리에게 지지 집단은 집단치료와 같은 목적을 가
지고 있는 것이 아니라며 그 차이를 설명해 주었다. 그녀는 여전히 밀리가 집단치료
에서 많은 것을 배울 수 있을 것이라고 생각했지만, 만약 그녀가 개인적인 일에 관하
여 이야기하는 것을 걱정한다면, 그녀가 가입하기 전에 지지 집단 지도자에게 그것
에 관하여 이야기해 보라고 했다. 밀리는 "내가 당신과 통화할 수 있어서 기쁩니다.
나는 그 생각에 관하여는 찬성하지만, 줄리가 나를 겁주네요. 이제 나는 한번 시도해
볼 것입니다."라고 말했다.

어떤 사람들은 경험이 주는 비현실적인 기대 때문에 간호 제공자에 대한 지지 집
단에 가입하기를 갈망한다. 실망을 피하고 간호 제공자가 집단을 적절히 활용할 수
있게 하기 위하여, 이런 기대들은 의뢰가 행해지기 전에 논의되어야 한다. 예를 들
어, 간호 제공자들은 집단이 새로운 개인적인 관계를 맺을 기회를 제공해 줄 것이라
고 기대할 수 있다. 간호 제공자들은 어떤 집단에서는 이것이 장려되지만 다른 집단

에서는 그렇지 않다는 사실을 알고 있어야 한다.

만약 간호 제공자가 지지 집단에 참여하는 것에 동의한다면, 심리 상담자는 간호 제공자에게 편리하고 적절한 집단을 찾도록 도와주어야 한다. 심리 상담자는 집단에 참여하는 과정이 보통 그의 지도자와의 개인적인 면담을 포함한다는 사실을 설명해 주어야 한다.

집단에 참여하는 데 동의하는 것이 영구적인 약속을 의미하는 것은 아니다. 일반적으로 그것은 간호 제공자가 그 집단에 남을지 결정하기 전에 최소한 세 번의 참여를 기대할 수 있다는 의미이다.

지지 집단의 참여에 관한 간호 제공자의 저항과 걱정

간호 제공자는 지지 집단에 참여하는 데 있어서 그들 자신 또는 다른 사람의 집단에서의 사전 경험, 집단에서 일어날 관계의 두려움, 토의될 내용을 포함하여 저항과 걱정을 해야만 하는 많은 이유가 있다.

과거 경험   심리 상담자는 간호 제공자의 사전 경험이 어떠했는지, 의뢰될 지지 집단은 어떻게 다른지, 간호 제공자가 어떻게 집단의 경험을 더욱 만족스럽게 다룰지에 관하여 조사할 수 있다.

다른 사람의 의견과 경험에 기초한 기대   만약 부정적인 지지 집단의 경험을 가지고 있는 사람이 있다면, 간호 제공자는 지지 집단에 관한 그 사람의 반응을 돌릴 수 있다. 심리 상담자는 다른 사람의 요구가 다를 수 있고 간호 제공자가 느끼는 것들이 같은 방식일 수도 있고 정확하지 않을 수도 있음을 알려 주어야 한다. 심리 상담자는 지지 집단의 잠정적인 가치를 결정하기 전에 그들 자신의 경험을 가지고 있는 것이 좋다고 제안할 수 있다.

일어날 반응에 관한 두려움에 대한 논의   간호 제공자는 개인적인 쟁점을 나타내

지지 집단 경험

댄은 "내가 일전에 지지 집단 모임에 갔을 때 참 무시무시했습니다. 한 사람이 대화를 장악하고 그녀의 요구만을 이야기했습니다. 나는 다시는 가지 않았습니다. 요점이 무엇입니까?"라고 말했다. 상담자는 "나쁜 경험을 하셨군요. 나는 당신이 왜 다시 가기를 꺼리는지 이해합니다. 그러나 모든 집단이 같지 않다는 것을 명심하세요. 그리고 다른 집단에서는 당신이 더 나은 경험을 할 수 있을 것입니다. 당신이 다른 집단에 참여하기 전, 당신은 집단 지도자와 만나 당신이 나에게 말한 것을 이야기하고 그에게 이런 경우에 지도자가 어떻게 처리하는지에 관하여 물어보세요."라고 말했다.

야 한다거나, 환영받지 못한다거나, 논쟁에 휘말리거나, 참여해야 한다는 압박에 시달리거나, 다른 사람의 문제에 초점을 맞추어야 한다는 것에 관하여 두려워할 수 있다. 심리 상담자는 이것들은 집단 경험을 가지고 있지 않은 간호 제공자가 갖는 공통적인 두려움이고 이런 두려움은 구성원들이 서로 알아 가면서 시간이 지나면 해소된다는 것을 상기시켜 주어야 한다. 심리 상담자는 간호 제공자가 가입하기 전 지도자에게 그가 가진 두려움을 알게 하고 그런 일이 생길 때 지도자가 도움이 될 수 있다는 것을 알려 주어야 한다.

논의될 것에 대한 두려움　간호 제공자는 다른 사람들이 알츠하이머 치매 환자를 돌보며 생긴 슬픈, 고통스러운 또는 무서운 경험과 감정을 듣는 것에 관하여 두려워할 수 있다. 예를 들어, 알츠하이머 초기 단계의 환자에 대한 간호 제공자는 행동 문제에 관하여 듣기를 두려워하고, 알츠하이머 중기 단계의 환자에 대한 간호 제공자는 말기 환자를 돌볼 때 신체적으로 도움을 주어야 한다는 이야기를 듣기를 두려워한다. 심리 상담자는 집단의 이점은 경험이 많은 지도자를 통하여 더욱 안전한 환경에서 고통스러운 감정들을 동료들과 나눌 때 더 참을 만하다는 것에 있음을 알려 주어야 한다.

선별을 위한 면담

집단에서 새 구성원을 받아들이기 전에, 일반적으로 집단의 지도자와 잠재적인 구성원은 만나는 기회를 가지게 된다. 면담의 목적은 지도자는 간호 제공자가 그 집단에 적당한지 평가하고, 간호 제공자는 자신의 요구에 그 집단이 적당한지를 서로 평가하는 데 있다. 면담에서 지도자는 간호 제공자가 집단에 가입하는 목적, 집단의 기능, 지도자가 어떻게 그/그녀의 역할을 하는지, 집단의 계약과 규칙은 무엇인지에 관하여 알려 준다. 이 계약의 목적은 구성원들이 기대하는 것을 알게 하고 보장함으로써 그들이 안전하게 생각하도록 하는 데 있다. 집단의 구성원과 지도자는 일반적으로 동의를 규정하는 '계약'에 동의하는데, 이것은 다음과 같은 기대를 포함한다.

- ◆ 회기는 정시에 시작되고 끝난다.
- ◆ 집단 안에서 이야기된 모든 것은 비밀이 보장된다.
- ◆ 각 구성원에게 참여가 권고된다.
- ◆ 대화할 때는 서로 존중하여야 한다.
- ◆ 감정은 신체적으로가 아니라 언어로 표현되어야 한다.
- ◆ 참석할 수 없는 구성원은 집단 지도자에게 미리 알려야 한다.
- ◆ 집단을 정하기 전 세 번 이상 참석하는 구성원은 집단에 적절하지 않다.
- ◆ 구성원은 떠나는 계획을 미리 알려야 한다.

지도자가 앞으로 가입하게 될 지지 집단 구성원에게 전달하는 규정들은 질병의 전 과정에서 유용하게 사용되는 지지 집단의 목적이다. 대부분의 지지 집단에서 간호 제공자들은 간병을 해 오던 알츠하이머 치매 환자가 사망하게 된 후 그 집단을 떠나게 된다. 이러한 간호 제공자의 요구는 이제 사별 집단(死別 集團, bereavement group)에서 더 잘 충족되게 된다.

밀리는 심리 상담자에게 전화해 이제 그녀는 지지 집단에 참여하기로 결정했으니 그녀에게 맞는 집단을 추천해 주기를 요구했다. 심리 상담자는 그녀의 직장에서 가깝고 저녁에 모일 수 있는 간호 제공자의 배우자들이 모이는 집단이 있다고 알려 주었다. 밀리는 지도자에게 전화번호를 받아 다음 날 전화를 걸어 그와 약속을 잡았다. 면접에서 그녀는 자기 개인사를 공공연히 말하는 것에 대하여 두렵다고 말했다. 지도자는 많은 사람이 비슷한 고민을 가지고 있지만, 그는 그들에게 항상 그들이 원하는 것만 이야기해도 된다고 말해 준다고 했다. 그는 "당신이 다른 사람에게 대답을 원하지 않는다고 알려 줌으로써 개인적인 질문에는 대답을 하지 않아도 됩니다. 모든 구성원을 편안하게 만들어 주는 것이 내 책임이지요."라고 말했다. 밀리는 "글쎄요, 그 말씀을 듣고 나니 기분이 한결 좋네요. 아마도 나는 너무 걱정을 많이 하고 있었나 봐요, 이제는 한번 시도해 보겠어요."라고 말했다.

지지 집단이 위치한 곳

뉴욕 대학교 의과대학 내 알츠하이머 치매 치료 센터에서 이용하고 있는 중재 프로그램에서 간호 제공자들은 뉴욕 대학교 또는 알츠하이머 협회에서 운영하는 기관에 의뢰된다. 간호 제공자 지지 집단을 운영하는 다른 지역 기관이나 조직으로는 요양원(nursing homes), 노인 센터(senior centers), 그리고 성인 주간 보호 프로그램(adult day care programs) 등이 있으며, 개인적 실무자가 운영하는 지지 집단들도 있다. 만약 간호 제공자가 알츠하이머 치매 환자의 간호 제공자를 위한 지지 집단에 참여하기가 불가능하다면, 일반적인 간호 제공자 지지 집단이 추천된다.

심리 상담자용 검목표(checklist)

누가 지지 집단에 의뢰되어야 하는가
- 대부분의 간호 제공자가 지지 집단에서 이익을 얻고 공헌할 수 있다고 강조하라.
- 지지 집단에서 요구하는 공약들을 실천할 만한 준비가 되지 않은 후보자들은 추천을 연기하라.
- 적절하게 참여할 수 없는 정신적 · 신체적 문제가 있는 간호 제공자는 추천하지 말라.

의뢰할 때 심리 상담자가 지지 집단에서 고려하여야 할 것은 무엇인가
- 추천을 하기 전 간호 제공자와 집단의 구성에 관하여 논의하라.
- 간호 제공자와 조직적 특성(시간, 장소, 빈도, 규모, 공개 대 비공개)에 관하여 논의하라.
- 지도자의 삶의 방식이 간호 제공자의 것과 유사한 곳에 그/그녀를 추천하라.

지지 집단을 위하여 간호 제공자가 준비하는 방법
- 지지 집단의 이념에 관하여 소개할 때, 그 집단의 목적, 이익과 한계, 그리고 기대할 수 있는 것에 관하여 설명하라.
- 간호 제공자가 이용하기에 편리하고 적절한 곳에 위치한 집단을 찾을 수 있도록 도와주라.
- 집단에 참여하는 과정에서 집단 구성원의 특징을 설명해 주기 위해 지도자와의 개인 면접을 포함한다는 것을 설명하라.

지지 집단이 위치한 곳
- 알츠하이머 협회를 통하여 요양원(nursing homes), 노인 센터(senior centers), 그리고 성인 주간 보호 프로그램(adult day care programs) 운영 기관의 주소와 연락처, 지역별 치매 안심 센터와 같은 집단의 위치를 조사 · 이용하라.

제7장

간호 제공자가 변화에 적응할 수 있도록 돕기

각 간호 제공자는 개인마다 알츠하이머 치매에 대한 그들의 반응을 형성하도록 만드는 개성, 삶의 환경 그리고 과거사가 있다. 그럼에도 불구하고 어떤 공통적인 주제들이 개인적으로 돌보는 일의 경험들에 내재해 있다. 이런 주제들을 이해함으로써 심리 상담자는 개개인의 맥락 안에서 효과적인 중재를 할 수 있을 것이다. 이 장에서는 간호 제공자의 친족의 질병에 대한 정서적 반응과 그들이 돌보는 역할에 접근하는 방식을 기술하고, 심리 상담자가 그들을 도울 수 있는 몇 가지 제안을 하고자 한다.

돌보는 역할에 적응하기

돌보는 일은 잘 돕는 성격을 가지고, 온순하거나 다른 사람을 돕는 데서 만족을 이끌어 내는 사람에게는 자연스럽고 편안한 일일 것이다. 이런 간호 제공자들은 질병에 관한 정보 자료, 자원, 그리고 돌보는 계획만을 필요로 하며, 격려와 지원적인 환경은 그들이 결정을 하고 문제를 해결하는 데 도움을 줄 것이다. 다른 사람들은 돌보는 일이 그들의 성격에 맞지 않아 정서적 또는 신체적으로 그들의 능력의 한계에 달할 것이다.[1] 다른 친족들 또는 그들 자신의 질병 같은 과거의 고통스러운 경험들은 그들의 감정을 다시 살아나게 하여 현재 그들의 환경에 대한 반응을 더욱 고통스럽게 할 것이다. 이런 간호 제공자들은 가족, 친구 또는 전문가들로부터 부가적인 지원을 필요로 한다.

간호 제공자가 그들의 서비스를 사용할 수 있는 시기 또한 다르다. 어떤 사람들은 그들의 친족이 진단을 받자마자 심리 상담으로부터 혜택을 얻는다. 다른 사람들은 진단이 암시하는 의미를 받아들이기까지 시간이 필요하거나 또는 그 질병이 심한 단계에 이르러서야 심리 상담을 받으러 온다. 심리 상담이 정기적으로 제공되는 환경에서는, 심리 상담자는 간호 제공자가 이런 종류의 도움을 청하지 않더라도 정보 자료를 받을 수 있게 하고 이런 종류의 도움을 사용할 수 있다는 것을 알려 주어야 한다.

심리 상담이 어떻게 간호 제공자를 도울 수 있는가

돌보는 일은 심리 상담과 같은 중재를 통해 고통스러운 스트레스를 완화시킬 수 있다. 대부분의 간호 제공자가 치료를 원하지는 않지만, 그들은 이 책에서 기술된 지원적인 중재들을 통해 혜택을 받을 수 있다. 간호 제공자들도 많은 지식을 가진 전문가에게 심리 상담을 받고 싶어 할 때가 있을 것이다. 지원적이고 안전한 정서적 환경에서 간호 제공자는 그/그녀가 직면한 쟁점들을 표현하고, 심리 상담자로부터

---

1) 간호 제공자가 알츠하이머 치매 환자를 돌보고 간병하며 심리 상담을 하는 일 등을 잘 해내기 위해서는 두뇌(brain), 즉 지능(intelligence)뿐만 아니라 인내, 정성과 열의, 책임감, 공감 등을 나타내는 감성 지능(emotional intelligence: EQ), 노력지능(effort intelligence), 행동 지능(behavioural intelligence), 사회성 지능(social intelligence), 역경극복 역량(resilience) 등의 소양을 갖추어야 하며, 이와 같은 소양은 학습되고 육성될 수 있는 것이다. – 역자 주

반응을 듣고, 해결책을 마련하거나 그것들을 처리할 계획을 세울 수 있다. 게다가 심리 상담자는 간호 제공자가 새로운 장점과 기술을 개발할 뿐 아니라 돌보는 일과 관련된 과거의 쟁점까지 해결하도록 도와줄 수 있다.

간호 제공자의 개인적 경험에 부응하는 심리 상담 계획을 제공하기 위하여, 어떤 돌보는 일들이 알츠하이머 치매 환자와 관련하여 쉽거나 어려운지 섣불리 판단해서는 안 된다. 심리 상담자는 항상 간호 제공자의 시각에서 돌보는 일을 관찰하여야 한다.

돌보는 다양한 일의 경험 속에서 어떤 공통적인 주제들이 나타난다. 대부분의 간호 제공자는 질병이 진행된다는 사실 앞에서 정서적으로 고통을 당하며 잠시나마 그들의 평정심을 잃는다. 내적인 균형이 깨지는 과정은 알츠하이머 치매 환자를 돌보는 과정에서 많이 반복되며 어느 정도는 질병의 과정을 따르게 된다. 비록 알츠하이머 치매가 점진적이고 진행성 퇴화(progressive decline)의 성격을 가지고 있지만, 특정 증상은 간호 제공자들에 의하여 전환점으로 생각되는데, 그 이유는 그것이 상징적인 의미("나는 나의 아버지가 나를 인정하지 않기 때문에 나의 존재가 아버지에게 아무 의미도 가지고 있지 않아요.") 또는 실질적인 암시("나의 남편이 밤에 잠을 자지 않아

돌보는 일에 관한 경험

남편이 10년 넘게 알츠하이머 치매 환자였던 어떤 간호 제공자는 과거 일을 회상하며 다음과 같은 사항들을 알아냈다. "나는 항상 지각하고 서두르는 준비 없는 사람이었지요. 그러나 나의 남편이 알츠하이머 치매 환자이기 때문에 나는 그가 서두르지 못한다는 것을 알아요. 나는 항상 나의 기억력에 자신이 있었고 내가 일 년 전에 먹은 음식을 말하면서 즐거워했어요. 그러나 내 남편은 방금 일어난 일도 금세 잊어버려요. 나는 항상 내년 휴가를 계획하지만 남편은 미래를 계획할 수 없어요. 남편을 돌보는 일은 저에게 천천히 현재를 사는 법을 가르쳐 주었어요. 나는 내가 하는 일, 내 주변에서 일어나는 일에 시간을 들여 집중하려고 노력해요. 요컨대, 현재에 감사하는 것이죠. 당신은 내가 어려운 방법으로 이것들을 배웠다고 말하려고 하겠지만, 남편을 괴롭힌 알츠하이머 치매는 내게 중요한 교훈을 가르쳐 주었어요."

서 나도 잘 수가 없어요.")를 가지고 있기 때문이다. 이런 변화들은 삶의 방식에서 중요한 변화를 요구하며 최소한 일시적으로 간호 제공자를 압도할 것이다. 심리 상담자는 간호 제공자가 이런 새로운 변화에 직면할 때 정보 자료와 도움을 주는 심리 상담을 제공함으로써 그들을 도울 수 있다.

대부분의 간호 제공자가 사랑과 애착의 감정을 중시하여 경험으로부터 가치를 찾고 돌보는 일과 그들의 친족을 보살핀다는 것에 자부심을 가지고 있다는 것을 명심하여야 한다.

알츠하이머 치매의 전 과정에서의 정서적 반응

간호 제공자가 가족이 알츠하이머 치매 환자라는 것을 알고 있을 때

간호 제공자가 그들의 가족이 알츠하이머 치매 환자라는 것을 알고 있을 때 표현하는 정서적 반응은 다양하다. 즉각적인 반응은 일반적으로 충격, 두려움, 고통, 분노 등이다. 어떤 사람들은 공개적으로 "나는 믿을 수가 없어! 지금부터 내가 무엇을 해야 하지?"라는 감정을 표현한다. 다른 사람들은 비록 공공장소에서 그들의 반응을 표현하는 방식이지만 침착하고 냉정한 태도를 보인다. 심리 상담자는 이해심 많은 경청자가 됨으로써 간호 제공자들이 이런 감정을 표현할 수 있게 만들어야 한다.

간호 제공자는 질병의 부당함에 관하여 이야기할 것이다. "왜 이런 불행한 일이 우리 가족에게 일어난 거야?" "이제껏 힘들게 살아온 것도 모자라 또 당해야 해?" "우리가 수년간 미뤄 왔던 크루즈 여행을 지금 막 시작해 보려던 참이었는데." "무엇을 잘못했지?" 그들은 질병으로 포기해야만 하는 많은 것들을 생각해 낼 것이다. 대부분이 감정적인 충격으로 인한 결과들이지만, 이런 쟁점 중에는 은퇴 계획의 변화나 경제적 안정의 위협과 같은 실질적인 암시들도 있다. 미래에 대한 간호 제공자들의 희망은 이제 이루어질 수 없다. 그 대신 간호 제공자는 이런 예기치 못한 환경들에 적응해야만 한다. 미래에 대한 새로운 시각은 매우 황량해 보일 것이다.

돌보는 역할이 낯선 사람은 만족스러운 삶을 영위하는 것이 상상할 수도 없을 것이다. 과대 포장된 간호 제공자의 반응 중의 몇 가지는 질병에 대하여 정보 자료가 부족하거나 미신에 근거할 수도 있다. 이런 경우에 "모든 알츠하이머 치매 환자는 폭력적이고 요양원에 가야 한다."는 것과 같은 생각[2]을 떨쳐 버리는 것은 간호 제공자에게 현실적인 평가와 계획을 제공해 주는 교육적인 과정을 통하여 시작될 수 있다.

그들의 친족이 아프다는 사실을 받아들이는 데 어려움을 겪는 간호 제공자들은 그들 자신 그리고 환자의 상실을 인지하고 이 인지를 함으로써 생기는 변화에 따른 슬픔과 회한으로부터 자신을 보호하려고 노력할 수도 있다. 심리 상담자는 언젠가 자신도 나이가 들면 알츠하이머 치매 환자의 처지와 비슷해진다는 생각에 자신을 위험에 빠트리는 환자에 관한 시각에 의존하고 있는 간호 제공자 자신의 생존과 안녕을 이해하도록 그들을 도와주어야 한다.

두려움과 걱정은 보통 널리 겪고 있는 감정들이다. 간호 제공자는 종종 알츠하이머 치매 환자의 미래에 관한 두려움을 나타낸다. 그가 고통을 당할까? 그녀가 당황해할까? 사람들이 그를 거부할까? 고령의 간호 제공자들은 만약 자신들 또한 아프게 될 때 알츠하이머 치매 환자를 누가 돌볼지에 관하여 걱정하는 경우가 많다. 가끔 알츠하이머 치매 환자를 그들의 아픈 배우자가 돌보는 때도 있다. 그런 경우에 다른 가족 구성원들은 돌보는 일을 떠맡게 될까 봐 두려워한다. 가족 구성원들은 또한 알츠하이머 치매가 유전될까 봐 걱정하기도 한다.[3] 그들은 종종 환자를 적절히 돌볼 수 없는 것을 걱정한다. 알츠하이머 치매 진단을 받게 될 때 간호 제공자들이 느끼는 감정들은 그들이 어떻게 그들에게 맡겨진 새로운 책임을 다룰지 모를 때 더욱 악화된다. 이러한 상황은 그들을 무기력하게 만들게 된다.

심리 상담자는 이런 감정들을 일반화함으로써(간호 제공자들이 그런 감정들을 갖게 되는 것이 일반적이고 받아들일 만한 것이라는 것을 알게 함으로써) 도움을 줄 수 있다.

---

2) 알츠하이머 치매 환자는 폭력을 저지르거나 상스러운 욕설을 하거나 가족이나 친지를 알아보지 못하는 경우가 있으며, 인지 능력 장애를 보이기도 하고, 대소변 가리기 등 신변 처리를 못하고, 방향감각이 상실되는 증상을 보일 수도 있다. - 역자 주

3) 알츠하이머 치매와 관련된 많은 원인들 중의 하나가 유전성, 즉 가족력(family history)이다. - 역자 주

간호 제공자들이 그들의 감정을 이야기할 시간을 주고 그것들을 고통스러운 감정으로 느끼지 않도록 하는 것이 중요하다. 심리 상담자는 간호 제공자들이 새로운 정보 자료를 받아들일 준비가 될 때까지 기다려 주어야 한다.

종종 알츠하이머 치매 진단은 놀랄 일만이 아닐 때가 있다. 가끔 간호 제공자들은 심지어 그들 친족의 질병의 원인이 밝혀진 데 대하여 안도하고 마침내 환자에게 필요한 조치를 취하며 아픈 사람을 괴롭혔던 쟁점에 관하여 다른 가족 구성원과도 공개적으로 이야기해 본다. 가끔 환자가 알츠하이머 치매 초기 단계에서 다음 단계로 넘어갔을 때 알츠하이머 치매 진단이 내려지기도 한다. 가족 구성원들은 누구의 도움도 요청하지 않거나 왜 그 사람이 변했는지 이해하려고 하지 않고, 그들 친족의 질병에 따라 그들의 행동 양식을 변화시키려고 할 것이다. 그들은 이제 그들의 돌보는 일을 좀 더 쉽게 해 줄 수 있는 치료와 돌보는 전략에 관하여 정보 자료를 제공받을 수 있다.

우리는 간호 제공자가 친족의 알츠하이머 치매의 진단을 받았을 때 나타나는 일반적인 고통, 즉 부정적인 스트레스(distress)를 알아냈다.

진단이 정확하다고 내가 확신할 수 있는가   이 질문은 알츠하이머 치매 진단의 정확성에 관한 진정한 걱정을 반영한다. 이런 경우에 간호 제공자가 두 번째 의학적 견해를 들어볼 것을 권유한다. 또는 그들의 친족이 환자가 아니기를 원하는 희망의 표현이기도 하다. "나는 믿을 수가 없어. 그는 여전히 그대로인데." "그의 나이에 당신이 무엇을 기대할 수가 있겠어요?" 심리 상담자는 진단을 받아들이는 데 어려움을 겪는 간호 제공자들에게 그들의 친족이 알츠하이머 치매 환자라면 그들의 기분이 어떻겠느냐고 살며시 물어보면서 간호 제공자들에게 도움을 줄 수 있다. 심리 상담자는 간호 제공자가 환자의 현재 상태의 사실보다는 질병에 관한 잘못된 정보 자료로 인해 흥분하고 있는 것을 발견할 수도 있다. 이런 경우에 상황의 심각성을 축소하려고 하지 않으면서 알츠하이머 치매의 전 과정에 관한 정확한 그림과 사용 가능한 자원들을 제공하는 것이 도움이 될 수 있다.

간호 제공자가 가족과 친구에게 알츠하이머 치매 진단에 관하여 말해야 하는가   간호 제공자들은 그들의 친족이 알츠하이머 치매 환자라는 것을 다른 사람들에게 언제 어떻게 말해야 하는지에 관하여 확신하지 못한다. 알츠하이머 치매의 초기에 있는 사람들은 친숙한 사회적 환경에서는 꽤 잘 기능할 수 있다. 이 단계에서 간호 제공자들은 미래를 계획하는 데 같이 참여해야 하는 친한 가족 구성원과 같은 사람에게는 말해 두는 것이 중요하다. 결국 환자의 알츠하이머 치매 증상은 점진적으로 명백해질 것이기 때문에 그들에게 진단명을 숨기는 것은 불가능하다.

다른 사람에게 질병을 알림으로써 생기는 영향에 관한 간호 제공자의 관점을 조사하는 것은 누구에게 그리고 언제 이야기할지를 결정하는 데 도움을 줄 것이다. 여기 알츠하이머 치매 발병 사실을 숨기려고 하는 몇 가지 공통된 이유가 있다. 만약 간호 제공자들이 그들의 삶이 정상처럼 보이길 원하고 아무것도 변한 것이 없는 것처럼 믿고 싶어 한다면, 알츠하이머 치매 진단에 관하여 알리는 것이 그들에게는 힘겨운 일일 것이다. 어떤 간호 제공자들은 그들의 친족이 알츠하이머 치매 환자라는 것을 부끄러워한다. 아마 그들은 그 질환을 '미친 것(crazy)'과 동일시할 것이다. 그들은 또한 사람들이 그들을 따돌리거나(ostracize) 그들의 친족들이 따돌림을 당할까 봐 두려워한다. 심리 상담자는 간호 제공자가 그/그녀의 걱정에 대해 현실적으로 평하도록 도울 수 있다.

몇몇의 사람에게 이야기하는 경험은 간호 제공자의 사회적 네트워크의 지원에 관한 자신감을 증가시킬 수 있다. 간호 제공자에게는 그들의 친족에 관한 질병을 이야기할 만큼 편하게 지내는 사람들이 있는가? 간호 제공자가 과거에 의지했던 사람은 누구인가? 심리 상담자는 또한 간호 제공자가 어떤 사람은 환자와 편하게 지낼 수 없다는 사실을 받아들이는 것을 도와줄 수 있다. 환자와 편히 지내지 못하는 사람들에게 집착하기보다는 편히 지내는 사람을 찾는 것이 더 생산적이라는 것이다. 물론 어떤 간호 제공자들은 그들의 가족 구성원 그리고 친구들과 친족의 질병 사실을 자유롭게 이야기할 만큼 가깝고 편안하게 느낀다.

나는 이것을 감당할 수 없을 것이다   새로운 간호 제공자들은 종종 그들의 친족의 변화를 다루는 그들의 능력과 질병에서 야기된 새로운 책임들에 대한 두려움을 표현한다. 간호 제공자들은 질병에 적응하는 시간이 있을 것이고 현저한 변화는 한 번에 일어나지 않는다는 이야기에 위안을 얻는다. 사실 알츠하이머 치매의 초기에 있는 사람들 중 상당수는 많은 평상시 활동을 영위할 수 있다. 전에는 환자가 다룬 새로운 책임들이 결국 다른 사람의 손에 넘어가는 동안, 이것은 또한 일반적으로 단계마다 행하여진다. 환자가 더 이상 적절하게 수행할 수 없을 것이라고 생각되는 일들을 간호 제공자들이 알아내도록 돕는 것은, 심리 상담자와 간호 제공자가 이런 임무들을 맡고 그것을 다른 가족과 전문가들이 알 수 있도록 돕는 첫 번째 단계이다.

나도 언제인가는 알츠하이머 치매에 걸리게 될 것인가, 나의 자녀들 또한 위험에 처할 것인가   가족 구성원이, 특히 노부모가 알츠하이머 치매 환자로 진단받았을 때, 가족 중 다른 사람은 종종 그들 또한 후일 그 질환에 걸릴 위험에 있는지를 물어보곤 한다. 만약 환자가 가까운 친족이거나 가족 중 다수가 질환이 발생된 경험이 있다면 근심은 더욱 깊어진다. 심리 상담자는 개인이 그 질환에 걸릴 수 있는 가능성은 확률만으로 예측할 수 없다고 설명해 줄 수 있다. 어린 나이에 알츠하이머 치매 환자가 될수록 유전적 이상 형태가 다른 가족에게도 발견될 수 있다. 개인적 위험에 관한 정보 자료를 원하는 가족 구성원은 유전 상담(genetic counseling)을 종합병원에서 받아 보는 것이 바람직하고, 만약 그들이 원하면 필요한 검사도 해 볼 수 있다. 알츠하이머 치매의 가능한 환경적, 호르몬적 그리고 식이요법적인 위험 인자를 밝히기 위한 많은 연구가 현재 진행 중에 있다. 최근에는 노년(advanced age)이 알츠하이머 치매에 있어서 가장 많이 알려진 위험 인자이다.[4]

알츠하이머 치매가 더욱 악화될 때

환자에게 일어난 변화에 대한 정서적 반응   알츠하이머 치매 환자의 기능적 단계는

---

4) 개인에 따라 혹은 성별에 따라 차이가 있지만 대체로 노인, 여성, 외상후 스트레스 장애(PTSD) 환자, 그리고 마취수술 유경험자의 발병 가능성이 더 높다. – 역자 주

돌보는 일에 관한 경험

47세인 폴은 기억력에 심각한 문제가 있어서 진단을 받으려고 알츠하이머 치매 센터에 가 보았다. 센터의 의사는 폴이 받은 테스트에 관하여 그의 가족에게 이야기해 주었다. 그 뒤 센터의 직원은 어떤 조치를 취해야 하고 참고할 만한 자료에 관한 가족들의 질문에 대답해 주기 위하여 그들을 만났다. 진단에 놀라 정보 자료를 받아들이기에 시간이 필요한 것 같아, 그녀는 다음 기회에 다시 와서 만날 것을 제안하였다. 폴의 부인인 조앤과 딸인 수전은 며칠 뒤 다시 오겠다고 했다. 그들은 여전히 떨고 있었다. 어디선가 알츠하이머 치매가 유전된다는 말을 들은 적이 있으므로 조앤은 수전의 알츠하이머 치매 발병 가능성에 대해 걱정하였다. 그리고 그녀는 말했다. "아마도 폴이 환자가 아닐 수도 있어요. 그는 이번 주에 상태가 정말 좋았거든요. 정말 과거의 그와 다를 바가 없었어요." 직원은 알츠하이머 치매 환자는 초기 단계에서는 기복이 있기 때문에 아무 이상이 없어 보일 수도 있다고 했다. 그녀는 또한 알츠하이머 치매의 가족적 유전이 아주 희귀하지만, 만약 그들이 걱정된다면 그것에 대하여 더 알기 위해 유전 상담을 받아 볼 것을 권유하였다.

어느 기간 동안에는 간호 제공자가 수용할 수 있을 정도로 상대적으로 안정적일 수 있다. 새로운 증상이 나타날 때, 확립된 유형이 없어지고 간호 제공자들은 새로운 적응을 하도록 강요받는다. 종종 새로운 증상이나 행동은 처음에는 간헐적으로 일어나고 천천히 자리 잡게 된다. 간호 제공자는 그 증상이 일시적이 아닌 것을 알게 될 때까지 그것을 과소평가할 가능성이 있다. 어떤 간호 제공자는 처음에는 행동의 중요성을 무시하려고 하거나 그것의 암시를 이해하지 못하여 새로운 상황에 대한 조치를 취하거나 변화를 만들어 내지 못할 수도 있다. 반면 어떤 간호 제공자는 어느 정도 새로운 증상을 알아내고 스스로를 질환의 진전 상태에 따라 알츠하이머 치매 환자와 그 가족을 보호하기 위하여 "아는 것이 전부가 아니다(knowing and not knowing)."라고 말한다. 심리 상담자는 상황을 무시함으로써 생기는 위험의 정도를 평가하고 그에 따른 심리 상담에 집중할 필요가 있다.

심리 상담자는 또한 간호 제공자의 증상에 관한 인지가 현실적인지, 증상은 얼마나 자주 발생하는지, 치매를 제외하고 신체적 질병 또는 일시적 스트레스와 같은 다른 원인은 없는지, 또는 증상이 알츠하이머 치매의 단계와 일치하는가에 관하여 평가하여야 한다. 간호 제공자가 증상의 의미에 관하여 조사하는 것은 중요한 일이다. 그것이 간호 제공자를 많이 슬프거나 회한에 잠기게 하는가? 그것이 환자가 더 이상 간호 제공자에게 고마워할 수 없거나 집에 있을 수 없다는 것을 의미하는가? 그것이 간호 제공자가 더 이상 돌보는 일을 할 수 없다고 생각하는 것을 의미하는가? 증상 그 자체가 참을 수 없는 것인가 또는 그것이 '최후의 결정타(the last straw)' 인가?

심리 상담자는 새로운 증상에 대한 정서적 반응이 시간이 지남에 따라 서서히 사라질 수 있음을 기억하여야 한다. 그/그녀가 매우 화가 나서 그렇다는 사실을 간호 제공자가 일반적으로 받아들이려고 하지 않기 때문에, 처음에는 간호 제공자의 감정의 강도를 아는 것이 가장 도움이 된다. 일반적으로 심리 상담자의 감정이입(공감, empathy)이 문제에 대처하는 방법을 조사하기 시작하기 충분할 만큼 사람의 마음을 가다듬을 수 있는 시간을 준다.

심리 상담자는 간호 제공자가 증상의 심각성에 관한 오해를 바로잡을 수 있도록 하고 간호 제공자가 그것의 정서적·실질적 암시를 다루는 데 도움을 줄 수 있다. 증상의 의미를 잘 이해하는 것은 간호 제공자는 그것이 참을 수 있을 만하다고 생각할 수 있게 도와줄 수 있다. 간호 제공자는 환자의 상태가 사회적·실질적 지원이 있다면 관리가 더 쉬울 것이라고 느낄 가능성이 있다. 간호 제공자의 지식 또는 반응의 정도에 기초하여, 만약 심리 상담자가 간호 제공자가 증상에 잘 대처하고 있지 못한다고 결론을 내린다면 그들이 대안적인 돌봄 계획을 의논해 볼 수 있다. 이들은 다른 사람에게 알츠하이머 치매 환자의 간병 문제를 맡겨 보는 것부터 다른 삶의 환경을 검토해 보는 것까지 이른다.

돌보는 일에 관한 경험

론다의 친구인 조시는 그녀의 심각한 얼굴과 근심 어린 눈빛을 보고 그녀가 우울한 일이 있었는지를 물어보았다. "아니, 나는 내가 우울하다고 말하고 싶지 않아. 나는 정말 슬퍼." 론다는 그때까지 그녀가 얼마나 슬픈지를 알아채지 못했다. 론다는 그녀의 심리 상담자를 만나 보기 위하여 약속을 잡았다. 그녀가 그녀의 상담자를 만났을 때, 그녀는 매우 슬프며 그녀의 친구도 그녀가 우울해하는 것에 대해 매우 걱정한다고 말했다. "내가 생각하기에 나는 나의 어머니 때문에 우울한 것 같아요. 이제 그녀는 거의 대부분을 기억하지 못해요. 어제 저녁에 내가 그녀를 만나러 갔을 때, 그녀가 매우 외롭다며 제가 좀 더 자주 와 주기를 바랐어요. 나는 그다음 날 아침 그녀와 한 시간 정도 있었는데, 그녀는 저녁 때까지 모든 것을 기억하지 못했어요. 내가 정말로 화가 나는 것은 내가 얼마나 노력하건 간에, 내가 그곳에 있는 것을 제외하고는 그녀를 절대 행복하게 해 줄 수 없다는 것이에요. 그런데 저는 항상 그곳에 있을 수가 없어요." 상담자는 "그 말은 맞아요, 론다, 그럴 수 없지요. 당신은 당신 자신의 삶을 위한 시간과 에너지가 필요합니다. 론다, 나는 당신의 슬픔을 이해합니다. 당신은 훌륭한 돌봄 계획을 만들어 왔고 당신의 어머니도 그 환경에서 잘 지내시고 있잖아요." 상담자는 론다가 질병 때문에 생긴 그녀의 어머니의 삶과의 차이에 관한 가혹한 진실을 받아들이는 것에 시간이 필요하다는 것을 공감했다.

    환자에게 생기는 불가피한 변화들이 간호 제공자마다 그리고 같은 간호 제공자라도 시기에 따라 다른 의미가 있음을 기억하여야 한다. 심리 상담자는 알츠하이머 치매 환자에게서 나타나고 있는 증상의 진행상의 맥락 안에서 고려하여야 한다. 간호 제공자의 반응은 환자의 행동뿐만 아니라 간호 제공자의 삶에서 일어나는 다른 여러 가지 사건에 의하여 영향을 받는다. 간호 제공자가 증상에 적절하게 반응하도록 돕는 것은 신체적 결함이나 현재의 상태, 또는 간호 제공자와 환자 사이의 과거의 관계와 같은 다른 원인들이 반응에 작용할 때 간호 제공자의 정서적 반응에 결정적 영향을 끼치는 것을 막을 수 있다.

    가끔 간호 제공자들은 환자에게 일어나는 변화에 관하여 문제의 심각성을 인지하지 못한 채 구경꾼처럼 보일 때도 있다. 이런 반응은 우울증부터 감정 폭발에 이르기까지 다양한 양식으로 표출된다. 친족에게 일어난 변화는 간호 제공자에게 큰 전환점으로 느껴지기도 한다. 간호 제공자는 특정 증상이 표출되면 환자를 요양원에 보낼 수밖에 없다고 두려워하기도 한다. 증상은 간호 제공자가 환자가 더 이상 의미 있는 사회적 관계를 맺는 데 어려울 수 있다고 생각하게 한다. 이것은 간호 제공자를 외롭고 버려진 느낌을 갖게 할 수 있다.

심리 상담자는 간호 제공자가 환자의 능력과 새로운 증상의 의미 또는 행동에 관하여 현실적인 평가를 얻도록 도와줄 수 있다. 처음에 "우리 가족은 이제 무너지는구나."라고 말했던 간호 제공자는 심리 상담자의 지도하에 "이것은 정말 큰 변화이구나. 그러나 우리 가족은 적응할 수 있어."와 같이 변화할 수 있을 것이다. 심리 상담자는 간호 제공자가 새로운 상황에 적응하기 위하여 필요한 실질적이고 정서적인 지원을 찾는 것을 도와줄 수 있다.

슬픔과 우울   간호 제공자들은 그들이 계속 슬퍼할 수밖에 없는 일련의 상실을 질병으로부터 경험하게 된다. 많은 사람은 그들 자신이나 환자 때문에 대부분 슬픈 기분을 느꼈다고 말한다. 이런 기분들은 질병의 전 과정에서 지속되지만 항상 최선두에 있는 것은 아니다. 흥미와 관계를 유지하거나 새로운 것을 발견할 수 있는 간호 제공자들은 상대적으로 긴 시간 속에서 만족을 느낄 것이나 고통이 극심해질 때는 다시 슬픔과 우울 상태로 돌아갈 것이다.

알츠하이머 치매 환자를 돌보는 많은 사람이 우울함을 느끼는데, 이것은 반드시 의학적 질병을 의미하지는 않지만 간호 제공자가 심리적으로 약하고 추가적인 도움이나 휴식이 필요하다는 암시가 될 수는 있다. 심리 상담자가 며칠 이상 지속되는 간호 제공자의 기분이나 기능적인 능력의 중대한 변화를 관찰했다면, 간호 제공자는 정신적 평가, 그리고 가능하다면 부가적인 치료를 위해 의뢰되어야 한다. 간호 제공자가 환자를 돌볼 수 없는 지경에 이르렀다면, 최소한 일시적으로라도 다른 준비를 해 놓아야 한다. 심리 상담자는 다른 가족 구성원과 접촉하기 위하여 간호 제공자의 허가를 구하여야 한다. 환자 또는 간호 제공자가 위험에 처한 것처럼 보이거나, 환자가 돌봄을 받지 못하고 다른 적절한 간호 제공자가 없으면, 성인 환자 보호 활동(adult protective service)을 이용할 필요가 있다.[5] 거주 시설에서의 휴식 서비스 같은 부가적인 도움은 다른 가족 구성원의 도움을 증가시키고, 또 다른 도움을 줄 수 있는 사람을 고용하는 것은 간호 제공자가 회복될 때까지 환자가 현재 환경을 영위할 수 있게 해 준다.

스트레스와 탈진   스트레스와 탈진(burnout)은 질병의 전 과정에서 알츠하이머 치매 환자의 변하는 요구로 인하여 생기는 매일의 돌봄 업무와 계속되는 책임의 부담감에서 유발된다. 알츠하이머 치매 환자의 변화하는 요구는 불안정한 상황을 초래하고 예측 가능한 상황이 더 편안한 사람에게 특히 스트레스를 줄 수 있다. 관련 자원을 찾고 관리하고 또한 제공되는 자원과 환자가 필요한 자원 사이의 간극을 채우려는 노력 또한 계속적인 스트레스이다. 예를 들어, 어떤 주간 보호 프로그램이 (격일 아침 3시간과 같이) 제한된 시간일 때, 이것은 나머지 시간 그리고 해당되는 날이 아닐 때 간호 제공자가 어디에 도움을 요청할지 고민을 하게 만든다. 저소득층 의료보장 제도(Medicaid)와 같은 자격을 유지하기 위해서는 간호 제공자가 주기적으로 문서들을 제출하여야 한다. 이것은 혜택과 서비스가 줄어들지 않도록 해야 하는 걱정을 하게 할 수 있다.

모든 간호 제공자가 같은 상황을 스트레스라고 생각하지는 않는다. 심리 상담자들은 각 개인의 상황을 일반적으로는 돌보는 일과 관련된 스트레스라고 생각하지 그/그녀를 괴롭히고 있는 일이라고는 생각하지 않는다. 고객의 구체적인 장점, 문제 그리고 요구의 자세한 그림을 얻은 뒤에야 심리 상담자는 간호 제공자의 스트레스 유발 요인을 단정 지을 수 있다. 그런 다음 심리 상담자는 간호 제공자가 그의 스트레스를 줄이는 데에도 도움이 될 수 있는 지역사회의 자원을 포함한 돌봄 계획에서의 변화들을 생각하도록 도와줄 수 있다. 간호 제공자는 또한 운동, 식단 조절, 사회화, 또는 혼자 시간을 보내면서 자신을 돌보는 시간을 갖도록 권장된다.

간호 제공자는 돌보는 일이 자신들에게 끼치는 충격을 과소평가하고 그 뒤에는 그들이 극도의 피로에 시달리고 있음을 발견한다. 그들은 "나는 이것을 더 이상 견

---

5) 집에서 장애인을 돌봐야 하는 상황에서 등록된 장애인 보조 도우미를 보내 줄 것을 사전에 유관 시설 측에서 신청하면, 훈련받은 출장 도우미가 방문하여 만족할 수 있는 수준으로 필요한 도움을 받을 수 있는 프로그램이 운영되고 있다. - 역자 주

더 낼 수 없어요." 또는 "나는 지쳤어요."와 같이 말하는 자신을 발견하게 된다. 이것이 '전통적'인 스트레스 장애(classical stress disorder)로 간주되지는 않지만, 극도의 고통은 종종 격심하고 장기적인 스트레스에 우선적으로 나타나거나 수반되기도 한다. 돌보는 역할과 관련된 계속되는 정서적인 부담은 간호 제공자에게 극도의 고통을 유발하는 결정적인 역할을 한다. 극심한 고통은 탈진, 피로, 두통 그리고 수면 장애를 포함한 신체적인 증상을 경험하게 만들 수 있다. 간호 제공자가 불특정한 고통, 주의력 부족, 의미 상실, 무관심, 또는 업무 이탈과 같은 구체적이지 않은 고통을 토로할 때, 심리 상담자는 그들이 극도의 피로를 겪고 있을 수 있다고 의심해 볼 수 있다. 이런 간호 제공자들은 그들이 환자의 행동에 관하여 참을 수 있는 한계를 넘어섰다거나 환자를 돌보는 일을 감당해 낼 힘이 없다고 말할 것이다. 그들은 돌보는 일에 관한 책임이 끝나길 바라고 그들이 그만두고 싶다고 말할 것이다. 어떤 간호 제공자들은 이 감정의 의미를 인식하지 못하고 더 이상 이 일을 계속해 낼 힘이 없게 된 것에 관하여 의문을 갖게 된다.

'탈진(burnout)'[6]의 감정에 이름을 붙임으로써, 심리 상담자는 간호 제공자가 그것들을 인식하게 하고 대응할 계획을 수립한다. 이와 함께 심리 상담자와 간호 제공자는 이 감정이 일시적인지, 지원과 휴식으로 좋아질 수 있는지, 또는 간호 제공자가 전환점에 도달한 것인지, 환자를 더 이상 돌볼 수 없는지에 관하여 결정할 수 있다. 만약 간호 제공자가 되돌릴 수 없는 결정을 내린 것에 관하여 어떤 의심이라도 있다면, 심리 상담자는 간호 제공자가 휴가를 가거나 환자를 일시적 보호 기관에 보내거나 하여 처한 환경에서 한 걸음 떨어져 보도록 하거나, 돌보는 계획에 영원한 변화를 주는 마지막 결정을 내리기 전에 도움을 요청해 보도록 권유할 수 있다.

---

6) 탈진은 여러 종류의 스트레스(stress), 예를 들어 직무 스트레스, 생활 스트레스, 건강과 질병 관련 스트레스, 학업 스트레스 등으로 인한 긴장(tension)의 한 유형으로서 고질적이고 반복적인 스트레스의 원인과 반응에 대처하기 위한 정신적·신체적인 소모성 증후군이다. 소모성 증후군이란 좀 더 극단적인 성급함, 좌절감과 욕구불만, 권태감, 소외감을 수반하는 정신적 붕괴(mental breakdown), 즉 공황상태를 뜻하는데 심리 상담자나 정신건강의학과 전문의에게 심리 상담이나 치료를 받는 것이 도움이 된다. – 역자 주

일상적 돌봄에 대한 지루함 환자와 같이 살고 있는 간호 제공자들, 심지어 같이 살고 있지 않은 사람들도 환자와 상호작용을 하는 데 있어서 지루함을 느끼고 동기를 상실한다. 인지 능력이 손상된 사람과 같이 있는 것은 종종 지루하고 따분하다. 단기기억을 잘할 수 없고, 반복적인 질문을 하며 간호 제공자와 심도 있는 대화를 할 수 없고, 환자가 집중할 수 있는 활동을 마련해 주어야 하거나 계속적으로 같은 행동만을 반복하는 사람과 많은 시간을 보내는 것은 지극히 지루할 수 있다. 간호 제공자가 환자의 요구를 수용해야 하는 지속되는 일상은 많은 사람이 즐기고 있는 자발성(spontaneity)이 결여된 것이다. 그 일상이 무너지는 것이 보통 응급상황이나 환자의 상태 악화로 인한 것이기 때문에, 그것은 환영할 만한 변화가 아니다.

어떤 간호 제공자들은 일상의 지루함을 덜기 위하여 환자와 공유할 수 있는 창의적인, 심지어 기발한 활동들을 즐긴다. 간호 제공자들은 종종 요리, 청소 같은 매일같이 해야 하는 일을 환자와 같이 함으로써 그들과 긍정적인 경험을 공유할 수 있는 기회를 놓친다(콩 껍질 까기 또는 빨래 개기, 책의 먼지 털기, 크게 노래 부르기).

심리 상담자는 간호 제공자가 가능하면 환자에게서 멀리 떨어져 시간을 보낼 수 있는 방법을 찾도록 격려할 수 있다. 집에 머물고 싶어 하는 간호 제공자들은 비디오테이프를 보면서 운동하거나, 비록 그들이 신체적으로는 집에 있더라도 그들이 개인적으로 쉴 수 있는 공간을 마련할 수 있도록 이어폰을 꽂고 음악을 듣고 책을 보는 것이 좋다.

가끔 환자들이 더 심각한 단계로 악화되었을 때, 간호 제공자들은 그들이 환자들을 돌보면서 놓친 기회들을 유감스럽게 회상하기도 한다. 심리 상담자의 중재는 이런 일의 발생의 가능성을 최소화할 수 있을 뿐 아니라, 각 질병의 단계에서 간호 제공자가 자신에게도 만족을 줄 수 있고 환자 또한 돌볼 수 있는 방법을 찾을 수 있도록 도와준다.

혐오(disgust) 질병 때문에 알츠하이머 치매 환자 몇몇은 사회적으로 부적당한 행동을 하기 시작한다. 그들의 식탁 매너는 악화될 것이고, 변기 물을 내리지 않거나, 씻지 않고, 옷을 너무 자주 갈아입거나, 대소변을 가리지 못하고 실수를 할 것이

돌보는 일에 관한 경험

로버타는 그녀의 상담자에게 그녀의 어머니를 방문하는 것이 너무 지루하여 그 방문이 싫어졌다고 고백하였다. 그녀는 그녀의 어머니가 드시는 일주일치 약을 다시 채워 줄 때까지 어머니의 방문을 미뤘다(그녀는 안전을 위해 나머지 약을 잠금 장치를 해 둔 상자에 보관한다). 가정 건강 도우미가 이 일을 하도록 허락되어 있지 않기 때문에, 그녀는 어머니에게 가야만 한다. 어머니의 집에서 그녀가 약을 정리하는 동안, 그녀의 어머니는 그녀의 물건들을 보여 주면서 그녀의 관심을 끌려고 노력했다. 로버타는 전에도 열 번은 넘게 본 그녀의 자질구레한 장신구들을 쳐다보지도 않고서, "그것들은 예쁘네요."라고 가끔 말해 주었다. 그녀는 배가 아프다고 말하면서 어머니로부터 도망갈 핑계를 찾고 있었다. 로버타는 어떻게 이 일들에 대처할지에 관하여 유감스럽고 무기력하다.

그녀의 상담자는 미소 지으면서, "나는 방금 알츠하이머 치매 환자를 더 즐겁게 방문할 수 있는 방법에 관한 워크숍에 참석하고 오는 길이에요. 그리고 나는 내가 들은 정보 자료를 사용할 수 있도록 알려 줄 만한 사람을 기다리던 참이에요."라고 말했다. 그녀는 로버타가 경험한 고통은 알츠하이머 치매 환자 부모님을 두고 있는 많은 성인 자녀도 겪고 있다고 설명해 주었다. 상담자는 어머니를 무시하기보다는 로버타가 해야 할 일을 어머니와 같이 하고, 그런 다음 그녀와 같이 할 수 있는 일을 찾아보도록 권유하였다. 로버타와 상담자는 로버타의 다음 방문까지 로버타가 그녀의 어머니와 식탁에 같이 앉아 로버타가 필요한 양만큼의 약을 꺼내고 나서, 어머니가 잠가 둔 상자에 있는 약병을 그곳에 다시 갖다 놓는 것을 돕는 일을 하기로 했다.

다음 회기 때 로버타는 그녀의 어머니가 그녀 옆에 앉아 약 상자에 약을 넣으며 얼마나 행복해했는지에 관하여 말해 주었다. 그녀의 어머니는 약 상자를 가지런히 정리했고 로버타가 그녀의 일을 마칠 때까지 다시 정리하곤 했다. 그것은 대수로운 일이 아니었지만, 로버타는 부담스럽다거나 지루하다는 느낌을 덜 받았고 다음번에는 사진도 몇 장 가져와야겠다는 생각을 했다고 말했다. 아마도 그녀의 어머니는 오랜 이웃을 알아볼 수도 있다. 그리고 만약 그녀가 못 알아본다면 그녀는 그 사진들을 파일에 보관할 것이다. 그녀의 어머니는 사물들을 가지런히 정리해 두는 것을 재미있어하는 것처럼 보인다. 그리고 로버타는 그녀가 종종 그녀의 어머니와 함께 있으면서 느꼈던 지루함이 없어졌다고 한다.

다. 이런 증상들을 받아들이는 간호 제공자들의 능력은 다양하다. 어떤 사람들은 요실금(尿失禁, incontinent)을 깨끗하게 처리하지 못할 것이다. 그들은 그들의 감정을 상하게 하지 않는 방법으로 계속 돌봐져야 함에도 불구하고,[7] 그들은 자기비판적인 사람이 된다. 다른 사람들은 요실금과 관련된 최초의 반응을 극복하고 다른 행동을 통해 그들의 근심을 버린다.

돌보는 일에 관한 경험

샘의 먹는 습관은 그의 딸인 미리엄을 당황하게 했다. 외손자의 결혼식에서 샘은 테이블 사이로 다니면서 음식을 그의 접시에 쌓아 그의 입 속에 가득 넣었다. 그는 누구의 말도 들으려 하지 않았고 계속 다른 손님들을 괴롭혔다. 그녀는 상담자가 그의 아버지를 사교적 모임에서 혼자 두지 말고 그녀의 이모에게 잠시 동안만 다른 방에서 그와 함께 있어 달라고 부탁하라고 한 말을 기억해 냈다.

심리 상담자는 간호 제공자들이 그들의 친족이 부적당한 행동을 할 수 있는 상황을 예측하도록 돕는다. 만약 그 상황이 피할 수 없는 것이라면 간호 제공자들은 그 행동의 영향을 최소화하기 위하여 부가적인 감독을 제공하는 방법에 대하여 배워야 한다. 만약 간호 제공자가 그 행동이 알츠하이머 치매의 증상이라고 생각되면 그 행동을 받아들이기 힘들 것이다. 그 행동은 만약 다른 사람들이 그가 환자임을 안다면 간호 제공자에게 덜 당황스러울 것이다.

희망의 상실　간호 제공자는 알츠하이머 치매의 전 과정을 변화시킬 수 있는 치료법이 없고 환자의 상태는 나빠지기만 한다는 현재의 가설에 대처해야 한다. 간호

---

7) 세인들의 존경을 받는 유명 인사들도 알츠하이머 치매로부터 자유로울 수 없다. 미국의 레이건 전 대통령, 고질적인 영국병을 고친 철의 여인 대처 전 수상, 한국인 최초의 여성 변호사였던 이태영 박사 등도 알츠하이머 치매로 치료를 받다 사망했다. 노인들의 간절한 소망 중 하나가 '노년을 품위 있게 즐기기' 라고 할 수 있지만 알츠하이머 치매 증상은 성공적인 노년기를 보낼 수 없게 만든다. - 역자 주

돌보는 일에 관한 경험

해럴드는 이것이 최후의 수단이라고 생각한다고 말했다. 그는 그 자신과 그와 같이 살고 있으며 심각한 알츠하이머 치매 증세를 가진 그의 아내 마조리에게도 혐오감을 느꼈다. 그와 훌륭한 도우미가 마조리를 깨끗하게 간병하려고 최선을 다했음에도 불구하고, 그녀는 변을 가리지 못해서 만약 그녀를 당장 깨끗하게 해 줄 사람이 없으면 바닥에서 변을 다 볼 때까지 그녀의 옷을 입고 있었다. 그는 집에서 나쁜 냄새가 나고, 그의 친구를 집에 다시는 초대할 수 없다고 말했다. 그는 마조리도 자신을 통제할 수 없다는 것을 알지만 가끔은 그 자신도 집에 들어가고 싶지 않았다. 상담자는 이것이 알츠하이머 치매 환자에게서 발견되는 가장 불쾌한 점이지만 그가 그동안 다른 어려움을 얼마나 잘 다루어 왔는지를 상기시켜 주었다. 상담자는 그가 그녀의 일상을 이해하고 그녀가 보내는 힌트들을 잘 읽어 냄으로써 이 일들이 벌어지는 것을 멈출 수 있다고 말했다. 마조리가 화장실에 도착할 때까지 용변을 참을 수 없기 때문에, 그녀가 화장실에 가고 싶을 때 실내 변기에 앉히면 이런 사고들을 방지할 수 있을 것이다. 불쾌한 냄새가 나는 것을 없애주는 아주 효과적인 가정용 방향제도 많이 나와 있다.

제공자는 질병이 그들과 환자의 평범한 삶을 강탈한다고 생각할 것이다. 알츠하이머 치매 환자들은 현재 의미 있는 삶을 꿈꿀 수도 없고 그들의 미래도 희망적이지 않다. 나이 든 간호 제공자는 그들 또한 질병에 걸리지는 않을까 두려워하고 아무것도 기대할 수 없게 된다. 심리 상담자는 이런 감정을 이해하고 다음과 같이 말한다. "나는 당신이 돌보는 일을 하고 있는 동안에는 지금 당장 미래를 꿈꾸는 것이 힘들다는 것을 알아요." 심리 상담자는 간호 제공자의 일상을 이야기하게 하고, 간호 제공자가 질병의 진행 과정을 바꿀 수는 없어도 환자를 위해 그들이 하는 일의 높은 가치에 관하여 상기시켜 준다. 심리 상담자는 또한 "나는 당신이 알츠하이머 치매 증상을 겪는 동안에도 당신을 도울 것입니다."라고 말할 수 있다. 만약 간호 제공자가 아직 하지 않았다면, 심리 상담자는 간호 제공자가 지지 집단에 가입하거나 같은 일을 겪고 있는 다른 사람을 만나보도록 제안할 수 있다. 마지막으로, 심리 상담자는 간호 제공자가 우울증을 겪고 있을 수 있는 가능성은 배제하여야 한다.

삶의 방식의 변화

역할 변화

새로운 역할 맡기　　간호 제공자는 전에 알츠하이머 치매 환자가 수행했던 일들을 떠맡거나 다른 사람에게 위임한다. 알츠하이머 치매 환자의 기능의 다양성 때문에, 간호 제공자는 환자의 자율성의 유지와 문제를 피하려고 개입을 하는 것의 균형을 유지하는 데 있어서 어려움을 갖게 된다. 가끔 간호 제공자는 더 이상 자신에게 권한이 없기 때문에 알츠하이머 치매 환자가 직접 업무를 수행하도록 할 수도 있다.

알츠하이머 치매 환자로부터 간호에 대한 책임을 떠맡을 때 하나의 장애물은 환자의 기능이 점점 쇠퇴한다는 현실을 받아들여야 한다는 데 있다. 이 문제는 많은 환자가 그들의 능력을 넘어선 활동들을 수행하려고 고집을 피우는 현실 때문에 더욱 악화된다. 많은 간호 제공자는 그들의 아픈 친족을 설득하거나 혼자서 결정을 내리는 데 있어서 익숙하지 못하다. 심리 상담자는 그들의 돌보는 행동이 변화의 첫 단계라는 것을 간호 제공자가 이해하는 데 있어서 그들을 도와주어야 한다. 그들이 알츠하이머 치매 환자가 변화한다는 것을 받아들이는 것을 두려워하는가? 그들이 환자에게 무례하게 대하는 것을 두려워하는가? 그들이 알츠하이머 치매 환자와 싸우게 되는 것을 두려워하는가? 그들이 일을 맡게 되거나 실수를 할까 봐 두려워하는가?

다른 한편으로 어떤 간호 제공자는 환자의 능력을 과소평가하거나 친족의 질환을 통제의 기회로 삼아 너무 일찍 책임을 떠맡아 버린다. 너무 과한 책임을 맡는 것은 위험한 일이다. 가족 안에서나 지역사회에서 활동할 수 있는 기회를 박탈당한 알츠하이머 치매 환자는 자신이 무능하다고 느끼고 자존감의 상실로 고통받는다.

심리 상담자는 간호 제공자들이 현재 진행하고 있는 업무뿐만 아니라 더 이상 할 수 없는 업무를 평가하는 것을 도우면서 그들의 두려움도 극복할 수 있도록 도와주어야 한다. 심리 상담자는 무활동(inaction)과 과잉보호의 잠재적 결과도 지적할 수 있다. 심리 상담자는 간호 제공자가 아무런 조치도 취하지 않을 때(inaction) 환자뿐만 아니라 다른 사람도 위험에 처할 수 있음을 상기시켜 줄 수 있다(차를 운전하거나 세금 환급을 준비하기). 만약 간호 제공자가 조치를 취하지 않으면, 그/그녀는 가족 구성원의 중재를 받을 것이다.

사람들이 조치를 취하는 데 있어서 생기는 두려움을 억제할 때, 과거에 있었던 나쁜 경험이 있었다면 그것을 찾는 것이 매우 유용할 것이다. 만약 그렇다면 심리 상담자는 간호 제공자가 새로운 방법으로 편안하게 행동할 수 있도록 돕기 위해 다른 결과를 시각화하거나 실연해 보는 심상이나 역할극을 활용할 수 있다. 심리 상담자는 간호 제공자가 업무를 맡을 때나 다른 사람에게 업무를 위임할 때 그가 구체적인 계획을 세워야 한다면 함께 작업할 수 있다. 어떤 간호 제공자는 이성(異性)이나 그들의 연장자로부터 책임을 떠맡을 때 문화적 가치와 전통에 속박된다. 심리 상담자 또는 이 간호 제공자는 그 상황을 가장 현명하게 다룰 수 있는 그들 지역사회에 있는 박식한 지도자와 심리 상담을 할 수 있다.

역할 포기   간호 제공자는 예전에 만족의 원인이 되었던 경제적 획득, 또는 다른 사람에게 봉사하는 일 등의 활동을 줄이거나 그만두어야 한다. 그들은 전일제 일을 그만두고, 적은 시간 일하거나 며칠만 일하거나 하여 승진의 기회를 잃고 여행이나 초과근무를 줄여야 한다. 자원봉사는 종종 포기되고, 성인 자녀가 일할 수 있도록 해 주기 위하여 조부모들은 손자녀들을 맡아 덜 만족스러운 방법으로 그들을 돌보게 된다. 알츠하이머 치매가 퇴행성 질환이기 때문에 이런 삶의 방식의 변화는 한꺼번에 일어나는 것이 아니라 점차적으로 발생한다. 그것들의 영향력을 줄이고 수용할 만한 다른 대안을 찾는 방법이 종종 있기는 하다.

심리 상담자는 간호 제공자가 가정 및 주간 보호 시설 같은 자료를 참조하고 그것들을 활용하도록 충고해 줄 수 있다. 간호 제공자가 그것을 지불할 능력이 있음에도 그 서비스에 관하여 지불하기를 꺼린다면, 심리 상담자는 그들 자신의 안녕(well-being)의 가치를 존중하도록 격려할 수 있다. 간호 제공자는 환자를 돌보는 데 있어서 도움을 주려고 하는 친구, 가족 그리고 교회 구성원들같이 돈을 내지 않아도 되는 도움을 받을 수 있다. 간호 제공자가 가치 있는 일을 계속할 수 있도록 심리 상담하는 것은 환자를 돌보는 데 있어서 정서적인 비용을 줄이는 인간적일 뿐 아니라 현실적인 충고이다.

돌보는 일에 관한 경험

샐리는 새로 태어난 그녀의 손녀를 돌보는 것을 좋아하지만, 그녀의 남편인 조는 샐리의 관심이 그녀의 손녀에게 가는 것을 싫어한다. 그녀는 상담자에게 그녀가 딸을 위하여 손녀를 돌보고 싶어 하는 마음과 조와의 갈등 사이에서 갈팡질팡하고 있다고 말했다. 그녀는 조가 어쩔 수 없다는 것을 알지만, 조에게 화가 난다고 말했다. "내가 나의 딸에게 아이를 돌볼 다른 사람을 찾으라고 말해야 할까요?" 상담자는 그녀가 딸에게 그렇게 말했을 때 기분이 어떻겠느냐고 물었다. "집안은 어린 자녀가 없으면 사람 사는 집 같지 않을 거예요. 그 아기는 집안 분위기를 좋게 만들어 줘요. 차라리 조를 돌볼 사람을 찾을 수는 없을까요?" 그녀는 재치 있게 말했다. 상담자는 이 이야기에 힌트를 얻어 샐리가 원하면 조가 하루 종일 주간 보호 센터에 갈 수도 있음을 말해 주었다. "그에게 잘하는 일일까요?" 샐리가 물었다. "당신이 말한 모든 것에 비추어 보면 조는 주간 보호 센터에서 잘 지낼 것이고, 또한 이것이 그에게 좋을 수도 있어요." "그러나 돈이 더 들겠지요." 샐리가 반박했다. 상담자는 조용해졌다. "글쎄, 아이를 돌보는 것이 더 소중한 일이에요. 아마도 돈을 내는 것이 내가 그녀의 자녀를 돌볼 수 있는 유일한 방법이라는 것을 내 딸이 안다면 그 애가 돈을 낼 거예요." 샐리가 결론을 냈다.

역할의 균형 맞추기   돌보는 일은 대부분 항상 현재 하고 있는 일과 부가되는 일 사이의 균형 맞추기를 동반한다. 어떤 사람들은 많은 역할을 아주 잘 수행하고 가족들과 균형을 맞추는 것을 즐긴다. 돌보는 일은 어떤 사람의 삶에 있어서는 부가적인 의미가 있을 수도 있다. 그러나 어떤 간호 제공자들은 그 업무의 양에 압도당하여 그것들을 모두 수행할 수 없는 감정에 기분이 상한다. 만약 그들이 어떤 역할도 포기할 수 없다면, 돌보는 일이 그들의 삶에 부정적인 결과를 가지고 올 수 있기 때문에 그들을 위하여 그들이 가지고 있는 일의 기준을 낮추거나 다른 사람에게 업무를 위임하여야 한다. 간호 제공자들은 환자를 비판해서는 안 된다고 생각하기 때문에

그들의 좌절감과 화(분노)를 다른 가족 구성원의 탓으로 돌린다. 부양가족이 있거나 그들의 경력을 쌓고 있는 성인 자녀는 특히 다른 책임들과 균형을 맞추기가 어려울 것이다. 환자를 돌보고 있는 배우자 중에서 직업이 있거나 지역 사회 활동에 적극적인 사람들은 남편 또는 부인의 질병에 의하여 그들에게 주어진 부가적인 업무에 대하여 분개할 것이다.

심리 상담자들은 간호 제공자가 그들의 시간과 에너지를 효율적으로 관리하도록 도와줄 수 있다. 아마도 간호 제공자와 한 주를 정하여 일정을 검토해 보는 것은 간호 제공자가 너무 많은 일을 하지는 않는지를 명확히 하고 하지 않아도 되는 일과 다른 사람에게 줄 수 있는 일을 확인하고 정리하는 데 도움이 될 것이다. 일상 속에서 아무 변화 없이 돌보는 일을 하는 것도 가능하지만, 돌보는 일의 부담이 주기적인 휴식 또는 휴가 떠나기에 의하여 감소된다면 간호 제공자는 그런 환경에서 최선을 다할 것이다.

심리 상담자는 간호 제공자가 그들이 하는 일의 빈도수를 변화시키거나(자주 쇼핑하지 않기 위하여 많은 양을 사서 배달시키기), 또는 다른 책임을 방해하지 않고 더 효율적인 방식으로 업무를 수행하도록(간호 제공자가 피곤할 때는 퇴근하고 집에 오는 길에 환자를 방문하기보다 출근 전에 방문하기, 간호 제공자가 아기를 돌볼 때는 다른 아이들이 저녁밥을 기다리면서 그들의 과제를 하기) 특정 업무를 통합하는 것을 도와줄 수 있다.

자신이 가장 잘한다고 생각하여 스스로 업무를 수행하겠다고 고집하는 간호 제공자는 만약 스스로 받아들인다면 다른 사람이 같은 방식으로 일을 하지 않거나 대체된 사람이 만족스럽지 못하더라도 그들의 업무 중 일부를 포기할 수 있다.

돌보는 일에 관한 경험

몇 년 전, 브래드의 아버지는 뇌졸중으로 부분마비가 왔고, 말을 할 수 없게 되었다. 그의 아버지를 돌보던 그의 어머니가 알츠하이머 치매에 걸렸을 때, 외동아들인 브래드는 아버지와 어머니 모두를 돌봐 드려야 했다. 그는 출근 전과 퇴근 후인 그의 여가 시간의 대부분을 그들과 함께 보냈다. 그는 가구점의 지배인이었고 빅 브라더스(Big

Brothers)의 자원봉사자였다. 그는 자주 지쳤고 그의 환경에 관하여 비판적이 되었다. 같은 가게에서 일하는 그의 친구 샘은 브래드가 신경질적이 되고 그의 일을 태만히 하며 몸무게가 줄어드는 것을 알아챘다. 샘은 그에게 직접 다가가서 말했다. "계속 이렇게 살 순 없어. 너의 삶이 무너지기 전에 어떤 조치를 취해 봐. 내 여동생은 상담자를 통해 도움을 받더라. 그 직원의 이름을 알려 줄까?" 놀랍게도 브래드는 동의하였다.

브래드는 그가 돌보는 일이 부담이 덜 되기를 원하면서도, 그가 많은 일을 할 수 있다는 것을 자랑스럽게 여긴다고 상담자에게 말하였다. 그는 진정으로 신뢰할 수 있는 사람이 없었다. 그의 아버지를 돌봐 주라고 고용한 도우미가 있었지만, 그녀는 알츠하이머 치매에 관하여 아는 바가 없었다. 그의 아버지가 말을 할 수 없기 때문에, 브래드만이 그의 어머니의 횡설수설하는 말에 응답할 수 있었다. 상담자가 브래드의 딜레마를 이해하는 것은 어려운 일이 아니었지만, 그렇게 계속 해 나간다면 그의 직장과 건강을 잃을 수 있다고 지적했다. 브래드는 "당신이 말한 바를 이해 못하는 것은 아니지만, 그들을 위해서 내가 있어야 한다고 생각합니다."라고 말하였다. 그녀는 그의 방문을 하루에 한 번으로 줄일 것을 제안하였다. 그녀는 또한 그의 어머니와 어떻게 대화할지 아는 직원이 있는 주간 보호 센터에 보낼 것을 추천하였다. 비록 그의 친구들이 같은 제안을 했지만, 그 제안을 전문가로부터 듣자 브래드는 그것을 따르기로 했다.

일상생활   결국 알츠하이머 치매 환자인 친족과 같이 사는 사람의 일상생활의 모든 면은 질병의 영향을 받는다. 스케줄과 계획에는 알츠하이머 치매 환자를 고려하여야 하기 때문에 한계가 생기기 마련이다. 모든 일은 천천히 해야 한다. 간호 제공자는 더 이상 자신만을 고려하여 계획을 변경하거나 만들기보다는 알츠하이머 치매 환자를 적절히 고려하여야 한다. 환자를 돌보기 위하여 도우미를 고용하는 것이 결국에는 필요하다. 이것은 간호 제공자가 편안히 여기지 않는 사람을 제외하고 그들이 의존하는 사람과 좋은 관계를 유지하고 감독하여야 함을 의미한다. 집에서 도우미를 고용하는 것은 집안 분위기를 변화시킨다. 그 공간은 더 많은 사람과 공유하여야 한다. 대부분의 간호 제공자는 도우미가 일할 때 자신이 휴식을 취하면 불편해하며 그들 집안의 사생활이 노출되는 것을 싫어한다. 물론 모든 간호 제공자가 고용된 도우미를 침입자로 생각하는 것은 아니다. 어떤 경우에는 가족 구성원인 간호 제공자와 환자 그리고 고용된 도우미가 절친한 관계를 유지해 그들끼리를 확장된 가족으로 여기고 그 관계를 즐기기도 한다.

간호 제공자는 종종 환자들이 그들의 일상에 부과하는 부담과 요구들로 우울해지거나 화내기 쉽다. 이런 감정은 그들이 즐길 수 있는 것으로부터 그들을 방해할 것이다. 그들이 집에 혼자 있을 수 있는 시간이 생기면, 그들은 그 시간을 즐기기에는 너무 피곤하거나 남은 서류를 처리하기 위하여 전화를 걸거나 밀린 집안일을 하여야 한다고 말한다.

심리 상담자는 간호 제공자의 감정을 애처로워하고 그들 자신을 위한 휴식을 개척해 나가도록 도울 수 있다. 만약 간호 제공자가 유급 도우미가 집에 머무는 것을 불편해한다면, 심리 상담자는 간호 제공자가 밖에서 할 수 있는 활동이 무엇인지 그와 의논해 볼 수 있다. 아마도 간호 제공자는 수업을 듣거나 친구와 외식을 하거나 영화를 볼 수 있다. 심리 상담자는 돌봄 계획이 그들에게 가장 적합한 것인지 간호 제공자와 함께 검토하고 그들의 삶이 다른 사람에 의해 영향을 받는 것이 불가피한 것임을 받아들이는 데 도움을 줄 수 있다. 심리 상담자는 간호 제공자가 그들의 태도와 행동에 변화를 주고 그로 인해 그들의 여가 시간과 자원을 얼마나 효과적으로 사용할 수 있는지 생각해 보도록 도와줄 수 있다. 만약 간호 제공자가 너무 우울하

돌보는 일에 관한 경험

존스 부인은 그녀가 집에 있는 시간을 더 이상 즐길 수 없는 것에 대하여 심하게 불평했다. 가정 건강 도우미가 집에 일찍 도착하여 대화를 시도하자, 그녀는 혼자 커피를 마시며 신문을 읽고 싶었음에도 불구하고 그녀에게 대답하여야 한다고 생각했다. 그녀는 그 도우미가 남편한테 가고 자신을 혼자 두기를 원했으나, 그녀가 가장 중요하게 생각하는 예의 없는 행동을 도우미에게 하는 것 같아 더 이야기할 수가 없었다. 심리 상담자와 상담한 대로, 존스 부인은 도우미에게 그녀가 얼마나 성실하고 일을 잘하는지는 알지만 그녀는 아침 시간에는 절실하게 혼자 있고 싶다고 설명하기로 했다. 이 작은 변화는 그녀의 삶에서 중요한 부분이었던 평화와 안식을 되돌려 줄 것이다.

여 필수적인 변화를 주지 못하고 있다면, 앞으로의 치료를 위한 추천인이 보장되어
야 할 것이다.

대화에서의 장애가 간호 제공자에게 끼치는 영향   알츠하이머 치매의 특징인 기능
의 다양한 단계는 계속적인 모호한 상태를 만들어 낸다. 환자가 말하는 것과 행동하
는 것을 간호 제공자는 어떻게 해석하여야 하는가? 만약 환자가 화가 났다면 그것은
보통의 나쁜 기분인가 또는 성격의 변화를 초래하는 질병이 진행되고 있다는 표시
인가? 환자는 간호 제공자가 이야기한 것을 기억할 것인가? 당신의 계획을 합의한
것에 기초하여 공개하여야 하는가 또는 공개하지 않아도 되는가? 환자가 "나한테
그런 말 한 적 없잖아요."라고 말하면 간호 제공자는 어떻게 해석하여야 하는가? 그
런 부정을 직면하였을 때 나이 든 간호 제공자는 그/그녀의 기억력을 의심할 것이
다. 사람의 말이 그의 범위에서 벗어나면 예측 가능성이 없어질 것이다. 환자의 능
력을 단순화하거나 그에 적응하는 데 있어서 간호 제공자는 그들이 혹시 환자로부
터 반감을 사고 환자를 모욕할까 두려워할 것이다. 그 관계의 대부분이 습관과 가정
(assumptions)에 기반을 두는, 오랜 기간 결혼 생활을 한 사람들은 배우자의 한 당사
자가 알츠하이머 치매 환자가 되면 더 이상 상대방에게 의지할 수 없게 된다.

심리 상담자는 간호 제공자가 알츠하이머 치매 환자와 과거사를 함께 공유할 수
없는 시간이 온다는 것을 받아들이는 것을 도와줄 수 있다. 말한 것을 잊어버리거나
잘못 해석하고 망상에 시달리는 것이 이제 그들에게는 현실의 이야기가 된다. 환자
가 과거의 모습과 별반 차이가 없는 것은 간호 제공자가 통제력을 잃어버린 환자의
행동을 받아들이는 것을 더욱 힘들게 만든다. 알츠하이머 치매 환자와 대화할 수
없다는 것은 간호 제공자를 슬프거나 외롭거나 화나게 만든다.

그럼에도 불구하고 대부분의 간호 제공자는 사람과 애착 있는 정서적 유대를 이
루어 나가고 증상이 그/그녀로부터 이성적인 구두(verbal) 대화를 막더라도 계속적
으로 절망하지는 않는다. 어떤 간호 제공자는 환자를 다른 누구보다도 더 잘 이해한
다. 어떤 간호 제공자의 경우에는 가끔은 참을성에서 한계가 올 때도 있다. 그들은
환자의 한계를 받아들이는 것을 배워야 할 뿐만 아니라 그들의 기분 변화를 용서할

줄도 알아야 한다. 환자를 돌보는 배우자 중 일부는 그들의 배우자가 없어도 그들이 추구하는 새로운 관계와 흥미를 잘 발견한다. 혼자임을 선호하거나 장애가 있는 배우자가 있는 다른 사람은 다른 방식으로 행동해야 한다고 강박관념을 가질 필요는 없다. 알츠하이머 치매의 마지막 단계까지 간호 제공자는 환자와 함께 음악을 듣거나 산책을 하는 것처럼 흥미로운 시간을 공유할 수 있다. 가끔은 따뜻한 침묵 속에서 환자와 같이 앉아 있는 것만으로도 위안의 좋은 방법일 수도 있다. 간호 제공자는 만약 사회 활동을 할 수 있고 개별적으로 흥미를 추구할 수 있는 기회가 있다면 환자와의 시간을 제대로 즐길 수 있을 것이다.

돌보는 일에 관한 경험

어느 겨울 날, 펄은 그녀의 지지 집단에서 화를 냈다. 마침내 그녀는 "당신도 알다시피 나는 가끔 당신에게 화를 내요. 다른 사람들은 나보고 더 자주 밖에 나가 보라고 해요. 나는 추운 것도 싫고, 실은 나는 거실에서 앨과 함께 TV를 보는 것이 좋아요. 그가 보는 것을 그가 전부 이해하지 못한다는 것을 알지만, 그래도 그 편안한 분위기가 좋아요. 그것은 우리가 저녁을 먹은 뒤 항상 하는 일이었고 그 일을 계속하는 것이 나에게도 좋아요. 아마도 나보고 바깥 활동을 더 해 보라고 하겠지만, 지금은 새로운 사람과 새로운 장소를 시도해 보라는 당신의 충고를 더 이상을 받아들일 수 없어요."라고 말했다. 지지 집단의 지도자는 "당신이 원하는 일을 하지 못하게 강요하고 비판한 것에 대하여 매우 유감스럽게 생각합니다. 당신이 그런 점들을 말해 주어서 매우 기뻐요. 다른 분들 중에도 펄과 똑같은 생각을 가진 사람 있습니까?"

알츠하이머 치매의 사회적 귀결

친구와 사회적인 삶으로부터의 고립   간호 제공자는 종종 친구로부터의 부적당한 지원과 환자의 사회적 고립으로 인하여 분노한다. 그 화(anger)는 그들을 사회적인 관계로부터 단절시키고, 이는 그들을 더욱더 고립되게 만든다. 돌보는 배우자는

"그가 없이는 아무 데도 안 갈 겁니다." 또는 "그녀를 위해 많은 것을 했고, 이제 그녀는 나를 위해 아무것도 해 주지 않아요."라고 말할 것이다. 심리 상담자는 그들이 사람에 관하여 현실적인 기대감을 갖는 것을 도와줄 수 있다. 친구들은 잘못된 것에 대하여 이야기하는 것을 두려워하고 환자와 상호작용하는 법을 모른다. 알츠하이머 치매 환자의 존재는 다른 사람의 기쁨도 방해할 수 있다. 심리 상담자는 돌보는 배우자가 환자와 함께 편안하고, 적절하고 환영 받는 특정 이벤트에 가 볼 것을 권유할 수 있다. 그들은 또한 혼자 이벤트에 가면 어떻게 될지 생각해 볼 수도 있다. 만약 그들이 커플만 있는 집단에서 혼자 있는 것이 불편하다면, 그들은 혼자인 사람들과 어울려 시간을 보내는 것이 추천되고 그것이 생각만큼 나쁜지 살펴보아야 한다. 어떤 부부들은 다른 사람들보다 혼자 있는 배우자에 대하여 관대하며, 간호 제공자는 그/그녀가 편안하게 느낄 수 있는 사람을 만남을 통해서 찾아야 할 것이다. 간호 제공자가 흥미로워할 만한 것을 찾아보고 그들과 같은 흥미를 가지고 있는 사람과 접촉할 수 있는 활동을 하도록 도와주어야 한다. 심리 상담자는 간호 제공자가 환자를 두고 외출하는 것은 환자를 소홀히 대하는 것이 아니고 그 시점에서는 그들의 요구가 다르다는 것에 대한 인식임을 재확인시킬 수 있다.

알츠하이머 치매 환자가 계속 사회생활을 할 수 있는지 없는지를 간호 제공자가 결정하는 것은 어려울 것이다. 알츠하이머 치매 환자의 기능 정도가 일관되지 않아 적절한 행동을 할 때도 있고 그렇지 못할 때도 있을 수 있어서, 간호 제공자는 환자의 사회 활동의 결과를 예측할 수 없을 것이다. 알츠하이머 치매 환자가 대화를 하는 것을 불편해하고, 다른 사람이 같이 있을 때도 대화하는 것을 불편해한다면, 환자가 있을 때 어떤 사람도 개입하지 말아야 함은 당연하다. 간호 제공자는 알츠하이머 치매 환자가 사회적 접촉을 하지 못하게 됨을 우려할 것이다. 심리 상담자는 간호 제공자가 알츠하이머 치매 환자가 환영하고 적절하게 기능할 수 있도록 다른 대안을 찾아볼 것을 권유할 수 있다.

알츠하이머 치매가 진행될수록 사회화하는 환자의 능력이 쇠퇴하는 것(decline)은 다른 사람과의 사회 활동에 영향을 줄 수 있다. 어떤 친족보다 돌보는 배우자의 사회적 삶은 결과적으로 가장 큰 영향을 받는다. 알츠하이머 치매 환자의 장애가 처음에는 미미하여, 그 부부는 일반적으로 그들의 정기적인 사회 활동을 지속하고, 건강한 배우자는 환자를 적절히 보호해 줄 수 있다. 환자의 증상이 사회 활동에 장애를 줄수록, 간호 제공자는 초대를 거절하고 자신의 집에도 초대하지 않을 것이다. 만약 환자의 행동이 당황스럽다거나 친구들이 참을성이 없다면, 간호 제공자는 그/그녀가 구제 불능이라고 생각할 것이다. 부부로만 항상 사회 활동을 했던 배우자들은 혼자서 외출하는 것이 너무 불편하여, 심지어 그들이 초대를 받아도 배우자와 더 이상 같이 갈 수 없는 것에 대하여 죄책감을 느낄 것이다. 많은 간호 제공자에게 이것은 사회적 고립의 첫 단계이다. 성인 자녀와 다른 친족들은 일반적으로 같은 쟁점을 가지고 있지 않은데, 그들은 환자와 정기적으로 만나지 않기 때문이다. 그러나 그들이 그들의 사회생활을 줄이고 환자와 더 많은 시간을 보내서 주요 간호 제공자의 부담을 줄여 줄 수 있다. 이것은 그들도 사회적으로 고립될 수 있음을 의미한다. 그들도 초대를 거절하기 시작할 것이고, 친구의 전화를 더 이상 받지 않으며, 수업에 빠지고, 그들의 사회생활을 줄여 나갈 것이다.

새로운 사회적 접촉을 시도함에 따라, 고립되는 과정은 시간에 따라 변화한다. 간호 제공자들은 그들이 얼마나 그들의 사회적 접촉을 제한하고 있는지를 자각하지 못하거나 그들이 다른 대안이 없다고 생각하고 우울해질 때까지는 그 쟁점을 처리하지 못한다. 고립의 위험을 알고 있는 심리 상담자는 간호 제공자의 사회적 활동의 변화에 관하여 주의를 환기시키고 간호 제공자가 스스로를 친구와 가족으로부터 고립시키기 전에 중재할 수 있다. 가끔 간호 제공자는 그들이 내린 결정의 영향이 궁금할 때만 심리 상담을 받으러 온다.

심리 상담자는 알츠하이머 치매 환자와 가족들이 사회로부터 멀리 떨어지려 하는 이유를 간호 제공자가 찾아내는 것을 도와줄 수 있다. 심리 상담자가 간호 제공자가 돌보는 일과는 상관없이 그들이 사회로부터 멀어지려고 한다는 것을 알려 주면, 그 행동의 원인은 밝혀질 것이다. 환자와 머물 수 있는 사람을 찾는 것과 같은 구체적인 문제들도 있다. 어떤 간호 제공자들은 환자를 돌볼 수 있는 다른 사람(직업 간병인)을 신뢰하지 못한다. 이런 간호 제공자가 다른 사람들보다 환자를 더 잘 알고 있긴 하지만, 간호 제공자나 환자 모두에게 한 사람만을 전적으로 의지하는 것은 공평하지 못하다. 심리 상담자는 간호 제공자가 환자를 돌보는 데 있어서 필요한 정보 자료와 지침을 제공하고 간호 제공자가 휴식을 취할 수 있도록 계획을 세우기 시작하는 것을 도와줄 수 있다. 다른 경우에는 원인이 정서적인 것일 수 있는데, 예를 들어 전에는 같이 했던 활동에 대하여 환자와 시설 밖으로 외출하는 것이 내키지 않는 것에 대하여 환자에게 미안한 감정을 가질 수 있다. 이유가 어떻든 간에, 심리 상담자는 간호 제공자의 고립을 가볍게 생각해서는 안 된다. 항상 할 수 있는 일은 있기 마련이고, 간호 제공자가 참여할 수 있는 어떤 활동들은 그/그녀를 사회로 나갈 수 있게 해 줄 것이다. 심리 상담자는 합창단과 같이 배우자 없이는 사회 활동을 하는 것을 불편해하는 노인들이 사회 활동을 하는 것을 돕고 그들의 가치와 전통을 해하지 않는 범위 내에서 다른 흥미거리들을 찾아야 할 것이다. 간호 제공자가 안녕을 유지하는 사회적 지지의 가치를 보여 주는 연구 자료를 공유하는 것도 매우 유용할 것이다.

자유의 상실　평범한 활동을 하려고 하는 간호 제공자들조차 그들의 돌보는 일이 그들의 머릿속에서 떠나지 않을 것이다. 문제가 발생할 수 있는 내재된 근심을 그/그녀가 무엇을 하든지 간에 간호 제공자는 떨쳐 버릴 수 없을 것이다. 이런 감정은 '언제라도 요청하기(Always on call)'라고 명명되어 왔다. 어떤 간호 제공자들은 취소하거나 줄이는 대신 계획 세우기를 그만둔다. 간호 제공자들은 그들이 하는 일들을 완전히 알기보다는 잠행적 과정에 갇혀 버린다. 간호 제공자가 그들이 헤어나올 수 없다는 것을 불평할 때, 심리 상담자는 그들이 단지 감정을 표현하는 것인지 또는 그 상황을 바로잡기 위한 조치를 취해 달라고 하는 것인지 평가할 수 있다.

심리 상담자는 간호 제공자가 휴식을 취하면서 여행 계획을 세우고 근심을 처리하도록 도와줄 수 있다. 어떤 경우, 간호 제공자는 만약 그들이 떠나면 돌아오고 싶지 않을까 봐 걱정한다. 심리 상담자는 간호 제공자가 떠나고 싶어 하는 바람이 그/그녀의 복귀를 가로막지 않을 것임을 확인시켜 줄 수 있다. 이런 감정들은 이해할 만한 보통의 것들이고, 감정을 갖는 것과 행동하는 것은 같지 않다. 간호 제공자가 그/그녀가 없더라도 환자를 돌보는 것에 대하여 자신 있어 하는 경우에는 책임의 무게가 가벼워질 것이다.

환자로 인한 곤혹　알츠하이머 치매의 증상은 환자를 사회적으로 부적당하게 행동하도록 만들 수 있다. 예를 들어, 그들은 엘리베이터의 모든 버튼을 눌러서 모든 층에서 엘리베이터가 서게 만든다든가, 너무 크게 이야기하고 낯선 사람에게 지나치게 친근하게 대하고, 간호 제공자가 그들을 다치게 하거나 납치하려고 한다고 고발하기도 한다. 간호 제공자들은 공공장소에서의 환자 행동에 대하여 창피해하고 화를 내기도 한다. 그들은 그들을 적대적으로 대하는 사람들을 알지 못하는 그들의 친족에게도 곤혹감을 느낀다. 심리 상담자들은 간호 제공자들이 환자에게 느끼는 정서적 반응들을 받아들이는 것을 돕고 환자가 특정 방법으로 행동하는 상황을 피하는 방법(9장 참조)을 찾는 것을 도와줄 수 있다. 공공장소에서는 다른 사람들에게 환자가 질환으로 인해 자신을 통제할 수 없음을 설명해 줄 필요가 있다. 알츠하이머 치매의 초기 단계인 환자는 그들을 잘 알고 있는 사람들을 대하듯이 다른 사람을 대하는데, 이것은 다른 사람을 귀찮거나 당혹스럽게 느끼게 만든다. 그러나 낯선 사람 또는 환자와 정서적으로 교류가 적은 사람은 그 행동에 대하여 눈치채지 못할 것이다. 알츠하이머 치매 환자가 자신의 행동이 다른 사람에게 어떤 영향을 끼칠지에 대하여 충분히 인식하지 못할 때, 그리고 환자의 존재가 다른 사람이 행사에 참여하면서 느끼는 즐거움을 방해할 때, 환자는 그 행사에 참여하지 않거나 추가적인 감독을 받아야 한다.

가족과 친구로부터 도움 받기　환자를 돌볼 때나 자신의 여가를 위해서 도움이 필요한 간호 제공자는 도움의 손길을 내밀어도 그것을 거절할 것이다. 이 반응은 환자와 간호 제공자의 안녕을 걱정하는 도와주려는 사람에게는 이해하기 힘들어 보이고 좌절감을 준다. 심리 상담자 또는 지지 집단 구성원들에게 이런 쟁점을 제기했을 때, 간호 제공자는 그들 혼자 돌보는 일을 모두 감당하는 몇 가지 이유를 댄다. 그 이유 중 하나는 의무감이다. "그는 나의 남편이에요. 좋든 나쁘든 그를 돌보는 것은 나의 책임이에요." 또는 "딸이라면 아버지를 돌봐 드려야만 합니다." 다른 이유는 아무도 그들을 대신할 만큼 일을 잘 하지 못한다거나 다른 사람은 환자가 불편해할 것이라는 생각이다. 간호 제공자는 또한 가족 구성원이나 친구가 도와주는 것에 대하여도 그들이나 환자가 원하는 것과 일치하지 않음을 불평한다. 예를 들어, 딸이 퇴근할 때 아버지를 돌봐 드리러 잠시 들르면 어머니는 외출할 수 있다. 그런데 어머니는 저녁에 외출하는 것보다 집에 머물고 싶어 할 수도 있다. 간호 제공자의 또 다른 문제는 그들이 환자를 돌보는 것에 대한 답례를 받지 못할까 봐 두려워한다는 것이다. 간호 제공자는 또한 알츠하이머 치매 환자를 돌본 경험이 없는 사람이 환자가 질병이 심각해지거나 아플 때 어떻게 해야 할지 모를 수 있다는 것을 걱정한다. "제이를 돌보는 법을 나의 언니에게 말해 주는 데 오랜 시간이 걸려 나는 외출할 여력이 없었습니다. 게다가 내가 그녀에게 보답할 수 있는 아무 방법이 없었어요."라고 오랜 기간 동안 돌보는 일을 해 왔던 사람이 말했다. 돌보는 일을 하는 남성은 여성보다 가족 구성원으로부터 자주 도움을 받을 수 있고 또한 도움을 청하기가 쉽다는 것을 주목해 보아야 한다.

심리 상담자는 가족이나 친구로부터 도움을 구하지 않겠다는 간호 제공자의 결정이 혼자서 환자를 돌보겠다는 신념이 확고하거나 환자가 위험에 처해 있지 않으면 존중해 주어야 한다. 간호 제공자가 도움이 부족하다고 불만족을 표시하거나 제공되는 도움을 받아들일 수 없어 보인다면 심리 상담자는 어떤 생각들이 가로막고 있는지 찾아보고 그/그녀가 도움을 받을 수 있도록 시도해 봄으로써 간호 제공자의 이런 쟁점들을 해결하도록 도와줄 수 있다. 완벽한 만족만을 주는 지원만을 활용하려는 간호 제공자는 그들이 지칠 수 있는 위험한 환경으로 몰아넣는 것이다.

돌보는 일에 관한 경험

폴라의 남편인 프랭크는 경중증 단계의 알츠하이머 치매 환자이기 때문에 더 이상 그를 데리고 다니기가 어렵게 되었다. 프랭크의 여동생 안토니아는 그와 각별히 지내는 사이였다. 그녀는 미망인이며 직장에서 은퇴했다. 안토니아는 프랭크와 함께 머물면서 그를 돌봐 주고 폴라는 외출할 수 있도록 제안했으나 프랭크의 아내는 그 제안을 계속 거절하였다. 폴라는 상담자에게 "안토니아는 친절합니다. 그녀는 왜 내가 그녀의 제안을 거절하는지 이해할 수 없을 거예요. 그녀는 내가 그녀를 모욕하고 있다거나 내가 미쳤다고 생각할 겁니다. 그녀는 아마도 곧 나에게 전화를 그만 걸 거예요. 나는 진심으로 프랭크 없이 외출하고 싶지만, 그녀의 도움을 거절하기 위하여 그녀에게 나의 진정한 이유를 어떻게 설명해야 할까요? 그녀가 항상 바라보던 오빠가 이제 배변을 가리지 못한다는 것을 그녀가 알게 하고 싶지 않아요." 상담자는 그녀가 그의 누이에서 그의 이미지를 보호하려는 그녀의 생각을 존중한다고 말했다. "이것이 의미하는 것은 안토니아가 그녀의 오빠를 돌봐 줄 기회를 박탈당한다는 겁니다. 당신이 안토니아가 오빠를 얼마나 걱정하는지에 관해서는 평가절하할 수 있다고 생각하지는 않나요? 안토니아에게 결정할 수 있는 기회를 주는 것은 어때요?"

공동체에서의 지위 상실   정규적인 역할을 해낼 수 있는 알츠하이머 치매 환자의 능력은 시간이 지나면서 쇠퇴하고 가족에서나 더 큰 공동체에서의 그들의 지위에 영향을 끼친다. 어떤 경우에 이런 변화는 가족이나 간호 제공자의 지위를 잃고 환자의 지위를 얻는 결과를 야기한다. 환자의 아내, 남편 또는 자식은 더 이상 유용하지 못한 특정 특권을 갖게 된다. 게다가 돌보는 일에 필요한 경제적 비용은 간호 제공자의 삶의 방식을 더 검소하게 만든다. 이런 변화들은 환자와의 관계의 상실이 올 때, 특히 간호 제공자가 그/그녀의 자존감을 증진하기 위하여 또는 공동체 안에서 그들의 지위를 규정하기 위하여 그 친족의 관계에 의존했을 때 심한 타격을 준다.

심리 상담자는 간호 제공자가 심한 상실감에 적응할 수 있도록 그들의 마음속에서 의미 있는 것을 찾아보거나(그들이 추구하지 않았던 흥미거리나 관계를 찾아보거나 그들의 개인적 자질을 다시 평가하기 같은) 또는 이 욕구를 충족해 줄 수 있는 새로운 개인적인 관계를 찾아보는 것을 도와줄 수 있다. 개인의 가치를 아는 것은 느린 과정이지만 궁극적으로는 자신의 새로운 장점과 능력을 발견하는 결과를 가져온다. 어떤 돌보는 배우자에게는 그들의 남편과 부인의 상실에 따른 황폐함이 개성과 잠재력을 발견할 수 있는 기회가 된다.

경제적 쟁점

알츠하이머 치매 환자를 돌보는 데 있어서[8] 경제적 함의에 대한 반응들은 종종 매우 극심하다. 가족이 부자이든 가난하든 간에 알츠하이머 치매는 경제적인 함의가 있다. 환자가 현재 일하고 있다면 환자의 수입 상실, 간호 제공자의 수익 상실 가능성, 부가적인 의료 비용, 그리고 부가적으로 돌보는 일을 할 때 생기는 비용에 대하여 미리 계획을 세움으로써 가족들은 그들의 경제적 자산을 보호하고 지위에 적절한 접근을 보장할 수 있다.

장기 경제 계획 세우기

간호 제공자는 알츠하이머 치매의 오랜 진행 과정 동안 환자를 돌보는 일의 결과로서 생기는 경제적 쟁점들을 알고 있지 못할 수 있다. 알츠하이머 치매 환자는 수 년간 보호관리상으로 돌봄(감독과 일상생활의 도움)이 필요하다. 이런 돌봄이 가정에서나 요양원에서 제공될 수는 있지만, 어느 것이나 돈이 많이 들기 때문에 그것을 감당해 내기 위하여 경제적으로 미리 준비를 해 두는 것이 중요하다.

심리 상담자는 경제적인 계획을 세우는 간호 제공자와 그 가족을 교육할 수 있다. 그들을 법률가, 회계사 그리고 부동산 업자에게 소개해 줄 수도 있다. 그리고 그들이 필요한 준비를 하기 위하여 협동적으로 일하는 것을 도와줄 수 있다. 노인들에게 서비스를 제공하는 알츠하이머 협회(Alzheimer's Association) 또는 지역 공동체 기관은 적절한 추천을 제공해 줄 수 있을 것이다. 미국의 대부분의 주에서는 저소득층 의료 보장 제도(Medicaid)의 혜택을 받을 자격이 되는 사람에게 이런 서비스를 제공하고 있다. 노인 의료보험 제도(Medicare)는 또한 보통 입원 뒤에 짧은 기간 동안 집에서 환자를 돌봐 주는 서비스를 제공한다.

---

8) 경상남도 함안 요양병원에서 68세의 노인 보호사가 80대 알츠하이머 노인 환자의 칼에 찔려서 다친 사고가 2018년 12월 22일에 발생했다. - 역자 주

경제적 문제와 가족

돈은 일반적으로 인간사에서 공개적인 대화의 소재로 회자(膾炙)되는 것이 금기시되어 온 주제이기 때문에(심지어 성에 대한 쟁점보다도), 가족끼리 경제적 고민을 털어놓는 경우는 드물다. 많은 가족은 자녀들이 그들의 부모의 재산에 관하여 물어본 적이 없기 때문에, 이 경계선을 지키고 싶어 하는 부모들은 자녀를 포함시켜 그들과 함께 경제적 문제에 관한 정보 자료를 공유하는 것을 어려워한다. 가족 구성원들은 경제적 문제를 의논하는 데 있어서 편안한 수준뿐 아니라 질병에서 생기는 경제적인 문제에 관한 이해의 정도도 개개인마다 다를 것이다. 심리 상담자는 가족 구성원들이 실질적인 문제뿐 아니라 경제적인 계획의 면에서의 정서적인 면도 잘 다룰 수 있도록 도와주어야 한다.

가족 전체 그리고 개개인은 그들이 기대했던 미래에 대한 상실의 감정과 역할과 책임의 변화뿐 아니라 경제적인 문제를 여러 가지 수준에서 다루어야 할 것이다. 가족 심리 상담은 경제 계획, 경제적 문제의 배분을 어떻게 할지에 관한 토론, 경제적 문제에서 생기는 감정을 공유하는 것에 관하여 가족 구성원을 교육하는 토론의 장을 제공할 수 있다.

가족 구성원이 직면하는 경제적 문제의 종류들은 대부분 환자와의 관계에서 결정된다. 환자의 배우자는 종종 다음과 같은 고민을 가지고 있다.

- 사전에 세웠던 은퇴 계획이 더 이상 적당하지 않다.
- 모든 자원이 아픈 배우자를 돌보는 데 사용된다.
- 자녀를 위해 써야 할 돈이 환자를 위하여 사용된다.
- 경제적 정보 자료를 성인 자녀 또는 다른 가족 구성원과 공유해야 할 것이다.
- 자산의 통제가 다른 사람에게 넘어갈 것이다.
- 가족 구성원은 가장 적당한 경제적 조치에 관하여 불만을 표시할 것이다.

성인 자녀는 다음과 같은 고민을 가지고 있을 것이다.

◆ 가족 구성원이 그들 부모의 경제적 안녕을 위하여 책임을 떠맡을 것이다.

◆ 기대했던 유산을 물려받지 못하게 될 수도 있다.

◆ 형제자매들이 자원의 사용과 통제에 관하여 동의하지 않을 것이다.

◆ 아픈 부모를 위하여 돈을 쓰는 것은 돌보는 배우자의 성인 자녀와 분쟁을 일으킬 것이다.

성인 자녀 또는 배우자가 돈을 지불하거나 가족 사업에 뛰어드는 것과 같은 새로운 경제적 역할을 맡을 수 없거나 그것을 두려워한다면, 심리 상담자는 그들의 꺼리는 마음을 극복하고 싶어 하는지 또는 그 업무를 맡을 다른 사람을 찾는지 그들과 함께 평가해 보아야 한다.

심리 상담자는 가족 구성원이 그들의 가치, 충성, 능력 그리고 과거사와 일치할 수 있도록 이 쟁점들을 해결하는 방법을 찾는 것을 도와줄 수 있다. 실질적인 수준에서 그들은 재산을 효과적으로 사용할 수 있는 자원과 도움에 관한 정보 자료를 얻을 수 있다. 심리 상담자는 그들 가족 간의 차이를 해결하는 능력을 함양하기 위하여 문제해결 능력과 협상 기술을 가르쳐 줄 수 있다.

돌보는 일에 관한 경험

도로시는 전일제 가정 건강 도우미와 함께 사우스캐롤라이나에서 살고 있다. 그녀의 세 자녀인 마크, 멜라니, 에드리언이 주기적으로 그녀를 방문하여 그녀의 상태를 점검한다. 그들은 이제 경제적으로 궁핍하여 이 계획을 지속할 수 없다는 것을 깨달았다. 마크와 에드리언은 그들의 어머니를 그들이 살고 있는 뉴욕에 있는 요양원에 보내고 싶어 했다. 멜라니는 그 변화가 그녀에게 좋지 않은 영향을 끼칠 것이라고 확신했다. 멜라니는 그들의 형제가 어머니에게 어떤 변화라도 일으킨다면 가만히 있지 않을 것이라고 경고했고, 그 형제들은 그녀의 동의 없이 행동하는 것이 두려웠다. 세 명의 자녀는 그들의 상담자를 만나 이 계획에 관하여 해결할 수 있는 방법을 의논했다. 그녀에게 말한 것을 토대로, 상담자는 다음과 같은 쟁점을 확인했다. 그들은 경제적으로 궁핍한 상태를 해결하여야 하고 어떤 변화라도 일어나야 한다. 그녀는 사우스캐롤라이

나에 있는 요양원과 뉴욕에 있는 요양원 사이에 선택을 해야 하는 것처럼 보인다고 말했다. 그녀는 그 가족에게는 어머니를 감독하기 쉬운 장소가 더 좋을 것이라고 말했다. 왜냐하면 그들의 어머니가 의학적인 문제로 몇 번이나 입원한 적이 있고 그들은 계속 어머니가 있는 사우스캐롤라이나로 내려갈 수 없을 것이다. 이사를 가는 것이 위험만 면이 없지 않지만, 만약 그 장소가 그녀를 잘 보살필 수 있고 그들이 더 자주, 더 쉽게 그녀를 방문할 수 있는 곳이라면 그 위험을 최소화할 수 있을 것이라고 말했다. 그들은 뉴욕으로 이동하는 것이 최선의 방법이라고 동의했다. 그들은 그녀의 어머니가 새로운 환경에 적응할 수 있는 몇 주 동안은 특별한 개인적 도우미를 사용했고, 그녀는 그녀의 새로운 환경에 잘 적응했고 자녀의 빈번한 방문을 좋아했다.

심리 상담자용 검목표(checklist)

어떻게 상담이 간호 제공자를 도울 수 있는가
□ 간호 제공자가 새로운 임무에 잘 적응할 수 있도록 정보 자료와 도움을 제공하고 현실적으로 긍정적인 마음으로 그 일들을 잘 처리할 수 있도록 도와주기

알츠하이머 치매 진단에 대하여 알기
□ 간호 제공자에게 증상과 알츠하이머 치매의 진행 과정에 대하여 교육하기
□ 간호 제공자가 환자의 행동이 질병의 결과라는 것을 받아들이도록 도와주기
□ 간호 제공자가 현실적인 돌봄 계획을 세울 수 있도록 도와주기
□ 간호 제공자의 감정을 이해하고 그/그녀가 가지고 있는 감정이 보통 사람이 느끼는 것임을 받아들이게 하기
□ 진단을 받아들이는 문제에 대한 저항과 친구와 가족들에게 알리는 것에 대하여 다루기
□ 알츠하이머 치매의 발생에서 유전이 극히 소수의 경우와 관련된다는 것을 가족들에게 재차 확인시키기

알츠하이머 치매가 더욱 악화될 때
□ 간호 제공자의 새로운 증상에 대한 정서적 의미를 알아보기
□ 알츠하이머 치매 증상의 심각함에 관한 어떤 오해라도 바로잡는 것을 도와주기
□ 간호 제공자가 환자에게 일어나는 변화에 대하여 정서적이고 실질적인 암시를 다루는 것을 도와주기
□ 간호 제공자가 기분과 능력의 주요한 변화를 보인다면 정신건강의학적 검사를 받아볼 것을 추천해 주기
□ 각 개인 내담자에게 영향을 끼치는 특정 스트레스 요인을 찾아보고 그/그녀를 이 스트레스 원인을 다루면서 돌보는 계획에 적응하도록 도와주기
□ 간호 제공자가 극도로 스트레스에 시달리는 것처럼 보이면, 그들이 알츠하이머 치매 환자를 계속 돌볼 수 있을 것인지에 관하여 결정을 내리는 것을 도와주기
□ 간호 제공자가 알츠하이머 치매 환자를 돌보는 일의 지루함으로부터 벗어나도록 다양

성과 흥미를 찾을 수 있게 도와주기
□ 간호 제공자가 알츠하이머 치매 환자가 부적합하게 행동하는 환경을 피하기 위하여 그것의 영향을 최소화하기 위하여 충분한 감독을 제공하는 것을 도와주기
□ 간호 제공자가 절망의 감정을 극복하는 것을 도와주기, 가능한 한 우울증에 관하여 평가하기

삶의 방식의 변화
□ 간호 제공자가 알츠하이머 치매 환자가 어떤 책임을 더 이상 수행할 수 없는지 평가하고 어떤 업무를 맡을 때 고통스러워하는지를 검토하는 것을 도와주기
□ 간호 제공자가 가치 있는 행동을 계속할 수 있도록 도와주기
□ 간호 제공자가 그들의 시간을 관리하고 에너지를 효과적으로 사용하고 있는지를 평가하고, 줄일 수 있는 일이나 다른 사람과 공유할 수 있는 일을 확인하는 것을 도와주기
□ 간호 제공자가 알츠하이머 치매 환자를 돌보는 일이 그들의 일상생활을 무너뜨릴 수 있다는 것을 받아들이고 어떻게 휴식을 취하는지를 알아보는 것을 돕기
□ 간호 제공자가 알츠하이머 치매 환자와 소통할 수 있는 한계를 이해하고 환자와 더 잘 소통할 수 있는 방법은 무엇인지 찾아보는 것을 도와주기
□ 돌보는 배우자가 알츠하이머 치매 환자 없이도 사회생활을 영위할 수 있도록 돕기
□ 간호 제공자의 도움을 방해하는 쟁점을 해결하는 것을 돕기

경제적 쟁점
□ 간호 제공자와 그 가족이 생존과 간병을 위하여 장기적인 경제 계획을 세워야 한다는 것을 알려 주고, 그에 따른 필요한 준비를 도와주기 위하여 전문가를 추천하기
□ 가족들이 경제 계획에 관한 정서적·실질적 면을 처리하는 것을 돕기

제8장

인간관계와 관련된 쟁점

앞 장에서는 알츠하이머 치매 환자의 질병에 대한 일반적인 정서적 반응에 관하여 논하였다. 이 장에서는 배우자, 부모, 친구 사이일 수 있는 간호 제공자와 알츠하이머 치매 환자의 인간관계의 영향에 관하여 논의하고자 한다.

알츠하이머 치매 환자와의 인간관계 상실의 의미

만약 알츠하이머 치매 환자가 간호 제공자와 강한 유대가 있었던 가족 구성원이라면, 새로운 증상은 서로에게 강한 충격으로서 다가올 것이다. 알츠하이머 치매를 특징짓는 인지적 및 기능적 쇠퇴(declines)는 그동안 간호 제공자와 가족들이 서로 공유했던 인간관계상의 경험들의 본질을 변화시킬 것이다. 질병이 진행됨에 따라서 그 사람이 신체적으로는 변한 것이 없는 것처럼 보일지라도, 성격이나 반응들은 일반적으로 그/그녀가 아프기 전과는 확연히 달라질 것이다. 간호 제공자는 외로움; 생각과 감정을 공유했던 동료와 우애의 그리움; 문제를 해결하는 데 의지했던 배우자, 부모 또는 형제자매에 대한 상실감을 호소할 것이다.

오래된 인간관계가 점진적으로 변질하는 동안, 관계의 초점이 돌보는 것에 집중된 새로운 관계가 등장할 것이다. 어떤 사람은 이 새로운 역할에서 만족을 찾는다. 종종 간호 제공자는 환자와의 불만족스러웠던 이전의 관계가 바뀌어 그가 더욱 사랑스러워져서 개선되었다고도 한다. 그러나 대부분의 경우에는 간호 제공자가 질병이 진행됨에 따라 환자와의 관계 상실로 인해 고통을 겪고 도움을 청하며 다른 사람과 지적 교류를 할 방법을 모색한다.

심리 상담자는 간호 제공자가 상실감을 견디어 내도록 하기 위하여 그들의 감정을 이야기할 기회를 주고 그들을 인도하는 데 지원을 해 줄 수 있다. 이때 심리 상담자는 찾아내지 못했던 내적인 자원이 있는지 알아보는 데 도움을 주고 그들이 만족과 새로운 의미를 정립할 수 있도록 조력해 줄 수 있는 가족, 친구 그리고 공동체로부터 외부적인 도움을 찾는 것을 도와줄 수 있다. 간호 제공자를 위한 지지 집단에 가입하는 것은 동료애와 비슷한 경험을 가지고 있는 사람들과 감정을 공유할 수 있는 장소를 제공받아 사회적 상호작용을 위한 부가적인 기회를 찾는 데 용기를 얻을 수 있을 것이다.

알츠하이머 치매 환자를 돌보는 배우자

상실의 문제

알츠하이머 치매 환자에게서 나타나는 변화는 그/그녀를 지탱해 왔던 인간관계의 본질을 변화시킨다.[1] 이 절에서 우리는 간호 제공자로서 배우자가 경험하는 다

---

1) 알츠하이머 치매 환자뿐만 아니라 모든 인간에게 있어서 인간관계는 관계 자본(relation capital)으로서 중

양한 상실감(동료애의 상실, 성적 파트너의 상실,[2] 지원자의 상실)을 탐색해 볼 것이다.

밀리는 심리 상담자에게 말했다. "나는 우리가 같이 결혼 생활을 시작한 이래로 정말 긴 길을 걸어왔다는 것을 알아요. 나는 테드가 알츠하이머 치매 환자라는 것을 받아들입니다. 나는 그의 증상을 이해하고, 내가 전에 해 보지 못했던 새로운 것들을 시도해 왔어요. 그러나 나는 외롭고 혼자라는 생각이 들어요. 나는 우리가 예전에 나누었던 대화, 산책길이 그리워져요. 나는 그가 내일이 우리의 결혼기념일이라는 것을 기억해 내리라고 기대하지 말아야 한다는 것을 알아요. 그는 항상 나를 깜짝 놀래줄 무엇인가를 준비했어요. 우리는 전에 버뮤다에 가 본 적이 있어요. 그는 방으로 멋진 식사를 주문해 주었지요. 나는 우리 둘만을 위한 작은 파티를 준비했어요. 그 일들이 눈앞에 생생해요. 나는 이제 그런 것들을 기대하지 말아야 한다는 것을 받아들여야 해요." 심리 상담자는 "당신의 상실감이 얼마나 클지 이해합니다. 그 감정들은 당신이 누렸던 관계를 축하하려고 했던 특정한 날에 특히 그럴 거예요."라고 말했다. 밀리는 "이 상실감을 다른 사람과의 관계로부터 만회해야겠어요. 당신이 방금 말씀하신 것과 같이요."라고 말했다.

인간관계의 상실　환자에게 의미가 깊었던 경험들을 더 이상 그는 누릴 수 없다는 것을 받아들이는 정서적 고통(emotional pain)을 다루는 것은 돌보는 일에 있어서 유감스럽고도 피할 수 없는 부분이다. 배우자는 정서적 지원과 동료애로 서로 의지했을 것이다. 한 사람이 알츠하이머 치매 환자가 되기 전에 그들은 공통의 관심사를 공유했을 것이다. 자녀 양육, 손자와의 관계, 그리고 다른 가족 관계; 같이 결정을 내리기; 그들이 떨어져 있을 때 그들이 겪을 일에 관하여 이야기하기. 관계의 상호적인 본질은 알츠하이머 치매가 진행됨에 따라 돌보는 배우자의 삶에 큰 공허함을 남긴다. 가족 심리 상담에서 돌보는 배우자는 다른 가족 구성원들과 그들이 겪고 있

요시되고 있는 삶(생존)의 실체(entity)이며, 다가올 임종(dying)과 관련해서는 시작이 있으면 끝이 있고 (有始有終), 만남과 이별은 사연 많은 인생의 여정에서 정해진 이치(會者定離)라는 말이 현실임을 시사하는 주제이다. - 역자 주

2) 알츠하이머 치매 환자도 부부관계를 갖는다(원한다). 중증 지력 발달장애인 또한 그렇다. - 역자 주

는 상실감에 관하여 공유할 수 있다. 다른 가족 구성원이 돌보는 배우자의 상실감을 이해할 때, 그들은 간호 제공자와의 관계를 더욱 돈독히 할 수 있을 것이다.

간호 제공자가 배우자인 환자와 함께 활동하는 데 익숙해지면 배우자 없이 하는 경험에는 즐거움이 없을 것이라고 느낄 것이다. 심리 상담자는 돌보는 배우자가 환자의 쇠퇴하는 기능에 적응하여 그들이 수년간 같이 재미있게 해 왔던 활동들을 찾는다면 그것을 도울 수 있다. 아울러서 심리 상담은 환자가 여전히 할 수 있는 활동과 그렇지 못한 것을 간호 제공자가 구분하도록 도와줄 수 있다.

변화하는 관계

그린 부인은 첫 회기 때 심리 상담자를 방문했다. 그녀는 "나의 남편과 나는 무엇이든 같이 했어요. 우리는 연주회도 같이 가고, 야구단이 우리 마을을 방문할 때면 모든 게임에 참석했어요."라고 말했다. 그리고 나서 그녀는 울기 시작했다. "그러나 그는 지금 연주회 중간에 일어서서 배가 고프니 집에 가자고 해요. 비록 그가 음악을 즐기고 있는 것처럼 보이긴 해도, 그가 진정으로 그렇지 못하다는 것을 알아요. 우리가 야구장에 가면 경기가 어떻게 돌아가고 있는지 나에게 계속 물어봐요. 사실 우리는 더 이상 이런 일들을 공유하고 있지 못해요. 나는 그를 이곳에서 저곳으로 질질 끌고 다니는 것처럼 생각되고, 차라리 집에 있는 것이 나은 것 같아요. 그러면 최소한 나는 그에게 앉아서 조용히 있으라고 말하지 않아도 되잖아요. 나의 친구들이 내 남편이 여전히 멋지다고 말하면 기분이 좋아지기보다 오히려 더 나빠져요. 이제 그는 더 이상 나와 함께일 수 없으니 그가 얼마나 멋져 보이든 아무 소용없는 거잖아요?"라고 말했다. 심리 상담자는 "예전에 했던 방식들이 이제는 더 이상 통하지 않는군요."라고 말했다. "당신이 맞아요. 나는 다른 것들을 알아보아야 해요. 그러나 나는 아직 준비가 되지 않았어요. 나는 어디든 혼자 가고 싶지 않아요. 그래서 티켓을 다른 사람에게 줘 버렸어요."라고 말했다. "아마도 당신이 얼마간은 그렇게 행동할 수 있겠지만, 가끔씩 친구를 집에 초대해 보세요. 행동보다 말이 쉽다는 것은 알지만, 당신의 남편이 진정으로 당신과 어디든지 같이 갈 수 없는 그런 상황을 당신이 이해해야 합니다. 두 사람 모두에게 공정하지 않아요. 많은 간호 제공자가 이런 문제에 직면하기 때문에, 아마도 이 문제를 지지 집단에서 공개해서 다른 사람은 어떻게 하고 있는지 알아보아요."

성적 관계의 변화   많은 부부는 한쪽 배우자가 알츠하이머 치매 환자임에도 불구하고 신체적으로 친밀하고 계속 침대를 같이 쓰며 성적인 관계를 즐기고 있다. 그러나 질병이 진행됨에 따라 부부의 성적 삶은 종종 주요한 변화를 겪는다. 어떤 환자는 부적절하게 행동한다. 다른 환자는 적절한 성적 상대가 될 수 있는 능력을 잃는다. 돌보는 배우자는 알츠하이머 치매 환자가 된 배우자와의 성적 관계가 매력적이지 않다고 생각하게 된다.

변화하는 관계

백화점의 구매 직원이었던 코니는 매우 성공한 자동차 판매원인 존과 결혼하였다. 45년 동안 그들은 멋진 결혼 생활을 누렸다. 이제 코니의 남편은 3년 일찍 진단받은 알츠하이머 중기 환자이다. 그녀는 "내가 가장 그리워하는 것은 우리가 만족스러운 섹스를 하지 못한다는 것이에요. 존은 그가 하는 것을 알지 못한 채 계속 시도하기만 합니다. 그의 두려운 시도들은 나의 상실감만 더해 줘요. 이것이 나를 상당히 화나게 만들기 시작했어요."라고 말했다. 존이 처음 알츠하이머 치매 진단을 받았을 때부터 코니를 상담해 왔던 심리 상담자는 "당신도 알다시피, 예전의 존으로 되돌릴 수 없잖아요. 그러나 나에게 괜찮은 생각이 있어요. 그가 기억을 하지 못하기 때문에 이런 말을 그에게 해 주세요. '우리는 방금 멋진 섹스를 했어. 나는 이제 만족해요. 그러나 지금은 피곤해졌어요. 이제 잠자리에 들어요.' 비록 완벽한 응답은 아니지만, 이것이 서로에게 가장 상처를 덜 주는 방법인 것 같네요."라고 말했다. 코니는 "나는 당신이 말한 바를 시도해 보겠어요. 지금 나의 고통을 위로하기 위해서는 어떤 것이라도 시도해 보고 싶거든요."라고 말했다. 며칠 뒤에 그녀는 전화를 걸어 왔고, 그에게 거짓말을 하는 것이 그녀의 마음을 아프게 하지만 그녀의 제안이 도움이 되었다고 말했다.

환자로부터의 도움 상실   "제리가 집안일을 계속 거들어 줄 수 있다는 생각은 너무 지나친 기대인가요?" 알츠하이머 초기 단계인 환자의 간호 제공자는 환자가 다른 때는 꽤 잘하면서 어쩔 때는 과거에 수행했던 일들을 하지 못하면 종종 화가 나기도 한다. 도움이 되고 싶어 하는 그들의 노력은 가끔 간호 제공자에게 더 많은 일

을 준다. 이런 변화들이 질병과 관련이 있음을 아는 사람들조차도 가끔 환자가 의도
적으로 자신이 요구하는 일을 하지 않는지 의심할 때가 있다. 심리 상담자는 간호
제공자가 그들의 혼란과 좌절이 기능이 일관적이지 않은 사람을 대할 때 생기는 자
연적인 반응임을 받아들이도록 도와줄 수 있다. 이 고통의 기저에는 환자가 더 이상
조력자가 되지 못한다는 것에 대한 고민이 있을 것이다. 환자가 이런 일들을 해낼
수 있다면 이것은 간호 제공자에게 편안함과 안정감을 준다. 심리 상담자는 간호 제
공자가 환자의 도움 없이 이런 일들을 수행하는 방법을 시도하고 배우는 것을 격려
할 수 있다. 이것은 궁극적으로는 간호 제공자가 자신감과 독립심을 얻을 수 있도록
할 것이다. 간호 제공자는 또한 다른 사람에게 도움을 요청하고, 자신이 할 수 없는
일을 수행할 만한 사람을 고용하는 방법을 배워야 할 것이다.

새로운 기회

배우자와의 관계에서 수많은 상실을 경험하는 한편, 간호 제공자는 또한 알츠하
이머 치매 환자와는 별도로 자신을 사회화할 수 있는 기회와 새로운 관계를 형성할
수 있는 기회의 균형을 맞추려고 노력해야 할 것이다.

돌보는 일과는 다른 삶을 만들기   간호 제공자가 여전히 일을 하고 있거나 의미 있
는 취미를 가지고 있는 경우에는 일반적으로 돌보는 일과는 상관없이 간호 제공자
자신을 위한 삶을 개척해 나가야 한다. 이런 활동들은 만족뿐만 아니라 휴식도 제공
해 줄 수 있다. 어떤 사람들은 심지어 도피하기 위해 일하러 가거나 그들의 삶을 구
하기 위해 일을 한다고 말한다. 그러나 환자를 돌보는 배우자들 중 상당수는 집 밖
에서 일하기보다는 다른 관계와 활동들을 포기하면서 돌보는 일에 너무 많은 체력
을 소모해 버린다. 그들이 환자인 배우자와 떨어져 시간을 보낼 때에는 죄책감을 느
끼거나 그들의 도움을 받지 못하고 있는 그들의 남편 또는 부인을 걱정한다. 이런
간호 제공자가 다른 사람과 함께할 시간이 필요함을 알았을 때는 이미 친구와 연락
이 끊겼거나 갈 곳이 없고 만날 사람도 없다고 말한다.

심리 상담자는 어떤 간호 제공자에게는 혼자 외출하는 것이 상징적이고 정서적인 이유에서 감정이 상할 수 있음을 알아야 한다. 그것은 그들의 배우자가 더 이상 적당한 외출 동반자가 아님을 공개적으로 인정하는 것이다. 부부로서만 외출하는 것이 익숙한 사람들에게는 배우자 없이 외출하는 것이 이상하거나 당황스럽게 여겨질 것이다. 간호 제공자는 친구가 만나는 것을 거절할 것이 두려워 그들에게 다시 연락하기를 주저한다. 심리 상담자는 이런 간호 제공자가 그들의 두려움을 같이 의논하고 그들의 두려움이 해결되면 어떤 기분이 들 것인지 상상해 보고 기대했던 상황을 성공적으로 처리하는 것을 마음속에 그려 보기를 격려할 수 있다. 간호 제공자와 그/그녀가 연락하기를 원하는 사람과의 역할극을 시도해 보는 것은 그/그녀가 실제 전화를 걸기 전에 편안하게 접근할 수 있도록 해 줄 수 있다.

간호 제공자의 안녕을 위하여 사랑하는 사람을 돌보는 일과 독립적인 활동을 찾는 것 사이에 균형을 맞추는 것은 필수적이다. 심리 상담자는 이런 간호 제공자를 너무 압박하지 않도록 주의해야 한다. 심리 상담자는 이런 간호 제공자가 삶의 새로운 요소들을 그들의 삶의 유형에 잘 짜 맞추도록 격려할 수 있다. 그들은 간호 제공자가 천천히 자신감을 쌓기 위한 활동으로 너무 위협적이지 않은 활동을 고르도록 제안할 수 있다. 예를 들어, 간호 제공자가 하루 종일 환자를 내버려 둔다는 것을 생각할 수 없지만 공연을 위해 옛 친구와 티켓을 사기 위하여 성인 자녀에게 저녁 시간 동안 환자와 함께 있어 주기를 부탁할 수 있다. 친구가 한 명도 없다고 말하는 간호 제공자라면 만약 그들이 수업을 듣거나 연장자 모임(senior group)에 가입할 경우 새로운 사람을 만날 수 있을 것이다.

변화하는 관계

배리는 지금 알츠하이머 말기 단계인 그의 부인 새라를 10년째 돌봐 오고 있다. 그들의 결혼 생활은 아주 멋졌다. 새라는 그들의 매우 활동적인 사회 활동을 영위할 수 있게 해 주었다. 배리는 새라가 아픈 뒤로부터 그들의 친구에게 연락하려고 하지 않았고, 친구가 전화를 걸어오면 새라를 돌보느라 바빠 전화할 시간이 없다고 말했다. 서서히 그들은 전화를 하지 않기 시작했다. 배리는 매우 외로워서 이제는 진정으로 다른 사람들과 다시 교류하고 싶어 한다. 그는 그의 심리 상담자에게 전화를 걸어 "나는 어디로 가야 할지 모르겠어요. 나는 무엇을 할지 모르겠어요."라고 말했다. 그들은 묘안 생각해 내기(brainstorming) 회의에서 그가 하고 싶었지만 못했던 것들을 모두 적어 놓았다. 그의 얼굴은 밝아졌다. "젊었을 때 나는 조각가가 되는 것이 꿈이었어요. 그러나 나는 일 때문에 항상 바빴어요. 만약 내가 Y수업을 듣는다면, 아마도 나는 미술에 관심이 있는 다른 사람들을 만날 수 있겠네요." 그는 다음 주에 Y수업에 등록하였다. 일 년 뒤 그는 심리 상담자에게 전화를 걸어 학생 전시회에 그녀를 초대한다고 말했다. "미술관 주인이 내 작품을 위탁 판매하려고 한대요. 이 수업은 나에게 새로운 세계를 만나게 해 주었어요."

새로운 관계를 형성하는 데 생기는 장애   깊은 외로움과 슬픔에 고통받는 간호 제공자도, 아픈 배우자에게 헌신하는 것을 포함하는 다양한 이유로 인하여 새로운 낭만적인 관계를 갖는 것을 꺼린다. 다른 간호 제공자는 새로운 관계를 갖는 것을 좋아하기는 해도, 그들의 윤리적, 도덕적, 종교적 이유로 인하여 (긍정적 정서와 부정적인 정서가 공존하는) 양가감정을 느낀다. 가끔 친구들이나 지인들이 새로운 관계가 돌보는 일에서 생기는 문제를 해결하는 방법이 될 수 있을 것이라고 말한다. 다음의 제안은 항상 환영받거나 적당한 것은 아니다.

변화하는 관계

엘리자베스는 지지 집단 모임에서 그녀는 이제 남편인 버트를 돌보는 것이 진절머리가 난다고 불평했다. 한 집단 참석자가 "당신은 젊고 아름다우니 다른 남자를 한번 만나 보세요."라고 말했다. 엘리자베스는 "그런 일을 하는 것이 내키지 않아요."라고 말했다. 다른 참석자는 "우리는 좀 더 민감해져야 해요. 우리는 그녀가 느끼는 것을 존중해 주어야 합니다. 사실 나는 그녀의 신조가 부러워요."라고 말했다. 모임의 지도자는 엘리자베스에게 왜 그날 그렇게 화가 났는지를 물어보았다. 그날은 버트의 주간 보호가 그녀 차례였는데, 방이 없다는 회신이 왔기 때문에 그녀가 화가 난 것이었다. 그 회기의 주제는 주간 보호 문제로 바뀌었고, 나중에는 상담자가 새로운 낭만적인 관계에 대한 참석자들의 생각을 이야기하는 것으로 주제를 바꾸었다.

알츠하이머 치매 환자를 돌보는 많은 배우자는 새로운 관계에 대한 다른 가족 구성원들과 친구들의 반응에 관하여 두려워한다. 이런 걱정은 실제적이다. 성인 자녀와 친구들은 새로운 관계를 형성하는 사람에 대하여 종종 비판적인 태도를 취한다. 이것은 간호 제공자에게 죄책감이 들게 하고 도움을 받지 못하게 하고 가족 관계를 분열시키게 만든다. 성인 자녀에게 부모의 새로운 관계는 환자가 가족의 구성원에서 제외되는 증거가 된다. 성인 자녀가 부모의 이혼과 재혼을 받아들이는 것에 대하여 어려움을 겪는 반면, 이 경우에 실질적인 죽음이나 정식으로 헤어짐이 없기 때문에 새로운 관계는 특별히 충절하지 못하다거나 유기로 간주된다.

이런 상황에서는 가족 회기 때 모든 가족 구성원이 허심탄회하게 자신들의 생각을 이야기하는 것이 도움이 된다. 심리 상담자의 참석하에 부모는 그들의 외로움의 깊이와 상실감과 동반자의 필요성을 드러내어 보일 수 있다. 아들 또는 딸은 환자인 부모가 버려지고 배신당했다고 느끼는 자신들의 생각을 이야기할 것이다. 아울러서 돌보는 배우자를 돕는 데 가장 중요한 역할을 했던 어떤 성인 자녀는 거절당하고 불필요한 존재로 느껴질 것이다. 그들은 두 부모 모두를 잃었다고 생각할 것이다(한 사람은 환자이고 다른 한 사람은 새로운 관계를 맺었으므로). 어떤 성인 자녀는 돌보는 배우자가 환자를 버릴 것을 걱정할 것이다. 그들은 또한 새로운 관계에 따른 경제적 결과를 걱정할 것이다. 다른 가족 구성원이 어떻게 생각하는지 아는 것은 대화를 가능하게 하고 현실적인 미래를 이야기할 수 있게 해 줄 것이다. 서로의 두려움, 걱정, 요구 사항을 들음으로써, 그들은 서로서로 재확인하고 그들 사이의 오해를 줄여 나갈 것이다.

많은 상황에서 건강한 배우자는 새로운 관계를 형성하고, 가족과 친구들의 지지를 받으며, 환자를 계속 돌본다. 심리 상담자가 어떤 문제도 없는 상황만을 듣는 경우는 거의 없을 것이다.

가족 관계

자녀에게 도움을 요청하기   자녀들의 대부분의 삶에서 부모는 자녀들을 도와주고 안내해 주는 사람이었다. 자녀들은 그동안 부모의 품 안에서 위안을 얻고, 부모는 자녀를 키우는 데 보람을 느꼈을 것이다. 부모가 전통적인 생활 방식에서 벗어나 자녀에게 도움을 구한다는 것은 매우 힘든 일이다.

부모님이 자급자족하는 데 익숙한 현재는 성인이 된 자녀가 부모님의 요구 사항이 변해도 잘 알아차리지 못하며 부모님의 자존심을 걱정하여 부모님을 도우려고 하지 않는다. 이런 오해가 지속되면, 돌보는 배우자는 그의 지지 집단 구성원이나 그들의 심리 상담자에게 자녀들이 좀 더 자신을 도우려 했으면 좋겠다고 말한다.

"나는 요구하지 말아야 하는데, 왜 그들은 무슨 일이 일어나고 있는지 알아채지 못할까요? 그들은 아버지(또는 어머니)가 알츠하이머 치매 환자라는 것을 알면서 아무 일도 일어나지 않은 것처럼 행동을 해요. 그들은 여전히 일요일 오후에 와서는 그들이 도착하면 식사가 준비되어 있을 거라고 생각하지요. 그들은 내가 전전긍긍하는 것이 보이지 않나 봐요." 부모들은 자신이 요구하는 것이 무엇인지 밝히고 자녀에게 도움을 요청해야 한다. 그러나 많은 부모는 "나는 요구하지 말아야 해요. 그들이 알아서 할 거예요."라고 말한다. 아무것도 말하지 않으면, 부모들은 말하지 않는 고통에 시달리고, 자녀들은 계속 부모가 아프지 않은 듯이 행동할 것이다.

이러한 쟁점과 관련하여 심리 상담자는 몇 가지 사례에서 가족 분쟁을 관찰했다. 사람들은 자신의 요구 사항을 굳이 표현하지 않아도 다른 사람들이 알아주기를 바라지만, 이것은 매우 비현실적인 기대이고 보통은 실망하고 화를 내기 마련이다. 다른 공통적인 두려움은 요구 사항을 표현한다는 것이 그들이 궁핍하고 매우 건강이 좋지 않다는 것을 의미한다는 것이다. 심리 상담자는 요구 사항이 있다는 것이 인간적인 생활의 일부분임을 지적할 수 있다. 자녀, 가족 그리고 친구들은 종종 어떻게 도울지 막막해하기 때문에 오히려 부모로부터 요청을 받는 것이 도울 수 있는 기회라고 생각하기도 한다. 만약 심리 상담자가 일대일로 간호 제공자와 심리 상담 중이라면, 자녀들과 가족 안의 새로운 환경에서 대화를 시작해 보기를 권유할 수 있다. 대화를 시작하기 위하여 가족 회기를 열어 보는 것도 도움이 될 수 있다.

재혼　　재혼의 몇 가지 특성은 알츠하이머 치매 환자를 돌보는 일에 영향을 준다. 배우자 간에 나이 차가 많이 나는 경우도 있을 것이고, 전 배우자로부터 생긴 자녀는 한 부모에게만 충실할 것이다. 짧은 결혼(재혼) 기간 이후에 배우자가 알츠하이머 치매 환자가 되면 그 결혼의 행복은 곧 달아나 버린다. 이런 가족이 직면할 수 있는 세 가지 쟁점이 있다. 재혼한 배우자가 환자를 돌보기를 바란다. 자녀가 재혼한 배우자와 환자를 돌보는 것을 거들어 주기를 원한다. 환자를 돌보는 데 있어서 재혼한 배우자의 재산을 사용하기를 원한다. 재혼으로 인해 양가가 결합한 가정이 진정으로 화합이 되면, 그들은 서로서로 간호 제공자를 돕기 위하여 더 많은 자원을 사용할 수 있을 것이다.

변화하는 관계

셜리는 수년 전에 이혼했고, 그녀가 세 자녀가 있는 이혼 남자인 래리를 만났을 때 그녀는 자녀들을 다 키워 결혼을 시킨 상태였다. 그는 그녀의 첫 번째 남편이 해 주지 않았던 모든 것을 해 주었다. 친절하고, 자상하고, 훌륭한 동반자였다. 그들은 래리가 기억에 문제가 생긴 이래로 3년 동안 결혼 생활을 유지했고, 래리가 알츠하이머 치매 환자임이 판명되었다. 잠시 동안 그들은 그들이 전에 누렸던 생활을 영위했다. 그러나 지금 셜리는 심리 상담자에게 그녀의 자녀들이 그녀가 하고 있는 행동에 대하여 비판적이고 어떻게 그들이 협력을 하게 해야 할지 모르겠다고 의논하였다. 심리 상담자는 모든 자녀가 참석하는 가족 회기를 제안하였다.

가족 회기에서 가족으로서 래리를 항상 참석시켰던 셜리는 그녀의 자녀들과 매우 친밀한 것을 알 수 있었다. 그러나 이제는 그녀의 자녀들은 래리가 더 이상 적절하게 행동을 할 수 없기 때문에 그가 그들의 주위에 있는 것을 싫어했다. 그들은 또한 그녀가 래리를 돌보는 것에 화를 냈지만, 그녀를 도우려고는 하지 않았다. 그녀가 도움을 요청하면, 래리는 자신들의 아버지가 아니며, 그의 자녀가 돌봐 드려야 한다고 말했다. 그의 자녀와 셜리가 그로부터 경제적 도움을 받고 있기 때문이다. 셜리는 화를 내며 말했다. "나는 지쳤습니다. 그러나 모두 어느 정도는 왜 자신이 도움을 줄 수 없는지 이유가 다 있어요." 심리 상담자는 "나는 여러분 사이에 넘어야 할 높은 산이 있는 것이 보이네요. 각자 자신의 아버지나 어머니를 위하여 해야만 할 일이 무엇이 있을까 생각해 보도록 하세요."라고 말했다.

다음번에는 셜리가 개인적으로 심리 상담자를 찾았다. 셜리는 아무것도 변한 것이 없다고 말하였다. 심리 상담자는 셜리에게 그녀가 자녀로부터 도움을 받기 원하는 이유를 이해하며 아마도 그들이 언젠가는 도와주려고 할 것이라고 말했다. 지금 당장은 그녀가 래리를 돌보기 위하여 계획을 세울 필요가 있고, 만약 그녀가 혼자 할 수 없다면 도우미를 고용해야 한다. 아마도 자녀가 지나치게 부담을 느끼지 않을 수 있도록 도움을 줄 수 있는 환경을 마련하면 그들이 좀 더 도우려고 할지도 모른다.

알츠하이머 치매로 인한 가족의 재결합   별거했던 배우자가 가끔은 알츠하이머 치매 환자가 된 배우자를 돌보기 위하여 돌아오기도 한다. 어떤 경우에는 양 부모와 관계를 유지했던 자녀가 이런 재결합을 유도하기도 한다. 다른 경우에는 부부가 좋은 사이를 유지해 오다가, 간호 제공자를 구하는 경우에 전 배우자가 돌보는 일을 해 준다고도 한다. 이런 경우, 심리 상담자는 간호 제공자, 환자 그리고 자녀가 새로운 관계의 시각에서 그들의 관계를 재정립하도록 돕고 법적, 경제적, 의학적 쟁점을 처리하고 결정할 일이 있으면 도와줄 수 있다. 일련의 가족 회기는 알츠하이머 치매에 대한 교육을 제공하고, 미래의 계획을 세우는 것을 돕고, 고민이 있으면 처리하도록 할 수 있다.

변화하는 관계

리들 부인은 수년 전에 이혼했고 몇 년 전에 은퇴했으며, 나이 드는 것에 대한 우울 증으로 상담자를 방문하고 있다. 그녀는 자신이 소외되고, 비생산적이고, 외롭게만 느껴졌다. 그녀는 다시 일하러 다니는 것이 좋은 해결책이 될 것이라고 생각했는데 직장을 구할 수 없었고, 단지 자원봉사를 하는 것만으로는 만족감을 얻을 수 없었다. 그녀는 상담자에게 자녀가 어느 날은 전화를 걸어 그녀의 전남편이 알츠하이머 치매 환자로 진단받았다고 알려 주었다고 했다. 그녀의 아들은 전남편이 진정으로 그녀를 원하고 있으며 이혼한 것에 대하여 진정으로 후회하고 있다고 말했다. 리들 부인은 갈등하기 시작했다. 그녀는 이혼을 부추겼던 전 남편의 부정행위를 용서한 적이 없지만, 그녀는 그를 계속 사랑해 왔고, 그 부정행위는 오래전의 일일 뿐이다. 그녀는 자수성가하여 살고 있는 자녀들이 그를 돌보는 것을 원하지 않았다. 그녀는 상담자에게 전남편이 그녀와 함께 있고 싶다고 한 것이 기분은 좋지만, 그녀가 그녀의 한계 밖에 있는 일에 뛰어드는 것은 아닌가 싶어 두렵다고 말했다. 상담자는 그녀의 걱정거리가 무엇인지를 물었다. 리들 부인은 "나는 내 건강이 좋지 않다고 생각돼요. 내가 아프면 어떡하죠? 게다가 나는 혼자 사는 것에 익숙해졌고 나의 작은 아파트가 좋아요. 그러나 전남편은 아이들과 함께 큰 아파트에 살고 있고 나의 오래된 친구들도 그 집 주변에서 살고 있어요."라고 말했다. 상담자는 이것이 중대한 결정인 만큼 그녀가 이 문제에 대하여 생각할 시간을 갖는 것이 좋겠다고 말했다. "다음번에 내가 당신을 만났을 때는, 만약 당신이 여전히 관심이 있어 한다면 알츠하이머 치매 환자의 간호 제공자가 된다는 것이 무엇인지에 관하여 우리 함께 이야기해 봐요."

알츠하이머 치매 환자를 돌보는 성인 자녀

알츠하이머 치매 환자가 된 부모의 성인 자녀는 그들 부모의 간호 제공자로서의 역할을 맡으면서 다양한 정서적 반응을 경험한다. 부모가 아프면, 자녀는 전에는 강하고 자신을 보호해 주던 부모가 이제는 약한 존재가 되는 것을 경험한다. 의존적이

된 부모에게 위안의 원천이 되는 것은 심오한 슬픔의 감정을 유발할 수 있다. 질병이 걸리기 전의 부모와 어려운 관계를 맺고 있던 성인 자녀는 부모에 대한 새로운 동정의 감정을 알게 될 것이다. 이런 연약한 감정은 그들이 부모를 돌볼 때 관대함으로 표현될 것이다.

알츠하이머 치매 환자인 부모를 돌본다는 것은 긍정적인 감정뿐 아니라 부정적인 감정도 유발할 수 있고, 두 감정이 섞이는 것이 보통이다. 알츠하이머 치매 환자인 부모를 돌보는 일은 성인 자녀에게 위협적일 수 있고 환영할 수 없는 부담일 수도 있다. 그리고 돌보는 일은 형제자매 간과 다른 가족 구성원 간에 불화를 만든다. 서로 가깝게 지내지 않던 형제자매는 대개 한 사람이 대부분의 책임을 떠맡지만 그들이 협력해야 한다고 생각한다. 어떤 자녀는 알츠하이머 치매 환자를 어떻게 돌볼지에 관하여 의견이 일치하지 않는 배우자와 함께 돌보는 일을 나눠서 하기도 한다.

알츠하이머 치매 환자인 부모를 돌보는 일은 일반적으로 한꺼번에 주어지는 것이 아니다. 환자의 상태가 안 좋아짐에 따라, 개인과 가족은 돌보는 일을 할 수 있는 기회를 점차적으로 갖게 된다. 돌보는 일이 힘들기는 해도, 대부분의 성인 자녀는 알츠하이머 치매를 갖고 있는 부모를 돌볼 수 있는 능력에 대하여 자부심을 갖는다. 많은 사람은 능력이 있으며 인터넷과 다른 자료들을 이용하여 환자 간병에 관한 많은 정보 자료를 구해 읽으면서 매우 유능한 간호 제공자가 된다. 그럼에도 불구하고 그들은 부모와의 관계 상실을 슬퍼하고 그들의 부모가 병이 악화되는 것을 지켜보며 고통스러워한다. 많은 성인 자녀는 직장인으로서, 가장으로서, 다른 사람의 간호 제공자로서의 그들의 역할이 있을 것이고 이제 알츠하이머 치매로 고생하고 있는 부모를 돌보는 일을 맡아 수고를 하면서 그들의 삶의 방식을 재정립해야 할 것이다.

부모와 자녀 간의 관계 변화

부모의 자원, 의학적 상태, 때로는 사실상 그/그녀의 신체에 관한 위협적인 지식을 얻는 것은 가족 관계의 테두리를 벗어나는 것같이 느껴질 수 있다. 과거에 권위를 내세우고 할 일을 정해 주던 부모가 병자가 된 후에는 부모와 자녀 간의 관계가 변할 뿐만 아니라, 변화하는 관계에 있어서 이제는 부모가 나약해지게 된다. 자녀를 보호해 주던 부모는 이제 자녀가 보호해 주기를 원하고 있다.

변화하는 관계

로리는 심리 상담자에게 말했다. "나는 아버지와 투자에 관하여 이야기를 하곤 했어요. 나는 그의 판단을 믿었어요. 지금도 그가 나에게 충고를 해 주고 나는 듣고는 있지만 그가 말하는 것을 더 이상 믿지 않아요. 문제는 아버지가 내가 사야 할 주식의 이름을 적어 그 종이를 참고한다는 것이에요. 그는 내가 돈 벌 생각에 행복한가 봐요. 그런 건 괜찮지만, 그는 주식이 떨어지면 매우 불쾌해하고 자신에게 화를 내요. 그런 일이 일어나면, 나는 그가 사라고 했던 주식을 사지 않았다고 이야기하고 싶어져요. 나는 나의 아버지에게 거짓말을 하는 것은 싫어요." 심리 상담자는 말했다. "거짓말을 할 때 당신의 기분을 이해합니다. 그러나 이런 경우 문제는 거짓말이 아니에요. 문제는 그가 여전히 가치 있는 의견을 내놓을 수 있는 그의 능력을 어떻게 당신이 지켜 줄 수 있는가예요. 아마도 당신이 산 주식이 올랐다는 것을 아버지에게 말해 주며 그의 충고 덕에 당신이 돈을 벌게 되었다고 말해 줘요. 이런 식으로 당신은 그와 공통의 관심사를 유지할 수 있을 거예요."

성인 자녀가 알츠하이머 치매 환자인 부모를 돌보는 방법

혼자 사는 알츠하이머 치매 환자를 돌보기   만약 알츠하이머 치매 환자가 초기 단계이고 혼자 산다면, 간호 제공자는 그 환자가 안전한지 그리고 스스로를 적절히 돌보고 있는지 걱정이 될 것이다. 많은 간호 제공자는 계속적으로 환자의 상태를 점검하고 직장에 있는 동안에는 환자로부터 전화를 받는 자신을 발견하게 된다. 이것은 간호 제공자뿐만 아니라 그의 직장도 위험에 빠트릴 수 있다. 심리 상담자는 간호 제공자가 사회복지사에게 환자가 집에 혼자 있을 수 있는지를 평가해 달라고 제안할 수 있다. 만약 상태가 괜찮다면, 심리 상담자는 간호 제공자가 환자를 연장자 센터 같은 프로그램에 등록하게 함으로써 그의 근심을 덜어 내고 매일의 불안을 최소화할 수 있다. 예를 들어, 간호 제공자는 알츠하이머 치매 환자의 집에 음식을 배달해 주는 식사배달 서비스(Meals on Wheels)를 이용해 보거나, 이웃들에게 환자를 주의 깊게 봐 달라고 요청할 수 있다.

변화하는 관계

알츠하이머 치매 환자인 어머니의 유일한 자녀인 밥은 규칙적으로 그녀를 방문하고 전화한다. 아파트에 혼자 사는 그의 어머니는 그가 전화할 때마다 괜찮다고 이야기한다. 어느 날, 출장으로 오랜 기간 자리를 비웠던 밥은 그의 어머니를 방문하기 위하여 작은 선물로 아이스크림을 사 왔다. 그가 아이스크림을 넣어두려고 냉장고를 열었는데 냉장고가 텅 비어 있었다. 그가 부엌 서랍을 열자 나온 것은 그녀의 목숨을 지탱해 주는 것같이 보이는 초코바뿐이었다. 그녀가 더 이상 그녀 자신을 돌볼 수 없다는 것이 명백해 보였다. 그는 그가 그렇게 자주 방문을 했음에도 일이 이 지경까지 이르렀다는 것에 대하여 믿을 수 없었다. 집에서 먹을 것을 냉장고에 채워 놓고, 그는 조언이 필요하다고 생각했다. 그는 알츠하이머 협회의 도움의 전화(Alzheimer's Association help line)에 전화를 걸었다.

간호 제공자가 멀리 살고 있을 경우 멀리 살고 있는 형제자매 또는 다른 가족 구성원들은 환자를 돌보고 있는 가족 구성원이 환자를 돌보면서 불만을 나타낸다면 그들이 매우 버려진 것 같고, 힘없고, 화가 날 것이다. 그들은 가능한 한 환자를 방문하고, 주요 간호 제공자에게 전화를 하고, 환자와 전화 또는 편지로 의사소통을 하면서 최선을 다하고 있다고 생각할 것이다. 멀리 사는 간호 제공자는 환자에 대한 자신의 걱정이 고려되지 않고 있고, 주요 간호 제공자가 너무 통제하려고 하고, 더 멀리 사는 간호 제공자의 환자에 대한 기여를 허용하지 않는다고 생각할 것이다.

형제자매 간의 이런 불화는 매우 흔하다. 그들 사이에 새로운 상황에서 나타날 수 있는 오래된 악의가 없다면, 그들이 어떻게 느끼고 있는지 서로 표현하는 것이 유용할 수도 있다. 형제자매 각자는 다른 사람이 느끼고 있는 고통에 대하여 더 잘 이해하여, 아마도 서로가 그 상황을 더 잘 견딜 수 있도록 돌보는 계획을 다시 고쳐 볼 수 있을 것이다. 심리 상담자는 토론을 활성화할 수 있도록 전화 회기를 주재할 수 있을 것이다. 비록 과거에는 사이가 안 좋았더라도, 심리 상담자는 현재를 위하여 과거를 기억에서 잠시 접어 두라고 조언할 수 있을 것이다. 가끔 현재의 돌보는 상황에서 촉발된 쟁점들이 과거를 새로운 관점에서 볼 수 있도록 하는 기회를 제공하기도 한다.

변화하는 관계

레베카는 "내 자매인 제니퍼는 내가 멀리 살기 때문에 모든 것을 그냥 얻고 있다고 생각해요. 내가 조언을 한다는 것은 그녀를 도우려고 노력한다는 뜻임을 그녀는 알지 못해요. 그녀는 언제나 그것을 비판으로 받아들여요. 어머니는 나의 어머니이기도 하잖아요. 내가 멀리 사는 것과 제니퍼와 가깝게 사는 것이 나의 잘못은 아니잖아요. 제니퍼가 나를 항상 이류 시민(second class citizen)으로 취급하는 것이 정말 싫어요." 라고 상담자에게 말했다.

상담자는 레베카에게 그녀의 관점을 이해한다고 말했다. 그녀는 또한 제니퍼가 무엇을 생각하고 있는지도 쉽게 상상이 간다고 말했다. 그녀는 레베카에게 입장을 바꾸어 생각해 보라고 했다. 사실 레베카는 그녀의 자매가 항상 준비된 상태(always on call)로 있어야 한다는 것에 관하여 생각을 해 보았고, 자신이 여러 가지로 그것의 덕을 보고 있다는 것을 알게 되었다. 레베카는 그녀의 자매가 어머니를 돌봐 줌으로 인하여 그녀가 직장 생활을 계속할 수 있었던 것이다. "아마도 내가 그녀에게 조언을 하기보다는, 그녀가 어떻게 하고 있는지 물어보는 것이 훨씬 좋겠네요. 그다음엔 그녀도 내가 하려는 말에 조금 더 귀를 기울여 줄 것 같아요."

장성한 자녀가 돌보는 경우   대부분의 경우 고령의 나이에 알츠하이머 치매 환자가 된 사람의 자녀는 중년이거나 그보다 나이가 많을 것이다. 그러나 중요한 문제는 간호 제공자가 그들의 자녀도 돌보아야 하고 그들의 부모도 돌보아야 한다는 데 있다. 할머니와 매우 친밀한 관계였던 간호 제공자는 간호 제공자의 자녀가 할머니를

멀리하는 것에 대하여 얼마나 가슴이 아픈지 심리 상담자에게 말한다. 돌보는 일의 정서적인 영향뿐만 아니라, 구체적인 일 자체도 그들과 상관없었던 노인들의 삶의 방식에 따라야 하기 때문에 어려울뿐더러 배울 것이 많이 있다. 젊은 사람은 환자의 안녕을 책임지는 과정이 매우 힘든 작업임을 알게 될 것이다.

질병을 수용하기 위한 삶의 방식 변화　　장성한 많은 자녀가 간병을 할 경우에, 특히 한쪽 부모가 사별했을 때에는 환자인 부모와 같이 살아야 한다고 생각한다. 그들은 집을 확장하고, 환자에게 자녀의 방에서 거주하게 배려하고 그 대신 자녀가 거실의 소파에서 자게 하거나 다른 숙박 시설을 마련한다. 이런 변화는 가족의 삶에 화, 분노, 그리고 사생활 침해 등의 분열을 야기할 수 있다. 아이들은 집에 친구들을 데려오는 것을 꺼리고 조부모의 행동에 적응하는 데 어려움을 겪을 것이다. 알츠하이머 치매 환자의 행동과 삶의 방식 때문에 생긴 변화에 대해서 불만이 생긴 배우자들에게도 분쟁이 일어날 것이다. 이런 문제들은 어느 정도 예상할 수 있지만, 예상하기 더욱 어려운 것은 질병에 의하여 야기된 계속된 변화와 증상이 시간이 지나면서 얼마나 그들의 삶과 환자에 대한 정서에 영향을 끼칠 수 있느냐이다. 간호 제공자들은 돌보는 데 필요한 일을 제공할 수 있는 그들의 능력을 과대평가한다. 이것은 자책감과 무력감을 야기할 수 있다. 많은 가족은 그들의 가정이 돌이킬 수 없게 변했다고 생각할 것이다. 할머니는 손자와 싸우고, 개를 집 밖으로 내보내고, 음식을 태울 것이다. 가족들은 알츠하이머 치매 환자를 집에 두며 생기는 정서적인 영향을 예상할 수 없을 것이다.

각 개인에게 자신의 관점을 표현할 기회를 주는 가족 또는 배우자 심리 상담은 이런 경우에 매우 유용할 것이다. 이것은 비난하는 분위기를 문제를 해결하려는 분위기로 변하게 할 수 있을 것이다. 아마도 일과 자원을 배분하고 공유하는 것에 관한 합의에 이를 수 있을 것이다. 가족이 휴식을 취할 수 있도록 도움을 받을 수 있을 것이다. 아마도 환자를 위한 일일 도우미가 나머지 가족들을 쉴 수 있게 해 줄 것이다. 어떤 간호 제공자들은 환자와 같이 지낼 수 있는 사람을 고용하기 위하여 직장을 찾아볼 것이다. 다른 사람들은 그들이 달성할 수 있는 일의 양을 줄여 월급이 적어질 것이다. 이런 제안들은 실제적인 문제들의 해결책이 될 것이다. 그러나 어떤 가족들은 알츠하이머 치매 환자가 된 부모를 돌보는 가족 내의 문제와 관련하여 여전히 싸움 중이고 정서적인 스트레스를 가지고 있을 것이다. 이것은 지지 집단이나 그들의 욕구를 토론할 수 있는 정기적인 회기에 참석함으로써 경감될 수 있다.

형제자매 간의 분쟁

부모의 알츠하이머 치매 증상은 형제자매 간의 분쟁을 촉발시킨다. 그들은 어떻게 돌보아야 할지에 관한 생각과 시간, 에너지, 삶에 대한 가치가 서로 다르다. 형제자매들은 부모를 돌보는 능력과 돌보는 일을 하려고 하는 마음을 갖는 데 있어서 각자 부모와 다른 관계를 맺고 있다. 부모가 앓고 있는 알츠하이머 치매는 그들 각자의 삶의 방식에 각기 다른 영향을 끼친다. 묻어 놓았던 쟁점들과 불만족은 돌보는 일과 관련하여 발생한 스트레스를 받으면서 표출되게 된다.

변화하는 관계

카멜라와 니나의 부모는 시실리의 작은 마을에서 자라, 65년 전인 10대에 결혼하여 미국으로 이민을 왔다. 그들은 작은 채소가게로 시작하여, 지금은 성공해서 세 개의 가게를 운영하고 있다. 그들의 아버지는 심장마비로 50대 초반에 돌아가셨다. 카멜라와 니나도 젊은 나이에 결혼하여 각자 성인이 된 자녀를 두고 있다. 카멜라는 가정 주부이고 교회에서 아주 활발하게 활동하고 있다. 니나는 자녀를 키울 때까지는 집에 있었지만, 그 뒤로 대학을 졸업하고 성공한 주식중개인이 되었다. 그녀는 자신의 사무실을 매우 자랑스러워했다. 그 뒤 그들의 어머니가 알츠하이머 치매 판정을 받았다. 그녀의 치매가 심각해져 그녀 자신이 스스로를 돌보지 못하는 때가 오자, 카멜라는 그녀와 주중을 함께 보내고 니나는 그녀와 주말을 함께 보냈다. 카멜라는 점점 화가 났다. 그녀는 "나는 모든 일을 해야 하고 너는 좋은 직장에 다니는구나."라고 말했다. 니나는 지쳐 보였고, 예전에 그랬듯이 그녀의 일을 할 수 없었고 그녀의 남편은 그녀와 지내지 못하는 것에 불만이 있었다.

니나가 승진하지 못하여 그녀의 사무실을 뺏기게 되자 그녀는 도움을 요청하기 위하여 상담자를 찾았다. 상담자는 니나가 어머니를 돌볼 수 있는 사람을 고용하는 것이 좋겠다고 말했다. 니나는 "그러나 나를 대신할 수 있는 사람을 고용할 수는 없어요. 그런 일은 딸이 해야지요."라고 반박했다. 상담자는 니나가 이미 50대 이후에 학교를 졸업하고 직장에서 성공한 훌륭한 사람이라는 것을 상기시켰다. "이 문제를 해결할 수 있도록 가족 회의를 열어야겠어요." 가족 회의에서 니나의 남편은 그녀가 직장을 포기하든가 주말에 그녀의 어머니와 함께 있는 것을 그만두든가 해서 그의 아내가 가정으로 돌아와야 한다고 주장했다. 상담자는 대안을 제시해 보았지만 가족들이 거절했다. 니나는 마침내 "이 고통을 참을 수가 없군요. 내가 직장을 그만두겠어요. 가족이 먼저니까요."라고 말했다.

다른 간호 제공자[3]

알츠하이머 치매 환자는 신체적으로나 법적으로 연관되지 않은 사람에게 돌봄을 받을 수 있다. 이 사람은 친구, 이웃, 사실상의 배우자일 수 있는데, '법적 지위 (official standing)'를 가지고 있지 않기 때문에 법적 서류에 이름이 등재되어 있지 않으면 환자를 위하여 어떤 결정을 내릴 수가 없고, 강한 돌봄 관계에도 불구하고 도움을 주는 데 있어서 장벽을 만나게 된다. 심리 상담자는 이런 사람들이 장벽을 극복하기 위하여 법적 보호자를 원하는지 결정하는 데 도움을 줄 수 있고 어떤 간호 제공자라도 직면하게 되는 돌보는 일과 관련하여 생기는 어려움에 대처하는 데 도움을 줄 수 있다. 반면 친구 또는 이웃들은 그들이 맡게 되는 일에 대한 부담보다 더

---

3) KBS에서는 〈시사기획 창〉의 가정의 달 2부작인 '존엄한 요양'을 통해 간병인이 요양원에 장기 입원한 환자에게 막말을 하거나 학대하는 충격적인 실상을 다룬 바 있다. 요양원에 입원해 있는 환자의 인권을 보호하고 환자에 대한 처우를 점검, 관리하는 차원에서 CCTV 설치, 유관 기관의 관리감독 등의 조치가 필요하다고 생각된다. – 역자 주

많은 일을 해야 한다면 환자를 위험에 빠트리지 않고 돌보는 일에서 벗어나는 방법에 대하여 알지 못한다. 심리 상담자는 그들이 원하는 일보다 더 많은 일을 해야 하는 사람들에게 보충적인 서비스를 찾을 수 있도록 도와주고, 환자의 안전이 필요하다면 적당한 자리를 마련해 주는 것을 도와주어야 한다.

변화하는 관계

로즈가 장부 관리를 맡고 있는 회계 회사에서, 안나는 행정 일을 처리하고 있다. 수년간 그들은 좋은 친구였고, 안나와 로즈는 종종 영화를 함께 보러 갔다. 안나가 살고 있는 빌딩에서 아파트 자리가 비었을 때, 로즈가 이사를 왔다. 로즈는 안나가 일을 하는 데 있어서 문제가 있다는 것을 알아챘고 안나는 일찍 퇴직할 것을 권유받자 그리 놀라지는 않았다. 그러나 안나가 병이 악화되자 친자매 같은 로즈는 그녀를 신경과 전문의에게 데리고 가 병의 진단을 받게 했다. 그녀는 알츠하이머 치매 환자로 진단받았다. 의사는 안나를 도와줄 가족이 있느냐고 물었지만, 안나를 도와줄 가족은 아무도 없었다. 로즈는 안나가 걱정되었지만, 안나를 전적으로 책임진다는 것은 너무 부담이 되었다. 의사는 그들의 이웃에 있고, 로즈가 전적으로 책임을 지지 않게 돌봄 계획을 세울 수 있는, 사례 운영 기관(case management agency)을 추천해 주었다.

심리 상담자용 검목표(checklist)

알츠하이머 치매 환자를 돌보는 배우자

☐ 배우자가 환자의 쇠퇴하는 능력에 적응하면서 같이 즐길 수 있거나 그들 스스로 또는 다른 사람과 즐길 수 있는 활동들을 찾는 것을 돕기

☐ 새로운 역할을 맡고 자원을 효과적으로 사용할 수 있도록 간호 제공자를 도와주기

☐ 간호 제공자가 새로운 활동을 하는 것을 주저하면 자신감을 가질 수 있도록 하나하나씩 과정을 밟도록 격려해 주기

☐ 간호 제공자와의 새로운 관계가 가족 간의 문제를 일으킨다면 가족 회의를 고려해 보기

☐ 간호 제공자가 그들의 자녀와 변화된 요구에 관하여 이야기해 보도록 격려하고 필요하다면 가족 회기를 열어 대화를 시도해 보기

알츠하이머 치매 환자를 돌보는 성인 자녀

☐ 간호 제공자는 알츠하이머 치매 환자인 부모가 여전히 혼자 살아도 되는가 결정하기 위하여 전문적인 평가를 받도록 심리 상담하기

☐ 간호 제공자가 필요한 경우에 알츠하이머 치매 환자인 부모의 집을 방문할 수 있는 공동체 서비스를 이용할 수 있도록 제안하기

☐ 가족 회의를 여는 것이 불가능하다면 전화 상담으로 형제자매 간의 토론을 활성화하기

☐ 장성한 자녀들이 알츠하이머 치매 환자에 대해 알지 못하는 사항을 자원을 이용하여 교육하기

☐ 아픈 친족을 집으로 데려와 같이 사는 결정을 내리는 데 있어서의 함의에 대하여 가족과 심리 상담하기

다른 간호 제공자

☐ 가족 구성원이 아니기 때문에 도움을 제공하는 데 있어서 생기는 장벽을 극복하는 것을 도와주기

☐ 생각하는 것보다 더 큰 부담을 안게 되는 사람에게 보충적인 서비스 또는 돌보는 기관을 사용할 수 있도록 도와주기

제9장

알츠하이머 치매 노인과 환자에게서
나타나는 행동적 · 심리적 증상을 다루기

알츠하이머 치매 환자의 오랜 투병 과정에 걸쳐 특징적인 행동 증상이 나타나고 문제화되며, 그다음에 그것들은 사라지고 다른 증상들로 대체된다. 각 단계는 증상의 범주로 특징지을 수 있다. 치매 단계의 초기에는 증상들이 일반적으로 단기기억 손실과 연관된다. 치매 중기에는 동요(agitation)[1]의 증상들이 더욱 현저해진다. 치매 말기에는 인지 능력의 손실이 너무 심해져서, 궁극적으로 알츠하이머 치매 환자는 가장 기본적인 일상생활을 수행하기 위하여 다른 사람의 조력을 필요로 한다(알츠하이머 치매의 각 단계에 대한 전체적인 개관은 1장의 관련 표 자료를 참조하기 바람).

이 장에서는 알츠하이머 치매 환자의 행동을 이해하기 위한 개념적 틀을 제공하고, 환자의 요구와 기능적 한계에 맞추기 위하여 환자의 환경과 삶의 방식을 변화시키려는 간호 제공자를 돕는 법, 그리고 알츠하이머 치매의 구체적인 행동적 · 심리적인 증상을 다루기 위한 전략을 소개하고자 한다.

---

1) 정신적인 고뇌와 스트레스를 수반하는 불안이나 흥분 – 역자 주

알츠하이머 치매의 증상을 이해하고 대응하기

환자의 증상에 대한 간호 제공자의 해석

간호 제공자가 알츠하이머 치매 환자의 행동을 해석하는 방식은 환자의 요구를 수용하기 위하여 필요한 조치를 취할 때 간호 제공자의 반응과 능력 또는 하고자 하는 마음에 영향을 준다. 어떤 간호 제공자는 알츠하이머 치매에 대한 지식이 부족하여 환자의 증상을 오해하기도 한다. 또 다른 간호 제공자는 간병에 필요한 조치를 취하지 않기 위하여 또는 질병의 영향이라는 것을 알면서도 환자의 증상을 무시하고 최소화하거나 받아들이지 않는다.

알츠하이머 치매의 초기에는 가족 구성원이 그들의 친족이 질병에 걸렸는지를 분간하기 어렵다. 많은 간호 제공자는 환자가 사실은 통제력을 잃고 한 실수인데, 그 일을 고의적으로 했다고 잘못 받아들인다. 이러한 오해는 환자의 일상생활에서 기능의 수준이 다양하기 때문에 더욱 강해진다. 예를 들어, 어떤 날은 환자는 전화를 받고 메모도 남길 수 있지만, 어떤 날은 전화는 받지만 메모를 남기지 못하며 전화가 왔다는 사실조차 잊고 만다. 간호 제공자는 환자가 일부러 자신에게 전화가 왔다는 것을 말해 주지 않았다고 화를 낼 수도 있다.

어떤 간호 제공자는 알츠하이머 치매 증상이 환자에 대한 친척의 무지(無知)가 게으름에서 비롯되었다고 생각한다. "그는 시중받기를 좋아해요. 그는 그냥 앉아만 있고 내가 무엇이든지 해 주기를 바라요." 또는 "그녀는 그녀가 원하면 그녀 스스로 할 수 있어요." "만약 그녀가 피곤하면 그녀는 더 잘할 수 있을 거예요. 마트에 갈 때마다 그녀는 우리가 필요한 것의 반 이상을 잊어버려요." 간호 제공자는 가끔 환자가 정상 같아 보인다고 생각한다. "왜 내가 이 약물을 그에게 주어야 하지요? 그는 의사의 지시를 완벽하게 따르고 있어요. 그는 언제 이 약을 먹어야 하는지도 알아요."

알츠하이머 치매 환자의 행동에 대한 오해는 그것에 대한 의미의 과대 포장으로 이르게 된다. 예를 들어, 간호 제공자가 알츠하이머 치매 환자가 폭력적이라는 말을 들었다면, 환자가 하는 약간의 저항이나 작은 행동, 예를 들어 힘을 주어 접시를 밀어 버린다든가 마루에 코트를 던진다든가 하는 행동을 공격적인 행동으로 해석할 것이다. 이런 행동은 만약 환자가 알츠하이머 치매 진단을 받지 않았더라면 간호 제공자에게 똑같은 의미로 체감되지는 않을 것이다.

알츠하이머 치매 환자가 망상(delusions)이나 환각(hallucinations) 같은 증상을 보이기 시작하면, 어떤 간호 제공자는 환자가 '미쳐 간다'고 생각할 것이다. '치매'라는 단어는 '미치다'라는 단어와 연결되어 있어서 사람들로 하여금 오해하고 혼동하게 만드는 것도 사실이다.[2]

종종 환자의 행동에 대한 간호 제공자의 평가는 비건설적인 반응을 낳고, 간호 제공자와 환자의 고통을 심화시키며, 간호 제공자와 환자를 위험에 빠트린다. 만약 이런 일이 생기면, 간호 제공자가 좀 더 적절한 반응을 보일 수 있도록 심리 상담자는 간호 제공자의 관점을 더 현실적으로 변화하게 해야 한다.

간호 제공자가 알츠하이머 치매의 증상을 이해하도록 돕기

간호 제공자는 환자의 증상과 행동에 대한 원인을 이해하고 있다면 알츠하이머 치매의 양태를 더 쉽게 받아들일 것이다. 다음에 소개하는 개념들은 간호 제공자들이 환자의 변화를 지켜보면서 그것을 해석하는 것을 돕고 적절한 반응을 배우거나 고안해 내는 데 유용할 것이다.

뇌에서의 신경의학적 변화의 직접적인 영향   알츠하이머 치매에서 나타나는 행동적·심리적 증상(behavioral and psychological symptoms of dementia: BPSD)의 구조

---

2) 정부에서는 2015년에 일반인과 의료 전문가 등 550여 명을 대상으로 '치매 병명 개정 요구 조사'를 했다. 그 결과 일반인의 39.6%, 전문가의 39.9%가 치매라는 용어에 대해서 거부감이 느껴진다고 응답했다. 적합한 치매 대체 병명으로는 인지 능력 저하증(51.4%)과 인지 장애 증후군(20.6%)이라는 병명(病名)을 선호했다. '어리석다'는 의미의 치매는 일본식 표기인 병명이다. – 역자 주

는 완벽하게 알려져 있지는 않다. 그러나 분명한 것은 행동적 증상의 주요 원인이 인지 능력, 정서, 그리고 기능적 능력에 영향을 주는 뇌 기능의 점진적인 상실에 있다는 것이다. 예를 들어, 전두엽(frontal lobe)의 손상으로 적절하게 정서적인 표현을 할수 없고 자신이 느끼는 감정에 대해 더 민감해진다. 알츠하이머 치매 환자 뇌의 신경의학적 변화들은 행동 탈억제(disinhibition)를 일으킨다. 뇌 세포와 조직의 변화를 주는 신경 손상과 공격적 행동에는 상관관계가 있다는 것이 밝혀진 바 있다.

점진적으로 낮아지는 스트레스 역치　　　점진적으로 낮아지는 스트레스 역치(progressively lowered stress threshold: PLST) 개념은 환자의 행동을 설명하는 하나의 유용한 방법이다. 손상된 인지 능력을 가지고 있는 사람은 특히 환경에 쉽게 영향을 받기 쉽다는 이론이다. PLST 모델에 따르면, 알츠하이머 치매 환자의 감퇴하는 기억력, 판단력, 분별력, 문제해결 능력, 적응력, 이해력은 어려워 보이는 상황을 해결하는 데 있어서 그들이 경험하는 스트레스를 증가시킨다. 스트레스 원인들은 피곤함 또는 질병; 환경, 간호 제공자, 또는 일상의 변화; 인지 능력을 넘어선 내적 또는 외적 요구; 다양한 자극이 될 수 있다. 알츠하이머 치매 환자는 종종 무엇이 그들에게 문제인지 확실하게 말할 수 없으며, 그들이 달성할 수 없는 일에 닥치면 정신적으로 번뇌를 수반하는 불안이나 흥분, 공격, 위축 그리고 우울의 증상을 보인다.

스트레스를 견디는 내성의 감소(reduced tolerance for stress) 개념은 질병의 전 과정에서 환자의 반응을 편리하게 설명할 수 있게 해 준다. 예를 들어, 알츠하이머 치매가 경중 단계에 있으며 약간의 건망증과 불안이 있는 사람은 예를 들어 가방을 찾을 수 없을 때 갑자기 울음을 터뜨리거나 완전하게 경색되어 버린다. 치매가 경중중 단계에 있으며 질문에 대답할 수 없는 사람은 자신이 알츠하이머 치매 판별 검사를 통과할 수 없다고 생각되면 화를 낸다.

심리 상담자가 할 수 있는 일 중 하나는 간호 제공자가 알츠하이머 치매의 개념과 성질을 이해하도록 돕고 그들의 친척에 관한 그들의 기대를 바꾸는 법을 생각하게 도와주는 것이다. 이 구조는 환경을 덜 자극적으로 만들 수 있는 지침을 제공해 줄 수 있다. 그러나 PLST 모델의 문제는 언제 행동이 증가하는지, 높거나 또는 낮은 환경적 억압 상태의 균형은 어떻게 맞추는지를 알려 주지 않는다는 것이다. 너무 적은 자극은 너무 많은 자극과 마찬가지로 행동장애(behavior disturbances)와 같이 보이는 현상을 초래할 수 있다.

밀리는 심리 상담자에게 전화를 걸어, "당신은 내 말을 믿지 못할 거예요. 테드가 어제 갑자기 울음을 터뜨렸어요. 그는 울지 않는 사람이거든요. 어제 저녁 우리가 하루 종일 정원 일을 한 뒤, 나는 그에게 딸 캐럴의 집에 가고 싶지 않느냐고 물어봤어요. 그러자 그는 소리치며 '나 좀 혼자 있게 내버려 둬.'라고 했고, 나는 '그래도 당신은 캐럴을 사랑하잖아요.'라고 말했어요. 그는 '캐럴이 누구지?'라고 했어요. 어떻게 딸을 잊을 수가 있는 거죠?'라고 말했다.

심리 상담자는 밀리에게 "그의 질병이 캐럴이 딸이라는 것인지 모르는 상태까지 이르게 된 것을 당신은 받아들이기 힘들 거예요. 알츠하이머 치매 환자는 자신이 피곤한데 어떤 요구 사항을 듣게 될 때는 난처해질 겁니다. 아마도 그것이 그가 울게 된 이유일 거예요." 밀리는 말했다. "아마도 내가 그에게 하루에 너무 많은 것을 요구했나 봐요. 테드는 강해 보여요. 나는 정원 일이 그에게 너무 피곤한 일이었다고 생각하지 못했네요."

불만족 모델　　너무 적은 자극은 인지와 기능의 쇠퇴와 행동적 증상의 증가와 연관되어 있다. 동요와 같은 행동은 과잉 자극보다는 불만족의 표시이다. 약시(弱視, poor vision)와 난청(poor hearing)을 일으키는 감각 상실은 불만족을 일으킬 수 있고 시각적으로 환각과 편집증적인 믿음을 갖게 할 수 있다.

치매 환자는 점점 친지(가족)의 도움 없이 자신이 원하는 요구를 달성할 수 없게 된다. 아울러서 치매 환자는 일반적으로 스스로 자극을 주고 즐거움을 찾을 수 있는 인지적으로 손상되지 않은 사람과는 달리 그들을 자극할 수 있는 다른 사람을 필요로 한다. 불만족은 사회적 접촉의 결핍, 운동의 결핍, 또는 자극적이지 못한 신체 환경의 결과(반응)일 수 있다. 불만족을 가지고 있는 환자는 냉담하게 앉아 있거나, 동요되어 걷거나 떠돌아다니고 안절부절못하기 시작한다.

음악, 미술, 수공예, 뒤져서 찾아보는 상자(즉, 자극적인 조작 활동을 할 수 있는 것들을 포함한 상자들), 애완(반려)동물로 자극을 주면 사회화, 경각심 그리고 정서적 표현이 증가할 뿐 아니라 기분과 몸의 기능도 좋아지고 자존감도 높아진다.

돌봄의 함축적인 의미

간호 제공자는 현재 통제하거나 바꿀 수 없는 질병에 내재되어 있는 과정을 이해하는 것이 중요하다. 그럼에도 불구하고 환경은 증상을 호전시키거나 악화시킬 수 있고, 간호 제공자는 긍정적인 영향을 주는 변화를 만들어야 한다. 심리 상담자는 간호 제공자가 실용적인 변화를 만들어 내고 이런 변화에 적응할 때 나타날 수 있는 정서적인 고통도 잘 다룰 수 있도록 도와주어야 한다.

간호 제공자는 알츠하이머 치매 환자의 요구에 따라 자극의 양을 조절하는 법을 배워야 한다. 자극이 너무 많으면 환자가 동요될 수 있고 너무 적으면 환자의 기능을 더욱 손상시킬 수 있다. 간호 제공자는 간호 환경에 적응할 준비를 하고 환자의 능력, 참을성, 시간에 따라 변화하는 요구에 따라 자극의 정도를 조절해야 한다.

> 밀리는 그녀가 테드를 돌보는 데 있어서 심각한 변화가 필요함을 깨달았다. 그녀는 어떻게 할지에 관한 조언을 얻기 위하여 심리 상담자와 약속을 잡았다. 심리 상담자는 "테드가 과거에 비해 좀 더 빨리 피곤을 느끼는 것 같고, 그의 기억력이 다소 문제가 있어요. 당신 모두를 위한 좋은 방법이 있나 어디 한번 생각해 봅시다."라고 말했다. 밀리는 "이제부터 내가 그와 외출하게 되면, 그가 휴식을 취할 수 있는 시간을 주어야겠어요." 하고 말했다. 심리 상담자는 "테드에게 말을 할 때 힌트를 섞어서 주면 그에게 도움이 될 거예요. '캐럴의 집에 갑시다.' 보다는 '우리 딸 캐럴의 집에 갑시다.' 라고 말하는 거예요."라고 말했다.

간호 제공자가 알츠하이머 치매 환자의 경험을 이해하도록 돕기

간호 제공자가 알츠하이머 치매에 관한 환자의 경험을 이해하면, 환자를 존중하는 방식으로 환경과 일상에 필요한 변화를 줄 수 있다. 환자는 그들의 정체성을 형성하는 가장 기본적인 방식에서의 변화를 경험하고 그들 자신을 평가하는 방법을 포기하도록 강요받는다. 질병을 오래 앓으면서, 알츠하이머 치매 환자는 그들의 기억력이 나쁘다는 것과 한계들, 더욱더 도움을 필요로 하고, 단어와 물건의 이름을 혼동하며, 일상생활조차 혼자 하기 힘들어진다는 사실들을 자신들도 알고 있게 된다.

특히 알츠하이머 치매의 초기에 환자는 그들의 삶을 쉽고 안전하게 만들어 주는 변화가 그들의 정체성, 위엄 또는 독립성에 위협이 된다고 생각하여 그러한 변화를 거부하려고 한다. 예를 들어, 많은 환자가 일하는 것 또는 아이나 환자를 돌보는 것과 같은 그들이 더 이상 할 수 없는 일뿐만 아니라 운전이나 혼자 외출하는 것과 같은 행동을 포기하는 데 어려움을 겪는다. 알츠하이머 치매 환자의 저항은 간호 제공

삶의 방식 적응

최근 알츠하이머 치매 진단을 받은, 노라의 할머니 캐서린은 노라가 직장에 나가 일을 하는 동안 노라의 어린 자녀들을 돌봐 주었다. 캐서린이 할머니와 같이 살기 때문에 이것은 매우 편리한 방법이었지만, 이제 노라는 할머니가 아이를 돌봐 주는 것이 걱정이 되었다. "할머니가 알츠하이머 치매 진단을 받은 이후부터는 아이를 돌볼 다른 사람을 찾는 것에 대하여 그녀와 이야기해 보려고 했어요. 그녀는 언젠가 그녀가 그들을 돌볼 수 없을 때가 올 것임을 안다고 말하며, 지금은 괜찮으니 자신이 돌보겠다고 했어요. 그러나 최근에 내가 집에 도착했을 때, 아이들은 거칠게 뛰어 놀고 있었고, 장난감은 여기저기 놓여 있었고, 할머니는 방에서 텔레비전을 보고 있었어요. 어제는 나는 정말 겁에 질렸어요. 국 냄비가 끓어 넘쳐서 가스레인지를 다 태웠거든요. 그녀는 여전히 아무 문제 없다고 주장하고 나는 그녀의 기분을 상하게 하고 싶지는 않아요. 하지만 내 아이가 걱정돼요. 어떻게 해야 할까요?" 상담자는 노라에게 간호 제공자를 집으로 들어오게 할 것이 아니라, 아이들을 집 밖으로 내보내는 방법을 생각해 볼 것을 제안했다. "아마도 당신과 아이들을 위해 놀이방을 찾아보든가 당신이 집을 비울 때 아이들이 갈 수 있는 장소를 마련해 주세요. 당신의 할머니는 당신의 자녀들의 교육을 위해서 그런 곳에 가는 것을 동의할 거예요. 그렇게 하는 것이 할머니의 질병이라는 이유에 초점을 맞추지 않으면서 상황을 바꾸는 해결 방법이 될 수 있을 거예요."

자에게는 또 하나의 스트레스 원인이 될 수 있다.

간호 제공자는 그들의 자신의 삶의 방식, 활동, 환자에게 반응하는 방법들에 계속적인 변화를 주어야 한다. 많은 간호 제공자는 그들과 환자의 삶의 방식과 환경의 변화를 쉽게 받아들일 수 있는 방법을 찾고, 그들 자신이 심리 상담자에게 알츠하이머 치매 환자에게 적합한 가구의 배치라든가 가장 적당한 업무와 활동을 물어볼 수 있다.

어떤 간호 제공자들은 필요한 변화 또는 그 영향을 알기 위하여 도움을 필요로 한다. 그들은 상실감 또는 분노의 감정을 나타낼 것이고 가능하면 오래된 방식을 고수할 것이다. 이런 감정들은 간호 제공자들이 필요한 변화를 만드는 것을 방해해서는 안 된다. 심리 상담자는 알츠하이머 치매 환자가 편하게 지낼 수 있는 환경을 만들어 주는 것이 공격과 같은 환자의 행동을 줄일 수 있는 방법이라는 것과 그것이 궁극적으로 간호 제공자와 환자에게 스트레스 없는 삶으로 이어진다는 것을 강조할 필요가 있다. 그러나 상황이 명백하게 위험하지 않으면, 심리 상담자는 변화를 만드는 간호 제공자의 방식을 받아들여야 한다. 간호 제공자의 역할에 적응하는 것은 시간이 걸리는 과정이다.

간호 제공자가 너무 보호적이거나 또는 무관심하거나 하여 환자의 능력과 욕구를 과소평가하거나 과대평가하는 것은 흔히 있는 일이다. 환자의 증상과 강점 그리고 한계들에 대한 현실적인 이해는 이런 간호 제공자가 변화의 과정을 시작하는 데 도움을 줄 수 있을 것이다.

삶의 방식 적응

안젤라의 남편 토니는 경중증 단계의 알츠하이머 치매 환자이다. 안젤라는 절망스러운 목소리로 상담자에게 전화를 걸어, "그는 이제 아무것도 할 수 없어요. 나는 그의 병세가 나빠지는 것을 그저 보고만 있어요. 그가 할 수 있는 일은 무엇인가요?"라고 말했다. 상담자는 안젤라에게 토니의 하루 일과를 물어보았고, 안젤라가 토니를 편하게 해 주기 위하여 그의 모든 일을 대신 하고 있음을 알게 되었다. 이제 토니는 아무 일도 하지 않으면서 그냥 앉아만 있었다. 상담자는 안젤라에게 "당신이 옳아요. 토니는 아프기 전과 같이 모든 일을 할 수는 없어요. 하지만 나와 함께 토니가 할 수 있는 일들을 한번 찾아봅시다."라고 말했다. 상담자와 안젤라는 토니가 집 주변에서 할 수 있는 일들을 이야기해 보았고 토니의 증상에 관한 서류를 검토하고 그가 무엇을 할 수 있는지 그의 기능적 한계들을 알아보았다. 안젤라는 "당신도 알다시피, 토니는 요리하는 것을 좋아해요. 아마도 내가 그에게 함께 저녁을 만들자고 해 보아야겠어요. 그 일은 우리가 함께 즐길 수 있을 거예요. 그에게는 간단한 일을 하게 하고 그가 필요로 하면 내가 그를 도울 것이에요."라고 말했다.

알츠하이머 치매 환자에게 친화적인 환경을 만들기

알츠하이머 치매의 증상은 사람들의 삶의 방식을 바꾸어 놓고 그들이 익숙했던 환경에 적응하기 어렵게 만든다. 심리 상담자는 간호 제공자가 질병을 수용하는 법을 생각하도록 도와주고 구체적인 증상과 관련된 쟁점을 다루도록 도와주어야 한다. 예를 들어, 알츠하이머 치매 환자가 어떤 물건을 집어 그것을 제자리에 두지 못하면, 심리 상담자는 간호 제공자에게 왜 환자가 물건을 제자리에 갖다 놓지 못하는지에 관한 이유를 설명해 주어야 한다. 만약 간호 제공자가 중요한 물건을 찾지 못하는 데 특히 고통스러워한다면, 심리 상담자는 그 물건들을 환자의 손이 닿지 않는 곳에 두라고 제안해 줄 수 있다.

알츠하이머 치매 환자에게 친화적인 환경

알츠하이머 치매 환자의 요구와 한계에 적당한 환경은 환자와 간호 제공자 모두의 어려움을 최소화할 수 있다. 우리는 환경을 이웃이 사는 곳, 집 안팎, 자신이 사회에서 만난 사람들, 그들이 공유하는 반응들까지 매우 넓게 정의한다. 심리 상담자는 간호 제공자가 환경이 환자의 기능과 행동에 끼치는 모든 영향을 생각할 수 있도록 도와주어야 한다. 알츠하이머 치매 환자에게 잘 맞는 환경은 다음과 같다.

- ◆ 환자의 인지적 · 신체적 능력을 혹사하지 않기
- ◆ 증상을 자극하거나 악화시키지 않기
- ◆ 증상을 수용하기
- ◆ 가능한 정도까지 환자의 기능을 향상시키기
- ◆ 알츠하이머 치매 환자의 기능적 한계를 고려하여 그 사람이 가능한 한 활발히 활동할 수 있도록 자극을 충분히 제공하기
- ◆ 지원, 안전 그리고 독립의 균형을 맞추기
- ◆ 환자가 고결함(품위)을 유지하도록 도와주기

변화들은 불가피하게 환경을 증상에 맞게 바꾸는 데서 온다. 그러나 딜레마는 그 환경의 변화를 주는 것이 환자의 안전과 기능을 최대화해야 하는 반면, 변화를 환자에게 최대한 친숙하게 유지해서 그러한 친밀감으로부터 도움을 받게 해야 한다는 것이다.

물리적인 환경의 변화

알츠하이머 치매가 당사자의 판단력, 조정, 균형, 그리고 시각적, 공간적 능력의 쇠퇴를 일으키기 때문에, 간호 제공자가 환자의 집을 안전하고 사고가 일어나지 않도록 만들어 놓는 것은 매우 중요한 일이다. 심리 상담자는 간호 제공자에게 안전을 최대화하고 변화의 필요성을 받아들이는 데 어떤 변화들이 필요한지에 관한 지침을 제공해 줄 수 있다. 가정 방문이 가능하면, 심리 상담자는 환자의 집에서 회기계획을 세워서 자신의 관찰에 기초하여 보살핌(care, 간병)에 관한 제안을 하는 것이 좋다.

안전은 심리 상담자가 간호 제공자와 다루어야 할 첫 번째 쟁점이다(화재 방지, 사고 방지, 욕실과 계단에서 미끄러짐 방지, 추락 방지). 간호 제공자는 화재를 방지하기 위하여 가연성 액체들 또는 물체들 그리고 성냥을 치우거나 안전한 곳에 두어야 한다. 알츠하이머 치매와 관련된 기억상실은 환자가 오븐을 켜 놓게 만든다. 어떤 간

호 제공자는 오븐의 손잡이를 제거해 버리기도 한다. 청소 액체나 약물 같은 독성의 물질들은 잠가 놓거나 환자의 손에 닿지 않는 곳에 두어야 한다.

알츠하이머 치매 환자는 협응력(coordination)을 서서히 상실한다. 질병의 초기에는 환자가 전기 전선을 다루다가 다치곤 한다. 전기 도구, 날카로운 날이 있는 부엌 가전제품, 상처를 줄 수 있는 다른 물체들은 필요할 때만 사용할 수 있도록 잠금 장치가 있는 곳에 넣어 두어야 한다.[3] 환자의 서투른 조정 능력과 시각적 · 공간적 인지 능력의 변화로 인해, 집 안에 만약 탈출구가 없거나 그림자 또는 다른 오해를 불러일으킬 수 있는 불빛들이 있다면 알츠하이머 치매 환자는 위험에 빠질 수 있다.

심리 상담자는 간호 제공자가 걸을 수 있는 공간을 넓히기 위해서 가구를 재배치하거나 제거하고, 필요 없는 물건을 치우기 위하여 선반들을 정리할 때 어떻게 해야 하는지에 관하여 도움을 줄 수 있다.

다른 변화들은 집 안의 여러 곳에서 도움을 줄 수 있는 물건과 안전에 관한 것들을 포함한다. 예를 들어, 목욕탕, 한 개의 난간만 있는 긴 계단, 환자가 균형을 잡기 힘들 수 있는 다른 장소들에는 손잡이를 설치해야 한다. 가구에 있는 날카로운 모서리는 부드럽고 둥그런 모서리가 되도록 안전대를 설치해야 한다. 어두침침한 장소에는 조명이 추가로 설치되어야 한다.

심리 상담자는 간호 제공자에게 알츠하이머 치매 환자에게 맞게 집의 환경을 만드는(개선하는) 법에 관한 정보 자료를 추천하고 환자에게 필요한 의학적 물품과 도움을 줄 수 있는 도구에 관한 정보 자료가 있는 목록을 제공하여야 한다.

간호 제공자는 집에 변화를 준다는 것에 대하여 정서적으로는 받아들이기 힘들 것이다. 간호 제공자가 결혼 기념 선물로 받은 크리스털 꽃병과 같이 특정한 물건에 의미를 부여하고 있을 때는 특히 그렇다. 방의 배치가 간호 제공자에게 특히 의미가 있을 때, 예를 들어 성인 자녀가 어린 시절의 따뜻하고 행복했던 추억을 되새기고 싶어 하여 방의 모습을 바꾸기 싫어할 때도 마찬가지이다.

---

3) 알츠하이머 치매 환자인 시부모가 새벽에 잠을 깨어서 아침 일찍 등교하는 손자들을 준비시키는 며느리를 도와주기 위해 가스 불을 켜고 식사 준비를 하다가 화상을 입거나 화재가 날 수 있으므로 시부모는 모르고 며느리만 아는 가스 시건장치를 2중으로 설치하는 것이 안전하다. – 역자 주

간호 제공자가 특정 변화를 만드는 것에 저항할 때, 심리 상담자는 더 잘 받아들일 수 있을 만한 해결책을 구해야 한다. 만약 이것이 불가능하면, 다음과 같은 질문을 해 봄으로써 저항의 이유를 명백히 해 보는 것이 도움이 될 것이다. 그 물건 또는 배치에 대한 특별한 의미는 무엇인가? 그것들이 변한다는 것은 무엇을 의미하는가? 그것은 엄청난 손실인가? 그것이 간호 제공자의 정체성에 대한 위협이 되는가? 질병에 양보해야 하는가? 무엇이 변화를 참을 수 있게 만들 수 있을 것인가? 오래된 환경에서 특정 측면을 유지할 것인가? 심리 상담자는 환자의 기능과 간호 제공자의 감독자 역할에 이익이 되는 변화를 이해할 수 있도록 간호 제공자를 도와줄 수 있다. 간단하고 조용한 물리적 환경이 환자의 스트레스를 줄여 주고 간호 제공자의 삶도 더 편안하게 만들어 줄 수 있다고 강조하는 것이 중요하다.

삶의 방식 적응

자녀들이 자라고 집을 떠난 후 수년이 지나서, 윌슨 씨는 그의 집을 과거의 모습 그대로 유지하고 싶어 했다. 마침내 몇 년 전에 그는 양보했고 윌슨 부인의 뜻에 따라 그들의 집을 완전히 다시 꾸며 바느질 방을 아이들 방 중의 하나로 이동시켰다. 결국에 그는 그녀가 만든 변화에 편안함을 느꼈다. 윌슨 부인이 알츠하이머 치매 진단을 받고 몸의 균형을 잡기가 힘들어지자, 자녀들은 욕실에 손잡이를 설치하자고 했다. 그러나 윌슨 씨는 "나는 노인이 아니다. 그리고 엄마가 욕실을 사용할 때 내가 항상 곁에 있어 주마." 하고 제안을 거부했다. 자녀들은 아버지를 설득할 수 없었다. 그가 화를 냈을 때는 윌슨 부인이 욕조에서 나오면서 미끄러지려고 하자 그가 그녀를 잡으려고 한 일이 있고 나서이다. "내가 이렇게 민들었다고 말하지 마라. 나는 손잡이를 더 일찍 만들어 놓아야 했으나 단지 모든 물건을 그대로 두고 싶었을 뿐이다. 엄마도 그대로 머물게 말이다."

변화하는 삶의 방식

　간호 제공자는 알츠하이머 치매 환자를 위해 일관된 일과를 만들고 그것을 유지해야 한다. 아울러서 매일의 활동, 사회적 교류, 업무는 감소하는 인지적·기능적 능력을 수용하기 위하여 짧고 간단하게 해야 한다.

　알츠하이머 치매 환자가 일반적으로 고통으로 다가오는 변화에 적응하는 것은 어려운 일이다. 그러므로 간호 제공자는 환자의 삶의 방식에 적당한 환경을 위한 변화를 만들어야 한다.

사회 활동의 변화

　알츠하이머 치매 환자는 질병의 어떤 단계에서도 사회 활동을 계속 즐기려고 할 것이다. 질병의 초기 단계에서 환자는 보통 사회 활동을 상대적으로 평범하게 참여할 수 있을 것이지만 대화를 하면서 적당한 단어를 찾아내지 못하고 이름이나 새로운 정보 자료를 잊어버려 불편함을 느낄 것이다. 결과적으로 질병의 초기 단계에 있는 사람들은 사회 활동을 꺼릴 것이다. 일반적으로 알츠하이머 치매 환자는 짧은 기간 동안 친밀한 사람들과 갖는 작은 모임을 편안하게 생각한다.

　심리 상담자는 대화에 어려움이 있는 알츠하이머 치매 환자에게 더욱 참을성이 있고 도움이 되는 가족들이나 친한 친구들과 모임을 가질 것을 제안할 수 있다. 환자를 동반하고 외출하는 간호 제공자는 그가 적당한 단어를 잊어버렸을 때 그것을 알려 주는 등의 도움을 주면서 환자가 사회 활동을 하도록 도와줄 수 있을 것이다.

　알츠하이머 치매 환자는 다른 사람과 상호작용을 하려고 애쓰는 데 있어서 지나치게 자극을 받거나 피로함을 느낄 수 있기 때문에 사회 활동 후에는 조용히 지내는 시간을 갖는 것이 좋다. 경중중 단계의 알츠하이머 치매 환자는 줄어드는 어휘 때문에 다른 사람이 자신에게 말하는 것을 이해할 수 없고 또 그 말에 일관되게 대답할 수 없어서 사회 활동이 어려워진다. 알츠하이머 치매 환자는 또한 다른 사람이 이상

삶의 방식 적응

해리는 가족의 결혼식 때 그의 부인 마사를 도와줄 방법에 관하여 상담자와 이야기해 왔다. 알츠하이머 치매 초기 단계에 있는 마사는 그녀 자신이 단어나 이름을 잘 잊고 긴 이야기를 따라가는 것에 어려움이 있다는 것을 알고 있었다. 그녀는 결혼식에서 그녀 자신이 어리석어 보일까 봐 매우 걱정스러웠다. 단지 몇 명의 가족만이 그녀의 질병에 관하여 알고 있었고, 비록 그 질병에 대하여 이야기하는 것에 관하여 거부감은 없었지만 그녀는 결혼식에서 그 질병에 관하여 알리고 싶지는 않았다. 상담자는 해리가 그의 부인이 대화할 때 그녀가 말하고자 하는 것을 그가 생각해 내어 그녀에게 알려 줄 것을 제안했다. 그는 또한 대화 속에 필요한 이름들을 끼워 넣어 그녀가 알아차리게 할 수도 있을 것이다. 예를 들어, 그는 "매리앤, 즐거운 시간을 보내고 있니?"라고 말할 수 있을 것이다. 만약 대화가 너무 복잡해져 그녀가 따라올 수 없게 되면 그는 살짝 그의 부인에게 춤을 추자고 권할 수 있을 것이다. 해리는 너무 만족하여 상담자를 찾았다. "나는 우리가 이야기한 모든 전략을 시도해 보았고 즉석에서 몇 가지를 더 생각해 내서 활용해 보았어요. 몇몇 사람은 아내가 전과 같지 않다는 것을 알아챘을 수도 있지만, 그래도 우리는 그날 저녁 별 탈 없이 잘 보냈어요. 나는 그녀를 데리고 갔던 것이 너무 기뻐요. 그녀도 정말 좋은 시간을 보낸 것 같이 보였어요."

하게 생각할 만한 정처 없이 떠돌아다니기, 아무것도 없는 것을 보거나 듣기 등의 행동을 보이기 시작한다. 심리 상담자는 이 단계의 환자가 짧은 시간 동안의 사회적 모임이나 상대적으로 조용한 일에만 관여할 것을 제안할 수 있다.

최중증 단계의 알츠하이머 치매 환자들은 비록 언어적으로 대화하는 데 어려움은 있지만 손님을 만나는 것은 반가워할 수 있다. 심리 상담자는 더 이상 말할 수 없는 사람이 가족이나 친구들과 상호작용하는 방법들을 알려 줄 수 있다. 간호 제공자는 그들이 하는 행동이 적절한지에 관하여 환자의 반응을 감독하여야 한다.

삶의 방식 적응

　　게리는 중증의 알츠하이머 치매 단계에 있는 어머니(아가사)가 그녀의 가족이나 친구들과 계속 만나기를 원했다. 그러나 다른 사람들이 그녀에게 어떻게 해야 할지를 몰라 그녀와의 만남을 불편해하기 때문에 이것은 어려운 일이었다. 그는 그의 상담자에게 도움을 청했다. 상담자는 게리에게 둘 중 하나의 상황을 만들어 보라고 권했다. 그가 몇 명의 사람과 조용한 모임을 만들어 그녀가 편안해할 때까지만 그녀가 같이 있는 것이다. 이 방법에서의 초점은 아가사가 아니지만, 그녀는 사람들과 함께 있는 것을 즐길 수 있을 것이다. 또는 게리가 새로운 음악을 듣거나 가족 사진을 보는 등의 어떤 활동을 한다는 전제하에 한두 사람의 집에 가 보는 짧은 방문을 계획하는 것이다. 이 또한 아가사가 방문객에게 말을 걸어야 한다는 압박(pressure)에서 벗어날 수 있게 해 줄 것이다.

여가 활동의 변화

　　알츠하이머 치매 환자는 질병에 걸리기 전에 야구를 하거나, 영화를 보러 가거나, 정원을 가꾸는 것과 같은 여가 활동을 즐겼을 것이고 간호 제공자의 도움을 받아 이런 취미들을 오랜 기간 지속할 수 있을 것이다. 그러나 각 단계에서 간호 제공자는 알츠하이머 치매 환자가 이런 활동에 참여하는 방법에 변화를 주어야 하고 증상에 적응하기 위한 새로운 활동을 찾아야 할 것이다. 예를 들어, 테니스를 좋아하는 환자는 질병의 초기에는 그것을 할 수 있겠지만 중기에는 할 수 없고, TV에서 방송하는 테니스 게임을 보거나 테니스 기념품을 모으는 것을 즐길 수 있을 것이다. 그리고 질병의 말기에는 테니스 경기 프로그램을 시청하겠지만, 그것을 이해하지 못하고 단지 테니스 공을 만져 보며 부드러운 질감을 느끼는 것을 좋아할 것이다.

　　심리 상담자는 간호 제공자가 환자의 과거와 현재의 취미를 물어보면서 적당한 활동을 생각해 내도록 도와줄 수 있다. 심리 상담자는 간호 제공자가 환자가 스스로 활동에 참여할 수 있는지, 다른 사람이 이끌어 주어야 하는지, 환자의 취미에 변화를 주어야 하는지에 관하여 결정하는 것을 도와줄 수 있다. 예를 들어, 테니스를 한 평생 좋아했던 사람은 질병의 중기에는 테니스 점수가 어떻게 돌아가고 있는지는 알 수 없지만, 경기를 할 수는 있을 것이다.

업무에 필요한 기술을 이해하고 활동을 적절히 계획하기 위해서는, 간호 제공자가 그 활동을 시각화해 보고 그 업무를 하기 위한 각 단계를 머릿속으로 그려 보는 것이 도움이 된다. 심리 상담자는 다음과 같은 질문을 유념해 두고 간호 제공자가 이 과정을 밟아 가도록 도와줄 수 있다.

- ◆ 특정 업무를 위해 개인적으로 밟아야 할 단계로는 무엇이 있는가?
- ◆ 업무의 각 단계를 완수하기 위하여 환자는 얼마나 오랜 시간이 걸리는가?
- ◆ 이 업무를 하기 위하여 환자는 어떤 재료나 도구를 사용해야 하는가?
- ◆ 환경은 환자가 업무를 수행하기 편하도록 조성되어 있는가?

심리 상담자는 환자가 업무를 완수하기 위하여 활동의 어떤 부분을 미리 준비해야 하는지를 결정하는 데 도움을 줄 수 있다. 예를 들어, 베개를 만드는 것과 같이 미술과 수공예를 하려고 한다면, 간호 제공자는 네 개의 면 중에서 세 개의 면은 꿰매어 놓고, 한 면은 환자가 꿰맬 수 있도록 남겨 두어야 한다.

심리 상담자는 환자가 원하는 도움이 무엇인지를 간호 제공자가 알 수 있도록 도와줄 수 있다. 언어적인 격려, 포옹 같은 부드러운 격려, 또는 신체적인 도움이 있다. 심리 상담자는 간호 제공자가 알츠하이머 치매 환자를 위한 활동을 계획할 때 다음과 같은 지침을 공유할 수 있다.

- ◆ 알츠하이머 치매 환자는 어떤 활동이라도 강요받아서는 안 된다.
- ◆ 활동은 환자의 강점에 초점을 맞추어야지 약점에 맞춰서는 안 된다.
- ◆ 활동은 간단해야 한다.
- ◆ 복잡한 업무는 간단한 단계로 세분되어야 한다.

여가 활동에서 사용된 이 접근 방법은 일상생활이나 사회 활동에서의 환자의 참여를 계획할 때도 유용하게 사용될 수 있다.

알츠하이머 치매 환자와 대화하기

질병의 모든 단계에서 알츠하이머 치매 환자는 그들의 생각을 표현하거나 다른 사람이 말하는 것을 이해하거나 대답하는 것을 어려워한다. 질병의 초기 단계에서는 환자가 대화에서 적절한 단어를 사용하는 데 어려움이 있지만 다른 사람이 이야기하는 것은 이해할 수 있다. 질병의 중기 단계에서는 환자가 완벽한 문장이나 자신의 생각을 적합하게 말하지 못하고 다른 사람이 말하는 것이 추상적이면 잘 이해하지 못할 것이다. 질병의 말기 단계에서는 환자가 전혀 말할 수 없거나 다른 사람이 말하는 것도 이해할 수 없게 된다.

알츠하이머 치매 초기 단계에서는 환자가 생각하고 말하는 데 있어서 간호 제공자가 생각하는 것보다 더 많은 시간을 필요로 할 것이고 단어를 잘 잊어버리고 그것을 부적절하게 사용할 것이다. 간호 제공자는 알츠하이머 치매의 이런 증상을 알아채지 못하고 짜증을 내거나 화가 날 것이다. 이 단계의 환자는 그들의 생각을 제대로 표현할 수 없게 되면서 좌절감을 느낄 것이다. 심리 상담자는 간호 제공자에게 환자가 그들의 생각을 수집하고 말로 표현하는 데 전보다 더 많은 시간이 필요하다는 것을 이해하도록 도와줄 수 있다.

알츠하이머 치매 중기 단계에서는 환자의 대화 능력이 더욱 감소하고 이해하고 생각을 유지할 수 있는 능력이 감퇴된다. 환자는 단어나 구에 말문이 막혀서 한 단어만 계속 반복하거나 불완전한 문장으로 말하고, 단어를 만들어 내고, 복잡한 문장을 이해하지 못한다. 심리 상담자는 간호 제공자가 환자나 그들 자신을 위하여 더 쉽게 대화할 수 있도록 전략을 만드는 것을 도와줄 수 있다. 환자의 주의를 산만하게 하는 것은 그가 반복하고 있는 단어 또는 구로부터 벗어나게 해 줄 수 있을 것이다.

겉으로 보기에는 알 수 없는 환자의 언어적인 표현 안에서 주의 깊게 들은 핵심 단어나 힌트는 간호 제공자가 대화를 시도할 때 도움을 줄 수 있다. 심리 상담자는 간호 제공자에게 환자가 언어적인 표현 기술을 상실하지만, 비언어적인 대화를 사용할 수 있다는 사실을 환기시켜 주어야 한다. 의자를 왔다 갔다 하는 것은 환자가 지루하다거나 화장실에 가고 싶다거나 운동을 하고 싶다는 표시인 것이다.

알츠하이머 치매 중기 단계인 환자와 대화하는 가장 좋은 방법은 그들을 바라보면서 느리게, 간결하고 조용하며 자연스러운 어조로 간단한 문장을 말하는 것이다. 간호 제공자는 또한 구체적으로 말해야 한다. "무엇을 먹고 싶나요?"보다는 "계란을 먹겠어요?"가 좋다. 간호 제공자나 심리 상담자가 알츠하이머 치매 환자에게 말할 때는 선택을 해야 하는 문장보다는 제안하는 문장을 만들어야 한다. 예를 들어 "우리 산책하러 가요."라는 말은 "산책하러 갈래요?"라는 말보다 더 좋다.

삶의 방식 적응

모튼의 어머니는 최중증 단계의 알츠하이머 치매 환자이고, 그녀는 그녀가 들은 단두 단어만을 반복하는 말만 할 수 있다. 그는 상담자에게 전화를 걸어, "그녀가 배가 고프다는 것을 나는 어떻게 분간할 수 있나요? 그녀가 편안하고 안전하게 느낄 수 있도록 해 줄 방법을 모르겠어요."라고 말했다. 상담자는 모튼이 식사, 위생, 수동적 운동에 관한 계획표를 짜 볼 것을 권유했다. "그러나 내가 그녀를 사랑한다고 말하면 그녀가 이해를 할 수나 있을까요? 나는 너무 슬프고 무력해요." 상담자는 모튼에게 말을 하지 않아도 대화할 수 있는 방법이 있음을 말해 주었다. 그는 여전히 그녀를 안아 주고 손을 잡아 주고 단지 그녀 옆에 앉아 있을 수 있다. 며칠 뒤 모튼은 상담자에게 전화를 걸어, "어머니가 내가 그녀를 위해 옆에 있다는 것을 알고는 있는 것 같아요. 나는 그녀가 제일 좋아하는 아이스크림을 사 와서 그녀에게 먹여 주었어요. 그녀는 나에게 미소를 지어 주었고 나는 우리가 소통하고 있음을 느꼈어요. 내가 그녀를 사랑하고 있다는 것을 그녀도 아는 것 같아요."라고 말했다.

알츠하이머 치매 말기 단계에 접어들수록 환자는 몇몇의 단어만을 말할 수 있고, 들은 단어만 되풀이하지만 그 의미는 알지 못하며, 언어적으로나 신체적으로 자신의 생각에 근거한 대답을 할 수도 없다. 이 단계의 사람들은 대화의 수단을 신음이

나 목구멍의 딸각거리는 소리로 한다. 알츠하이머 치매 말기에 있는 환자를 돌보는 간호 제공자를 심리 상담하는 것은 비언어적 대화를 해석하는 방법과 그것을 이해하는 것을 도와주는 것이고, 비록 그들이 시도하는 것이 환자를 편안하게 해 주는 것인지 알 수는 없더라도 이 극도로 어려운 상황에서 그들이 최선을 다하고 있는 것임을 받아들이게 해 주는 것이다.

심리 상담자는 간호 제공자가 알츠하이머 치매 환자와 대화를 유도하기 위해 대화 기술을 배우는 것을 도와줄 필요가 있다. 간호 제공자는 알츠하이머 치매 환자의 가족이나 친척과 효과적으로 대화하기 위하여 평소에 사용하던 말투, 어조, 신체 언어를 조정해야 한다. 만약 간호 제공자가 말을 빠르게 하거나 발음이 분명하지 않으면 알츠하이머 치매 환자에게 혼동을 주게 될 것이며 적절한 대답도 들을 수 없을 것이다. 만약 간호 제공자가 말하는 도중에 목소리를 크게 하거나 빠른 손짓을 보이면 알츠하이머 치매 환자에게는 화가 난 것처럼 보일 것이며 그들을 무섭게 만들 수

삶의 방식 적응

캔디는 상담자에게 전화를 걸어, "나는 당신의 도움이 필요해요. 나는 좌절했어요. 엄마와의 대화는 지도가 없는 여행 같아요. 길이 어디로 향해 있는지 알 수도 없고 막다른 길에 갔을 때는 무엇을 할지 모르는 것처럼 말이에요. 그녀는 내가 그녀를 이해하지 못하면 화를 내요. 나는 오랜 시간 동안 막막했어요."라고 말했다. 상담자는 "알츠하이머 치매 환자가 이야기를 할 때는 그들이 무엇을 이야기하려고 하는지 이해하려고 하면서 다른 방식으로 귀 기울여 들어야 합니다. 좋은 전략으로는 만약 당신이 이해하지 못하는 부분이 있으면 그것이 당신 잘못인 것처럼 행동해 보세요. 만약 당신의 어머니가 어떤 사람의 이름을 기억하지 못하거나 그녀가 무엇을 이야기하는지 당신이 알 수 없으면, 당신은 '어머니 죄송해요. 저 또한 이름을 잘 기억하지 못해요. 우리는 같이 늙어 가나 봐요.'라고 말하거나 '~에 대하여 말해 줄 수 있나요?'라고 말할 수 있어요. 만약 그녀가 그 이야기를 전에도 했다면, 당신은 어머니가 잊은 부분을 메워 줄 수 있을 거예요. 당신이 어머니이고 내가 당신이 되어 우리가 서로 어떤 대화를 할 것인지 한번 해 볼까요?"라고 말했다.

도 있다. 만약 이것이 그 사람이 말하는 자연스러운 방식이라면, 알츠하이머 치매 환자를 편안하게 해 줄 수 있는 대화 방식을 익히는 데 상당한 시간이 걸릴 것이다.

만약 심리 상담자가 간호 제공자가 대화할 때 갖는 문제를 해결할 좋은 생각이 필요하다면 간호 제공자와 역할극을 해 보는 것이 좋다. 이는 심리 상담자에게 상호작용에 관한 명확한 모습이 무엇인지, 간호 제공자의 성격과 개인적인 방식에 맞는 변화의 유형이 무엇인지 알게 도와줄 수 있다. 간호 제공자는 또한 새로운 대화 기술을 연습하는 데에도 역할극이 도움이 된다고 생각할 것이다.

감독의 필요성

초기 단계일지라도, 알츠하이머 치매와 관련된 증상과 행동은 환자를 감독할 가족 구성원이나 다른 책임 있는 사람을 필요로 한다. 처음에는 환자가 약속을 잘 지키고 있는지, 약을 잘 먹는지, 계산을 잘 하는지와 같이 단지 스스로를 잘 돌보고 있는지에 관하여 주기적으로 감독하는 것이 필요하다. 결국에는 환자는 자신의 안전을 위해서나 다른 사람의 재산을 보호하기 위해서나 계속적인 감독을 필요로 한다. 예를 들어, 환자는 변기를 사용하는 법을 알지만 적당하지 못한 물건을 변기에 넣어 변기가 막히게 할 수 있을 것이다.

삶의 방식 적응

루스는 상담 약속을 지키지 못했던 이유에 관하여 말했다. "당신은 내가 보낸 지난 주에 관하여 믿지 못할 거예요. 월요일 저녁에 내 남편 피터는 샤워하러 간다고 했어요. 나는 그렇게 하라고 말하고는 계속 영화를 보았어요. 한 시간 뒤에 내가 TV를 껐을 때, 나는 물이 흐르는 소리를 들었고 위층에 있는 욕실로 올라갔어요. 물이 넘친 거예요. 물이 복도에까지 흐르고 있었어요. 나는 물을 잠그고 피터가 어디 있는지 찾았지요. 그는 자고 있었어요! 나는 알츠하이머 치매의 초기에는 별일이 없을 거라고 생각했어요. 나는 이런 일이 일어날 것이라고는 상상도 할 수 없었죠. 그는 항상 스스로 샤워를 잘해 왔거든요. 이런 일이 다시는 일어나지 않게 하려면 어떻게 해야 할까요?"

상담자는 루스에게 또 이런 일이 일어나는 것을 방지하기 위하여 물이 넘칠 때 울리는 경보음이나 물을 조절할 수 있는 장치 같은 안전장치들을 찾아볼 것을 제안했다. "당신은 또한 이런 일이 일어날 수 있는 곳인 싱크대에도 이런 장치들을 할 필요가 있어요. 그렇게 하면 당신이 걱정을 하지 않아도 피터가 원하는 일을 계속할 수 있어요." 그녀는 또한 루스가 부엌이나 집 안의 다른 곳에 안전장치가 필요한 곳을 계속 찾아볼 것을 제안했다.[4]

일상생활의 도구적 활동의 관리

일상생활의 도구적 활동(instrumental activities of daily living: IADLs)이란 쇼핑, 운전, 경제적·법률적 문제의 관리, 그리고 일을 조직하고 계획하는 것들을 포함한다.[5] 이런 활동을 수행할 수 있는 환자의 능력은 질환이 진행됨에 따라 점점 감퇴한다. 간호 제공자의 딜레마는 환자에게 누구도 해치지 못하게 하면서 그 사람의 존엄성을 지켜 주어야 한다는 것이다. 간호 제공자는 환자가 이런 일들을 수행할 수 있는지를 감독하고 환자가 더 이상 이런 일들을 할 수 없게 되면 다른 사람에게 이 업무의 책임을 넘겨야 한다.

환자는 간호 제공자의 평가에 동의하지 않을 것이다. 어떤 환자는 그들이 이런 일들을 적절하게 해내면 그 일보다 더 힘든 일을 하고 싶어 한다. 또 다른 환자는 그들이 과거처럼 일을 할 수 없다는 것을 알고 어려운 일들을 피한다. 이런 철회는 정중하게 촉진되어야 한다.

경제적·법적 문제의 관리　　소득과 규칙적인 저당비, 집세, 다른 청구서 지불과

---

4) 주방 싱크대 근처에 설치되어 있는 취사용 도시 가스 벨브의 잠금 장치를 이중으로 마련하는 것도 안전장치의 하나이다. 이중 안전장치 중의 하나는 알츠하이머 치매를 앓고 있는 노부모는 알지 못하도록 설치한다. - 역자 주
5) 은행에 신용카드 대금을 납부하거나 예금 및 적금 등을 납입하는 일과 각종 세금을 납부하거나 공문서를 처리하는 일 등도 포함된다. - 역자 주

같은 중요한 업무를 만일 중요시하지 않고 적절히 처리하지 못하면 중대한 경제적 · 법적 결과가 따른다. 그래서 간호 제공자를 심리 상담할 때 이 문제에 대한 긴급성을 강조해야 한다. 또한 이런 문제들은 특히 환자가 그 삶의 전반에 걸쳐 경제적 · 법적인 문제를 관리하는 책임을 지고 있었을 때 다른 사람에게 인수 · 인계하기 힘들다. 알츠하이머 치매 환자는 이런 일들을 위임하는 것이 자신의 정체성을 포기하는 것이라고 생각하거나 실제로는 자신이 할 수 없으면서 이런 일들을 계속 할 수 있다고 믿고 있을 때, 이 업무를 포기하는 것에 어려움을 느낀다. 이런 사례의 심리 상담은 간호 제공자가 환자로부터 책임을 이전하는 것을 돕고 이 전 과정에서 환자를 도울 수 있는 방법을 찾아보도록 돕는 것이다.

　환자가 그 업무를 위임한다는 것을 두려워하고 있기 때문에 그의 자존감을 해치지 않도록 노력하고 있는 간호 제공자는 변화를 만들 필요가 있다는 것을 거부하거나 무시해 버릴 것이다. 이런 환경에서 심리 상담자는 왜 이런 업무의 인수가 어려운지 간호 제공자에게 설명해 주고, 전 과정에서 간호 제공자를 도와주고 이끌어 줄 수 있는 방법을 찾아야 한다. 예를 들어, 다음의 사례에서는 심리 상담자가 미지의 두려움을 다루면서 이 상황에 실질적으로 접근할 수 있도록 도와주고 있다.

삶의 방식 적응

　알츠하이머 치매 초기 단계의 진단을 받고 은퇴한 회계사인 패트릭은 가족의 경제를 관리해 왔다. 그녀의 부인인 미지는 이런 문제를 전혀 모른다. "물론 패트릭이 회계사였기 때문이기도 해요." 그리고 이제는 수표 지불 등 다른 문제가 있음에도 불구하고 그 일을 남편으로부터 빼앗기 싫어한다. "저는 알츠하이머 치매 환자가 특정 분야에 기술과 재능이 있다면 오랜 기간 동안 업무 수행을 할 수 있다는 것을 어디선가 읽은 기억이 있어요. 패트릭은 경제적 문제와 관련된 일을 잘 하잖아요." 미지와 돈 문제 관리에 관하여 얼마간 이야기한 후, 상담자는 미지가 숫자에 약하고 돈 문제를 관리하는 것을 두려워하고 있다는 것을 알게 되었다. "이것이 옳지 않다는 것은 알지만, 내가 경제적 문제를 관리하여 고통을 받으니 차라리 패트릭이 그 일을 계속 하라고 해서 그 결과가 어떻게 되든 참는 것이 낫겠어요." 상담자는 자신 없는 일을 해야 한다는 것이 겁이 날 테지만, 그녀가 그 일의 전부를 해야 할 필요는 없다고 말해 주었다. 상담자는 복잡한 경제적 문제를 다루는 데는 회계사를 고용하고, 만약 그녀가 편하게 생각한다면 매일의 경제적, 법적 문제의 목록을 적어 그녀의 딸의 도움을 요청해 보라고 했다. 또한 그녀가 경제적 문제에 대해 겁내는 것을 덜어 주기 위하여 경제와 법에 관한 책을 찾아보고 이해를 돕도록 권유했다.

운전하기　　차를 운전하고 다녀야만 하는 지역에 살고 있을 때, 운전은 특히 심리 상담에서 중요한 쟁점이 된다. 간호 제공자는 종종 알츠하이머 치매 환자가 왜 운전을 그만두어야 하는지, 만약 그렇다면 환자가 운전을 그만두게 하는 방법은 무엇인지 물어본다. 알츠하이머 치매 환자가 운전을 해야 한다 또는 하지 말아야 한다는 확실한 대답은 없다. 자동차 운전에 대한 결정은 개인에 따라 다르고 알츠하이머 치매는 진행성이기 때문에 주기적으로 재평가해야 한다. 심리 상담자는 초기 단계의 알츠하이머 치매 환자의 간호 제공자에게 만약 환자가 운전을 계속할 경우 생길 수 있는 문제에 대하여 배경지식을 활용하여 설명해 줄 수 있다. 예를 들어, 막 진단받은 알츠하이머 치매 초기 단계의 환자는 빠르게 반응하는 데 어려움을 겪고 구덩이를 피하기 위하여 길을 벗어날 수는 없다. 비록 알츠하이머 치매 초기 단계의 환자라도, 질병이 진행되면 신호등이 바뀔 때 브레이크를 밟는 것과 같은 손과 발의 협응력이 필요한 부분에서는 어려움을 겪게 된다. 판단력 저하와 시각-공간적 인지 능력 결함은 운전 시 앞으로 다가올 이차선 고속도로에서 알츠하이머 치매 환자가 다른 사람의 차를 보낼 때의 시기를 적절히 맞추지 못하게 만든다.

심리 상담자는 알츠하이머 치매 환자가 계속 운전을 해야 하는지를 결정하기 위하여 운전 평가를 제안할 수 있다. 몇몇의 지역에서 장애인을 위한 운전교육자협회 (Association for Driver Educators for the Disabled)에서 자격증을 받은 전문가가 운전 평가를 수행할 수 있다. 전문가의 이름은 재활 센터나 운전 학교를 통해 열람이 가능하다.

운전은 일반적으로 질병의 초기 단계에서 나타나는 일이지만, 환자에게 운전을

삶의 방식 적응

린다는 그녀의 남편 허버트로 하여금 운전을 그만두게 하는 방법을 고민하고 있었다. 그녀는 남편이 알츠하이머 치매 환자인지 모르는 옆집에 사는 노인이 그녀가 집에 없을 때 그녀의 남편에게 마트까지 운전해 달라고 부탁한다는 것을 알게 되었다. 그녀는 이것을 지지 집단 모임에서 언급했다. 지지 집단의 한 사람이 그의 특정 진단으로 인해 그녀의 남편에게는 보험이 적용되지 않을 것이라는 사실을 그녀가 남편에게 말하라고 했다. 이것은 주문처럼 효과가 있었다. 화를 내고 방어적이 되는 대신, 허버트는 어떤 사고라도 일어나면 그들이 빈털터리가 될 것이라는 그녀의 설명을 받아들였다. "그것은 정말 끔찍하지."라고 말하며 그는 운전을 그만두었다.

의존하는 어떤 간호 제공자는 그것이 더 이상 안전하지 않음에도 불구하고 그 일을 계속하게 한다. 이런 상황에서 심리 상담자는 알츠하이머 치매 환자가 운전을 그만두고 간호 제공자가 다른 교통수단을 찾아보는 것을 도와주어야 한다.

일상생활 활동의 관리

알츠하이머 치매 환자는, 그들의 기능에 영향을 주는 다른 질환이 없다면, 경중증 단계의 알츠하이머 치매에 이를 때까지는 옷 입기, 몸단장, 목욕, 화장실 사용 등의 일상생활 활동(activities of daily living: ADLs)을 일반적으로 해낼 수 있다.

경중증 단계의 알츠하이머 치매 환자는 일상생활 활동에 도움을 필요로 하기 시작한다. 예를 들어 추운 날에 현관 손잡이에 겉옷을 두르기 같은, 그 사람이 무엇을 해야 할지에 관한 신체적 암시를 주는 계기 자극(cueing)이 경중증 단계의 알츠하이머 치매 환자가 다소 독립적으로 일상생활 활동을 할 수 있게 해 줄 것이다. 결국 알츠하이머 말기에는 간호 제공자가 그들의 친척을 위해서 우선적으로 개인적으로 돌보는 일을 수행하여야 할 것이다.

옷 입는 것의 어려움　　경중증 단계의 알츠하이머 치매 환자의 경우에는 선택의 어려움, 흐린 판단력, 집중력 저하와 같은 인지적인 결함이 더욱 강화되어 옷을 입는 데 다양한 어려움이 야기된다. 알츠하이머 치매 환자는 부적당한 옷을 고를 것이다. 예를 들어, 어떤 여성은 그녀가 옷을 입었다고 생각할 테지만 속옷만 입고 외출할 수도 있다. 이런 경우, 간호 제공자는 그들이 입은 옷을 비판하기보다는 "아주 좋아요. 그 옷 위에 이 옷을 겹쳐 입으면 더 멋질 것 같아요."라고 말하며 그녀에게 입을 옷을 건네주는 것이 좋다.

어떤 환자는 같은 옷을 매일 입기를 원할 수도 있고, 가끔은 그 옷을 입고 잘 것이다. 심리 상담자는 간호 제공자가 알츠하이머 치매 환자가 옷 입는 기준을 유연하게 갖도록 제안할 수 있다. 잠옷을 입지 않고 자겠다고 하는 환자와 싸우는 것보다는 환자가 매일 다른 옷을 입을 수 있도록 하는 것이 더 좋은 방법이다.

만약 옷이 더러워지거나 낡아서 바꿔 입어야 한다면, 심리 상담자는 간호 제공자가 왜 환자가 항상 그 옷을 입어야 하는지에 관하여 결정할 수 있도록 도와주어야 한다. 그 이유는 단지 환자가 방금 갈아입었다고 생각해서인가 또는 새 옷이 필요 없어서인가? 환자는 그 옷의 질감, 색 또는 그 옷이 주는 편안함을 좋아하는가? 다른 옷으로 갈아입을 때 너무 많은 수고가 따르는가? 환자가 그 옷을 입어야 할 이유를 알면 간호 제공자가 문제를 해결할 수 있는 실마리를 찾게 될 것이다. 아마 환자는 부드러운 재질로 만들어졌거나 비슷한 색의 다른 옷을 입을 것이다. 간호 제공자는 똑같거나 비슷한 옷을 구입하여 환자가 다른 옷을 빨아서 못 입고 있는 동안 그 옷을 입게 할 수 있다. 가끔 환자가 목욕 중이거나 잠옷으로 갈아입을 때 입고 있던 옷을 빨고 다른 옷으로 바꾸는 것이 가능하다.

삶의 방식 적응

존은 지난주에 상담자에게 몇 번의 전화를 걸어 그의 아내인 수전이 까만 니트 스웨터를 벗지 않아 세탁을 할 수 없는 것에 관하여 이야기했다. "그 옷은 온통 얼룩이 묻었어요. 그녀는 3주 동안 그 옷만 입었어요." 존이 아내가 그 옷을 벗게 만드는 데

번번이 실패하자, 상담자는 그녀의 마음을 움직일 수 있는 접근 방법에 관하여 생각해 보기를 제안했다. 존은 그의 부인이 건강했을 때 언제나 화요일에 빨래를 했다는 사실을 생각해 냈다. 그래서 다음 화요일에 그는 깊은 숨을 내쉬고, 그녀에게 다가가 간단히 말했다. "화요일이네, 빨래를 할 시간이에요. 입고 있는 스웨터를 주세요." 그는 그녀가 그 옷을 벗어 세탁기에 넣는 것을 보고 놀라면서도 안도했다.

이 사례에서 존은 수전의 예전 일상을 들여다봄으로써 문제를 해결할 수 있었다. 수전은 아마도 친숙했던 행동 양식이 그의 요청에 따라 되살아남으로써 자동적으로 반응했을 것이다.

환자는 옷 입는 과정을 서둘러야 한다거나 더 이상 이해하지 못하면 그것을 참을 수 없을 것이다. 심리 상담자는 간호 제공자가 그 과정을 더 쉽고 빠르게 만들 수 있는 전략을 찾도록 도와줄 수 있다. 예를 들어, 간호 제공자는 (단추가 많이 없거나 하는 등의) 입기 쉬운 옷을 미리 꺼내 놓을 수도 있고, 환자가 옷을 입기에 충분한 시간을 줄 수도 있다.

목욕하기   경중증 단계의 알츠하이머 치매 환자는 목욕하는 것을 자주 거부한다. 그들은 이미 목욕을 했다거나 나중에 한다는 식으로 이야기할 것이다. 만약 간호 제공자가 이 문제를 강요하려고 하면, 그들은 옷을 벗지 않는다거나 방을 나가 버린다거나 소리를 지르는 방식으로 거부 반응을 보일 것이다.

삶의 방식 적응

베티는 에드워드를 목욕시키는 것이 어렵다. 그가 일주일이 넘도록 목욕을 하지 않아, 그녀는 억지로라도 목욕을 시키려고 했다. 그녀는 상담자에게 전화를 걸어, "나는 이제는 필사적으로 그를 욕실로 끌고 가요. 나는 그를 씻길 수는 있었어요. 그러나 그는 소리를 지르고 겁을 먹은 것처럼 보였어요. 나는 그가 하수구에 물이 내려가는 것을 가리키며 겁먹은 듯한 표정을 짓는 것을 보았어요. 나는 그가 다시는 샤워를 할 거라고 생각하지 않아요."라고 말했다. 상담자는 베티가 하수구가 보지 않는 방향에서 에드워드를 씻길 것과 그가 좋아하는 그림을 방수 처리하여 욕실 벽에 붙여 볼 것을 제안했다. 그녀는 또한 에드워드가 좋아하는 로션으로 그를 마사지해 주어 그가 옷을 자연스레 벗고 샤워의 고통으로부터 벗어날 수 있도록 행동할 것을 제안했다.

심리 상담자는 간호 제공자가 환자의 목욕 거부에 관한 정서적인 측면을 이해할 수 있도록 도와주어야 한다. 그 환자는 신체가 노출되는 것과 특히 간호 제공자가 성인 자녀이거나 형제자매일 때 사적인 부분에서 다른 사람이 도와주는 것에 대하여 매우 당황스러워할 것이다. 가끔 환자는 다른 가족 구성원이나 도우미와 같은 다른 사람들을 더 편안하게 생각할 수 있다. 심리 상담자는 환자가 완전히 신체적으로 노출할 필요가 없는 스펀지 목욕 같은 대안적 방법의 목욕을 제안할 수 있다.

환자에게 균형과 조절의 어려움이 있을 때 미끄러운 욕실바닥은 불안하고 고통스러운 장소가 될 것이다. 심리 상담자는 간호 제공자가 환자가 목욕을 하는 동안 안전함을 느낄 수 있도록 손잡이, 욕실 바닥 미끄럼 방지 매트,[6] 샤워 의자와 같은 보조 장치를 설치할 것을 제안할 수 있다.

알츠하이머 치매와 관련된 가장 흔하고 다루기 어려운 행동

알츠하이머 치매 환자의 대부분은 질병의 어느 순간에 정신적 또는 행동적 장애를 나타낸다. 동요, 공격성, 정신병(psychosis)을 포함한 행동 증후군은 알츠하이머 치매 환자의 80% 이상에서 나타난다. 이 증후군은 간호 제공자에게 큰 고통을 주고

---

6) 목욕탕에서 미끄럼을 방지하기 위해서 고무 매트를 깔아 놓는 배려가 필요하다. 목욕 중에 미끄러져서 다리나 팔의 골절상을 입는 노인들이 있으므로 이를 예방하기 위해서 주의 깊은 사전 배려가 필요하다. − 역자 주

환자가 공공시설에 수용되는 시기를 앞당긴다. 행동 증후군의 비약리학적인 관리는 만약 그것이 과잉 자극이나 불만족과 관련이 있다면 그것이 일어나는 맥락을 이해하려고 하는 노력에 달려 있다. 이것은 행동이 일어나기 전에 무엇이 일어났는지, '행동 유도제 및 강화제(behavioral triggers and reinforcers)'라고 불리는 것을 알아내기 위하여 환자의 반응은 어떠했는지를 관찰하는 것을 포함한다. 밝혀진 행동을 촉진했던 행동이나 활동이 밝혀지면, 대안적인 방법을 찾아내는 것이 가능할 것이다. 종종 문제의 원인은 환자에게 어려운 일들을 강요하고, 서두르고, 그들에게 화난 어조로 이야기하는 것이다. 알츠하이머 치매 환자가 대답이나 반응을 적절히 할 수 있는 데는 그들이 전에 필요했던 시간보다 더 많은 시간을 필요로 한다. 종종 환자에게 천천히 조용하게 말하는 행동으로 수정하고, 비교적 간단한 것을 요구하고, 쉬운 일을 골라서 주는 것은 긍정적인 반응의 결과를 낳는다. 가끔 모임을 줄이고 일상생활에 변화를 주는 등의 환경의 변화는 어려운 행동을 야기할 수 있는 혼동을 줄일 수 있다.

약물치료(medication)는 어떤 증후군을 조절하는 데는 유용할 수 있다. 고통, 우울증, 환각, 망상, 동요, 공격성은 정신사회적(psychosocial) 접근이 그들에게 부적합할 때 약물로서 경감될 수 있다. 간호 제공자는 의사에게 진단된 약물의 부작용과 그 위험을 줄일 수 있게 투여하는 법을 물어보는 것을 잊지 말아야 한다. 환자가 약을 먹은 뒤 그 반응을 감시하고 부작용이 있는지를 살펴보는 것, 그리고 환자가 질병의 다른 단계로 옮겨 간 뒤에도 그 약물이 필요한지를 평가하는 것은 필수적이다. 노인 의학 전문의(geriatrician) 또는 노인 정신건강 의학 전문의(geriatric psychiatrist)는 약물을 처방하고 그 영향을 감독할 수 있다.

초기와 중기 알츠하이머 치매 환자에게서 나타나는 전형적인 행동

반복적인 질문　　초기와 중기의 증상 중의 하나인 반복적인 질문은, 비록 그 대답을 바로 잊고 또 질문을 할지라도 환자의 기분을 상하게 하지 않기 위하여 대답을 해야 하는 의무감을 느끼는 간호 제공자를 극도로 피곤하게 만든다. 앞으로 다가올 일에 관한 불안은 이 반복적인 질문의 주요 동기가 된다. 환자가 간호 제공자를 일부러 괴롭히기 위해서가 아니라 그 자신을 통제할 수가 없기 때문에 그런 질문을 하는 것임을 알면 간호 제공자의 짜증을 줄이는 데 도움이 될 것이다. 만약 간호 제공자가 환자의 주의를 흐리면 환자는 질문할 것을 잊어버리고 그것을 더 이상 묻지 않을 것이다.

삶의 방식 적응

제리는 반복적으로 질문을 한다. "우리 언제 집에 가?" 그의 부인인 앨리스는 "나는 정말 미쳐 가요. 나는 우리가 집에서 살고 있다고 그에게 계속 이야기해 주었어요. 그는 듣지도 않고 같은 질문만을 계속 해요. 어떻게 해야 하나요?"라고 말했다. 상담자는 이 증상이 매우 다루기 힘들고 대부분의 간호 제공자를 화나게 만든다고 인정했다. 상담자는 "그가 말하려고 하는 것과 그가 표현하려고 했던 기분이 무엇인지 생각해 봅시다."라고 말했다. 앨리스는 "나 자신에게 그것이 질병 때문이라고 세뇌하지만 정말 참기 힘들어요."라고 말했다. 상담자는 앨리스가 제리를 이해하는 것에 대해 칭찬을 해 주었고, 제리가 자꾸 집으로 가자고 하는 것이 무엇을 표현하려고 하는 것인지 곰곰이 생각해 보라고 했다. 앨리스는 "아마 그는 그의 어린 시절에 살던 집을 생각하거나 아마 길을 잃어버렸다고 생각할지도 몰라요."라고 말했다. 상담자와 앨리스는 제리가 그 반복적인 질문을 그만할 수 있도록 그의 주의를 다른 데로 돌리고, 그의 감정을 표현할 수 있는 방안을 찾아보았다. 앨리스는 그가 과거의 일을 회상하는 것처럼 보이므로 그가 어린 시절 이야기를 하는 것을 좋아할 것이라고 생각했다. 상담자는 "앨리스, 정말 좋은 생각을 해냈어요. 어떤 일이 일어나는지 제게 말해 주세요."라고 요청했다.

떠돌아다니기와 길 잃기   떠돌아다니는 것(wandering)에도 많은 유형이 있다. 만약 그것이 집 주변이나 안전한 곳을 걷는 것이라면, 간호 제공자를 귀찮게 하기는 해도 위험한 일은 아니다. 그것은 환자가 지루하다거나 운동이 필요하다는 것을 나

타내는 신호일 것이다.

알츠하이머 치매 환자는 동행하는 사람이 없이 홀로 집을 떠나면 길을 잃을 것이다.[7] 집을 떠나 떠돌아다니는 대부분의 환자는 도움이 없이는 다시 돌아올 수 없고 오랜 기간 동안 찾지 못하는 위험에 노출된다. 그들의 대부분은 차에 치일 수 있는 길 한복판에 서 있는 채로 발견된다.

알츠하이머 치매 환자는 직장에 가야 한다거나, 집에 있어야 한다는 것을 모른 채 집에 가야 한다면서 집을 나가기(외출하기) 위한 이유를 댄다.

간호 제공자는 집을 떠나려는 이유를 대화의 기초로 삼아, 환자가 진짜로 떠나려는 것으로부터 주의를 딴 데로 돌릴 수 있다. 만약 환자가 고집을 피우면, 간호 제공자는 그와 함께 가야 할 것이다. 아마 간호 제공자는 그가 가졌던 원래의 계획을 잊고 집에 돌아오려고 할 때까지 다른 이야기를 하면서 그의 주의를 전환해야 할 것이다.

간호 제공자에게는 초기 알츠하이머 치매 환자의 안전을 위하여 언제 환자의 자유를 제한할지 판단하는 것이 어려운 일이다. 간호 제공자는 가능한 한 환자의 독립성을 제한하지 않으면서도 환자를 안전하게 보호해야 하기 때문이다. 보호책으로서, 모든 간호 제공자는 알츠하이머 치매 환자를 안전 귀가 프로그램에 등록해야 한다. 전국의 알츠하이머 협회의 모든 지부에는 지역적인 법률 기관과 협력하고 있는 이런 프로그램을 가지고 있다. 환자는 팔찌, 이름표, 발찌 등의 신원을 알려 줄 수 있는 증서를 착용해야 하고, 간호 제공자는 그들의 책임자로서 알츠하이머 치매 환자의 안전을 확인할 수 있는 카드를 가지고 다녀야 한다.

---

7) 이런 일을 예방하기 위하여 이름과 연락처(집 전화번호나 휴대폰 번호, 약도 등)를 적은 이름표를 옷에 달아서 외출할 때 연락이 되도록 하는 배려와 주의가 필요하다. 또는 알츠하이머 치매 노인이 입고 있는 옷 주머니에 넣어 두는 것도 좋은 방법이다. 또는 치매 노인이 집을 떠나 길을 잃고 여기저기를 배회할 경우 찾을 수 있도록 위치 확인이 가능한 전자 발찌(현재 아동 대상 성범죄자의 위치 확인용으로 이용되고 있음)를 부착하게 하는 것도 해결 방법이 될 수 있다.

실종·가출한 (장애) 아동과 청소년, 노인은 3일이 지나면 현실적으로 가족이 찾기가 힘들며, 위치 추적도 쉽지가 않다는 문제가 있음. - 역자 주

삶의 방식 적응

알츠하이머 치매 환자인 심스 씨는 편의점에서 신문을 사러 매일 아침 시내로 나간다. 어느 날 점심시간까지도 그가 돌아오지 않자, 그의 부인은 놀라 상담자에게 전화를 걸었다. "그는 항상 한 시간 정도 지나면 집에 돌아왔어요. 아마 그가 친구를 만났거나 커피를 마시고 있다고 생각했는데, 벌써 세 시간이나 지났어요. 나는 가게로 가 봤어요. 그리고 지배인은 나에게 그가 오래전에 가게에서 나갔다고 했어요. 내가 지금 어떻게 해야 하지요?" 상담자는 그녀에게 지역 경찰서에 전화를 하라고 했다. 그녀는 전화를 받은 경찰관에게 남편이 알츠하이머 치매 환자임을 밝혔다. 그는 그녀가 환자의 최근 사진이 있으면 집으로 보낼 경찰관에게 그것을 건네주라고 했다. 그는 그녀가 집에 있을 것과 그녀의 남편이 돌아오면 자신에게 전화를 해 줄 것을 부탁했다. 다행히, 잠시 후에 이웃이 심스 씨가 고속도로를 따라 걷고 있는 것을 발견했다. 그 이웃은 차를 세워 그를 태웠다. 심스 씨는 "고맙습니다. 집에 가고 싶어요. 당신은 제가 어디 사는지 알고 있나요?"라고 말했다. 그 이웃은 그렇다고 말하고는 그를 집까지 태워다 주었다. 다행히, 배가 고픈 것과 피곤한 것만 제외하고는 그는 괜찮았다. 그는 누가 걱정을 왜 하고 있었는지도 모른 채, "문제가 뭐야? 나는 내가 어디 다녀왔는지 알아."라는 말을 계속했다. 부인은 남편이 돌아왔다고 경찰에 전화를 했고 그다음에 상담자에게 전화를 걸었다. 그녀는 상담자에게 이런 일이 일어난 것에 관하여 매우 죄책감을 느낀다고 말했다. "만약 아빠가 길을 잃어버렸다는 것을 우리 애들이 알면 뭐라고 할까요?" 상담자는 심슨 씨가 그의 규칙적인 일상을 언제 벗어날지 알 수 없다는 것과 그는 그가 느낀 즐거움을 다시 느끼기 위하여 위험을 감수할 것이라는 것을 지적해 주었다. 부인은 "지금까지 그는 길을 잃은 적이 없어요. 그러나 이제부터 그가 신문을 사러 갈 때 나는 그와 함께 가야겠어요."라고 말했다. 상담자는 동의하며 한마디 덧붙였다. "당신이 고민하고 있다는 것은 알지만, 당신이 보지 않고 있는 사이에 그가 떠돌아다닐 것을 대비하여 남편을 안전 귀가 프로그램에 등록해 주세요. 또 문에 특별 잠금 장치를 설치하는 것도 고려해 보세요."

늘 따라다니기   경중증 단계의 알츠하이머 치매 환자는 간호 제공자가 근처에 있을 때도 그들과 최대한 가까운 곳에 있으려고 한다. 이 행동은 수행원 또는 동반자가 늘 따라다니기(shadowing)라고 불린다. 간호 제공자는 욕실에서조차 혼자 있을 수 있는 시간이 없는 것을 불평한다.

삶의 방식 적응

빙 씨는 온 집안에서 그 부인을 따라다닌다. 그녀는 상담자에게 "나는 그가 없이 식사를 준비해 본 적이 없어요."라고 말했다. 상담자는 부인에게 이 늘 따라다니기 증상의 원인은 알츠하이머 치매 환자가 불안하고 두려운 감정을 느끼기 때문이라고 상기해 주었다. 그녀가 그의 안전 담요(security blanket)가 된 이래 그는 그녀를 따라다녔다. 상담자는 그녀가 부엌에서 식사를 준비할 때 그에게 양상추를 씻고 잎을 떼는 일거리 같은 것을 하게 해 주라고 제안했다. 그녀는 부인에게 그에게 칼을 주지 말 것과 부엌을 떠나지 못하게 할 것을 주의하라고 했다. 남편을 바쁘게 만드는 것은 어려운 상황을 쉽게 만들 수 있고, 그가 그녀에게 도움을 줄 수 있게 만들 것이다.

물건 숨기기 그리고 물건을 찾지 못함　　물건을 숨기는 환자는 그것을 보호하기 위하여 안전한 곳에 두기를 원한다. 그 장소가 적당한지에 관하여는 명백한 논리가 없지만, 그 행동을 하는 어떤 논리는 있을 것이다. 그들은 그 물건을 치웠다는 사실을 기억하지 못하기 때문에 그것을 찾지 못하고 다른 누군가가 가져갔다고 생각할 것이다. 간호 제공자는 환자에게 그 물건을 잃어버렸다고 하고 환자가 그것을 찾는 것을 도와주는 것이 좋다. 만약 환자가 냉장고와 같이 자주 이용하는 숨기는 장소가 있다면 간호 제공자는 그 장소부터 찾아보아야 한다. 만약 그 물건을 찾지 못하면 결국 그는 무엇을 찾고 있었는지를 잊고 다른 물건에 관심을 갖게 된다.

삶의 방식 적응

파멜라의 오빠는 그녀를 돌보고 있다. 그는 그녀가 돈 계산을 하지 못한 이래로 그녀의 경제적 문제를 관리해 주기 시작했다. 한 달에 한 번, 그는 그녀의 집에 가서 청구서 대금을 지불하고, 연금을 관리하며, 관리비를 인출한다. 어느 날 그가 상담자에게 전화를 걸어, "내 동생의 통장을 못 찾겠어요. 그녀는 그녀가 늘 두던 곳에 두었다고 하는데, 모든 서랍을 열어 봐도 찾을 수가 없네요. 그녀는 또한 며칠 동안 그녀의 시계를 찾아보았다고 했어요. 그녀는 누가 가져간 것 같다고 해요."라고 말했다. 상담자는 그가 냉장고, 욕실 수납장, 코트의 주머니와 같이 숨기지 않을 만한 곳을 찾아볼 것을 제안했다. 그는 상담자에게 전화를 걸어, "당신이 옳았어요. 그녀의 통장과 시계가 냉장고에 있었어요. 내 동생은 언제나 음식이 탈까 봐 걱정을 하거든요. 그래서 그녀가 중요한 물건들을 그곳에 두었나 봐요."라고 말했다.

우울증, 무관심 그리고 위축　　알츠하이머 치매의 초기와 중기에 우울증의 증상이 나타나는 몇 가지 이유가 있다. 전문가들은 이 증상들이 알츠하이머 치매에 의하여 야기된 신경의학적 변화 때문인지 혹은 심리적 요인 때문인지에 관하여 의견의 일치를 보지 못하고 있다.

치매 환자는 무관심하고 수동적이거나 무엇이든 하려고 하지 않는다. 그들은 천천히 움직이고 말수가 거의 없다. 그들은 자주 울먹이고 심지어 죽고 싶다고 말한다. 만약 환자가 시무룩해하고 시간을 혼자서 보낸다면, 환자의 현재 능력에 적합하고 전에 즐겼던 활동들을 통해 자극적인 활동을 시켜 보는 것이 도움이 될 것이다.

만약 이 증상들이 몇 주 이상 지속되면, 간호 제공자는 의사에게 조언을 구해야 한다. 원인이 무엇이든 간에 알츠하이머 치매 환자의 우울증은 효과적으로 치료될 수 있다. 우울증을 겪는 노인 치매 환자에게 적당한 치료 약물이 시중에 나와 있다.

간호 제공자는 환자가 알츠하이머 초기 환자를 위한 지지 집단에 가입하기를 권할 수 있다. 이 집단은 동료애를 갖게 해 주고 사람들이 질병을 대처할 수 있도록 돕는다. 혼자 있는 시간을 줄이고 자존감을 높임으로써, 이 집단은 환자가 우울증으로부터 벗어나도록 도와줄 수 있다. 만약 간호 제공자가 환자 스스로 그 질병 때문에 사회 활동에서 물러나는 것같이 보인다면, 덜 부담스러운 사회환경과 기억력 장애 및 치매 환자를 위한 활동들이 도움이 될 것이다.

경중증 및 약간 심한 중증의 알츠하이머 치매의 전형적인 행동

동요(agitation)   동요는 목소리(vocal) 또는 운동신경(motor)과 관련된 행동이다 (소리 지르기, 불평하기, 신음하기, 욕하기, 걷기, 초조해 하기, 떠돌아다니기 등). 이 행동들은 종종 분열성(disruptive)이고, 불안전하며 돌보는 일을 방해한다. 동요는 간호 제공자와 가족에게 가장 다루기 힘든 증상이고 알츠하이머 치매 환자를 공공기관에 수용하거나 전문가에게 보내게 되는 가장 흔한 이유이다. 다른 행동적 증상과는 달리, 동요는 흔하게 발병되고 상당히 오랜 기간 지속된다. 오후와 저녁에 알츠하이머 치매 환자의 동요 증상이 악화되는 것을 일몰(日沒, sundowning) 증상[8]이라고 한다.

동요는 알츠하이머 치매 환자에게 의학적으로 문제가 있다는 첫 번째 신호이다. 다른 초치가 고려되기 전에, 요로 감염, 골절, 욕창, 변비, 또는 약물에 대한 반응이나 상호작용과 같은 고칠 수 있는 원인을 찾기 위하여 철저한 의학적 평가를 해야 한다. 신체적인 질병이 제거되면, 정신병리학적인 치료가 적절히 수행되어야 한다.

동요는 배고픔, 두려움, 고통 등과 같이 환자가 말로 표현할 수 없는 느낌들을 표현하려는 시도일 수도 있다. 간호 제공자는 이런 표시들을 읽는 것을 배우고 화장실에 가고 싶다거나 지루하다거나 고통스러운 감정을 나타내기 위하여 어떤 동요된 행동을 보이는지 알아야 한다.

가끔 동요는 환자를 다른 장소에 데려가고 산책을 시켜 줌으로써 좋아질 수 있다. 환자에게 잡지 보기, 음악 듣기, 휴지 접기, 물건 정리하기 등의 재미있는 활동을 시킴으로써 그들의 주의를 흐릴 수도 있다. 물리적인 환경은 동요에 영향을 끼친다. 알츠하이머 치매 환자에게 영향을 끼칠 수 있는 반짝거리는 빛이나 그림자들을 조절하기 위하여 방에 전등 밝기 양을 조절하는 것은 도움이 된다. 가끔 중재가 없더라도 환자에게 고통을 주었던 원인이 사라지거나 그것을 잊어버려 환자가 조용해지기도 한다.

---

8) 노인과 인지장애를 지닌 사람이 해가 질 때 혼란을 느끼고 시간, 장소, 관계 등에 대한 식별력을 잃게 되는 상태 - 역자 주

공격성(aggression)   알츠하이머 치매 환자의 공격적인 행동은 동요의 한 형태로 인식된다. 욕설이나 소리 지르기 같은 언어적 공격은 고통, 두려움, 우울과 같은 느낌 때문에 생길 것이고 단어로 그 자신의 느낌을 표현할 수 없는 사람의 대화의 한 수단으로서 사용될 것이다. 비록 실제적으로 신체적인 공격은 거의 일어나지 않지만, 가끔 알츠하이머 치매 환자는 협박처럼 보이는 팔 흔들기, 주먹 쥐기, 다른 사람을 잡기 등의 행동을 보인다. 만약 환자가 신체적으로 공격적이 되면 간호 제공자는 겁먹을 수도 있다. 그 순간에 간호 제공자는 환자로부터 일정한 거리를 유지해야 한다. 예를 들어, 환자는 공격적인 방법으로 칼을 들 수 있다. 환자가 동요되어 있는 동안에는 협박을 당한 사람은 칼을 뺏으려고 해서는 안 된다. 가장 좋은 방법은 환자가 왜 자신이 화가 났는지 잊을 때까지 그 시야에서 사라지는 것이다.

행동이 위험하다면, 간호 제공자는 그 위험을 누그러트리기 위하여 어떤 조치가 필요한지 알아야 한다. 간호 제공자는 위험한 상황 앞에서도 그 행동의 의미를 확대 해석한다고 생각하여 어떤 변화나 예방책을 만들지 못한다. 그런 경우에는 안전한 편에 서는 것이 더 좋을 것이다. 예를 들어, 칼과 같은 날카로운 물건은 알츠하이머 치매 환자를 감독할 수 없는 곳에 두어서는 안 된다.

간호 제공자는 안심시키는 말을 사용하며 조용하게 말해야 한다. 환자는 격앙된 목소리에는 화난 채 대답할 것이고 더욱더 화를 낼 것이다. 간호 제공자는 환자의 손을 다독이고 껴안아 주는 등의 비언어적 대화를 사용하는 것이 좋다. 알츠하이머 치매 환자에게 중요한 사람의 이야기를 하거나 환자의 어린 시절 사진을 주거나 손에 부드러운 것을 쥐어 주면서 환자의 주의를 다른 데로 돌릴 수 있다. 간호 제공자가 나가 있겠다고 말하면서 잠시 밖에 나가 있는 것이 간호 제공자를 위해 좋을 수도 있다. 만약 환자가 진정이 되지 않고 간호 제공자가 계속 겁을 먹고 있다면, 경찰이 오면 환자가 더 화를 낼 수 있기 때문에 다른 모든 방법을 동원해도 안 된다는 전제하에 경찰을 부르는 것이 필요하다.

간호 제공자는 재발을 방지하기 위하여 알츠하이머 치매 환자가 흥분하는 원인이 무엇이었는지 파악하려고 노력해야 한다. 아마도 간호 제공자가 좌절감을 느꼈거나 서둘러야 했거나 혹은 환자가 신체적인 어떤 행동을 강요받았을 수 있다. 다른 사람과 마찬가지로 알츠하이머 치매 환자도 명령(command)보다는 초대(invitation)에 더 잘 반응한다.

수면장애(sleep disturbances)   알츠하이머 치매는 일주기 리듬(circadian rhythms) 장애를 야기한다. 결과적으로, 불면증 또는 수면 각성 주기(sleep-wake cycle) 장애는 알츠하이머 치매에서는 흔한 일이고 환자 중 20~40%가 이 장애를 일으킨다. 질병의 신경의학적 영향에 덧붙여 지루함, 낮 시간의 취침, 일상생활의 부족, 활동 또는 운동 부족, 식이요법 또는 식사 시간, 화장실에 가야 할 필요, 불안 또는 우울 등은 알츠하이머 치매 환자를 밤에 자지 못하게 할 수 있는 원인이 된다. 몇 시인지 또는 어디인지 혼동하는 환자는 한밤중에 일하러 가야 하니 집을 나가야 한다고 고집을 피울 수도 있다. 이런 행동은 환자를 돌보고 있는 가족을 밤에 자지 못하게 하고 또한 그들이 환자가 집을 나서지 못하게 또는 자해(自害, self-injury)를 하지 못하게 감시해야 하기 때문에 그들에게 중대한 고통과 수면 부족을 일으킬 수 있다.

비록 이 문제점을 완벽하게 피할 수는 없지만, 환자를 낮에 활발히 활동하게 하고 신체적 활동을 매일 하도록 하는 것은 도움이 될 것이다. 환자는 잠들기 전에 화장실에 들르는 것이 좋다. 가끔 음악 또는 따뜻한 우유 한 잔은 잠을 유도할 수 있다. 좋아하는 베개, 담요, 또는 잠옷은 위안을 줄 것이다. 만약 환자가 침대에서 자는 것을 원하지 않는다면, 다른 편안하고 안전한 장소를 침대처럼 사용할 수도 있을 것이다.

밤 동안 깨어 있는 환자에게 간호 제공자가 지금이 저녁이라는 사실을 알려 준다면 환자는 다시 잠자리에 들 것이다. 만약 환자가 밤에도 잠자지 못하고 위험에 처해 있지 않는다면, 이것은 질병의 단계에서 보이는 증상일 뿐이고 시간이 지나면 나아질 수 있다는 사실을 받아들여야 한다. 만약 환자가 한밤중에 집을 나선다고 고집을 피우면, 간호 제공자는 그가 잠들었을 때 환자가 열 수 없는 잠금 장치나 다른 안전장치를 설치해 놓아야 한다.

알츠하이머 치매 환자가 밤에 잠을 자지 않는 경우에 간호 제공자는 정서적으로나 신체적으로 지치게 될 것이다. 만약 환자가 밤에 자지 않는다면, 간호 제공자는 환자와 다른 방에서 자고 싶어 할 것이다. 그런 간호 제공자를 위해서 환자를 밤에만 돌봐 주는 유료 가정 건강 도우미가 해결책이 될 수 있다. 잘 수 없는 간호 제공자를 위하여 환자를 며칠간 밤에 돌봐 주는 프로그램도 있다. 환자의 담당 의사는 환자가 밤에 잠을 자도록 약물을 처방해 줄 수 있다.

테드는 몇 주 동안 밤중에 대여섯 번을 잠에서 깼고, 밀리는 완전히 기진맥진했다. 그녀가 잠을 잘 만하면 그는 불을 켜고 일어나는 것 같았다. 그는 부엌에 가서 우유를 마시는데 그녀보고 같이 가자고 하거나 공원에 같이 산책하러 가자고 했다. 다음번에 정기 검진을 위하여 테드를 의사에게 데리고 갔을 때, 그녀는 테드가 잠을 잘 자지 못한다고 이야기했다. 의사는 테드가 잠을 잘 수 있는 약물을 처방해 주었다. 그녀는 약을 받아 왔지만 그것을 테드에게 주지 않았다. 며칠 뒤 그녀는 심리 상담자에게 전화를 걸어 테드가 수면제를 먹는 것이 건강에 나쁠까 봐 그에게 주기가 두렵다고 이야기했다. 심리 상담자는 "의사에게 당신의 고민을 이야기했나요?"라고 물었다. 밀리는 "네, 그리고 그는 괜찮다고 말했어요."라고 말했다. 심리 상담자는 장난스럽게, "테드에게 그 약을 주거나 당신이 먹거나 해야 해요. 둘 중의 한 방법은 당신을 편안하게 잠들 수 있게 해 줄 거예요. 그러나 만일 당신이 그 약을 먹으면 깨어나지 못하기 때문에 그를 돌볼 수가 없어 그가 위험에 빠질 수도 있어요."라고 말했다. 밀리는 웃으며 이야기의 요점을 파악했다. "당신 말이 맞아요. 나는 그에게 약을 주겠어요. 그러면 우리는 밤에 잠을 잘 수 있겠지요."

환각(hallucinations), **망상**(delusions) 그리고 **편집증**(paranoia)　망상은 아무 문제가 되지 않는 대상에 대한 잘못된 믿음이다. 그러나 알츠하이머 치매 환자의 가장 흔한 망상은 편집증적이거나 잘못된 대상에 관한 망상이고, 이것은 환자가 위험한 방식으로 행동하게 만든다. 예를 들어, 그가 수십 년 더 젊은 시절의 자신이라고 믿는 치매 환자는 과거의 부인 모습만을 떠올리고 현재의 부인을 알아보지 못하여, 부인에 대하여 두려움을 느끼거나 심지어는 도망가려는 시도를 하기도 한다. 그 환자는 망상을 진실로 믿고 있기 때문에 환자에게 반박하는 것은 유용하지 못하다. 차라리 간호 제공자가 환자를 이해하고, 편안하게 대해 주고 그를 보호해 주어야 한다.

삶의 방식 적응

버사와 샘은 결혼한 지 40년이 되었다. 샘은 중증의 치매 환자이다. 어느 날 버사는 고통스러운 상태에서 상담자에게 전화를 걸어, "샘은 내가 그의 아내가 아니래요. 그는 왜 그가 여기에 있는지 알고 싶어 해요. 나는 그에게 내가 버사라고 이야기하는데 그는 믿어 주지 않아요. 오늘 아침에 그는 왜 나보고 이상한 여자를 집에 있게 하느냐고 해요. '당신은 왜 그래? 왜 당신은 그 여자가 당신의 옷을 입고 당신의 향수를 뿌리게 해? 그 여자가 어제 밤에는 당신 침대에서 잤잖아.'라고 말했어요. 나는 그에게 낯선 여자는 없으며 내가 거기 있었던 거라고 이야기해 주었어요. 이 일들은 무엇을 의미하는 것일까요? 왜 그는 나를 믿지 않나요?"라고 말했다. 상담자는 동정하며 샘이 그녀를 기억하지 못하는 것에 대해 그녀가 얼마나 힘들지 이해가 간다고 말했다. 그녀는 버사에게 남편에게서 그 낯선 여자를 잊게 하는 것은 불가능하고, 그녀가 그렇게 할수록 그녀와 그의 화만 나게 할 뿐이라고 했다. 상담자는 버사에게 "그 여자에게 당신을 혼자 있게 내버려 두라고 말해 줄게요. 내가 그녀로부터 당신을 보호하고 나는 당신을 떠나지 않을 거예요."라고 그에게 말할 것을 제안했다.

환각은 환자가 존재하지 않는 것을 보고, 듣고, 냄새 맡고, 맛보고, 느끼게 하는, 환자의 감각을 포함하는 물체와 사건의 거짓 지각이다. 그것은 알츠하이머 치매로 인한 뇌의 변화로 인하여 유발된다. 알츠하이머 치매 환자는 청각적 환각보다는 시각적 환각에 더욱 시달린다. 환자는 커튼 뒤에 있는 사람의 얼굴을 보거나 자신에게 말을 거는 사람의 목소리를 듣거나 상상 속의 사람과 이야기를 하기도 한다. 시각적, 청각적 장애가 알츠하이머 치매 환자를 감각적 환각에 시달리게 할 수도 있기 때문에, 시각, 청각의 철저한 검사는 잠재적 기여 요소들의 확인과 교정을 위해서 매우 중요하다. 간호 제공자들은 외부 자극(텔레비전과 같은)을 알츠하이머 치매 환자가 잘못 해석할 수도 있다는 것을 알아야 한다.

알츠하이머 치매 환자는 사람을 잘 의심하게 된다. 만약 그들이 어떤 사람이 그들을 해(害)치려고 한다고 생각하면, 그들은 경찰에 전화를 할 것이다. 그들은 배우자를 간통으로 고소한 사건으로 인하여 이미 알려졌을 것이다. 편집증적인 행동은 질병 고유의 기억 결함과 관련되어 있을 수 있다. 예를 들어, 만약 환자가 물건을 안전한 장소에 두고 그 사실을 잊어버리면, 환자는 간호 제공자나 다른 사람이 그것을 가져갔다고 그들을 고발할 것이다.

간호 제공자는 환자의 편집증적인 생각이 환자에게는 진실이라는 것과 환자가 가진 생각의 논리를 따질 필요가 없다는 것을 이해하여야 한다. 그 대신, 환자가 잃어버린 물건을 찾도록 도움을 주는 것이 도움이 될 것이다. 예를 들어, 만약 환자인 아내가 그 남편이 지갑을 훔쳐갔다고 고소했다면, 그는 "같이 찾아봅시다."라고 말할 수 있을 것이다. 아마 그는 그녀가 어디다 두었는지 알 수 있을 것이고, 실제로 그 물건을 찾거나 또는 그녀의 주의를 분산시켜 그녀가 그 사실을 잊기를 바랄 것이다.

망상 또는 환각은 환자에게는 고통이 아니기 때문에, 아마도 그것을 치료할 필요는 없을 것이다. 예를 들어, 알츠하이머 치매 환자는 텔레비전에 나오는 주인공이 진짜라고 생각해 집에 초대받은 손님으로 여기고 반갑게 맞이할 것이다. 간호 제공자는 그 환자가 경험하여 보고 느끼는 대상에 대한 망상에 끼어들 필요가 없으며, 오히려 환자가 그 경험을 즐길 수 있도록 내버려 두는 것이 좋다.

알츠하이머 치매 환자가 망상이나 환각 때문에 화가 나거나 겁을 먹을 경우, 간호 제공자는 시간이 지나면 환자가 무서운 일을 잊는다는 것을 인식하여, 환자를 안심시키거나("당신에게 아무 일도 일어나지 않게 해 줄게요."), 주의를 분산시킬 수 있다 ("다른 방으로 가서 차 한잔 해요.").

환각, 망상 그리고 편집증적인 생각은 알츠하이머 치매 환자를 괴롭히는데, 이런 기술들이 도움이 되지 않을 때는 심리 상담자가 간호 제공자에게 그 상황을 평가할 수 있고 적절한 약물을 처방할 수 있는 의사를 추천해 줄 수 있다. 만약 그 의사가 환자의 담당 의사가 아니라면 간호 제공자는 그 의사에게 현재 환자가 복용하고 있는 약물을 알려 주고, 환자가 아프지 않다는 것을 확실히 하거나 약물에 대한 부작용을 피하기 위하여 부가적인 치료를 하기 전에 환자의 전체적인 의료 기록을 제공하여야 한다.

심리 상담자용 검목표(checklist)

알츠하이머 치매의 증상을 이해하고 대응하기
☐ 간호 제공자에게 환자를 자극하기 위한 적정한 수준을 찾아야 한다는 것과 환자의 요구가 시간에 지남에 따라 변하기 때문에 대응 환경을 조절할 준비를 해야 한다는 것을 알려 주기

알츠하이머 치매 환자에게 친화적인 환경을 만들기
☐ 간호 제공자에게 환자를 위한 안전한 환경을 만들 수 있는 지침을 제공하기
☐ 간호 제공자의 역할을 편안하게 해 줄 수 있는 간단하고 조용한 환경이 환자의 스트레스를 경감시킬 수 있다는 것을 간호 제공자가 이해하도록 도와주기

변화하는 삶의 방식
☐ 간호 제공자에게 환자는 친한 친구나 가족으로 구성된 소모임이 더욱 편안하다는 것을 알려 주기
☐ 간호 제공자에게 경중증 단계의 알츠하이머 치매 환자에게는 사회 활동의 제한 시간이 필요하다는 사실을 알려 주기
☐ 간호 제공자가 환자의 취미와 능력을 유지할 수 있는 사회 활동을 고를 수 있도록 도와주기
☐ 간호 제공자가 환자의 업무를 계획하는 데 필요한 지침을 제공하기
☐ 언어적인 능력을 잃은 환자가 쉽게 대화할 수 있도록 간호 제공자가 전략을 세우는 것을 도와주기
☐ 간호 제공자가 환자의 비언어적 대화를 해석하는 것을 도와주기
☐ 간호 제공자가 새로운 책임을 맡는 것을 꺼리는 이유를 조사하고 새로운 역할을 맡으면 도와주기
☐ 더 이상 운전을 하는 것이 안전하지 않음에도 환자가 운전을 하고 있다면, 운전 평가를 권유하고 다른 대안적인 교통수단을 찾아보기
☐ 일상생활에서도 도움을 필요로 하게 된 환자의 정서적인 면을 간호 제공자가 이해할 수 있도록 도와주기

다루기 어려운 행동

□ 간호 제공자가 다루기 어려운 행동을 통제하기 위한 약물들의 부작용을 최소화하기 위한 방법에 관하여 의사에게 물어볼 것을 상기시키기

□ 간호 제공자가 환자를 알츠하이머 협회의 안전 귀가 프로그램에 등록할 것을 촉구하기

□ 알츠하이머 치매 증상의 원인으로서의 다른 질병을 제거하기 위하여 환자가 철저한 의학적 평가를 받도록 제안하기

□ 간호 제공자가 환자의 공격적인 행동에 직면했을 때 적당한 조치가 무엇인지에 관하여 심리 상담을 해 보기

□ 수면장애에 관한 의학적 · 심리학적 평가와 환자를 안전하게 하기 위한 환경의 변화를 제안하고 간호 제공자에게 끼치는 영향을 줄이기

□ 난시와 난청이 환자의 환경 자극에 관한 오해의 소지가 될 수 있기 때문에 가능하다면 평가하고 치료받기(난시는 안경 조절로, 난청은 보청기 착용으로 어느 정도 불편함을 해소할 수 있으며 의료보험 혜택을 받을 수 있다.)

□ 간호 제공자가 환각과 망상을 경험하고 있는 환자를 안심시키고 주의를 분산시키기

□ 환자가 겪고 있는 망상과 환각이 환자에게나 간호 제공자에게 매우 고통을 유발한다면 간호 제공자에게 환자를 진단할 수 있는 의사를 추천해 주기

제10장

알츠하이머 치매 환자를
의학적으로 돌보기

    알츠하이머 치매 환자를 의학적으로 돌보는 일은 간호 제공자에게는 특별히 힘든 일이다. 알츠하이머 치매 환자는 감기 또는 자동차 사고, 암, 심장마비의 원인과 같은 삶을 위협하는 상황에서 견딜 만한 능력이 없다. 그럼에도 불구하고 알츠하이머 치매 환자를 제시간에 준비시키는 것, 교통편을 마련하는 것, 일단 병원에 가서도 치료에 협조를 하지 않는 것 등의 어려움이 있기 때문에 간호 제공자는 알츠하이머 치매 환자를 의사에게 데려가는 것을 피할 것이다. 이 장에서는 일상적 건강 돌봄의 중요성뿐만 아니라 의학적 응급상황에서 간호 제공자가 어떻게 준비해야 하는지, 알츠하이머 치매 환자의 입원과 관련된 특별히 요구 사항에 대처하도록 간호 제공자를 도와줄 수 있는 최선의 방법은 무엇인지에 관하여 논의해 볼 것이다.

알츠하이머 치매 환자를 위한 일상적 건강 돌봄

알츠하이머 치매 환자는 일반적으로 나이가 많고 그들 나이 또래의 다른 사람에 비해 많은 건강상의 문제를 가지고 있다. 대부분이 노인 의료보험 제도(Medicare)에 의하여 부분적으로나 전적으로 비용이 지불되는 정기적인 예방적 조치는 나이 든 다른 사람들과 같이 그들에게도 중요하다. 그들은 예시한 식이요법, 운동과 더불어, 암 검진, 치과 치료, 눈 검사, 청력 평가, 매년 감기 백신 접종을 포함한 정기적인 의학적 검사를 받아야 한다.

간호 제공자는 알츠하이머 치매 환자에 대해서 친척이 전적으로 의학적인 간호 책임을 맡을 것인지 또는 그 업무의 일부를 가족이나 유급 도우미에게 위임할 것인지를 결정하기 위하여 심리 상담을 필요로 할 것이다. 만약 간호 제공자가 업무를 다른 사람과 나누어서 해결한다면, 그는 건강을 돌보아 주는 사람 또는 그 업무가 위임된 사람에게 알츠하이머 치매 환자의 상태에 관한 소식을 들을 수 있어야 한다.

일상적 건강 돌봄의 중요성

심리 상담자는 간호 제공자가 일상적 건강 돌봄의 중요성을 알게 할 필요가 있다. 일상적인 병원 방문 시에, 의사는 알츠하이머 치매 환자가 대화를 할 수 없을 것에 관한 의학적인 문제를 알아낼 수 있을 것이다. 간호 제공자는 알츠하이머 치매 환자에게 첫 번째 질병의 신호가 나타나거나 신체 기능의 변화가 발생하면, 그 신체적인 질병이 다른 행동적인 문제를 일으켜 혼동을 일으키기 전에 환자를 의사에게 진찰받게 해야 한다. 요실금(incontinence) 또는 걸을 수 없는 것과 같은 기능적인 변화는 반드시 알츠하이머 치매의 진행 때문만은 아니고 다른 질병에 의해서도 발생할 수 있다.

일반적으로 알츠하이머 치매의 초기에는 명백한 신체적인 증거가 있는 것은 아니다. 그러나 질병이 진행됨에 따라서, 몇몇의 사람은 균형감각을 잃고 넘어져서 뼈를 다칠 수 있는 근육 경직의 신호를 보인다. 규칙적인 운동은 질병의 이런 신체적 증상을 연기해 줄 수 있을 것이다.

영양(nutrition)   환자의 식이요법은 과도한 체중 증가나 영양 부족 또는 당뇨나 비만 때문에 조절되어야 한다. 환자가 먹지 말아야 할 음식은 환자에게 안 보이는 곳에 두어야 한다. 혼자 살고 있는 알츠하이머 치매 환자는 언제 음식이 다 조리되었는지 알지 못하거나 또는 부엌일을 할 수 없기 때문에 음식을 사지 않을 것이다. 환자는 방금 먹은 음식을 잊고 또 그 음식을 먹거나 먹어야 한다는 사실 자체를 잊을 수도 있다. 만약 환자가 알츠하이머 치매의 초기 단계에 있다면, 간호 제공자는 그 환자를 노인 센터에 가게 하거나 가정 배달 급식 봉사(Meals on Wheels)와 같은 노인 대상의 서비스를 통해 음식이 집에 배달되게 하여 환자가 먹을 음식을 충분히 마련해 두어야 한다. 간호 제공자는 또한 바로 해동해 먹을 수 있는 음식을 마련해 두는 것을 원할 것이다. 환자의 질병이 심각해지면, 환자를 위해 다른 사람이 음식을 준비해 먹여 주어야 할 것이다.

물질 남용(substance abuse)   알츠하이머 치매 환자는 질병에 걸리기 전 알코올 남용 또는 약물 남용과 같은 문제를 가지고 있었을 수도 있다. 이런 물질들은 가끔 치매를 유발하고 그 증상을 더욱 악화시키기도 한다. 만약 간호 제공자가 환자가 알코올과 약물을 사용 중이고 그만두기를 거부한다고 보고하면, 심리 상담자는 그 물질들을 환자가 사용할 수 없게 두라고 제안하여야 한다. 이것은 가족, 친구, 알츠하이머 치매 환자와 접촉하는 누구라도 환자의 알코올과 약물 요구에 굴복하지 말아야 함을 의미한다. 알츠하이머 치매 환자에게 특별히 위험한 흡연은 불붙은 담배를 어디에 두었는지 잊어버릴 수 있기 때문에 화재를 일으킬 수 있다. 간호 제공자는 연기를 내는 물건에 대한 환자의 접근을 제한하고 환자가 그것들을 사용할 때는 다른 사람을 동반하여야 한다.

의사를 방문하는 문제를 다루기

치매의 단계는 환자의 의학적 돌봄의 요구에 참여하는 능력과 건강 돌봄 제공자에게 협조하는 능력에 영향을 끼친다. 경증의 단계에서 간호 제공자의 역할은 알츠하이머 치매 환자에게 의사와의 약속을 상기시켜 주고, 의사를 만나러 가는 동안 길을 잃지 않게 해 주고, 의사의 지시에 잘 따르도록 도와주는 것일 것이다. 질병의 이 단계에서는 환자의 상태를 잘 모르는 의사의 경우 치매의 증상을 곧 알아볼 수는 없을 것이며, 간호 제공자가 그 환자가 기억력 문제를 가지고 있음을 의사에게 말해 주어야 한다. 질환의 그다음 단계에서는 간호 제공자가 환자의 의학적 안녕을 위한 더 많은 책임을 가지며 의사를 방문 시에 따라가서 준비를 도와주고 약물을 주는 등 그 환자를 위한 모든 의학적 결정을 대신하여야 할 것이다. 만약 알츠하이머 환자가 신체적으로 아프다면 혼동, 화, 의심, 두려움 등의 치매 증상이 평소보다 심해져서 의사를 방문하는 것이 더욱 힘들어질 것이다. 그럼에도 불구하고 이런 방문은 새로운 증상이 더 심해지는 것을 막을 수 있을 것이다.

건강을 돌보는 데 있어서 생길 수 있는 문제

알츠하이머 치매의 경증 단계에 있는 래리는 언제나 스스로 자신의 건강을 돌보아 왔고, 그것은 그의 부인 마사와도 의논을 할 수 없는 사적인 일이라고 간주한다. 알츠하이머 치매가 발병된 이후로, 부인과 그 자녀는 그를 의사에게 데리고 가는 것에 애를 먹었다. 그는 검사를 받으면서도 혼자 있기를 원했고 부인이나 자녀가 의사와 이야기하기를 원하면 매우 화를 내면서 "간섭하지 마."라고 말했다. 의사는 래리가 사생활을 원하는 것은 이해하지만, 래리 혼자서는 자신의 건강을 돌볼 수 없다는 것을 알고 있었다. 그는 래리가 의사를 방문하기 전 부인이 먼저 방문의 이유를 상담할 수 있도록 부인이 전화를 걸어 의사를 만나고, 검사의 결과를 알기 위하여 부인이 다시 의사에게 전화를 걸도록 제안했다. 마사는 "래리를 감시하는 것은 마음에 걸리지만, 이것이 그가 건강하다는 것을 알기 위한 최선의 방법인 것 같네요."라고 말했다.

의사의 방문을 쉽게 하기 위하여 알츠하이머 치매의 후기에 있는 환자를 돌보고 있는 사람을 위해 다음과 같은 사항을 제안한다.

◆ 알츠하이머 치매 환자는 서두르기가 어렵기 때문에 의사와의 진찰 약속 시간까지 여유가 있게 시간을 남겨 두기
◆ 알츠하이머 치매 환자가 다른 사람을 기다리기 어렵기 때문에 환자를 준비시키기 전 옷을 입고 떠날 준비를 해 두기
◆ 의사가 사무실에 도착하기 전에 그 약속에 관하여 말하는 것을 피하기
◆ 알츠하이머 치매 환자를 돕거나 주의를 분산시키기 위하여 다른 가족 구성원이나 친구 또는 가정 건강 도우미를 데리고 오기
◆ 만약 환자가 경중증 또는 중증의 알츠하이머 치매 환자라면, 갈아입을 옷, 실금 대처 용품, 과자, 음료수, 휴대전화, 약품 등을 가방에 싸고, 사무실에서 기다리는 동안 환자가 할 수 있는 활동들을 준비해 두기

간호 제공자는 의사 방문 전에 서식을 작성하는 것과 같은 행정적인 세부 사항들을 관리하고 진찰실에서는 환자에게 항상 주의를 기울여야 한다. 알츠하이머 치매 환자는 조용히 앉아 있지 못하고 자신의 순서가 올 때까지 여기저기 돌아다니며 다른 사람의 물건을 만지며 다니고 대화에 흥미가 없는 사람에게 말을 걸려고 할 수 있다. 간호 제공자는 환자와 함께 간식을 먹거나 잡지를 보는 등의 활동으로 환자의 주의를 집중시키려고 노력하여야 한다. 간호 제공자는 또한 병원이 바쁘지 않고 기다리는 시간이 짧을 때로 예약 시간을 정해야 한다.

알츠하이머 치매 환자는 병원 내의 검사실에 들어가기를 거부할 수 있다. 간호 제공자는 환자에게 잠시 뒤에 다시 들어가자고 시도해 보거나, 화장실에 가자고 제안하여 다시 돌아와서는 기다리는 곳으로 가지 않고 검사실로 바로 들어갈 수 있다. 의사는 검사실보다 덜 두려운 병원 내의 회의실에서 검사할 수도 있다.

알츠하이머 치매 환자를 앞에 두고 다른 사람과 그들이 없는 듯이 이야기하고 싶을 때도 있을 것이다. 치매 환자는 단어를 완벽하게 이해하지 못하고 혼란스러워할

지라도 무슨 말을 하고 있는가에 대한 어조는 알아챌 수 있을 것이다. 만약 간호 제공자가 의사에게 물어볼 내용이 있으면, 환자가 들을 수 없을 때 해야 할 것이다. 환자와 함께 검사실에 들어갈지 또는 소변 채취와 같은 어려운 절차를 밟을 때 환자를 도와줄 것인지를 결정할 때, 간호 제공자는 의사가 원하는 정확한 정보 자료 및 협조와 환자의 자존감 및 사생활을 지키고 싶은 마음 사이에서 조화를 잘 이루어야 할 것이다.

간호 제공자는 환자가 동요되고 비협조적인 이유가 그들이 불편하고 고통스럽다는 것을 말할 수 없기 때문이라는 사실을 기억해야 할 것이다. 만약 환자가 비협조적이라면, 간호 제공자는 의사에게 꼭 필요한 정보 자료를 제공해 주는 절차만을 수행하게 하거나 다음 기회에 하도록 요청해야 한다.

약물치료[1]

치매 환자는 약을 복용할 때 지시를 이해하거나 따르는 데 어려움을 겪을 것이다. 그들은 약을 먹어야 한다는 사실을 잊거나 이미 먹은 사실을 잊고 다시 약을 먹을 수도 있다. 간호 제공자는 어떤 약이 처방되었는지, 환자가 먹기 좋은 형태인지, 어떻게 먹는지에 관하여 알아야 한다. 경중 단계에 있는 알츠하이머 치매 환자는 약을 먹는 데 있어서 그것을 제시간에 먹을 수 없고 치료 계획을 따를 수도 없다. 만약 간호 제공자가 환자와 같이 살지 않는다면 빈 병이나 가득 찬 약물 병과 쏟아진 알약들이 없는지 검사해야 한다. 간호 제공자는 환자와 전화로 이야기할 때 그의 심경에 변화가 없는지 잘 살펴보아야 한다. 왜냐하면 그것이 그들의 약물에 대한 반응을 나타낼 수 있기 때문이다. 다른 사람이 환자를 돌보기 위해서 오는 시간에, 간호 제공자는 그들이 약 복용 시간을 잘 알고 있는지, 따라야 할 식단이나 제공해야 할 치료는 없는지에 관하여 확실히 알려 주어야 한다.

----

1) 참고가 될 만한 문헌을 소개한다. Sinacola, R. S., & Peters-Strickland, T. (2006). *Basic psychopharmacology for counselors and psychotherapists*. Boston: Pearson. - 역자 주

건강을 돌보는 데 있어서 생길 수 있는 문제

알츠하이머 치매의 초기 단계에 있는 헬렌은 혼자 살고 있는 독거노인이다. 그녀는 매일 고혈압과 당뇨 약을 먹고 있다. 그녀의 딸은 일주일에 서너 번 그녀를 방문한다. 매번 방문 시에 그녀는 어머니가 약을 잘 먹고 있는지 확인하기 위하여 약병을 검사한다. 당분간은 헬렌은 잘하고 있는 것처럼 보였으나, 최근에 그녀의 딸은 약병의 알약 수가 방문 때마다 줄어들지 않는다는 것을 알아챘다. 그녀의 어머니는 그녀의 심장이 너무 빨리 뛰어 가끔 자신이 쇠약해지는 느낌이 든다고 불평했다. 그녀가 어머니를 모시고 병원에 갔을 때, 의사는 그녀의 증상이 약을 규칙적으로 먹지 않았기 때문이라고 말했다. 딸에게 어머니가 혼자서 자신을 돌보는 것이 현명하지 못한 방법이라고 몇 번 알려 주었던 의사는 "만약 어머니가 처방대로 약을 먹지 않았더라면 병세가 심각해질 뻔한 상황이 몇 차례 있었어요. 어머니는 약을 먹어야 할 때 약을 챙겨 줄 사람이 필요해요. 당신의 마지막 방문 이래로 어머니가 5파운드나 살이 빠진 걸 보면 약을 제때 먹지 않은 것 같아요. 당뇨가 있는 사람에게 식단을 감독하는 것과 규칙적인 식사는 매우 중요해요. 시간제라도 가정 돌봄(home care)을 시도해 보는 것이 좋아요. 만약 당신이 약에 관한 설명을 해 주면, 가정 건강 돌봄이가 그 약을 어머니에게 드릴 거예요. 그녀는 또한 어머니를 위해 식사를 준비해 줄 수 있을 거예요. 이런 돌봄에 돈을 내주는 저소득층 의료보장 제도(Medicaid)에 어머니가 지원 가능한지 알아보세요. 내 비서가 당신이 전화해 볼 수 있는 가정 건강 돌봄 기관들의 목록을 줄 거예요. 어머니가 어떻게 지내는지 확인해 볼 수 있도록 한 달 안에 당신의 어머니와 다시 방문을 해 보세요."라고 말했다.

약은 책임 있는 성인이 찾아낼 수 있는 장소에 보관해야 하고, 알츠하이머 치매 환자의 손이 닿는 곳에 두면 안 된다. 약이 일정에 맞게 처방된 용량대로 복용되고 있는지 확실하게 하기 위하여, 간호 제공자는 약을 그날 그날에 맞게 표시해 둘 수 있다. 어떤 약은 식사 시간에 접시 옆 냅킨에 두면 환자가 그것들을 복용하는 것을 잊어버리지 않을 수 있을 것이다. 좀 더 심각한 치매 단계에서는 환자가 가끔 고집스럽게 되어 아무 이유 없이 약을 복용하는 것을 거부할 수도 있다. 심리 상담자는 환자가 계속 거부할 때 약을 먹고 나면 쿠키 같은 특별한 음식을 주겠다고 말하는 것이 도움이 될 수 있을 것이라고 제안할 수 있다. 만약 환자가 거부한다면, 간호 제공자는 잠시 기다렸다가 다시 시도할 수 있을 것이다.

알츠하이머 치매의 후기에는 삼키는 것이 어려워지므로 환자가 약을 복용하기가 더욱 어려워질 것이다. 간호 제공자는 의사에게 알약을 가루로 만들 수 있는지 또는 약을 액체 형태로 만들 수 있는지 요청할 수 있다.

의학적 결정을 내릴 때 환자를 포함시키기

만약 알츠하이머 치매 환자가 특정 종류의 치료를 선호한다는 의견을 표현하면, 그의 의견을 가능하면 따라야 할 것이다. 의학적 결정을 내릴 때, 가족 구성원이 알츠하이머 치매 환자의 의견을 어느 정도까지 존중해야 하는가에 관한 고정된 규칙은 없다. 그럼에도 불구하고 결정을 내리는 과정에서 알츠하이머 치매 환자를 포함시키려고 시도하는 것은 매우 중요하다. 치매가 상당히 진행된 상태이더라도, 간단한 용어로 설명을 해 준다면 환자가 어느 정도는 결정을 내릴 수 있을 것이다.

환자 대신 결정을 내릴 수 있는 사람을 자발적으로 정하지 않았다면, 환자는 그 결정을 계속 내릴 수 있는 법적인 권리가 있다는 것을 유념해야 한다. 오직 정식의 법적 절차만이 인간의 개인적인 자주성을 제한할 수 있는 것이다. 필연적으로 알츠하이머 치매 환자가 궁극에 가서는 대부분의 결정을 내릴 수 없게 되기 때문에, 알츠하이머 치매 환자가 그들의 의견을 표현할 수 있을 때 어떤 의학적인 돌봄을 원하는지 그리고 결정을 내릴 수 있는 권한을 다른 사람에게 위임한다는 것에 대한 법적 서류를 미리 의논하고 준비해 두어야 한다.

필요한 절차를 결정하기

알츠하이머 치매 환자에 대한 치료를 담당한 의사는 입원 시 필요한 검사 또는 절차를 따를 것을 권유할 것이다. 심리 상담자는 간호 제공자가 의사에게 미리 동의하기 전에, 검사와 절차에 무엇이 포함되는지, 그것이 절대적으로 필요한지, 무엇을 달성할 수 있는지, 만약 검사나 절차를 하지 않거나 미루게 되면 어떤 일이 일어나는지에 관하여 의사에게 물어보라고 제안할 수 있다. 절차와 검사 시에 위험한 점은 없는지 물어보는 것도 중요하다. 고려하여야 할 다른 사항은 마취가 사용되는지 그리고 그것이 치매 환자에게 끼치는 영향에 관한 것이다. 간호 제공자는 또한 회복 기간과 그 기간 동안 필요한 부가적인 돌봄에 관하여도 물어볼 수 있다. 만약 환자가 차후의 돌보는 기간 동안 지시를 따르지 않으려고 하면 특별한 준비가 필요할 것이다.

간호 제공자는 그 절차를 수술실에서 하는지, 같은 동의 병원에서 하는지, 알츠하이머 치매 환자를 병원에서 돌볼 때 생기는 어려움을 피하기 위하여 의사의 진료실에서 하는지에 관하여 알아두어야 한다. 반면 환자가 고통이나 접촉에 관하여 매우 걱정하고 예민하다면, 고통을 덜어 줄 더 많은 선택을 할 수 있는 병원에서 치료하는 것이 더 좋을 것이다. 만약 간호 제공자가 절차가 끝난 후에 환자를 집으로 곧바로 데려가는 것을 두려워하거나 혹은 환자가 혼자 살거나 환자가 그를 돌볼 수 있는 사람과 같이 살지 않는다면 그 절차들을 병원에서 하는 것이 좋을 것이다.

간호 제공자는 선택할 수 있는 사항과 그것의 좋은 점과 나쁜 점을 이해하기 위하여 여러 개의 의학적인 의견을 들어보아야 한다. 간호 제공자는 의사 결정 과정에서 다른 가족 구성원을 포함시키고 싶어 할 것이다.

만약 결정이 내려지고 절차가 끝났다면, 간호 제공자는 환자가 이해할 수 있는 범위를 넘어서 그에게 이야기하지 말고 그 절차가 바로 끝난 다음에 그 절차에 관하여 의논하지 말아야 한다.

의학적 응급상황

의학적 응급상황에 대비하기

알츠하이머 치매 환자가 갑자기 아프거나 사고를 당하는 것은 간호 제공자에게는 가장 힘든 경험 중의 하나일 것이다. 만약 병원에서 필요한 서류나 개인적인 소지품이 미리 준비되어 있다면, 의학적 응급상황으로 인한 일부 스트레스는 피할 수 있을 것이다. 모든 필요한 정보 자료는 환자의 이름이 기록된 봉투 안에 넣어 둘 수 있다. 사회보장과 고령자 의료보장 번호, 정책 번호와 담당자 이름을 포함한 부가적 의료 보험 명세, 보험 카드 사진, 수혜자의 생일과 주소, 응급상황 발생 시에 접촉할 사람들의 이름, 부가 지시 시항 사본, 개인의 전자 등록 카드 사본, 처방전과 비용 계산 영수증 및 약초와 영양 보충제를 포함한 악물과 용법의 목록이 모두 포함되어야 한다.

환자가 할 수 있는 것과 없는 것에 관하여 쓰인 문서는 주요 간호 제공자가 정보 자료 제공자의 역할을 할 수 없을 때 병원 관계자가 환자의 증상이 새로운 것인지 또는 만성적인 것인지에 관하여 아는 데 도움을 줄 수 있을 것이다. 주치의의 전화번호는 전화기 가까운 곳에 표시해 두어야 할 것이다. 간호 제공자는 알츠하이머 치매 환자에게 필요한 독극물 통제 센터(poison control center)와 콜택시 서비스 연락처, 병원의 이름과 장소들을 표시해 두는 것도 좋은 생각이다.

심리 상담자는 간호 제공자가 환자를 돌볼 수 없을 때 집 가까이 사는 이웃이 그를 대신해서 열쇠를 가지고 집에 들어가 환자를 병원에 데려가 줄 수 있도록 미리 준비해 두라고 조언해 줄 수 있다. 알츠하이머 치매 환자를 돌보는 어느 누구라도 응급상황에 어떻게 대처할 것인지에 관한 명확한 지침을 가지고 있어야 한다.

의학적 응급상황에 대처하기

알츠하이머 치매 환자에게 의학적 응급상황이 발생한다면, 간호 제공자는 겁에 질려 심리 상담자에게 전화를 건다. 응급상황 시에 간호 제공자는 환자와 단 둘이 있거나 환자와 멀리 떨어져 있을 수 있다. 간호 제공자가 이런 상황에서 심리 상담자에게 연락 시에, 간호 제공자는 119, 경찰서, 소방서에도 연락을 취해야 한다. 경증과 경중증 알츠하이머 치매 환자는 완전히 아프거나 의식불명이 아니기 때문에 응급 의료 구조대원(emergency medical technicians: EMTs)에게 부정확한 정보 자료를 줄 수도 있다. 따라서 간호 제공자는 응급 의료 구조대원에게 환자가 알츠하이머 치매를 앓고 있다는 것을 알려야 한다.

밀리와 테드는 어느 겨울 날 집 주변을 산책하러 나갔다. 테드는 차도에 얼어 있는 얼음 위에서 미끄러져 넘어졌다. 그는 앉을 수 있었지만, 그의 다리에 문제가 생겨 제대로 설 수 없었다. 밀리는 처음에는 겁이 났지만, 테드가 얼마나 겁에 질려 있는지 보자 스스로를 추슬렀다. 그녀는 자신을 도와줄 수 있는 지나가는 사람을 찾아보았지만 아무도 없었다. 그녀는 테드를 혼자 두고 집으로 들어가 구급차를 부르는 수밖에 없었다. 구급차를 부른 후, 그녀는 이웃사촌인 수 앤에게 전화를 걸어 그녀가 지금 와서 테드를 돌보는 것을 도와줄 수 있는지 물어보았다. 그녀의 심리 상담자는 그녀에게 테드를 돌보는 데 필요한 물건, 잠옷들, 가장 중요한 약물의 이름들과 보험 정보 자료의 복사본들을 가방에 챙겨 두라고 조언했다. 그녀는 그 조언을 기억하고 옷장으로 가 응급 가방을 챙겨서 구급차가 기다리고 있는 밖으로 나가 보았다. 그녀는 수 앤이 이미 테드와 함께 있는 것을 보자 안심이 되었고 그의 어깨를 담요로 감싸 주었다. 구급차는 곧이어 도착했고 구조대원들은 테드를 들것에 눕혀 그와 밀리를 병원으로 후송했다.

응급실에서 알츠하이머 치매 환자를 돌보기

환자가 처음 병원에 도착하면, 의료진은 입원을 하게 만든 심각한 의학적 문제에 초점을 맞출 것이다. 간호 제공자는 환자를 검사하는 의사에게 환자가 알츠하이머 치매를 앓고 있다고 말해 주어야 한다. 의학적 문제는 간호 제공자가 의사에게 환자의 치매 정도와 그들이 관찰한 환자가 만성적으로 보이는 혼동이나 새롭지 않은 증상들을 말해 주면 의사가 좀 더 빠르게 진단 할 수 있고 효과적으로 치료할 수 있다. 만약 치매의 증상이 갑자기 심해졌다면, 그것이 헛소리를 하는 정신착란(delirium)일 수 있기 때문에 그 사실 또한 알려 주어야 한다.

알츠하이머 치매 환자는 낯선 얼굴이나 목소리에 어찌할 바를 모르고 화를 낼 수 있기 때문에, 그것을 의료진에게 설명해 주고 알츠하이머 치매 환자 옆에 머물러 있으려고 노력해야 한다(그러나 간호 제공자는 이를 허용하기 위하여 병원의 규칙, 의료진이 일하는 방식, 다른 환자들이 얼마나 기다리는지에 관하여 알고 있어야 한다.). 간호 제공자는 응급실의 의료진에게 소음과 활동들이 환자에게 겁을 줄 수 있다고 설명하고, 환자는 상대적으로 조용한 장소에 있도록 하는 것도 가능할 것이다.

> 구조대원들이 응급실의 출입문에 도착하자, 그들은 구급차에서 들것을 가지고 나와서 응급실로 들어갔다. 구조대원들과 간호 제공자들은 서로 재빠르게 정보 자료를 교환했다. 밀리가 어깨너머로 들은 바에 의하면 그들은 테드의 엉덩이 뼈가 부러졌다고 생각하고 있었다. 그녀는 그들이 테드의 알츠하이머 치매에 관해서 이야기하는 것은 들을 수 없었다. 그녀는 그 이야기를 해 주기 위하여 간호사에게 다가갔는데 그 간호사는 다른 응급 환자를 돌보기 위하여 가 버렸다. 밀리는 테드가 있는 칸막이 침실로 가려고 했지만, 누구에게도 물어볼 사람이 없었다. 밀리는 이런 상황에서 그녀의 심리 상담자의 지시를 기억해 내고, 황급히 선별 작업을 하는 간호사를 찾아가 "저는 응급실에 있는 환자의 아내예요. 그는 알츠하이머 치매를 앓고 있어요. 내가 그의 옆에 있으면 모든 일을 순조롭게 처리할 수 있을 거예요. 그렇지 않으면 그는 동요되고 의료진을 더욱 힘들게 할 거예요."라고 말했다. 간호사는 의료진에게 물어보겠다고 대답했다. 간호사는 돌아와 밀리에게 응급실에 사람이 너무 많아 불행하게도 밀리는 남편에게 갈 수 없을 것 같지만 의료진에게 말해 두었으니 되도록 빨리 그에게 갈 수 있게 해 주겠다고 말했다. 밀리는 '몇 분 더 기다렸다가 다시 이야기해 보아야겠군.' 이라고 생각했다.

알츠하이머 치매 환자의 입원

알츠하이머 치매는 병원에서의 돌보는 일에 모든 면에서 영향을 준다. 병원에서의 소음, 사람들 그리고 장비들은 알츠하이머 치매 환자를 더욱 혼란스럽게 만들고 집에서 보인 행동과 증상을 더욱 심각하게 만든다. 그들이 알지 못하는 많은 사람은 환자를 더욱 불안하게 만들 것이다. 환자의 평소 일과에서의 혼란에 적응하는 것에 그들이 어려움을 겪을지라도, 환자는 병원의 계획에 맞추어 생활을 해야 할 것이다. 환자는 그들이 아픈지 또는 병원에 있는지를 인식하지 못할 것이고, 그들에게 일어난 일에 대하여 이해하지 못할 것이며, 그들이 공격당했다고 생각하고 고통스러운 치료나 검사를 강요받으면 겁에 질릴 것이다. 평소에 그들 자신이 할 수 있었던 일에 대해 다른 사람의 도움을 요청해야 하는 것을 이해하지 못할 것이다. 새로운 장소에서 화장실을 찾는 것과 다시 침대로 돌아오는 것이 그들에게는 어려운 일일 것이며 그들은 좌절감을 느끼고 짜증이 날 것이다. 심리 상담자는 간호 제공자에게 알츠하이머 치매 환자가 병원에 있을 때 생기는 특별한 문제들에 대하여 그들의 상대적인 강점과 한계들을 설명해 주는 등의 특별한 주의를 기울여야 한다고 말해 주어야 한다.

병원에서 일어나는 특별한 문제

의료진은 경증 치매 환자가 인지적으로 아무 손상이 없고 지시 사항을 기억하고 잘 따를 것이라고 잘못 생각할 것이다. 그들은 환자의 명백한 비순응에 대하여 당황해하고 화를 낼 수도 있다. 경중증 또는 중증 알츠하이머 치매 환자는 더욱 혼란스럽고, 망각적이며, 겁을 내고, 병원 같은 낯선 환경에서 특별히 주의를 요한다. 이 단계의 환자는 다른 환자나 의료진을 괴롭힐 수도 있다. 그들은 공격적이고, 소리 지르고, 아무 이유 없이 울거나 또는 환각이나 망상을 경험하기도 할 것이다. 최중증 단계의 환자는 많은 시간을 필요로 하는 신체적인 돌봄을 필요로 한다.

혼자 일어설 수 없는 알츠하이머 치매 환자는 움직이지 못하는 데서 오는 신체적인 쇠퇴에 매우 민감하다. 간호 제공자는 환자의 상태가 허락하는 한 환자를 침대에서 일으켜 환자가 적절한 운동과 신체적인 치료를 받을 수 있도록 해 주어야 한다. 환자가 계속 침대에 있고 돌아다니지 않는다면 근육이 빠르게 경직되기 시작한다. 부드럽게 움직이는 각 관절의 운동 범위는 이 유연성의 상실과 경축(contractures)의 발전을 막을 수 있다(50%의 상실 또는 관절 움직임의 보통의 수동적 범위). 경축은 보통의 탄력적인 조직이 비탄력적인 섬유 조직으로 대체될 때 생긴다. 이것은 관절 및 근육 조직을 뻗지 못하게 만들고 영향 부위의 평소의 움직임을 방해한다. 침대에서 많은 시간을 보내 근육이 활동하지 못하면 환자가 넘어질 확률은 더욱 커진다. 이 위험은 알츠하이머 치매의 신경의학적 증상에 의하여 그리고 균형을 방해하는 특정 약물의 부작용에 의하여 증가할 수 있다.

가능하면 간호 제공자는 의료진에게 혼란스러운 환자가 뽑아 버릴 수 있는 도뇨관(catheter)의 사용을 되도록 피하라고 촉구할 수 있다. 만약 환자가 병원에 오기 전에 화장실 사용을 할 수 있었다면, 간호 제공자는 의료진에게 환자가 그 습관을 잃기 전에 그들이 화장실 사용을 할 수 있도록 해 달라고 부탁할 수 있다.

검사 및 다른 절차들과 관련해서 환자가 왜 그것들을 받아야 하고, 사람들이 무엇이라고 하는지, 다른 방의 다른 환자에게는 무슨 일이 일어나고 있는지에 관하여 이해할 수 없기 때문에, 알츠하이머 치매 환자는 매우 겁낼 것이다. 심리 상담자는 간호 제공자에게 환자가 치료에 협조하기 위해 침착하게 있을 수 있도록 도와주고 환자와 대화하면서 일을 진행하는 것이 의사나 다른 의료진에게도 도움이 될 것이라고 제안할 수 있다. 간호 제공자는 환자의 협조를 얻기 위하여 과거에 환자를 침착하게 할 때 도움이 되었던 어떤 것이라도 의료진에게 이야기해 주어야 한다.

간호 제공자는 의료진에게 검사를 하기 직전에 그것에 관하여 환자에게 말할 것을 제안할 수 있다. 왜냐하면 정보 자료가 너무 빨리 환자에게 전해지면 그들은 그 사실을 잊을 수도 있고, 너무 걱정스러워 같은 질문을 계속해서 반복하거나 화를 내며 협조하려고 하지 않을 수도 있기 때문이다. 간호 제공자나 간호사는 한 번에 한 절차씩 아주 간단한 언어로 무엇을 할 것인지 또는 환자가 어떻게 해야 하는지 설명해야 한다. 가능하면 검사는 환자가 가장 협조를 잘 할 수 있을 때로 정해야 한다. 알츠하이머 치매 환자가 종종 동요되고 짜증을 잘 내는 늦은 오후나 저녁은 반드시 피해야 한다. 간호 제공자는 환자가 협조를 잘하고 겁을 내지 않도록 환자가 한 장소에서 다른 장소로 옮겨질 때 환자와 함께 있어 주고 그 절차가 끝날 때까지 옆을 지켜 주어야 한다.

병원에서의 간호 제공자의 역할

알츠하이머 치매 환자의 간호 제공자는 환자를 두려움에서 보호하는 방법, 환자를 편안하게 해 주는 방법, 그들이 어디에 있는지 알려 주는 방법, 혼동 속에서 그들이 자신을 위험에 빠지게 하지 않는 방법에 대하여 고민할 것이다.

간호 제공자의 역할은 의료진이 알츠하이머 치매 환자를 특별 대우를 해 주고 이런 요구들을 개인적으로 충족할 수 있게 하는 것이다. 간호 제공자의 역할은 의학적 돌봄의 중요한 결정을 내리는 것에서부터, 하루 일과를 돕고 시간을 보내기 위한 안전하고 흥미로운 활동을 찾는 것에까지 이른다. 의료진과의 검토 후, 간호 제공자는 환자의 식사를 먹여 주는 것 또는 환자를 운동시켜 주는 것과 같은 일을 도와줄 수 있을 것이다.

간호 제공자는 의료진이 환자가 말하고자 하는 것을 이해하고 해석할 수 있도록 도와주고 그들에게 환자가 이야기하려고 하는 것을 설명해 주어야 한다. 그러나 간호 제공자는 환자가 이야기하는 것이 가능할 때는 환자를 방해하지 않도록 주의해야 한다.

간호 제공자와 다른 가족 구성원에게 시간적으로나 정서적으로 힘이 들더라도, 알츠하이머 치매 환자가 병원에 있을 때는 그들의 옆에 항상 있어 줄 사람이 필요하고 감독해야 한다. 지칠 수 있음을 대비하여, 간호 제공자는 도와줄 수 있는 가족 구성원, 친구, 유료 도우미의 목록을 작성해야 한다. 환자와 간호 제공자의 요구 사이의 균형을 유지하는 것도 중요하다. 간호 제공자는 자신이 병원에 있는 가족 구성원을 돌보는 데 얼마나 참여할 수 있고 참여하기를 원하는지에 관하여 생각해 보아야 한다. 예를 들어, 간호 제공자가 중요하게 생각하는 것이 가족 구성원이 환자를 먹여 주는 것과 환자가 밤에 있을 때 방에 있어 주는 것이라면, 간호 제공자는 자주 휴식을 취하고, 다른 가족 구성원에게 도움을 청하고, 지불할 능력이 된다면 유료 도우미를 고용하는 것이 도움이 될 것이다. 간호 제공자는 다른 가족 구성원과의 관계를 잘 유지하고 직업이 있는 가족 구성원을 위험에 빠트리지 않게 하기 위하여 아픈 친족을 돌보는 것에 너무 집착하지 않도록 주의해야 한다.

간호 제공자가 의료진과 대화하는 것을 돕기   간호 제공자가 의료진과 좋은 협력 관계를 유지하는 것은 중요하다. 일단 환자가 방을 배정받으면, 간호 제공자는 담당 간호사와 회기 시간을 정해 알츠하이머 치매 환자에게 필요한 것과 할 수 없는 것들을 설명해 주고 돌보는 일에 협조를 해 주어야 한다.

간호 제공자는 일상생활과 규칙 그리고 각 의료진의 역할에 관하여 물어보고 담당 간호사에게 자신이 얼만큼 환자를 도와줄 수 있는지 알려 주어야 한다. 다음에 소개하는 내용은 심리 상담자가 알려 줄 수 있는 간호 제공자가 의료진과 효과적으로 대화할 수 있는 방법이다.

- 주의 깊게 시간을 선택·결정할 것. 간호 제공자는 그들과 의료진 모두에게 편리할 때 회기를 진행할 수 있도록 의료진에게 접근해야 한다.
- 미리 준비할 것. 간호 제공자는 그들이 무엇을 말하려고 하는지를 알더라도 미리 질문과 고민들을 적어 두어야 한다.
- 긍정적인 태도로 의료진을 대할 것. 간호 제공자는 당황스럽고, 좌절하고, 피곤할지라도 모든 의료진과의 관계에서 긍정적인 태도를 보여 주어야 한다.
- 의료진의 요구와 우선순위를 이해하고 있을 것
- 건설적인 방법으로 제안할 것. 예를 들어, 의료진이 환자에게 음식을 먹이는 것에 대한 어려움을 토로한다면, 간호 제공자는 집에서 효과적이었던 방법을 제안해 볼 수 있을 것이다. 그러나 간호 제공자는 그가 선호했던 방식이 병원의 규칙과 금지 사항 때문에 의료진이 했던 방법을 방해할 수 있음을 알고 있어야 한다.
- 환자의 안녕과 돌봄에 절대적으로 필요한 변화만을 요구할 것
- 환자와 의료진 사이에 야기될 수 있는 어떠한 어려움에 대비하기 위하여 간호 제공자는 항상 연락 가능하도록 할 것
- 환자의 요구 사항, 대화하는 방법, 간호 제공자가 과거에 사용했던 행동 관리 전략들을 설명할 것
- 문제가 발생했을 때 이야기할 수 있는 적임자를 알아두기 위하여 각 의료진의

의무들을 알아 둘 것

간호 제공자는 의료진에게 언제 정보 자료를 전해야 하는지 그리고 언제 환자가 이야기할 것인지 결정하는 데 어려움을 겪는다. 간호 제공자가 의료진에게 중요 정보 자료를 주는 것이 가장 좋은 방법이지만, 그들은 환자의 존엄성(dignity)이 존중되고 의료진이 환자를 인격체로 볼 수 있도록 환자가 대답을 할 수 있도록 노력해야 한다.

테드는 방사선과로 가서 엉덩이 부위에 대한 엑스레이 촬영을 했다. 밀리는 병원 침대에 실려가는 그를 따라다닐 수 있었고, 그에게 말을 걸고 손을 잡아 주며 그를 안정시켰다. 그의 엉덩이 뼈가 부러진 것을 확인하고 나서, 그는 그날 저녁 수술을 받을 예정이었다. 밀리는 의사와 다른 모든 의료진에게 그가 알츠하이머 치매 환자임을 말해 주었다. 간호사들은 과거보다 수술 뒤 테드의 혼돈 정도가 나빠졌는지를 확인하기 위하여 테드를 살펴보았다. 테드가 일반 병실로 옮겨지고 나서, 밀리는 간호사실로 가서 테드를 담당하고 있는 간호사와의 만남을 요청했다. 밀리가 간호사를 만나서, 테드가 알츠하이머 치매 환자이기 때문에 생기는 증상과 어려움들을 이야기해 주었다. 그녀는 또한 테드가 평소에 복용하는 약의 목록을 주었다. 간호사는 밀리에게 다음에는 어떤 일이 일어날 수 있는지, 얼마나 그가 병원에 머물러야 하는지에 관하여 이야기해 주었다. 그녀는 또한 밀리에게 간호 제공자들의 이름 목록을 주며 그들에게 테드가 특별한 환자라고 이야기해 주겠다고 확인시켜 주었다. 그러나 간호사는 밀리에게 테드를 항상 감독해 줄 수 있는 사람은 병원에 없을 것이라고 경고했다. 그녀는 밀리가 그와 함께 있을 수 있는 가족이나 친구를 정해 놓을 수 있는지 물어보았다. 간호사는 밀리에게 개인적으로 간호 제공자를 고용하여 그를 밤에 돌보게 하고 가족들은 집에 가서 잠을 잘 수 있도록 하는 것을 고려해 보라고 제안했다.

약물치료에 의하여 생기는 문제를 처리하기 알츠하이머 치매 환자는 약물의 영향(효과)에 특히 예민하고 기이한 반응을 보일 것이다. 간호 제공자는 처방된 약물이 무엇인지, 그 약물을 환자가 복용하는 경우에 달성할 수 있는 목적과 부작용에 관하여 알고 있어야 한다. 간호 제공자는 의사에게 환자가 기억하지 못할 과거에 복용한 약물의 부작용에 관하여 말해 주어야 한다.

비록 의료진이 약물의 반응에 관하여 관찰하겠지만, 행동의 변화나 혼동 정도의 변화와 같은 간호 제공자가 더 잘 알아볼 수 있는 징표들을 놓칠 수도 있을 것이다. 만약 환자가 현저히 혼란스러워 보이거나 화를 낸다면, 간호 제공자는 의사에게 진단된 약물에 관하여 다시 평가해 보라고 요청해야 한다.

가끔 알츠하이머 치매 환자는 그들의 약을 그냥 쥐고 있으면서 장난을 치려고 하거나 약을 입안에 물고 있다가 후에 뱉어 버린다. 간호 제공자는 간호사에게 환자에게 약을 줄 때는 한 번에 한 알씩 주고 각 알들이 삼켜졌는지 확인해 볼 것을 요청해야 한다. 간호 제공자가 환자가 집에서는 어떻게 약을 먹었는지 의료진에게 말해 주는 것도 도움이 될 것이다.

간호 제공자는 집에 있는 약을 함부로 환자에게 주어서는 안 된다. 병원에 있을 때, 환자가 의사에게 처방받은 약만을 복용하고, 복용 시에는 병원의 계획표에 따라야 한다.

간호 제공자가 알츠하이머 치매 환자를 위해 결정을 내리는 것을 도와주기   알츠하이머 치매의 초기에 환자의 능력을 결정하는 것은 어려운 일이다. 질병이 점점 심해짐에 따라, 환자는 의학적 돌봄에 관한 결정을 내릴 수 없게 된다. 간호 제공자는 환자를 위하여 행동을 하는 것이 어렵다는 것을 알게 될 것이다. 만약 환자의 사전 지시가 있었다면, 비록 그렇게 하는 것이 정서적으로 고통스러울지라도 간호 제공자는 그 지시에 따라 결정을 내릴 수 있는 법적인 권리가 있다. 심리 상담자는 간호 제공자가 이런 바람을 따르는 데 도움을 줄 수 있다. 간호 제공자에게 사전 지시가 비록 간호 제공자의 생각과 다르더라도, 그 지시 사항은 환자가 원했던 것임을 상기시켜 줄 필요가 있다(사전 지시에 관한 논의는 13장 참조).

만일 사전 지시가 없었다면, 의료진은 일반적으로 결정을 내릴 때 배우자나 성인 자녀에게 의존한다. 만약 가족 구성원 사이 또는 가족과 의사 사이에 심각한 의견 불일치가 있거나 사전 지시가 없다면, 병원 윤리 위원회 또는 환자의 보호자로서 법정에서 임명된 법적 처분권자를 포함시키는 것이 필요하다.

간호 제공자는 진단 또는 치료 절차에 관하여 의사 결정을 내리도록 요청받을 것이다. 승인을 하거나 거부하기 전에, 간호 제공자는 반드시 그 절차를 따르지 않을때 생기는 결과에 따른 위험과 혜택은 무엇인지, 그 절차가 삶의 질을 또는 회복의가능성을 향상시켜 주는지, 그리고 대안적인 치료법은 없는지에 관하여 이해하려고노력하여야 한다. 간호 제공자는 의사와 건강을 돌보아 주는 사람들과 이야기해 봄으로써 현명한 결정을 내릴 수 있도록 최대한 많은 정보 자료를 얻으려고 노력하여야 한다. 간호 제공자가 결정을 내리는 데 도움을 줄 수 있는 다른 사람들로는 병원목사, 병원 밖에서의 심리적 조언자, 친구, 가족, 환자가 참여할 수 있으면 환자가될 수 있다. 만일 간호 제공자, 심지어 환자가 어떤 검사를 하지 않는 것에 관하여걱정되는 것이 있다면, 그들은 왜 그런지에 관하여 물어볼 것을 권한다. 그 결정은환자의 나이, 의학적 상태, 치매의 단계, 검사의 비용에 근거할 것이다. 만약 환자의의사가 검사를 하는 것에 동의하지 않는다면, 간호 제공자가 다른 의사의 의견도 들어보기를 요청하는 것도 도움이 될 것이다.

환자가 병원에 입원할 때 간호 제공자는, '의식을 회복시키지 말 것(do not resuscitate: DNR)' 또는 '관을 끼우지 말 것(do not intubate: DNI)' 중에서 결정을 내려야 할 때가 있다. 만약 DNR이 결정되지 않았다면, 의료진은 환자의 생명을 구하기 위하여 모든 가능한 방법을 동원해야 할 의무가 있다. 간호 제공자는 언제든 DNR을 취소할 수 있고, 환경이 변하면 다른 결정도 내릴 수 있다. 간호 제공자는 또한 살 수 있는 가능성이 없어 보이는 환자의 삶의 연장 시술을 할 것인지에 관하여도 결정을 내려야 한다.[2] 만일 환자의 의견이 명확하지 않다면, 간호 제공자는 환자가 더 이상 삼킬 수 없을 때 음식을 주는 관을 사용할 것인지, 호흡을 도와주기 위하여 호흡기를 사용할 것인지, 삶을 단축시킬 수 있는 진통제를 복용할 것인지에 관하여 결정을 해야 할 것이다.

---

2) 이 내용은 연명 치료를 의미하는데, 한국에서도 의학계와 종교계에서 연명 치료의 허용을 위한 제도적 장치 마련에 대한 논란이 끊이지 않고 있다. - 역자 주

병원에 있는 알츠하이머 치매 환자를 감독하기　　간호 제공자는 환자가 입원을 하는 것을 자신이 휴식을 취할 수 있는 기회로 생각하고 평상시보다 더 많은 시간을 환자에게 할애하여야 한다는 것을 알지 못할 것이다. 병원에 입원한 알츠하이머 치매 환자는 다른 환자들보다 더 많은 도움을 필요로 한다. 매우 간단한 일도 그들에게는 혼란스러울 것이다. 그들은 호출 버튼을 어떻게 누르는지 모르거나 그것을 사용하는 법을 기억하지 못하므로 그것을 누르기 위해 다른 사람의 도움을 필요로 할 것이다. 그들은 침대를 나설 때 같이 가져가야 하는 팔에 있는 의료 장치가 막대기에 붙어 있는지도 인식하지 못할 것이다. 다른 사람이 그들을 위하여 의료 장치를 밀어 주어야 하고 그것을 두고 오지 않나, 그것으로 자해(自害)를 하지 않나를 감독해야 할 것이다.

먹는 것 또는 화장실에 가는 것과 같은 일상적인 생활은 집에서보다 병원에 있을 때 더 문제가 된다. 알츠하이머 치매 환자는 메뉴를 작성하는 법을 몰라서 그들에게 배달되는 음식을 먹을 수 없거나 먹고 싶어 하지 않을 수 있다. 그들은 적절한 음식을 골라 줄 수 있는 사람을 필요로 한다. 그들은 먹어야 할 음식을 거부할 수는 없을 것이다. 그들은 병원이 제공하는 것 이상으로 먹을 때 도움을 필요로 한다. 알츠하이머 치매 환자는 욕실을 찾지 못하거나 도움을 받고자 할 때 호출을 하는 방법을 기억하지 못할 것이다. 그들은 이제 자신이 너무 약해져서 다른 사람의 도움 없이는 일상생활을 해낼 수 없다는 것을 인식하지 못한 채, 집에서 했던 행동을 병원에서도 할 것이다. 그들은 더 이상 혼자서 화장실을 사용할 수도 없기 때문에 넘어지지 않게 그들을 동반해 줄 수 있는 사람이 필요하다.

알츠하이머 치매 환자는 지시 사항들을 기억하지 못하기 때문에 계속 반복하여 그것들을 되풀이해 줄 필요가 있다. 그들은 치료를 위하여 침대에 계속 누워만 있어야 함에도 불구하고 침대에서 일어나려고 할 것이다. 그들은 안전장치를 해 둔 침대 난간을 올라타려고 해 떨어질 수도 있다. 만약 알츠하이머 치매 환자가 일어나 돌아다닐 수 있다면, 그들이 길을 잃어 실종될 위험도 있다. 환자는 병원 규칙을 이해하지 못하여 그들이 만지지 말아야 할 것을 만지고 가지 말아야 할 장소에 갈 수도 있다. 알츠하이머 치매 환자는 병원 내부에서 다른 위험한 곳으로 갈 수 있다고 알려져 있다. 이런 일들을 방지할 수 있는 최선의 방법은 그들을 항상 감시하고 안전한 활동을 통해 그들의 주의를 분산시키는 것이다. 가끔 테이블과 의자가 붙어 있는 곳에 환자를 앉혀 놓는 것은 그들이 묶여 있다는 생각을 하지 않게 하면서[3] 그들을 안전한 곳에 배치할 수 있는 방법이 된다. 만약 간호 제공자 또는 다른 사람이라도 그들과 함께 있을 수 없다면, 환자가 건물 밖으로 연결되어 있는 출입구로 나가기 위해서는 간호사실을 지나가야 하는 방으로 배정받을 수 있도록 심리 상담자가 간호 제공자에게 제안할 수 있을 것이다.

환자를 이해하는 간호 제공자, 다른 가족 구성원, 고용된 동반자들은 환자를 진정시킬 수 있을 것이고, 신체적 또는 화학적 통제의 사용을 피할 수 있게 할 수 있을 것이다. 비록 환자 자신의 안전을 위하여 신체적인 제한이 최선의 방법인 경우가 있지만, 신체적 제한은 환자를 화나고 겁나게 만들고 심지어 그들이 벗어나려고 하는 과정에서 자신을 다치게도 한다. 화학적 제한의 역할을 하는 약물은 가끔 알츠하이머 치매 환자가 동요되거나 시끄럽거나 잠을 자지 못할 때 환자에게 주어진다. 비록 이런 약물들이 진정 효과를 의도하진 않더라도, 그들은 치매를 가진 환자를 더욱 혼란스럽게 하고 동요되게 하는 등의 기이한 영향을 준다.

간호 제공자는 가족이나 친구에게 환자를 감독해 주기를 부탁하고 모든 일을 혼자 하지 않도록 해야 한다. 가끔 가족이나 친구들도 필요한 모든 돌보는 일과 감독들을 감당하지 못한다. 그리고 도우미(helper)를 고용하는 것이 필요하다. 간호 제공자, 친구, 친족들은 낮 동안이나 초저녁까지 감독을 하는 것이 가능할 것이다. 그러나 야간은 병원 야간 근무자만이 감당할 수 있을 만큼 알츠하이머 환자를 돌보는 일이 가장 힘들 때이다. 만일 가족과 친구 중에 밤샘을 하며 환자 곁에 머물 수 있는 사람이 없을 때는, 특히 환자가 밤의 대부분 시간에 깨어 있거나 계속적인 확인을 해야 하거나 자주 화장실에 가야 하는 경우라면, 도우미(직업 간병인)를 개별적으로

3) 일부 요양원 및 치매 노인 요양원에서 알츠하이머 치매 환자를 (폭력적 행동을 보인다는 이유로) 침대에 묶어 놓아서 비난을 받고 있다. 가장 중요한 문제는 (1) 알츠하이머 치매 환자에 대한 전문 간호 제공자 수가 부족하며, (2) 치매 노인 요양원에서 개별 환자에 대한 맞춤형 치료 및 개입 프로그램이 불충분하다는 것이다. – 역자 주

고용할 필요가 있다.

병원은 병원에서 가족들이 환자를 위한 도우미를 고용할 때 그것을 돕기 위한 개인적인 담당 간호사 사무실을 갖추고 있다. 만약 간호 제공자가 집에서 또는 기관 밖에서 환자를 돌봐 줄 수 있는 사람을 데리고 오길 원하면, 직원이 아닌 사람의 자격인증서(credentials)와 보험에 관한 것을 포함하여 수간호사 또는 간호 과장과 병원 규칙과 절차에 관하여 의논해 보아야 한다. 고용할 도우미의 유형에 관한 선택은 환자의 요구에 달려 있다.

> 간호사와 이야기를 한 후에, 밀리는 캐럴하고 톰과 가족 중 누가 테드와 항상 함께 있을지에 관하여 이야기해 보기 위하여 모여서 의논하였다. 그들은 캐럴이 아침 시간에 그와 함께 보내고, 밀리는 일찍 출근하여 캐럴과 교대를 해 주고, 톰은 저녁부터 밤에 테드를 돌보기로 결정했다. 간호사는 테드와 밤에 같이 있는 사람을 위해 간이침대를 준비해 줄 것이라고 말해 주었다. 그들은 테드를 돌볼 사람을 고용하는 것보다 가족이 그를 돌보는 것이 더 낫다고 생각했다. 매트가 아버지의 안부를 묻기 위해 밀리에게 전화를 걸자, 밀리는 가족들이 번갈아서 아버지를 돌보기로 한 계획을 이야기해 주었다. 매트는 "아직 나에게 휴가가 며칠 남아 있으니, 내가 가서 도와드리고 싶어요. 내가 아버지와 얼마간 함께 머물 수 있을 거예요." 라고 말했다.

병실에서 환자가 편안하게 지낼 수 있도록 조력하기   알츠하이머 치매 환자는 여기저기서 들리는 목소리, 벽에 걸린 그림, 창밖의 풍경 또는 옆 병실에서 들려오는 환자의 신음소리, 괴성, 또는 전화 받는 소리, 방문객 소리로 인하여 병실에 있는 것이 불편하고, 심지에 겁에 질릴 수 있다. 이런 낯선 소리와 움직임은 누구에게라도 불편하겠지만, 알츠하이머 치매 환자에게는 더욱 그러하다. 어두운 불빛은 커튼, 가구 그리고 움직이는 물체의 무서운 그림자를 만들어 낼 수 있다. 탁자 위에 어질러진 물건 또는 너무 많은 의자와 탁자는 화장실에 가는 것 또는 침대에서 의자로 이동하는 것을 어렵게 만들 것이다. 이런 혼란스러운 환경은 환자를 동요되게 만든다. 병실을 책임지고 있는 간호사는 간호 제공자가 환자의 환경을 보다 간단하게 하기 위하여 변화를 주는 것은 허용할 것이다.

여기에 심리 상담자가 간호 제공자에게 해 줄 수 있는 몇 가지 조언을 예시한다.

- ◆ 장비, 옷장, 커튼을 치우고 간호 제공자는 환자가 항상 사용할 수 없는 서랍에 물건을 둘 것
- ◆ 전화기 벨 소리의 크기를 줄일 것
- ◆ 인터컴을 최소한으로 사용하고 소리의 크기를 줄일 것
- ◆ 환자의 침대 옆에 환한 전등을 켜 둘 수 있는지 물어볼 것[4]
- ◆ 그림들을 덮어 두거나 치울 것
- ◆ 병실 방문객의 수를 제한할 것
- ◆ 만일 환자가 창밖의 풍경으로 인하여 불편해한다면 커튼을 칠 것
- ◆ 손에 닿는 곳에 안경과 필수품(수건, 비누, 면도기, 화장지 같은 생활용품)을 둘 것
- ◆ 가능하면 한쪽 면으로만 환자가 침대에서 나갈 수 있도록 침대의 한쪽 면을 벽에 붙일 수 있는지 물어볼 것
- ◆ 침대를 둘러쌀 수 있는 커튼을 마련하여 환자가 좀 더 안전하게 느낄 수 있는 사적인 공간을 마련해 줄 것
- ◆ 잡지, 남은 주스, 시든 꽃을 병실에 쌓아 두지 말 것

병원에서 일어나는 문제 행동　　공통적인 문제들을 경감시키기 위하여 몇 가지의 간단한 조치가 취해질 수 있다. 만일 환자가 밴드를 떼어 내거나 의료 기구 또는 다른 튜브들을 빼내거나 한다면, 간호 제공자는 간호사에게 이런 물건들에 손이 닿을 수 없는 곳이나 가운 밑에 숨겨 놓을 수 있는지 물어보아야 한다. 만일 환자가 목욕하기를 거부하면, 간호 제공자는 도우미에게 환자가 집에서 목욕을 했던 시간에 다시 시도해 보라고 권유하거나, 환자의 존엄성과 사적인 부분을 최대한 존중하라고

---

4) 대부분의 (종합)병원에는 환자 개인별 침대의 머리 근처에 불빛을 조절할 수 있는 전등이 설치되어 있다.
　- 역자 주

요청할 수 있다. 만약 환자가 그들의 옷을 계속 입고 있으려고 하면, 간호 제공자는 옷을 입고 있는 것이 가능한지 물어보아야 한다. 만약 '이상한' 행동이라도 의료진에게 위험한 것이 아니고 그 행동을 감당하기 위하여 더 많은 사람이 필요한 것이 아니라면, 간호 제공자는 그 행동이 환자의 치매 때문이라고 설명할 수 있다.

알츠하이머 치매 환자는 낯선 장소에 있거나 그들이 겪는 고통을 설명할 수 없을 때 동요되고, 혼자 있으려고 하거나 부적절하게 행동한다. 그들은 또한 어리둥절하여 병실이 자신의 집이라고 생각하고 '낯선 사람들'을 내쫓으려고 할 것이다. 간호 제공자는 이런 행동의 원인을 의료진과 그 방에 있는 다른 사람들에게 설명해 주어야 한다.

만일 환자가 소리치거나 욕을 하고, 그들의 팔을 흔들거나, 주먹을 쥐거나 다른 사람을 붙잡는 것과 같은 위협적인 행동을 보인다면, 그것은 의료진을 겁나게 할 것이다. 환자가 다른 사람을 위협하는 듯한 행동을 보일지라도, 그 행동에 다른 사람을 해치려는 의도가 없다는 것을 설명해 주어야 한다. 환자를 잘 아는 간호 제공자의 존재는 그를 진정시키는 데 도움이 될 것이다.

알츠하이머 치매 환자가 다른 환자와 한방(병실)에 같이 있는 것을 참지 못한다면, 간호 제공자는 부가적인 요금을 더 지불하더라도 독실로 바꿀 것을 고려해 보아야 한다. 가끔 아무도 끼어들지 않으면, 알츠하이머 치매 환자는 무엇 때문에 화가 났는지 잊어버리고 진정이 되기도 한다.

알츠하이머 치매 환자는 비록 그들이 고통을 느낀다고 단어로 말할 수는 없어도 고통을 느낀다. 그들은 동요하거나 화를 냄으로써 자신의 감정을 표현할 것이다. 만일 환자가 소리를 지른다면, 간호 제공자는 간호사에게 환자가 고통을 호소하고 있는지 또는 진통제를 먹었는지 조사해 볼 것을 요구해야 한다.

심리 상담자는 간호 제공자에게 알츠하이머 치매 환자의 동요를 줄일 수 있는 많은 방법을 다음과 같이 제안할 수 있다.

- ◆ 방에 있는 불빛의 양을 변화시킬 것; 불빛의 정도를 강하게 하거나 약하게 조절하고 불빛과 그림자를 줄여 보는 실험을 할 것

- 잡지를 보거나 음악을 듣거나 휴지를 접거나 침대 테이블에 있는 물건들을 정리하는 것과 같은 유쾌한 행동들로서 환자의 주의를 끌어 볼 것
- 음악, 전신(全身) 마사지, 오락 치료(recreation therapy)와 같은 특별 서비스를 찾아볼 것; 치매 환자를 위한 활동과 자원들이 병원에서 제공될 것이다.
- 만약 의료진이 좋다고 말하면 환자를 병실 밖의 일광욕실이나 휴게실로 데리고 가거나, 잠시 동안 휴게실에 앉아서 바깥 구경을 할 수 있다.[5]
- 조용히 이야기하고, 환자의 손을 쓰다듬고, 위안을 주는 단어를 사용하고, 맛있는 음식을 주고, 환자의 주의를 딴 데로 돌리기 위하여 그에게 중요한 사람의 이야기를 해 줄 것(환자에게 손자의 사진을 주거나 부드러운 것을 손에 쥐여 줄 것)
- 알츠하이머 치매 환자가 고통스러워하지 않는다면 행동을 무시하거나 잠시 동안 방을 떠나 있을 것
- 만일 알츠하이머 치매 환자가 입원하기 전에 이 행동으로 인하여 약을 복용해 왔다면 의사에게 알려 줄 것
- 의료진에게 당신이 알 수 있도록 갑작스러운 행동의 원인이 무엇인지 물어볼 것; 그 행동 직전에 무슨 일이 있어났는지 알아볼 것(가끔은 열을 재거나 혈압을 재는 것과 같은 일상적인 일이 무슨 일이 일어나는지 이해할 수 없는 치매 환자를 화나게 할 수도 있다)

매트와 톰은 테드의 병실에서 번갈아서 잠을 자기로 했다. 첫 번째 밤에 매트가 테드의 수면을 위하여 불을 어두침침하게 해 놓자, 테드는 팔을 휘저으며 "저리가, 이 여자야."라고 소리쳤다. 다음 날 밤에도 똑같은 일이 일어나자, 간호사는 방으로 들어와 테드가 벽에 걸린 그림을 보고 소리친다는 것을 알아챘다. 간호사는 그림을 벽에서 떼고, "테드 씨, 보세요, 여자는 갔어요."라고 말했다. 테드는 조용해지기 시작했다. 간호사는 "나는 불빛이 어두침침하면 치매 환자는 그림, 그림자 또는 심지어 커튼이 접혀 있는 것 때문에 겁에 질린다는 것을 알아냈어요."라고 말했다.

---

5) 정형외과적인 물리치료나 전신 마사지를 받을 수 있다면, 알츠하이머 치매 증상을 완화시키는 데 유익할 것이다. 그러나 이런 서비스 제공이 가능한 요양원이 있다는 정보 자료를 확인하기는 어렵다. - 역자 주

환자의 퇴원 준비

급성(acute)의 알츠하이머 치매 환자는 입원 기간 동안 인지적·기능적인 쇠퇴의 중대한 위험에 있다. 비록 소수의 알츠하이머 치매 환자가 이전의 기능적인 수준을 되찾지만, 다른 환자는 회복하지 못한다. 환자가 병원에 있는 동안, 퇴원을 계획하는 사람(discharge planner)은 사후 돌봄을 의논하기 위하여 환자를 돌보는 가족들을 만날 것이다. 입원은 가족들에게는 환자를 돌봐 왔던 것이 적절했는지 또는 안전했는지에 관하여 평가해 볼 수 있는 좋은 기회를 제공해 주기도 한다. 병원에서 환자를 관찰하는 것은 환자의 상태에 관한 간호 제공자의 관점을 변화시킬 수도 있다. 가끔 환자를 돌보는 가족들은 그들의 돌봄 계획의 객관적인 평가로부터 도움을 받아, 결과적으로는 도우미를 더 고용한다든가, 환자를 일일 돌봄 서비스에 등록한다든가, 심지어 환자를 요양원에 보내기도 한다. 심리 상담자는 간호 제공자가 돌봄 계획을 변경하는 것의 실행 가능성을 평가하는 것과 그 변화를 적용하는 것을 도와줄 수 있다.

병원이나 시설에서 퇴원을 계획하는 사람은 알츠하이머 치매 환자를 요양원에 보낼 것을 제안할 것이다. 심리 상담자는 간호 제공자가 그들이 올바르게 일을 하지 않는다는 표시로서 제안을 받아들이지 않도록 준비시켜야 한다. 사실 많은 경우에 알츠하이머 치매 환자가 입원한 후에도 가족들이 돌보기를 원한다면 환자는 다시 집으로 돌아온다. 결국에는 그 결정은 간호 제공자에게 달려 있다.

알츠하이머 치매 환자가 입원 후에 급성과 만성의 중간의 기관(subacute facility)으로 보내지는 것은 흔한 일이다. 많은 알츠하이머 치매 환자는 숙련된 간호를 필요로 한다. 어떤 환자들은 재활이 필요하고 급성 재활 기관이 요구하는 강도를 참아내지 못하기도 한다.

테드가 수술 후에 사회복지사가 밀리에게 와서 퇴원 계획에 관하여 이야기했다. 밀리는 "벌써요? 테드는 방금 병실로 왔어요. 퇴원에 관하여 생각해 보지 못했는데요."라고 말했다. 사회복지사는 환자가 병원에 들어온 순간부터 퇴원을 고려해야 하며, 그래야 환자가 병원을 떠날 때 모든 준비를 할 수 있다고 설명해 주었다. 그녀는 테드가 다시 걸을 수 있도록 재활치료가 필요하기 때문에 급성과 만성의 중간의 기관으로 가야 할 필요가 있다고 말했다. 밀리는 비록 그 기관이 다른 건물에 있지만 그곳이 요양원의 한 종류이기 때문에 테드를 보내는 것이 내키지 않았다. 그녀는 캐럴 또한 그녀와 같은 기분일 것이라고 생각했다. 그녀는 자녀들에게 그 이야기를 해 주었고, 그들은 다른 대안이 없기 때문에 그 계획에 대하여 동의하였다. 그 기관은 가까운 곳에 있기 때문에 테드를 규칙적으로 방문하는 것은 여전히 쉬울 것이다.

만일 환자가 전에 혼자 살았다면, 간호 제공자는 환자를 그들의 집으로 이사시킬 것을 고려할 것이다. 이 대안에 대해서는 11장에서 논의할 것이다. 간호 제공자는 환자가 병원에서 퇴원 후 영구적으로 머물 수 있는 기관으로 그를 옮길 수도 있다. 알츠하이머 치매 환자를 다른 곳으로 옮기는 문제[6]에 관한 심리 상담은 12장에서 논의할 것이다.

---

6) 경중이나 만성 또는 급성이나 중간 정도의 알치하이머 치매 환자를 장·단기 입원이 가능한 병원이나 요양원으로 옮기는 문제의 판단과 결정은 가족과 담당 주치의가 결정할 사항이다. - 역자 주

심리 상담자용 검목표(checklist)

알츠하이머 치매 환자를 위한 일상적 건강 돌봄

☐ 알츠하이머 치매 환자에게 일상적 건강 돌봄의 중요성을 설명하기

☐ 간호 제공자에게 질병의 첫 번째 신호가 나타나면 환자를 의사에게 데리고 가라고 조언해 주기

☐ 행동장애가 일어나면 고칠 수 있는 신체적인 원인을 제거하기 위하여 의학적 평가를 제안하기

☐ 진료 약속이 덜 고통스럽도록 지침을 제공해 줄 것

☐ 간호 제공자가 환자에게 처방된 약물의 기록과 그 약물을 계획에 맞게 복용하고 있는지 잘 알아두라고 조언할 것

☐ 간호 제공자에게 환자가 그의 의견을 표현할 수 있는 동안 법적 · 의학적 결정 권한을 넘기게 할 수 있도록 조언해 줄 것

의학적 응급상황

☐ 간호 제공자가 환자의 보험 서류 복사본, 최근 복용 약물의 목록, 사전 지시, 그리고 개인 소지품을 가방에 보관하고 의학적 응급상황에 대비할 수 있도록 할 것

☐ 간호 제공자가 항상 의학적 응급 의료진에게 환자가 알츠하이머 치매를 앓고 있다고 말하라고 조언할 것

알츠하이머 치매 환자의 입원

☐ 간호 제공자가 알츠하이머 치매 환자의 입원 중에 감독과 도움이 필요한지를 판단하고 심리 상담할 것

☐ 간호 제공자가 환자에게 다른 부가적인 도움이 필요할 때 도움이 될 수 있도록 가족 구성원, 친구 또는 유료 도우미의 목록을 작성하도록 할 것

☐ 간호 제공자에게 의료진과 효과적으로 대화할 수 있는 법을 알려 줄 것

☐ 환자가 병원에 있는 동안 환자의 환경을 단순화할 수 있는 방법을 알려 줄 것

☐ 환자의 동요를 줄일 수 있는 방법을 제안할 것

☐ 환자에게 집에 있는 약을 주지 않도록 간호 제공자에게 주의를 줄 것

□ 간호 제공자는 환자가 사전 지시를 따르는 것을 도와줄 것

□ 간호 제공자가 의학적 치료에 언제 동의할 것인지에 관하여 최대한 정보를 알려 줄 것

□ 간호 제공자가 퇴원 계획의 가능성을 평가하는 것과 환자에게 생기는 다른 책임이나 변화에 적응하는 것을 도와줄 것

제11장

집에서 알츠하이머 치매
환자를 돌보기[1]

알츠하이머 치매 환자는 가족이 원한다면 적절한 의료적 지원을 받으며 집에서 지낼 수 있을 것이다. 알츠하이머 치매 환자를 돌보는 일은 질병이 진행됨에 따라 감독하기, 일상생활을 도와주기, 환자의 건강을 돌보아 주기, 안전한 환경을 제공하기, 치료 약물 복용하기, 적절하고 자극이 되는 사회적이고 기분 전환을 할 수 있는 활동들을 찾아주기와 같은 수없이 많은 업무를 해야 할 것이다. 간호 제공자는 다른 가족 구성원의 충분한 비공식적인 도움이 없다면 거의 언제나 이 업무들을 수행하기 위하여 다른 공식적인 도움을 필요로 할 것이다.

심리 상담자는 어디서 알츠하이머 치매 환자가 살아야 하는지를 결정하는 과정에서 지침을 줄 수 있고, 정서적 도움뿐 아니라 적절한 자원과 같은 정보 자료도 제공

---

1) 이 장의 내용은 알츠하이머 치매를 앓고 있는 독거노인에게는 적용되지 않으며, 알츠하이머 치매 환자 (부모)를 자택에서 간병할 때 무엇을, 누가, 어떻게 조력해야 하는지, 그리고 어떠한 자원을 이용해야 하는지와 같은 실제적인 문제에 관해 소개하고 있다. - 역자 주

해 줄 수 있다. 이 장에서는 첫 번째로 환자를 집에서 돌볼지 결정하는 것에 관하여 논의할 것이다. 그다음에 재택 치료(home care), 지역 공동체 일시적 위탁 서비스 (community respite services) 그리고 건강 관리 서비스(health care services)와 같은 알츠하이머 치매 환자를 위한 여러 가지 종류의 공식적인 서비스에 관한 개관을 제공할 것이다.

알츠하이머 치매 환자를 집에서 돌보기로 결정하기

가족들이 알츠하이머 치매 환자를 장기 요양 기관으로 보내기보다는 집에서 돌보기로 결정한다면 그럴 만한 많은 이유가 있다. 그 이유들은 개인적인 신념(가치관)과 실질적 고려라는 두 범주로 구분된다. 각 개인의 상황에서의 결정은 이 두 가지 이유의 조합에 근거한다. 가족들은 알츠하이머 치매 환자를 집에서 돌보기로 결정하기 전에 그들이 고려하고 있는 각 상황의 논리와 인과관계를 고려해 보아야 한다.

심리 상담자의 역할은 교육을 제공하고, 정서적인 도움을 주고, 문제를 해결하는 데 도움을 주는 것 외에도, 간호 제공자가 친구나 가족과 같은 비공식적인 도움을 받는 것뿐만 아니라 적절한 공식적인 도움을 얻을 수 있도록 도와주어야 한다. 물론 심리 상담자가 환자 또는 간호 제공자의 안녕이 위험하다고 생각되면, 반드시 간호 제공자에게 다른 대안을 찾아보라고 촉구해야 한다. 만약 상황이 곧 위험해질 수 있다면, 보호적인 도움을 줄 수 있는 서비스 기관의 연락처(주소 및 전화번호)를 적어 놓는 것이 필요할 것이다.

개인적인 신념(가치관)

알츠하이머 치매 환자를 돌보는 일에 포함되는 대부분의 업무는 가족 역할의 자연스러운 확장처럼 보이고, 가족 구성원들은 그들이 돌보는 일의 역할을 떠맡는다는 것조차 인식하지 못할 수도 있다. 이것은 환자가 혼자 살기보다 가족과 함께 살

때 특히 그렇다. 이런 경우에 가족들은 다른 대안적 주거 환경을 마련하기보다 환자와 같이 집에 있기를 원하고, 환자의 병세가 점점 악화됨에 따라 간호 제공자도 그에 따라 돌보는 일을 해내야 한다.

많은 가족은 환자를 기관에 보내지 않겠다는 사전 약속을 한다. 예를 들어, 수년간 그들의 배우자와 함께 살았던 사람들은 배우자에게 심각하게 장애가 있어도 그들과 함께 살기를 선호한다. 알츠하이머 치매 환자가 집에 있다는 것을 아는 것과 그들과 같이 잔다는 것만으로도 그들은 위안을 얻는다.

환자를 집에서 돌보기로 결정하는 것은 윤리적, 도덕적 또는 종교적 믿음과 문화적 가치 및 가족의 사정[2)]과 연관되어 있을 것이다. 많은 사람에게 그들의 가족을 집 밖으로 보내 기관에 맡긴다는 것은 가족의 의무로서 옳다고 생각되는 것과 불일치한 일일 것이다.

치료 방안의 선택

한나는 스스로 그녀의 남편을 집에서 돌보기로 결정을 했음에도 불구하고 이웃, 친구, 남편의 의사가 그를 요양원에 보내라고 하는 것에 관하여 매우 화가 났다. 그녀는 상담자에게 "나는 칼을 잘 돌보고 있어요. 아무도 부인하지 않아요. 그의 주치의 조차도 내가 그를 잘 돌보고 있다고 말해 주었어요. 그런데도 여전히 다른 사람들은 나를 위해 그를 요양원에 보내라고 말해요. 그들은 내가 더 이상 스트레스를 받지 않고 그를 위해 내 인생을 희생하지 말라고 해요. 그가 밤중에 일어나 돌아다니며 보이는 사

---

2) 가족의 사정은 역자가 노인 심리학과 건강 심리학 및 스트레스 심리학과 관련된 식견으로 추가한 것이다. 알츠하이머 치매 환자를 집에서 지내게 하면서 자녀와 가족이 간병을 할 경우에는 여러 가지 부담이 수반된다. 즉, 무엇보다 문제가 되는 것은 맞벌이 부부의 경우에는 간병인을 두어 24시간 동안 환자를 돌보게 할 경우 경제적 부담이 크며, 장기 요양을 하는 데 수반되는 가족들의 심신의 피로도와 스트레스 및 가족 간의 심각한 갈등(재산의 상속과 관련된 갈등 및 생존하고 있는 편모나 편부를 모시는 것과 관련된 갈등)을 감당하기가 쉽지 않다는 것이다. 긴 병에 효자 없다는 말이 남의 이야기가 아님을 실감하게 될 수밖에 없다. 노인 의학 전문가가 내방하는 것이 용이하지 않은 경우, 친인척 중에 노인 심리학 전문가가 있다면 나서서 가정 방문을 하고 치료상의 서비스를 제공하는 것이 바람직할 것이다. 그러나 현실적으로 인적 자원이 부족해서 실현하기 어렵다. – 역자 주

람에게 소리치는 일이 있는 것은 사실이에요."라고 말했다. 상담자는 "당신은 왜 칼이 집에 있기를 원하나요?"라고 물었다. 한나는 눈물을 흘리며 잠시 동안 생각에 잠겼다. "왜냐하면 나는 그가 나와 함께 있는 것이 좋아요. 남편을 돌보는 일이 힘들긴 해도, 나는 그의 손을 잡고 있는 것이 좋아요. 왜 그것이 그렇게 나쁜가요?" 상담자는, "한나, 그것이 나쁜 일은 아니에요. 나는 당신이 칼을 잘 돌보고 있다는 것을 알아요. 그리고 당신이 그것으로 인하여 행복해하고 있다는 것도 알고요. 당신이 왜 그 일을 그만두어야 하는지에 관한 마땅한 이유는 없어요. 그것은 당신의 결정이에요. 당신은 명백히 그것을 편안하게 생각하고, 문제는 단지 다른 사람을 어떻게 다루어야 할지에 있어요. 만약 당신이 나에게 말한 것을 다른 사람에게도 말해 주면, 그들은 이해할 거예요. 만일 그들이 그들의 생각을 굽히지 않으면, 당신은 이미 결정을 내렸고, 당신에게는 그 결정을 바꾸라는 제안보다 그들의 도움을 더 고맙게 생각할 것이라는 것을 그들에게 알려 주세요."라고 말했다.

실질적 이유[3]

간호 제공자는 환자에게 최상의 삶의 질을 누릴 수 있게 하고 기능적 능력의 상태를 최대화하기 위하여 일대일 간호(one-to-one care)를 최우선 순위로 결정할 것이다. 이것을 거주 시설(residential facility)에서 처리하기 위하여는 간호 제공자가 시설의 비용뿐 아니라 환자와 항상 함께 있을 수 있는 개인 도우미의 비용도 지불해야 할 것이다. 집에서 간호 제공자는 다른 선택을 할 수 있을 것이다. 그들 자신이 간호를 할 수 있을 뿐 아니라, 그들은 다른 가족, 친구 또는 자원봉사자 그리고 거주 시설의 비용보다 적은 공식적 서비스로 보충할 수 있을 것이다.

가족 구성원들이 집에서 알츠하이머 치매 환자를 간호할 때 가까운 거리에 적절한 시설이 없어서 그들이 원하는 만큼 그곳을 방문할 수 없는 경우도 있을 것이다.

---

3) 알츠하이머 치매 환자의 장기 투병(10년 내외의 기간)과 관련된 돌보기와 간병 및 필요 경비 부담 문제, 기관 또는 시설로의 위탁 관리 시 간병인에 대한 치료비와 인건비 부담 문제 등으로 인해 가족들 역시 생활 스트레스와 탈진 및 애증과 같은 심리적 고통을 겪게 된다. - 역자 주

어떤 지역에서는 가족이 침실을 차지하기 위하여 순위를 기다려야 하고, 환자가 충족하지 못하는 자격이 있을 수도 있고, 가족이 감당할 수 없는 비용 부담 때문에 선택할 만한 시설이 없을 수도 있다. 이런 경우, 심리 상담자는 가족들이 장기적으로나 시설에서 침실의 자리가 생길 때까지 환자를 집에 데리고 있을 수 있는 방법을 찾는 것을 도와줄 수 있다.

어떤 가족들은 거주 시설의 입소 비용을 절약하기 위하여 환자를 집에 두기도 한다. 지출의 한계가 있는 사람들은 환자의 간호를 전적으로 시설에 맡기는 것을 두려워할 것이다. 어떤 가족들은 그들의 유산을 지키고 싶어 할 것이다. 가끔 돈을 어떻게 지출 또는 저축해야 할 것인지에 관한 의견 불일치는 가족의 분쟁을 일으킨다. 이와 같이 많은 경우에 무엇이 옳고 그른가에 관한 정답은 없다. 심리 상담자의 주요 고민은 돈이 어떻게 쓰여야 하는가에 관한 것이어서는 안 되며, 알츠하이머 치매 환자가 적절한 간호를 받고 있는지, 간호 제공자의 안녕이 위험에 처해 있지 않은지, 가족 구성원들이 의견의 불일치가 있더라도 서로 돕고 있는지에 관하여 주의 깊게 관찰하여야 한다.

치료 방안의 선택

최중증의 알츠하이머 치매 환자인 다이앤의 어머니는 직업이 없고, 그녀를 돌보는 일에만 전념하고 있는 오빠인 랠프와 같이 플로리다 주에 살고 있다. 그녀의 어머니는 더 이상 그들을 알아보지 못하고, 요실금 증상이 있으며, 먹여 주고 목욕시켜 주어야 한다. 선생님인 다이앤은 멀리 살고 있어서 학교가 방학을 해야 어머니를 방문할 수 있다. 어느 날, 랠프는 다이앤에게 전화를 걸어 어머니가 고통스러워하는 것 같아 그녀를 병원에 데리고 갔다고 말했다. 다이앤은 즉시 플로리다 주로 갔다. 병원에서는 며칠간 그녀를 지켜보았지만 그녀의 증상을 설명해 줄 아무런 단서도 찾지 못했다. 병원 사회복지사는 그들에게 랠프가 너무 많은 일을 감당하고 있으니 어머니를 요양원으로 모시고 갈 것을 제안하였다. 다이앤은 그 의견에 동의했다. 그녀는 랠프가 그녀를 돌보는 대가로 돈을 상속받는다고 생각하여, 그가 요양원의 비용을 아끼기 위하여 어머니를 집에 머물게 하고 있는 것은 아닌지 의심했다. 그녀는 또한 그가 어머니를 간병하면서 모든 시간을 바치고 있기 때문에 그의 사생활이 없는 것도 걱정이 되었다. 랠프는 "네 말이 맞아. 나는 나 자신을 위하여 돈을 아껴야 한다. 그러나 나는 어머니를 잘 돌보고 있다. 내가 쓸모 있는 사람이 된다는 것에 나는 기분이 좋단다."라고 말했다. 사회복지사는 그녀에게 랠프가 매일 병원에 문병을 와서 오랜 시간 동안 머물다 간다고 말해 주었다. 의료진은 그녀에게 그들이 어머니에게 밥을 줄 때보다 랠프가 와서 주면 더 많이 먹는다고 이야기해 주었다. 그녀는 가끔 아들이 오면 어머니가 미소를 짓는다고 말했다. 그녀는 랠프와 다이앤이 환자를 대변할 수 있는 권한을 나누어 갖고 있기 때문에, 그들의 의견이 일치되어야 한다고 말했다. 다이앤은 어머니를 가까운 요양원으로 모시고 가지 않으면, 랠프가 그녀에 관한 중요한 결정을 계속 내리게 된다는 것을 알고 있었다. 그녀는 또한 랠프가 그녀를 오랫동안 돌보아 왔기 때문에 더 많은 돈을 상속받으리라는 결론을 내리게 되었다. 그녀는 "좋아요, 랠프, 오빠가 어머니를 집으로 모시고 오는 것에 나도 동의해요. 그러나 만일 오빠에게 그것이 부담이 된다면 제발 다시 고려해 줘요."라고 말했다.

생활 방식을 선택하기

일단 알츠하이머 치매 환자를 집에서 간호하기로 결정하였다면, 다음과 같은 부가적인 질문들이 고려되어야 한다. 환자는 환자 자신의 집에서 또는 다른 친족들의 집에서 살게 될 것인가? 그 결정이 알츠하이머 치매 환자, 그의 간호 제공자, 그리고 다른 가족 구성원의 삶에 어떤 영향을 끼치게 될 것인가? 생활과 간호를 어떻게 할지 해결하는 것은 계획과 창의성을 필요로 하고, 심리 상담자는 간호 제공자가 가족의 각 결정에 따른 혜택과 위험을 생각해 볼 수 있게 하고, 그들에게 어려움이 생기면 도움을 주면서 적절한 간호 방식을 제안해야 한다.

알츠하이머 치매 환자가 가족 중에서 누구의 집에서 살 것인지를 정하기

만일 알츠하이머 치매 환자가 이미 간호 제공자와 같이 살고 있거나, 환자의 집이 고용된 도우미를 수용할 수 있을 만큼 크다면, 알츠하이머 치매 환자는 질병의 전 과정 동안 자신의 집에서 살 수도 있다. 그러나 많은 경우에 환자는 혼자 살고 있고 충분한 도우미를 고용하는 것이 불가능하다. 가족들은 다른 생활 방식을 고려해야 한다. 어떤 가족은 알츠하이머 치매 환자를 그들의 집으로 데리고 오기도 한다. 왜 냐하면 알츠하이머 치매 환자를 데리고 올 수 있는 공간이 있거나 그렇게 하는 것이 도우미를 고용하는 것보다 더 좋은 대안이라고 생각하기 때문이다. 어떤 사람들은 알츠하이머 치매 환자의 집으로 이사 가기도 한다. 예를 들면, 성인이 된 딸이 그녀의 집이 너무 작거나, 그녀의 부모의 집이 더 크거나, 더 좋거나, 직장에서 더 가깝기 때문에 부모의 집으로 이사 오게 되는 것이다. 부모님이 이사를 다니는 것에 스트레스를 받을까 걱정되어 그럴 수도 있다. 심리 상담자는 간호 제공자가 모든 방법을 평가하는 것과 그들이 내린 결정의 인과관계를 인식할 수 있도록 도와주어야 한다.

심리 상담자는 다음과 같은 요소들이 고려될 수 있도록 제안하여야 한다.

◆ 질병과 증상의 단계
◆ 환자의 신체적 상태
◆ 간호 제공자가 직접 간호를 할지 또는 간호 도우미를 고용하여 감독하는 일을 할 수 있는지
◆ 간호를 하는 데 가족 구성원 또는 친구들이 도움을 줄 수 있는지
◆ 알츠하이머 치매 환자와 다른 가족의 바람
◆ 생활 환경의 적합성
◆ 그 지역의 공식적 서비스의 활용 가능성
◆ 경제적인 사정(부담 능력)을 고려

치료 방안의 선택

바네사와 그녀의 남편인 마이크는 바네사가 그녀의 할머니를 모시고 살기 위하여 그들의 지하실을 개조하는 문제를 상의하기 위하여 상담자를 만나러 갔다. "그녀 집에 도우미를 고용하는 것보다 가족과 함께 사는 것이 훨씬 보기 좋아 보이잖아요. 나의 할머니와 나는 항상 가깝게 지냈기 때문에 할머니를 모시고 사는 것은 좋은 생각이라고 생각해요. 그녀가 어떻게 지내는지 걱정하고 멀리서 감독하는 것보다 같이 사는 것이 훨씬 좋을 거예요. 한 사람의 음식을 더 만드는 것은 어려운 일이 아니잖아요. 그리고 할머니와 같이 사는 것이 아이들에게도 좋은 일이에요. 아울러서 그녀와 같이 있을 사람에게 돈을 지불할 필요도 없잖아요. 내 생각이 좋다고 생각하지 않으세요?" 상담자는 바네사에게 그녀는 그녀의 생각을 대변할 많은 논리가 있지만 그녀와 마이크가 부정적인 면을 생각해 보았는지 물어보았다. 마이크는 "내가 대답할게요. 첫 번째로, 우리에겐 네 자녀가 있어요. 그 중 두 명은 아직 학교에 다니지 않아요. 또한 그녀의 할머니가 이상한 행동을 하면 아이들은 겁을 먹을 거예요. 내가 이 일을 해야 하는 걸까요?" 상담자는 그의 관점이 명확하다고 말하면서 바네사를 바라보았다. "바네사, 당신의 할머니는 도우미와 함께 수년간 혼자 살아오셨어요. 왜 당신은 지금 그녀와 함께 살려고 하는 건가요?" 바네사는 울기 시작했다. "몇 주 전, 나는 다락방을 청소하다가 오래된 사진, 앨범, 편지와 같은 가족들 물건을 발견했어요. 나는 가족들 중에 내 편에 있는 사람은 오직 할머니뿐이라는 생각을 하게 되었어요. 그래서 그녀가 돌아가시기 전에 그녀를 좀 더 도와주고, 좀 더 가까이 지내고, 아이들에게 그녀를 알 수 있는 기회를 주고 싶었어요. 그러나 마이크의 말이 맞는 것 같아요. 그녀를 집으로 모시고 오는 것은 힘든 일이에요. 나는 단지 그녀를 좀 더 돕고 싶었어요."

생활 방식을 이해하고 적응하기

알츠하이머 치매 환자의 생활 방식을 변경하는 것은 간호 제공자의 삶에 중요한 변화를 일으킬 것이다. 어떤 간호 제공자는 환자를 그들의 집으로 데려갈 것이고 그 환경에 적응해야 할 것이다. 많은 사람은 이 선택을 그들이 공식적인 서비스를 줄이고 돌보는 일을 더 편하게 하기 위해 하게 된다. 그들은 아픈 가족이 그들의 가족 관계, 사회생활 그리고 직장에 끼칠 영향을 예측할 수 없을 것이다. 간호 제공자는 환자의 행동 때문에 더 이상 친구를 집에 초대할 수 없을 것이고, 환자를 돌보기 위하여 집에 일찍 들어와야 하기 때문에 퇴근 후 영화를 본다거나 야근을 할 수 없을 것이다. 그 결정은 가족 관계에 엄청난 변화를 일으킬 것이다. 그 집안에 다른 가족 구성원이 있다면, 그들은 이 결정에 동의는 할 수 있을지 몰라도 그들의 사생활이 침해받거나 그들의 공간을 나누어 사용해야 한다면 매우 화를 낼 것이다. 그들은 또한 환자의 행동을 받아들이지 못하고 매우 당황해할 것이다. 이 새로운 생활 방식에 한 명 이상의 가족 구성원이 영향을 받게 되면, 심리 상담자는 의사 결정 과정에 그들의 참여를 촉구할 수 있다.

환자가 도우미의 간호를 받으며 혼자 살더라도, 간호 제공자는 그 간호를 감독해야 한다. 이것은 또한 간호 제공자의 가족, 사회 그리고 직장 생활에 피해를 줄 수 있다. 간호 제공자는 환자를 위해서나 또는 문제를 해결하기 위하여 그들이 환자의 다른 활동들 또한 간섭을 할 수 있다는 것을 명심해야 한다.

만일 간호 제공자가 알츠하이머 치매 환자가 사는 곳으로부터 멀리 떨어져 산다면, 간호 제공자가 규칙적으로 환자를 방문할 때보다 재택 치료를 감독하는 문제가 더 심각해진다. 공동체 기관에서 고용된 사회복지사 또는 개인적으로 고용된 간호사는 혼자 사는 환자를 위하여 사례 관리(case management)를 해 줄 수는 있어도 환자를 정기적으로 방문할 수 없다. 사례 관리는 일반적으로 환자가 식사를 잘하는지, 건강 관리를 잘 받고 있는지, 주거 환경은 안전한지, 공동체와는 접촉을 하고 있는지, 재택 치료를 잘 받고 있는지를 포함한다.

알츠하이머 치매 환자가 어디에서 살지 또는 환자가 어떤 서비스를 원하는지와 같은 결정을 내리는 과정은 간호 제공자에게 강한 감정을 유발할 수 있다. 그것은 간호 제공자가 보다 자세하게 환자가 살고 있는 환경을 돌아볼 수 있는 기회를 주고, 처음으로 알츠하이머 치매 환자에게 그 질병이 어떠한 영향을 끼쳤는지 진정으로 알 수 있게 해 줄 것이다. 환자의 질병의 심각한 정도를 깨닫는 것은 매우 고통스러운 일일 수 있다. 간호 제공자가 환자의 진단을 오랫동안 알고 있긴 해도, 간호 제공자는 생활 환경이 더 이상 안전하지 못하다는 사실을 파악할 수는 없을 것이다.

예를 들어, 혼자 사는 환자의 간호 제공자는 냉장고가 거의 비어 있거나 환자가 어수선하고 단정치 못해야 환자를 간호해 주어야 한다고 생각할 것이다. 이런 발견은 알츠하이머 치매 환자의 상황이 이렇게 나빠질 때까지 그것을 깨닫지 못한 자신에 대한 죄책감을 느끼게 만들 수 있다.

환자의 생활 방식을 바꾸는 것은 환자의 집 또는 아파트를 판다거나 많은 소유물을 처분한다는 것을 의미한다. 많은 가족 구성원에게 이것은 가족사의 마지막 장을 암시하며 그들은 이것을 매우 불쾌하게 여긴다. 예를 들어, 알츠하이머 치매 환자의 부인은 환자의 간호에 도움이 되기 위하여 현실적인 이유로서 부부가 집을 팔아 더 좁은 아파트로 가서 더 관리하기 쉽고 자녀들이 살고 있는 지역과 가까운 집으로 이주하기를 원할 것이다. 그러나 이런 이주는 부모가 처음 결혼해서 정착했던 보금자리의 상실을 의미한다. 또한 그것은 그들의 친구로부터 멀어짐을 의미한다. 또는 그것은 그들이 그 집에서 살면서 가졌던 희망 또는 꿈을 잃어버린다는 것을 상징한다. 심리 상담자는 간호 제공자가 그들의 슬픔을 이야기할 기회를 주고 변화에 관한 현실적인 측면을 조언해 주면서 정서적인 도움을 줄 수 있다.

어떤 간호 제공자는 환자의 생활 방식을 바꾸려고 할 때, 그들이 좀 더 많은 경제적 자원이 있었더라면 환자에게 더 많은 것을 제공해 줄 수 있었겠지만 그렇지 못했을 때 매우 고통스러운 그들의 경제적 한계를 알게 된다. 어떤 특정한 생활 방식이나 공식적 서비스의 장점과 단점에 관한 제안이나 언급을 하기 전에, 심리 상담자는 반드시 실행 불가능한 제안을 하는 것을 피하기 위하여 가족들의 환경을 알아둘 필요가 있다.

치료 방안의 선택

소피아와 존은 다소 늦게 미국으로 이민을 왔다. 그들이 모국에서 그들의 직업을 버리고 집도 팔아 미국으로 건너왔을 때는 매우 적은 재산만이 있었다. 쉽게 생길 것 같던 좋은 직업들도 구할 수 없게 되자, 소피아와 존은 저축을 할 수 없게 되고 생계를 꾸려 나가는 데 급급하게 되었다. 존은 결혼하고 10년 뒤 그가 50대 중반이 되었을 때 알츠하이머 치매 환자로 진단받았고 바로 직업을 잃게 되었다. 수년간 소피아는 존이 없이 혼자 사는 것이 편했지만, 이제 그녀는 이 환경이 안전한지에 관하여 걱정이 되었다. 그녀는 가족 중에서 자신이 유일하게 돈을 벌 수 있기 때문에 계속 일해야만 했다. 소피아는 그가 알츠하이머 치매 환자임을 진단받은 알츠하이머 센터에 있는 상담자에게 전화를 걸어 어떻게 해야 할지에 관한 조언을 얻기 위하여 약속을 잡았다. 상담자는 소피아가 도착하기 전 그들의 병원 진료 자료를 검토해 보았고, 그들이 매우 한정적인 수입으로 생활을 하며 미국 내에는 다른 가족이 없다는 것을 알아냈다. 그녀는 소피아에게 일반적으로 추천할 수 있는 두 가지 방법이 있다고 말했다. "다른 사람이 존과 함께 있거나 또는 그가 주간 보호 프로그램에 등록하는 거예요." 소피아는 주간 보호를 해 주는 기관과 가정 건강 기관에서 펴낸 책자를 보았지만 그녀가 그 비용을 값을 지불할 능력이 없다고 말했다. "왜 내가 여기에 왔겠어요. 우리는 이런 기관의 도움을 받을 여력이 없어요. 나는 모국에서는 집도 있고, 가족도 있고, 친구도 있었지만 말이에요. 이제 나는 어떻게 해야 하지요? 나 자신이 모든 것을 해결해야 해요. 우리는 보험조차 없단 말이에요." 상담자는 "당신의 환경이 얼마나 절망스러운지 나는 알 수 있습니다. 나는 당신이 처한 환경을 가볍게 생각하는 것이 아니라, 당신이 어떤 일이라도 해결하려는 것을 돕는 거예요. 당신은 아직 이용할 수 있는 서비스들을 모르고 있을 수도 있어요. 아주 적은 비용만 받는 주간 보호 센터도 있습니다. 집에서 간호를 해 주는 사람의 비용을 대신 내주는 정부 프로그램도 있고요. 그렇다면 내가 자원봉사자가 있는 지역 기관에 한번 연락해 보지요."라고 말했다. 소피아는 "너무 고맙습니다. 당신이 그를 기관에 보내라고 할까 봐 내내 두려웠어요."라고 말했다.

재택 치료를 도와주는 공식적인 서비스

알츠하이머 치매 환자를 위한 많은 공식적인 간호 서비스는 환자에게는 간호를, 간호 제공자에게는 휴식을 주는 이중적인 혜택이 있다. 간호 제공자에게 위안을 주는 다른 사람이 잠시 동안 환자를 돌보아 주는 공식적인 서비스는 일시적 위탁 간호(respite care)로서 분류될 수도 있다. 단기간 일시적 위탁 간호(short-term respite care)는 몇 시간, 며칠, 몇 주 동안 행해지며, 간호 제공자가 아프거나, 다른 곳에 가야 하거나, 휴가를 가고 싶거나, 또는 단지 돌보는 일로부터 벗어나고 싶을 때 필요하다. 일반적으로 일시적 위탁 간호는 세 종류가 있다. ① 가정 건강 도우미(home health aides), 주부(homemakers), 그리고 동료(companions), ② 공동체 활동(community activities)과 성인 주간 프로그램(adult day programs), ③ 도움을 주는 거주 시설이나 요양원 같은 거주 시설에서의 밤샘 위탁 간호(overnight respite care in a residential facility). 이 절에서는 간단하게 일시적 위탁 간호의 장점을 논하고 그다음에 각 간호의 유형에 관하여 자세히 기술하고자 한다.

위탁 간호는 간호 제공자에게 개인적인 시간을 허락해 줌으로 인하여 피로와 고립감을 줄여 줄 수 있다. 알츠하이머 치매 환자를 간호하면서 생기는 신체적 · 정서적 고통에서 벗어날 수 있게 해 주고 간호 제공자가 환자를 계속 돌볼 수 있도록 에너지를 충전해 주는 데 도움을 준다. 위탁 간호를 이용하는 간호 제공자는 휴식을 취할 수 있거나 또는 그들이 다른 일을 하는 동안 알츠하이머 치매 환자가 간호와 감독을 받게 된다.

집 밖에서의 공식적인 서비스는 환자에게 사회화, 기분 전환, 신체적 활동, 장면의 변화, 정서적 도움을 제공해 준다. 이런 서비스 없이는 환자는 고립감을 느끼고, 집 밖을 나서려고 하지 않으며, 자극의 부족으로 지나친 무력감에 빠질 위험이 있다. 집에서는 환자에게 그에 견줄 만한 경험을 제공하기는 힘들 것이다.

처음으로 공식적인 서비스를 이용하는 간호 제공자는 서비스를 최대한 이용하는 방법을 알 필요가 있고 그들의 한계 또한 참을 줄 알아야 한다. 일반적으로 단 하나의 서비스가 모든 간호 제공자와 환자의 욕구를 충족하기는 어렵고, 공식적 간호 서비스의 조합이 필요하다. 가끔 공식적인 서비스는 현존하는 문제를 해결하는 동시에 새로운 문제를 만들어 내기도 한다. 예를 들어, 지역에 있는 주간 보호 센터에서 제공되는 교통 서비스가 불편하다면, 간호 제공자는 다른 특별한 방식을 고려해 보거나 환자를 그 센터에 데려오고 갈 때 바래다 주어야 할 것이다.

어떤 지역에서는 알츠하이머 치매 환자에게 공식적인 서비스가 거의 제공되지 않을 것이다. 심리 상담자는 간호 제공자가 특별히 치매 환자를 다루는 것이 아닌 다른 대안적인 서비스라도 그것을 찾도록 도와줄 수 있다. 알츠하이머 협회 (Alzheimer's Association)의 지역 지부는 심리 상담자에게 적절한 대안을 찾을 수 있도록 도와준다.

특히 환자를 돌본 경험이 전혀 없는 간호 제공자는 환자가 사는 집으로 방문하는 공식적인 서비스가 있다는 사실을 모르고 돌보는 일의 모든 부담을 혼자서 감당하려고 한다. 어떤 간호 제공자는 질병이 상당히 진행될 때까지 도움 없이 지내며, 환자의 인지적 문제의 원인을 평가하는 의학적인 진단이 필요 없다고 생각하기도 한다.

재택 치료 서비스

재택 치료 서비스(home care services)는 간호 제공자에게 휴식을 줄 수 있다. 재택 치료 직원들은 개인적인 간호를 위하여 동반자 역할부터 집안일까지 환자를 위한 다양한 서비스를 제공한다. 그들은 간호 제공자가 다른 업무들을 할 수 있도록 환자를 감독한다. 재택 치료 보조원은 목욕, 머리 빗기, 옷 입기를 도와줄 뿐만 아니라 약 먹는 것, 운동하는 것, 집 안팎을 안전하게 다닐 수 있도록 하는 등 환자의 개인적 간호를 하는 데 도움을 준다. 그들은 또한 심부름, 쇼핑, 집에 불 켜기, 식사 준비, 빨래, 사회적 및 기분 전환 활동들을 하는 데도 도움을 준다.

언제부터 재택 치료가 시작되어야 하는가   비록 초기의 알츠하이머 치매 환자가 혼자 살거나 혼자 신체적으로 활동하기 힘들 때도 재택 치료를 필요로 하지만 재택 치료는 일반적으로 환자가 경중증의 알츠하이머 치매 환자일 때 시작된다. 알츠하이머 치매가 경중증 단계(moderate stage)에 있을 때에는, 환자는 더 이상 안전하게 혼자 있을 수 없으며 상당한 양의 실질적인 간호를 필요로 하게 된다. 만약 가족 및 다른 비공식적 간호 제공자들이 충분한 감독이나 간호를 할 수 없다면, 유료의 도움이 실행 가능한 대안이 될 수 있을 것이다.

종종 환자의 증상 또는 질병 또는 입원의 심각성이 증가할 때 외부에서 도움을 받는 것에 대한 결정을 하게 된다. 가끔 도우미를 고용하는 것은 간호 제공자가 질병 같은 것으로 인해 돌보는 방식이 사전에 변경되면서 발생하게 된다.

테드는 엉덩이 뼈가 부러지고 나서 몇 주 뒤, 급성과 만성의 중간의 기간에 집으로 돌아왔다. 밀리는 심리 상담자에게 전화를 걸어, "지금까지는 도우미 없이 혼자서 테드를 돌보고 있었어요. 내가 일을 하고 있을 때, 그는 주간 보호 센터에 가 있었어요. 그리고 자녀들은 이것저것 도와주었지요. 그러나 지금 테드는 더 많은 도움을 필요로 해요. 그는 혼자서 집 주변을 돌아다니지 못하고, 아직 그 센터로 돌아가지 못해요. 내가 다른 사람을 고용하는 것을 어떻게 생각하세요?"라고 말했다. "정말 좋은 생각이네요." 심리 상담자는 대답했다. 밀리는 자세한 사항을 논의하기 위하여 심리 상담자를 만나고 싶어 했다. 심리 상담자를 만나기 전, 밀리는 고용하는 사람이 어떤 일을 하기를 원하는지 목록을 작성해 오라고 제안했다.

어떤 종류의 재택 치료가 제공되어야 하는가   만일 환자가 혼자 살고 있고 알츠하이머 치매의 초기 상태를 지났다면, 그 환자는 24시간 감독과 도움을 제공할 수 있는 같이 거주하는 간호 도우미를 필요로 할 것이다. 만일 환자가 여전히 알츠하이머 치매의 초기 상태이면, 간호 제공자는 심부름을 해 주거나, 환자를 수행해 주거나, 간호 제공자가 없을 때 환자의 안전을 감독해 줄 수 있는 사람을 고용하기를 원할 것이다. 간호 제공자는 또한 그들이 직장에 있어야 할 때나, 간호의 일을 분담하기 위하여 다른 사람이 환자의 곁에 머물러 있어 주기를 원할 것이다.

심리 상담자는 간호 제공자가 하루에 몇 시간 일할 것인지, 언제 일할 것인지(예를 들면, 그들이 직장에 있을 때) 경제적인 여건을 고려하여 결정하는 것을 도울 수 있다. 어떤 종류의 간호가 필요한지를 결정할 때, 간호 제공자는 특정한 날이나 주에 해야 하는 일의 목록을 작성하는 것이 유용하다고 생각할 것이다. 이 목록은 직무 설명서(job description)로 사용될 수 있고, 적절한 제공자를 고를 때 도움이 될 수 있다. 어떤 간호 제공자들은 제한적이거나 환자에게 개인적인 간호만을 해 주려고 한다. 어떤 사람들은 식사 준비, 세탁, 그리고 다른 환자와 관련된 일들을 한다. 다른 사람들은 집안일만을 하려고 한다. 그리고 이 모든 일을 하려는 사람도 있다.

밀리는 심리 상담 회기 때 가정 건강 도우미의 업무 목록을 가지고 왔다. 그녀는 메모로 가득한 종이들을 꺼내 그녀가 모든 종이를 모았는지 확인하기 시작했다. 그녀는 자기를 바라보면서 웃고 있는 심리 상담자에게 "알아요, 메모한 종이가 좀 많지요. 그러나 나는 어떤 항목이라도 놓치고 싶지 않아요."라고 말했다. 그들은 함께 도우미가 아침 8시부터 오후 4시까지 필요하다는 계획을 세웠다. 도우미는 테드에게 아침을 차려 주고 그날의 활동을 할 수 있도록 해 주는 개인적 간호의 책임을 맡게 될 것이다.

만일 간호 제공자가 일일 간호에 적극적으로 참여해 오지 않았다면, 심리 상담자는 그들이 우선 알츠하이머 치매 환자가 필요로 하는 것이 무엇인지를 알기 위하여 환자와 함께 시간을 보낼 것을 제안할 수 있다. 고려해야 할 쟁점은 다음과 같은 내용을 포함한다.

- 간호는 어느 정도 필요한가? 환자 스스로 할 수 있는 행동은 무엇인가? 환자가 감독이 필요한 때는 언제인가? 전적으로 간호가 필요한 때는 언제인가?
- 인슐린 주사, 신체적 치료, 또는 주입액(infusion) 치료와 같은 의학적 절차가 필요한가?
- 간호 제공자가 제공할 수 있는 간호와 감독의 유형은 무엇인가?
- 간호 제공자의 직업이나 다른 책임들 때문에 도움이 필요한 시간을 정해 놓았는가?
- 용변이 묻은 속옷을 갈아 주는 일과 같은 간호 제공자가 참을 수 없는 특정한 업무가 있는가?
- 환자는 외국어를 구사하는 도우미를 필요로 하는가?
- 간호 제공자는 알츠하이머 치매의 증상과 간호 시에 무엇을 어떻게 언제 해야 하는지, 즉 자신의 임무가 무엇인지를 알고 있으며, 경험이 풍부한가? (이 항목은 역자가 추가한 것임)

개인적으로 도우미를 고용하는 간호 제공자는 도우미가 할당받는 시간과 업무를 최대한 탄력적으로 정해야 한다. 당장의 비용은 기관을 통하는 것보다는 저렴할 것이다. 그러나 간호 제공자는 이 방법이 많은 부가적인 책임과 더 적은 안전망(safe-guards)을 감당해야 한다는 것임을 알고 있어야 한다. 예를 들어, 간호 제공자는 가정 간호 근로자에 관한 주 규율에 맞추어 근로자의 임금에 관한 세금을 지불해야 하고, 환자가 받는 간호의 질을 감독하여야 한다.

재택 치료 기관(home care agency)을 통하여 도우미를 고용하려고 하는 간호 제공자와 장기 간호 보험 또는 약물치료와 같은 정부 보험을 통해 도우미에게 비용을 지불하는 사람은 기관 또는 보험 계획의 지침의 범위 안에서 일을 해야 할 것이다. 그러나 간호 제공자는 기관이 보낸 사람이 맘에 들지 않으면 다른 도우미를 요청할 권리가 있다는 것을 반드시 기억해야 한다.

간호 제공자가 개인적으로 도우미를 고용할 수 있으면, 간호 제공자는 도우미를 면접하면서 그들의 요구 사항을 이야기하고, 그 도우미의 능력과 한계를 알 수 있다. 도우미가 일을 시작하면, 간호 제공자는 도우미가 환자를 돌보는 데 있어서 어떠한 생각을 가지고 있는지 아는 데 시간이 좀 걸릴 것이다. 도우미가 기관이나 보험기관에 소속되어 있다면, 간호 제공자와 환자 양측은 도우미가 일을 시작하고 나서야 만날 수 있을 것이다.[4] 재택 치료 직원들이 간호 제공자와 환자 모두에게 신뢰를 주어야 하는 것은 중요하다. 적절한 사람을 찾고 신뢰하는 관계를 만들어 가는 과정은 시간이 걸리는 일일 수 있으며, 적절한 사람을 찾는 데까지는 많은 시행착오를 겪을 것이다.

재택 치료사를 적응시키기   도우미가 처음에 집에 오면, 간호 제공자는 그들이 해야 할 업무를 검토하고, 집 주변을 소개해 주어야 한다. 간호 제공자는 또한 그들이 환자에게 접근하는 방법과 도우미가 할 수 있는 결정들은 무엇인지, 언제 간호 제공

---

4) 병원에서 입원 환자 병 수발(간호)을 위한 전일제 간호를 담당할 간병인을 구해 달라고 병동 간호사실에 부탁하면 정해진 고용 계약에 의해서 구할 수가 있으며, 자택 치료 환자의 경우에 간병인을 구하는 문제는 예전에는 YWCA 같은 연결망이 있는 기관에게 알선을 해 주었다. – 역자 주

자에게 조언을 요청해야 하는지 이야기해 주어야 한다. 간호 제공자가 도우미에게 명확하게 환자의 요구 사항, 할 수 있는 일, 일상생활, 습관, 특히 문제 행동을 일으킬 수 있는 요인들뿐 아니라 그것을 피할 수 있는 방법에 관해서도 알려 주는 것은 중요하다. 도우미는 환자의 의학적 상태, 복용하는 약물의 목록을 가지고 있어야 하며, 어떤 증상이 나타났을 때 간호 제공자나 의사에게 전화를 걸어 조언을 구해야 하는지도 알고 있어야 한다. 도우미는 응급상황에 대비하여 간호 제공자, 다른 친족, 그리고 환자의 담당 의사, 환자를 데리고 갈 병원의 전화번호 목록을 가지고 있어야 한다.[5]

심리 상담자는 간호 제공자에게 재택 치료사가 가정과 일상생활을 융합하는 과정이 시간이 걸리는 일임을 상기시켜 줄 수 있다. 환자, 간호 제공자 그리고 다른 가족 구성원은 새로운 사람을 가정에 받아들여야 하고, 재택 치료 근로자는 그 가족과 환자가 어떤 생활 방식을 가지고 사는지 배워야 한다. 재택 치료 근로자는 간호 제공자와의 협의하에 새로운 간호 전략을 시도할 수 있을 뿐 아니라 많은 질문을 하는 것이 좋다. 많은 경우, 훌륭한 간호는 오해로 인하여 시도되지 못한다.

밀리는 도우미를 고용한 뒤 며칠 지나서 그녀의 심리 상담자에게 전화를 걸어, "당신이 알고 있는 신뢰할 만한 도우미가 있나요? 이번 도우미는 아닌 것 같아요."라고 말했다. 심리 상담자는 무슨 일이 있었냐고 물었고, 밀리는, "내가 집에 올 때마다 나는 매우 절망적이고 화가 나 있는 테드를 보게 되었어요. 도우미에게 하루 동안 무슨 일이 있었는지를 물어보면, 그녀는 모든 일이 순조로웠고 그가 점심 식사도 잘 했다고 말해요. 그녀가 무엇인가를 잘못한 것이 분명해요. 그렇지 않으면 왜 그가 내가 집에 오면 그렇게 행동하겠어요?"라고 말했다. 심리 상담자는 밀리에게 하루 일정에 관한 자세한 정보 자료를 도우미에게 물어보라고 제안했다. "아마도 테드는 도우미에게 익숙해지는 데 시간이 더 필요한지도 몰라요." 밀리는 다음 주에 심리 상담자에게 전화를 걸어 더욱 차분하고 긍정적인 목소리로 이야기했다. "우리가 문제를 해결한

5) 우리나라에서는 각 지역의 119구조대에서 구급차를 통해 환자를 병원 응급실로 주야간 이송하는 서비스를 무료로 제공하고 있다. - 역자 주

것 같아요. 나는 도우미에게 테드가 해야 할 일들의 목록과 매일의 식단(menu)을 짜서 주었어요. 그녀는 그를 밖으로 매일 데리고 나가야 한다고 생각했고, 그를 서둘러 준비시켰던 것이 그를 화나게 한 것 같아요. 그녀는 내가 그녀에게 문제가 있다고 생각하기를 원하지 않았기 때문에 계속 아무 문제가 없다고만 이야기했어요. 나는 그녀가 내가 준 목록을 단지 제안으로만 여기고, 그녀가 테드가 해야 할 일들을 자신의 판단대로 결정해서 행동했다고 생각했던 것 같아요. 당연히 테드는 화가 날 수밖에 없었어요. 그는 어떤 일이든 강요당하는 것을 싫어하거든요."라고 말했다.

집안의 도우미에게 친숙해지기   간호 제공자는 집안에 도우미를 고용하고 나서 문제가 생기면 그 처리 방법을 의논하기 위하여 심리 상담자에게 문의를 한다. 그들은 집안에 도우미를 입주시키는 것이 생소할 것이고 도우미가 해 줄 일에 대한 비현실적인 기대를 가지고 있다. 아울러 간호 제공자가 집안에 도우미를 입주시키고 나면, 그들이 갖게 된 자유 시간을 어떻게 사용해야 할지 막막해진다.

치료 방안의 선택

에비게일은 마침내 중증 알츠하이머 치매 단계에 있는 그녀의 남편 레이를 돌보아 줄 도우미를 고용했다. 도우미가 온 지 일주일이 지나고, 그녀는 상담자에게 전화를 걸어 "내가 그녀를 왜 고용했는지 모르겠어요. 그녀는 레이 옆에 앉아 그와 함께 텔레비전을 보고 있어요. 나는 그녀가 청소와 빨래도 해 줄 것이라고 생각했는데, 내가 여전히 모든 일을 하고 있어요."라고 말했다. 상담자는 에비게일에게 도우미는 환자의 간호 제공자(caregiver)이지 집안일을 해 주는 사람이 아니라고 말했다. "나는 몰랐네요." 상담자는 에비게일에게 도우미가 집에 있는 동안 외출을 하는 것이 어떻겠느냐고 물어보았다. 에비게일은 "그녀가 잘하고 있는지 내가 확인하기 위해서예요. 만일 내가 나가고 없으면 누가 그녀를 감독하나요? 게다가 나는 어디로 나가야 하나요?"라고 말했다. 상담자는 에비게일에게 레이가 아프기 전에 그녀가 즐겼던 야외 활동을 생각해 보라고 제안하였다. "오후 시간 동안 내 친구 아그네스와 쇼핑하러 가야겠어요. 오랫동안 못해 본 일이에요. 그러나 내 몰골 좀 보세요. 아마도 나는 미용실부터 가 보아야겠네요."

간호 제공자와 환자가 재택 치료를 받아들이도록 도와주기　　심리 상담자에게는 재택 치료가 도움이 된다는 것이 명백하게 보일지 몰라도, 많은 간호 제공자에게 이런 종류의 도움을 받아들인다는 것은 힘든 일일 수도 있다. 특히 환자의 배우자들은 모든 간호를 직접 해야 한다고 생각한다. 어떤 사람들은 그들이 하는 만큼 다른 사람은 할 수 없을 것이라고 생각하기도 한다. 간호 제공자는 도우미를 고용하는 것에 대하여[6] 쉽게 받아들여 환자를 간호하는 자신의 능력에 대하여 부정적으로 생각하지 않는다. 당연히, 이런 간호의 비용에 관한 고민이 있을 수 있다.

집에 도우미를 두는 것을 반대하는 사람은 간호 제공자가 아닌 환자일 때도 있다. 혼자 사는 환자이거나 명백히 도움이 필요한데도 도움을 받기를 꺼리는 환자를 설득하는 것은 특히 어려운 일이다. 이런 경우 심리 상담자는 간호 제공자가 집에 도우미를 데리고 올 수 있는 특별한 전략을 짜는 것을 도와줄 수 있다. 알츠하이머 치매 환

치료 방안의 선택

번즈 씨는 자녀의 끈질긴 설득 끝에, 침대에 누워만 있으며 식사, 화장실 가기, 옷 입기 등 많은 도움이 필요한 그의 부인을 간호해 줄 도우미를 고용하는 것에 동의했다. 번즈 씨는 혼자서 그의 부인을 간호해 왔고, 그가 피곤함에도 불구하고 자신만큼 그녀를 돌볼 사람이 없다는 생각에 도우미를 구하는 것을 반대해 왔다. 그의 딸인 앨리슨은 가족 심리 상담자에게 "아버지는 도우미가 온 지 며칠이 지나 그녀가 어머니에게 음식을 먹여 주는 것이 맘에 들지 않는다며 해고했어요. 그다음에 구한 도우미는 아버지가 모든 일에 간섭을 하자 스스로 그만두었고요. 그다음에 구한 도우미는 아버지에게 그녀를 어떻게 돌봐야 하는지 물어보아 그가 하라는 대로만 했어요. '마침내 아버지가 원하는 사람이 온 거다.' 우리는 그렇게 생각했어요. 그런데 그는 "내가 어떻게 하라고 말해 주지 않아도 그녀는 무엇을 해야 할지 알아야 한다."면서 그녀를 해고했어요. 만일 지금의 새로운 도우미도 해고 된다면, 우리는 어떻게 해야 하나요?"라고

---

6) 남성인 알츠하이머 치매 환자가 재택 치료를 받으면서 여성 간호 제공자를 고용하지만, 시간제나 전일제 도우미로는 남성을 고용하게 된다. 따라서 두 명으로부터 간병 서비스를 받게 된다. 예를 들면, 목욕을 해야 하는 경우 남성 도우미가 필요하다. – 역자 주

> 말했다. 상담자는 앨리슨에게 번즈 씨가 도우미를 고용했다는 것과 어떤 도우미도 맘에 들지 않더라도 그가 만족할 만한 사람을 계속 구하는 것은 좋은 징조라고 말했다. "그에게 힘들었지만, 그 혼자 스스로 어머니를 돌봐 왔던 것은 그에게 매우 의미 있는 일이었어요. 그가 그의 일이라고 여겼던 일을 다른 사람에게 맡기는 데는 시간이 좀 걸릴 거예요. 그가 정말로 마음에 드는 도우미를 구할 때까지 당신은 도우미를 고용하고 해고하는 일에 대한 마음의 준비를 해 두세요."라고 말했다.[7]

자의 반대를 극복하는 법을 알아내기 위하여는 창의적인 생각이 필요할 것이다.

어떤 환자는 고용된 사람이 자신을 돌보기 위해서라기보다 간호 제공자나 다른 사람들을 도와주기 위해서 고용되었다고 생각하기 때문에 고용된 도우미에 대하여 호의적이다. 도우미가 고용된다면 책임을 덜 수 있기 때문에 그럴 수도 있다. 어떤 사람은 도우미의 성격이 마음에 들 때만 도우미를 받아들인다. 어떤 사람은 무료인 재택 치료만을 원한다. 이것은 경제적 위기를 겪고 있는 사람이거나 생계를 꾸릴 돈이 없는 사람에게는 절실하다. 심리 상담자는 간호 제공자가 환자의 과거, 삶의 방식, 그리고 개성을 염두에 둔 최고의 전략이 무엇인지 결정하는 데 도움을 줄 수 있다.

치료 방안의 선택

> 알츠하이머 치매의 경중증 단계(moderate stage)에 있는 앨런스 부인은 줄곧 혼자 살아왔고 매우 독립적인 사람이다. 그녀의 오빠인 토머스는 앨런스 부인이 재택 치료 도우미를 받아들일 수 있는 방법을 찾기 위하여 상담자와 고심하고 있다. 그녀는 도우미를 단호하게 거절했고, 토머스가 지난번 가정 건강 도우미를 소개하려고 했을 때는

---

7) 이 사례에서 알츠하이머 치매 환자, 간호 제공자, 도우미가 서로 친숙해지기 위해 노력해야만 모두에게 유익한 인간관계를 맺을 수 있으며, 일방통행식의 갑을의 관계(의 강요)는 모두에게 도움이 안 된다는 것을 알 수 있다. 간호 제공자의 도우미는 전문성, 봉사정신, 배려심, 정성, 책임감, 온유함, 인간미와 스트레스 대처 능력, 헌신성을 갖고 있으며 관련된 훈련을 받은 사람이어야 한다. – 역자 주

경찰을 부르겠다고 위협하면서, 도우미와 토머스를 모두 아파트 밖으로 내쫓았다. "다음번에 어떤 방법을 시도해 보아야 할까요? 나는 어떤 조치든 취해야 해요. 그녀의 아파트는 지저분하고, 그녀는 한 달 동안 샤워조차 하지 않은 듯했어요. 비록 내가 아파트 안에서 음식의 흔적을 보긴 했지만, 그녀의 몸무게는 많이 줄은 것 같아요. 만일 내가 어떤 일이든 하지 않으면…… 나는 정말 생각조차 하기 싫습니다." 상담자는 토머스에게 동생이 좋아할 만한 선물을 한번 생각해 보라고 권했다. 그는 동생이 튤립을 좋아한다고 했다. 상담자는 다음번에 도우미와 그녀의 집에 갈 때는 튤립과 샌드위치를 가지고 가라고 했다. 그는 그녀를 만나기를 원하고 있는 도우미를 그의 친구로 소개할 수도 있다. 토머스는 내키지는 않지만 그 방법을 시도해 보기로 했다. "그것은 동생이 집안에 낯선 사람을 맞이하는 하나의 방법일 수 있어요. 사실 며칠 동안은 도우미는 단지 앉아 있고 동생과 이야기만을 나누어야 해요." 토머스는 다음 주에 상담자에게 전화를 걸어, "음, 집은 여전히 난장판이지만 동생은 도우미를 집안에 받아들였고, 도우미와 같이 식료품점에 가서 먹을 것을 사기도 해요. 이 방법이 통한 것 같아요."라고 말했다.

집에서의 건강 관리 서비스

환자를 돌볼 때 재택 치료 도우미(home care attendant)보다 다른 사람이 필요한 경우도 있을 것이다. 이것은 알츠하이머 치매 이외의 의학적 질병 때문이거나, 입원 후의 경우나, 환자가 중증 및 최중증 단계의 알츠하이머 치매이거나, 좀 더 숙련된 간호를 필요로 할 때 그러하다. 건강 관리 서비스가 질병이나 입원의 결과로 필요하다면, 환자를 돌보았던 의사나 의료진이 환자에게 적절한 서비스를 결정해 줄 것이다. 이런 서비스는 간호(nursing), 사회적 업무(social work), 작업 치료(occupational therapy), 영양(nutrition) 또는 식이 요법(dietetics) 그리고 물리치료(physical therapy)를 포함한다.

알츠하이머 치매 환자의 기능적 능력을 유지하는 것이 중요하다는 것을 알기 때문에, 심리 상담자는 가족 구성원이 환자의 주치의에게 집에서 재활 서비스를 받도록 해 달라고 요청할 것을 제안할 수 있다. 보험을 통하여 이런 서비스의 비용을 상환받지 못하면, 간호 제공자는 할 수 있다면 개인적으로 지불하는 방법을 선택할 수 있다.

공인 간호사(registered nurse)   인슐린 주사를 놓는 숙련된 기술을 필요로 하는 식이요법과 같은 심각한 의학적 상태에 있는 환자의 간호 제공자는 방문 간호사의 서비스를 제공받아야 한다. 가끔 간호사로 훈련받은 사람이 가정 건강 도우미의 업무를 하기 위하여 개인적으로 고용되어 간호를 해 주기도 한다.

물리치료사   물리치료사는 더 이상 신체 활동을 스스로 할 수 없는 알츠하이머 치매의 후기 단계에 있는 환자에게, 그의 근육 운동을 돕거나 신체적 힘을 유지하게 해 주거나 근육 경직이나 수축을 방지해 준다.

작업치료사   작업치료사는 걸음걸이가 불안정하거나 균형을 잡지 못하거나, 길을 안내받아야 하고, 일상생활을 하는 데 도움을 받아야 하는 환자에게 도움을 줄 수 있다. 그들은 또한 환자를 위하여 집안을 안전하게 만들기 위해서 손잡이 또는 승강 좌변기와 같은 적응적 기기의 이용을 추천해 줄 수 있다.

영양사   영양사는 환자가 알츠하이머 치매 때문에 먹는 것에 어려움이 있음에도 불구하고 어떻게 그가 건강한 식이요법을 유지할 수 있는지 제안해 줄 수 있다.

언어치료사   언어치료사 중에는 환자가 음식을 삼키는 데 어려움이 있을 때 치매 또는 다른 질병을 돕는 데 전문화된 사람도 있다.

초기 단계의 알츠하이머 치매 환자를 위한 공동체 서비스

초기 단계에 있는 알츠하이머 치매 환자는 신중하게 선택된, 노인에게 적절한 많은 활동에 참여할 수 있다. 간호 제공자가 그들의 친족이 참여할 활동이나 프로그램을 선택할 때, 일반적인 사람처럼 알츠하이머 치매 초기 환자도 그들이 예전에 했던 활동이나 공동체 활동을 할 수 있음을 강조하는 것이 중요하다. 특히 환자가 전에 영화, 공놀이, 공연 또는 예술 그리고 공작 수업 같은 것에 관심이 있었다면, 이런 활동이 적절할 것이다. 심리 상담자는 간호 제공자가 전술한 활동을 선택할 때 환자의 의견을 존중하도록 조언해 주어야 한다.

치료 방안의 선택

패트리샤는 최근에 알츠하이머 치매 환자가 된 그녀의 엄마가 집에서 많은 시간을 혼자 보내는 것에 대하여 걱정을 했다. 패트리샤는 상담자에게 전화를 걸어 그녀가 다른 사람을 만날 수 있도록 주간 보호 센터에 보내는 문제에 관하여 물어보았다. 상담자는 그녀의 어머니가 아직 주간 보호 센터가 필요하지 않은 것 같아 어머니가 아프기 전에 즐겨 하던 활동이 무엇인지 물어보았다. 패트리샤는 그녀의 어머니는 음악을 즐겨 듣고, 사실 그녀가 어릴 적에 바이올린을 켜기도 했다고 말했다. 상담자는 패트리샤가 음악 감상 교실을 찾아볼 것을 권했다. 패트리샤는 그녀의 어머니가 좋아할 만한 YMCA의 한 강습 프로그램을 찾아냈다. 그녀는 어머니에게 그 강습에 관하여 이야기해 보았고, 그녀의 어머니는 패트리샤가 그녀와 함께 간다면 그 강습을 수강하겠다고 했다. 몇 주 뒤, 패트리샤는 어머니를 태우고 첫 수업에 갔다. 주차장을 나오는 길에 그들은 딸과 함께 걸어 나오는 나이 든 여자를 보았다. 건물 안에 들어서서 등록을 하러 갔을 때, 그 나이 든 두 여성은 서로를 가까이서 보았고 그들이 선생님이었을 때 같은 초등학교에서 근무했음을 알게 되었다. 그들은 그 당시에 친한 사이는 아니었고 서로의 이름도 기억하지 못했지만, 더 이상의 설명이 필요 없을 만큼의 친밀감을 느끼게 되었다. 패트리샤는 몇 주 뒤 상담자에게 전화를 걸어 그 두 사람이 친구가 되어 서로의 동반자가 되었으면 좋겠다고 말했다. "우리 엄마는 친구가 절실히 필요해요." 그녀가 말했다. "어쨌든 그녀는 음악 수업을 너무 좋아해요. 나는 그녀가 알츠하이머 치매 환자임에도 그런 수업을 받을 수 있다는 것을 몰랐어요."

노인 센터와 다른 공동체 프로그램   노인 센터, 스포츠 클럽, 종교 기관, 미술 센터, 그리고 공동체에 있는 다른 기관들이 제공하는 활동들이 환자가 이미 손상된 특정한 기술에 의존하지 않는다면, 그 기관들은 알츠하이머 치매의 초기 단계에 있는 환자를 위하여 여가 활동, 교육, 또는 사회적 프로그램을 제공할 수 있다. 많은 경우에 알츠하이머 치매 초기 환자는 가족에게 추천을 받아 프로그램과 활동을 선택할 수 있다.

심리 상담자는 간호 제공자가 활동을 선택할 때 환자의 존재가 다른 사람에게 피해가 가지 않도록, 그것이 너무 어렵지 않아야 한다는 것을 유념해야 한다. 예를 들어, 목적이 새로운 정보 자료나 기술을 습득하는 토론 집단이나 교육적인 수업은 환자에게 심한 스트레스를 줄 수 있고 기억력 장애를 드러낼 수 있으며 환자를 불편하게 만들기 때문에 부적당할 수 있다. 가끔 환자는 그들의 한계를 인정하지만, 다른 참가자들은 환자의 존재로 인하여 불편함을 느낄 것이다. 그들은 알츠하이머 치매 환자에게 화를 내거나 그를 거부할 것이다. 간호 제공자가 특정 활동이 적절한 시기를 알고, 환자의 치매 정도에 따라 특별한 활동이 적당한 때를 알게 해 주는 것을 도와주는 것은 중요하다.

치료 방안의 선택

알츠하이머 치매의 초기 단계에 있는 롤랜드는 지역 미술 센터에서 노인을 위한 토론 집단을 시작한다는 광고를 신문에서 보게 되었다. 그는 그의 부인에게 그 수업에 참가하고 싶다고 말했다. 그의 부인 해리엇은 그가 종종 단어를 잊거나 틀린 단어를 사용하기 때문에 다른 수업 참가자로부터 놀림을 당하거나 배척당할까 봐 걱정되었다. 그를 보호해야 한다는 생각 때문에 그녀는 곧 그에게 시도하지 말 것을 당부했다. 그러나 남편은 그가 말하는 데 어려움이 있다는 것을 개의치 않았다. "그들은 내가 말을 할 때까지 기다려 줄 것이야. 아니면 내가 기분이 안 좋다고 생각되면 난 아무 말도 하지 않을 거야." 여전히 근심 어린 해리엇은 알츠하이머 센터의 상담자에게 전화를 걸었다. 상담자는 쟁점이 무엇인지를 듣고는 "해리엇, 당신이 남편을 보호해 주려는 마음은 알지만, 그는 이미 그 문제점을 알고, 수업 시간에 어려운 일이 생기면 그 일들을 해결하려고 준비하고 있어요. 그가 그 수업에 참가하기를 원하기 때문에 당신은 그가 수업을 받도록 권고해 보는 것이 좋겠어요. 당신의 걱정을 잠시 접어 두고 그를 믿어 보세요."라고 말했다. 해리엇은 "아마도 당신의 말이 맞을 거예요. 내가 너무 과잉보호를 했나 봐요. 나는 그가 집에서 우울하게 있기보다는 여전히 나가서 무엇이든 해 보려는 것을 기뻐해야 할 거예요."라고 말했다.

초기 환자 지원 집단   경증 단계에 있는 알츠하이머 치매 환자는 초기 환자 지지 집단에 참여하여 도움을 얻을 수 있다. 이 집단은 참여자에게 서로 같은 상태에 있는 다른 사람들과 질병과 관련된 정서적 · 실제적 쟁점을 토론할 수 있는 기회를 준다. 참가자들은 알츠하이머 치매 진단에 관한 그들의 느낌들을 논의하고, 여러 가지 일들을 수행하거나 어려운 일을 겪을 때 사용했던 전략들을 공유하고, 그들의 질병에 도움이 된 환경에서의 긍정적이었던 또는 고통스러웠던 경험에 대하여 이야기할 수 있다. 간호 제공자들은 지지 집단이 환자에게 그들과 같은 질병을 가진 사람과 만날 수 있는 만남의 장(場, field)을 제공하는 것에 매우 안도할 것이다. 어떤 지역에서는 치매 초기 환자 집단과 간호 제공자 집단의 모임을 같은 시간에 같은 장소에서 열어 환자와 간호 제공자 모두의 참석을 유도한다.

심리 상담자는 환자에게 지지 집단에 대한 제안을 하기 전에 환자가 지지 집단에서 받아들여질 수 있는가를 알아보기 위해 환자의 기능 정도를 알아두어야 한다. 초기 환자 지지 집단에 참가하고 싶은 사람은 그 환자의 자격을 결정하는 집단의 지도자와의 면접을 거쳐야 한다. 집단은 일반적으로 환자가 자신의 질병에 대하여 인식하고 있고 자신의 경험을 다른 사람과 나누고 싶어 한다면 그 환자를 받아 줄 것이다. 그들은 또한 언어적으로 소통할 수 있는 능력과 참여할 수 있는 능력을 검사할 것이다. 참석자가 선정될 수 없는 사람이라면, 그 집단을 떠날 것을 요청받는다. 이것은 환자와 간호 제공자 모두에게 충격적인 일일 것이다. 이런 일이 일어나면, 지지 집단 지도자와 심리 상담자는 동일한 수준의 대화 기술이나 집중력을 요구하지 않는 활동 프로그램을 적절하게 진행 중인 서비스를 찾기 위하여 모든 노력을 기울여야 한다.

치료 방안의 선택

루퍼트는 알츠하이머 치매 환자로 진단받은 뒤 자신감을 잃어 보였다. 그는 그가 과거에 하던 일들을 더 이상 하지 않았고 외출을 삼갔다. 그의 부인인 조앤은 그녀의 집단 지도자에게 그의 남편이 그가 즐기던 일을 더 이상 하려 하지 않고 많은 시간을 혼자 보내는 것에 대하여 매우 걱정스럽다고 이야기하였다. 그 지도자는 알츠하이머 치매 초기 환자를 위한 지지 집단이 있으니 그가 그곳에 가면 도움이 될 것이라고 이야기해 주었다. 조앤은 조심스럽게 그 집단에 관하여 남편에게 말해 보았고 얼마나 도움을 받을 수 있는지를 이야기해 주었다. 놀랍게도 그녀의 남편은 그 집단에 참여할 것을 동의했다. 몇 주 뒤, 조앤은 그녀의 남편이 달라지는 것을 느낄 수 있었다. 그는 더 자신감에 차 보였다. 그는 조앤에게 말했다. "참여자들이 나에게 내가 단어를 잃어버린 것에 대해 다른 사람이 어떻게 생각할지 너무 걱정하지 말라고 이야기해 주었어. 어떤 사람은 자신이 골프를 치는데 나보고 놀러 오래. 나도 한번 가 볼까 해."

중기 단계의 알츠하이머 치매 환자를 위한 공동체 서비스

성인 주간 센터   성인 주간 센터는 환자에게 의미 있는 경험을 할 수 있게 해 주고 수준 높은 간호를 제공한다. 성인 주간 센터는 의학적 모델과 사회적 모델의 두 가지 종류가 있다. 두 종류 다 환자에게 정신적인 자극과 신체적인 운동을 할 수 있게 해 주는 사회적인 재활 프로그램을 포함하고 있다. 성인 주간 센터는 또한 건강 간호 서비스를 제공한다. 성인 주간 센터는 집에서 혼자 있는 것이 더 이상 안전하지 않고 의미 있는 활동이나 사회적인 접촉을 시도해야 하는 중기 단계의 알츠하이머 치매 환자에게 가장 적합하다. 주간 센터는 치매 환자 또는 인지적인 능력이 손상된 환자들만을 위하여 서비스를 제공한다.

대부분의 센터는 월요일부터 금요일까지, 아침 여덟 시부터 저녁 네 시까지 문을 연다. 센터 중에는 시간을 연장하여 운영하거나 주말에도 운영을 하는 곳도 있다. 일반적으로 사람들은 일주일에 한 번 또는 다섯 번까지 센터에 온다. 어떤 센터는 최소한 출석해야 하는 횟수, 결석의 사전 통지, 지각 등의 규정을 가지고 있다.

노인 의료보험 제도(Medicare)는 지역에 따라 천차만별인 주간 센터의 이용 비용을 포함하고 있지 않다. 만일 참석자가 (미국에서) 저소득층 의료보장 제도(Medicaid)에 가입되어 있다면, 그 비용을 내지 않아도 될 것이다. 경제적인 도움은 또한 재산이 거의 없는 저소득자를 대상으로 주 노인청(State Department on Aging) 또는 미국 제대군인성(US Department of Veteran Affairs)에서 신청 가능하다. 개인적인 의료보험은 종종 간호와 관련하여 등록된 의료 직원에게만 주간 센터 비용의 일부를 지불해 주기도 한다.

성인 주간 센터를 고르기　　간호 제공자는 그 지역에 있는 성인 주간 센터에 전화를 걸어서 전단지, 선정 기준, 활동 계획표, 월별 식단, 지원 절차 등을 문의해 보아야 한다. 간호 제공자는 문서의 내용을 세심하게 살핀 뒤에 그와 환자에게 적절해 보이는 두서너 곳의 주간 센터를 더 방문해 보는 것이 좋다. 간호 제공자가 적절하다고 생각되는 센터를 방문할 때, 그 센터를 다니는 가족들에게 그곳에 관하여 궁금한 것을 물어보는 것도 도움이 된다. 국가 성인 주간간호 서비스 협회(National Adult Day Care Services Association: NADSA)에서 제공하는 다음과 같은 검목표(checklist)는 적합한 주간 센터를 찾는 데 도움이 될 것이다.

- 그들은 당신을 환영하는가?
- 그들은 당신이 원하고 필요로 하는 것을 찾아내는 데 시간을 소비하는가?
- 그들은 센터가 제공하는 서비스와 활동에 대하여 명확히 설명하는가?
- 그들은 직원, 프로그램 절차, 비용에 대하여 소개하고, 간호 제공자가 해야 할 일들에 관하여 설명해 주는가?
- 시설은 깨끗하고, 공기가 맑고, 냄새가 나지 않는가? 그 시설과 방에서 휠체어 사용은 가능한가?
- 그곳에 견고하고 편안한 가구가 있는가? 쉴 수 있는 휴게실이 있는가? 의자에는 팔걸이가 있는가? 회의를 할 수 있는 조용한 장소가 있는가?

◆ 환자만을 위한 장소가 있는가?

◆ 직원들과 참석자들의 미소 짓는 얼굴을 보았는가?

◆ 자원봉사자들은 도움이 되었는가?

◆ 참석자들이 활동을 계획하고 다른 제안을 하는 데 참여할 수 있는가?

성인 주간 센터를 이용하는 데는 교통편을 기다려야 하고, 센터에 오고 가는 데 시간이 걸리고, 환자를 준비시키는 데 시간이 걸리는 것과 같은 실질적인 제약이 있다. 센터에 오고 가는 것은 간호 제공자의 하루 일과의 많은 부분을 소비하여야 하고 환자에게도 고통이 될 수 있다. 어떤 센터들은 데려다 주고 데리고 오는 등의 서비스를 제공하기도 하고, 외출을 위한 교통편을 마련해 주고 병원 약속을 잡아 주기도 한다.

센터는 반드시 간호 제공자와 환자의 요구를 충족해 주어야 한다. 가끔 간호 제공자가 적합하지 못한 센터를 방문하면, 그들은 낙담하고 적합한 기관을 찾는 것을 그만두게 된다. 어떤 간호 제공자는 처음에 주간 센터를 방문하고는 그가 돌보는 환자도 다른 환자처럼 아프다는 것을 실감하여 기분이 상하기도 한다. 그들은 그들이 원하는 센터를 찾을 때까지 몇 개의 센터를 둘러보아야 한다.

치료 방안의 선택

수가 처음 주간 센터를 방문하여 둘러보고는 그곳은 그녀가 찾는 곳이 아님을 알 수 있었다. 참석자들은 동그랗게 앉아 있었고, 음악이 흐르는 동안 머리를 숙이거나 빈 천장을 응시했다. 그녀는 상담자에게 "그것은 확실히 어머니가 원하는 곳이 아니었어요. 그녀는 여전히 활력이 넘쳐요. 나는 그녀를 주간 센터에 보낼 수 없어요. 어머니가 그곳에 가면 거기 있는 환자들처럼 될 거예요."라고 말했다. 상담자는 그녀의 반응이 간호 제공자가 주간 센터에 처음 방문했을 때 보이는 것이고 그녀가 아직 이 절차를 밟을 준비가 안 돼 있는 것인지 또는 그 센터가 그녀의 어머니에게 맞지 않는 곳인지 알 수 없었다. 그녀는 수에게 다른 센터도 방문할 의사가 있는지 물어보았다. 수는 동의했다. 다음 주에 수는 상담자에게 기쁜 마음으로 전화를 걸어 그녀가 두 번째 방문한 센터에 어머니를 등록했다고 말했다. "당신이 내가 우리 어머니가 다른 환자들과 같지 않다고 생각하는 나를 보며 내가 현실을 받아들이지 않는다고 생각하고 있다는 것을 알아요. 아마도 당신이 하는 말이 어느 정도는 맞을 수 있어요. 그러나 두 번째 센터에서는 그 모든 장애에도 불구하고 모든 참가자와 직원이 행복해 보였어요. 나는 그곳에는 우리 어머니를 보낼 수 있다고 생각했어요." 몇 달 뒤, 수는 상담자에게 주간 센터가 그녀의 어머니가 편안하게 느낄 수 있는 사회적인 환경을 마련해 주었고, 그들이 방문했을 때 환영받았다고 느꼈다고 말해 주었다.

환자가 주간 센터에 적응하는 것을 돕기   간호 제공자는 종종 환자에게 주간 센터에 관한 이야기를 어떻게 꺼낼지 물어보곤 한다. 심리 상담자는 환자가 걱정하게 되는 것을 방지하기 전에는 환자에게 센터에 관하여 너무 많은 것을 이야기하지 말아야 한다. 간호 제공자는 센터에 관하여 말을 할 때 긍정적이고, 조용하게, 확신 있는 말투로 이야기해야 한다. "우리는 오늘 새로운 센터에 갈 거예요. 당신도 좋아할 거라고 생각해요."와 같은 간단한 진술이 가장 좋다. 만약 간호 제공자가 이것이 좋은 생각이라고 생각되면 환자는 그를 따라갈 것이다. 3일이나 5일 동안 센터에 가는 것을 시도해 보고 적응을 위하여 서너 시간 머물러 있어 보는 것이 좋다. 알츠하이머 치매 환자 중 몇몇은 센터에 관하여 긍정적이지만, 다른 환자들은 새롭고 친숙하지 못한 환경에 대하여 거부하고 겁을 먹고 불쾌해한다. 직원들은 환자가 편안하게 느낄 수 있도록 도와줄 수 있다. 초기의 적응 기간이 끝나면, 알츠하이머 치매 환자의 대부분은 그 경험을 즐기고 참석의 날을 고대한다.

치료 방안의 선택

엘렌은 주간 보호 센터에 아버지를 등록했지만, 매일 아버지가 센터에 가게 하는 것과 그곳에 머물게 하는 것은 전쟁이었다. 매일 그는 "나는 그곳에 가기 싫구나. 나는 직장에 가야지. 집세는 내야 하지 않겠니?"라고 말했다. 엘렌은 센터에 있는 사회복지사에게 그녀가 아버지에게 그는 은퇴했으며 이것은 그의 삶을 즐기기 위한 프로그램이라고 말해 주었지만, 그는 그가 일하지 않으면 아파트 집세를 내지 못할 것을 계속 걱정하고 있다고 말해 주었다. 상담자는 "우리는 그가 '일할 수 있는' 환경에 머물러 있도록 해야 하겠군요. 그 센터는 사실 '월급을 주는' 참석자를 두고 있어요. 우리는 참석자들이 즐기는 활동을 골라 그의 직업을 만들어 줄 수 있을 거예요."라고 말했다. 엘렌은 "어떻게 그에게 그런 거짓말을 하죠?"라며 정색했다. 상담자는 "이런 식으로 생각해 보세요. 당신의 아버지는 당신에게 계속 집세 걱정을 하잖아요. 그의 질병 단계에서는 그가 은퇴했고 더 이상 일할 필요가 없다는 말을 하는 것은 도움이 되지 않아요. 이것은 그가 일을 하고 있다는 것을 믿게 해 주는 좀 더 쉬운 방법이 될 수 있을 거예요."라고 말했다.[8]

간호 제공자는 환자가 그날 했던 활동들을 회상할 수 없다는 것을 유념해 두는 것이 매우 중요하다. 환자를 간호하는 직원들은 일반적으로 참여자의 적응 정도, 흥미, 참여도에 관한 반응을 알려 주고, 다음 몇 달간의 회기의 목표를 정하기 위하여 간호 제공자와 규칙적인 논의를 하여야 한다. 집에서 또는 센터에서 일어난 문제들 또한 다루어져야 한다. 만일 간호 제공자가 의문점이 있거나 환자가 문제가 있다고 생각되면, 그들은 추가적인 회기를 요청해야 한다. 그들은 또한 센터에서 환자를 만나 보는 것이 좋다. 환자가 그가 참여하고 있는 활동을 소개하면서 간호 제공자와 같이 그 활동을 즐길 수도 있을 것이다. 최초의 적응 기간 후에는 다시 센터를 방문하기 전에 환자가 센터를 편하게 생각할 때까지 기다려 주는 것이 좋다. 간호 제공자는 그들의 방문 전 그 센터의 직원에게 그들의 방문 시기를 알려 주어야 한다.

....

8) 알츠하이머 치매 환자일지라도 경중인 경우에는 사소한 소일거리(예: 봉투 만들기, 짐 옮기기, 포장하기, 꽃 가꾸기 등)를 하게 하면서 용돈 수준의 수고비(집세를 해결하는 데 필요한 돈)를 지불하는 방법이 문제의 해법일 수 있다(돈의 과다가 중요한 것이 아니라 소액이지만 소득이 있었다는 것을 중요하게 생각함). - 역자 주

기관에서의 일시적 위탁 간호

거주 시설(living facilities)과 요양원에는 일반적으로 환자를 며칠 또는 몇 주 동안 수용할 수 있는 방이 있다. 이런 유형의 일시적 위탁 간호는 간호 제공자가 그들이 하고 싶은 일을 할 수 있게 해 주는 시간을 마련해 준다. 간호 제공자는 그들이 아프거나, 휴식을 원하거나, 휴가를 가고 싶거나, 출장을 가야 할 때 또는 집안 개조와 같이 환자가 집에 머무를 수 없는 이유가 생기면 이런 유형의 서비스를 사용할 수 있을 것이다. 활동 프로그램과 서비스가 그 기관에 상주하는 사람에게나 또는 일시적으로 머무는 사람에게 모두 이용 가능하기 때문에 이런 서비스는 환자에게 자극적인 환경을 제공할 수 있다.

간호 제공자는 이 서비스를 이용하는 것을 원하지 않을 수도 있다. 그들은 그들의 환경이 변하는 것과 낯선 사람을 만나는 것을 원하지 않는다. 직원은 환자에 대하여 잘 모르기 때문에, 간호 제공자가 환자를 돌보는 방법을 모르는 사람에게 환자를 맡긴다는 것에 대하여 매우 두려워할 것이다. 이러한 일시적 위탁 간호를 제공하는 기관은 너무 장기간이거나 가족에게 비용이 부담스러울 수 있는, 최소한 머무를 수 있는 기간의 규정을 가지고 있을 수 있다. 어떤 지역에서는 필요한 침대가 모자라 필요할 때 제때 시설을 사용할 수 없는 곳도 있다. 기관에서의 일시적 위탁 간호는 가끔 자격 요건이 되면 비용이 나오기는 해도, 개인적으로 지불해야 하고 비용이 많이 든다. 어떤 간호 제공자나 가족들은 아무리 짧은 기간 동안 그 안에서 환자가 지내야 한다고 해도 환자를 시설에 맡기는 것에 대하여 매우 죄책감을 느낀다.

치료 방안의 선택

네티의 언니인 루스는 이제 90세가 되었다. 그녀의 자녀들은 그녀를 위하여 성대한 파티를 열 것이다. 그들은 모든 손자와 증손자를 포함한 모든 가족을 초대하였다. 네티는 루스의 오직 한 명 남은 형제자매이고 루스의 건강이 계속 나빠지고 있어, 자녀들은 네티가 이번 행사에 꼭 와 주기를 바랐다. 그들은 그녀에게 비행기 표를 보냈고 그녀가 기억하고 있는 가족사에 대하여 연설문을 써 주기를 바랐다. 네티는 초대에 응했다. 이것은 그녀가 루스를 볼 수 있는 마지막 기회가 될 것이다. 네티에게는 한 가지 문제가 있었다. 알츠하이머 중기 단계에 있는 그녀의 남편인 테오를 누가 돌볼 것인가? 그녀는 상담자에게 전화를 걸어, "나는 도우미에게 그를 맡겨 두고 갈 수 없어요. 비상사태가 일어났을 때 그의 곁에 아무런 가족도 있지 않으면 그녀는 그와 함께 오랫동안 혼자 있어야 하는 것에 대하여 겁을 내고 있거든요. 나는 그를 데리고 갈 수 없어요. 그 여행은 그에게 너무 부담이 될 거예요. 내가 어떻게 해야 하는 걸까요? 나는 이번 파티에 가야 합니다. 내 모든 가족이 그것을 기대하고 있어요."라고 말했다. 상담자는 그를 일시적으로 요양원에 맡길 것을 제안했고 네티가 준비하는 것을 도와주었다. 여행 하루 전에 네티는 상담자에게 전화를 걸어, "내가 그를 시설에 두고 파티에 가는 것이 너무 이기적인 것이 아닐까요? 나는 그 여행을 취소할 거예요. 그에게 무슨 일이라도 일어나면 어떡해요?"라고 말했다. 상담자는 그를 요양원에 두고 여행을 가는 것이 얼마나 힘든 결정인지 이해한다면서 네티를 위로했다. 네티는 "나는 겁에 질릴 거예요. 그가 아픈 이래로 일시적으로라도 그를 떠나는 것은 처음 있는 일이고 기분이 안 좋아요. 그러나 내가 즐기기 위해서만 가는 것은 아니잖아요. 내 가족이 나를 원하고 있고 나도 한 번 더 루스를 보고 싶어요."라고 말했다. 상담자는 "여행을 가서 즐거운 시간을 보내고 돌아오면 상황이 어떻게 되었는지 나에게 알려 주세요."라고 말했다.

심리 상담자용 검목표(checklist)

생활 방식을 선택하기

□ 간호 제공자가 환자가 어디에 살지를 결정할 때 고려해야 할 요소들을 강조하기

□ 환자가 어디에서 살지를 결정할 때 그것의 영향을 받는 모든 가족이 그 결정에 참여할 수 있도록 촉구하기

□ 만일 환자가 도우미와 함께 혼자 살고 있다면 간호 제공자가 그럼에도 불구하고 도우미의 간호를 감독할 의무가 있음을 그에게 알려 주기

□ 환자가 질병 때문에 다른 곳으로 떠나는 것이기 때문에, 환자의 집과 소유물을 매매하는 간호 제공자에게 정서적인 위로를 해 주기

재택 치료 서비스

□ 간호 제공자가 얼마나 재택 치료가 필요하고 도우미가 해야 하는 업무가 무엇인지 결정하는 것을 도와주기

□ 간호 제공자가 재택 치료 직원이 일상생활을 배우는 데는 시간이 걸리며 유연성이 필요하다는 것을 일깨워 주기

□ 간호 제공자에게 환자가 재택 치료를 잘 받아들일 수 있는 방법을 알려 주기

초기 단계의 알츠하이머 치매 환자를 위한 공동체 서비스

□ 간호 제공자에게 공동체 활동과 프로그램을 정하는 과정에 환자를 포함시킬 수 있도록 조언하기

□ 간호 제공자에게 이런 활동을 선택할 때 환자의 인지 능력의 정도와 사회적 기술의 정도에 주의를 기울이도록 말해 주기

□ 간호 제공자가 환자 지지 집단에 환자가 자격 요건이 되는지 평가하고 도움을 주기

중기 단계에 있는 알츠하이머 치매 환자를 위한 공동체 서비스

□ 성인 주간 센터

　- 간호 제공자에게 성인 주간 센터를 선택할 때 참고할 만한 질문지를 주기

　- 간호 제공자가 환자와 그의 요구를 모두 충족할 수 있는 센터를 고를 수 있도록 조언해 주기

　- 간호 제공자에게 환자가 주간 센터에서 적응하도록 돕는 방법을 알려 주기

- 치매 환자를 위한 간호가 가능하지 않은 센터라면 간호 제공자가 다른 대안적 서비스를 찾는 것을 도와주기
□ 알츠하이머 치료 기관에서의 일시적 위탁 간호
- 간호 제공자가 환자에게서 떨어져 시간을 갖는 것이 필요할 때, 그가 기관에서의 일시적인 간호를 이용하도록 권유하기

제12장

거주 간호

  알츠하이머 치매의 전 과정에서 환자 또는 간호 제공자에게 생기는 변화는 궁극적으로 전문가에게 간호를 받을 수 있는 거주 시설에 환자를 배치시키는 것을 필요로 한다. 이것은 환자와 간호 제공자 모두에게 중요한 전환점이 되고 종종 개인적인 고통과 가족 분쟁의 원인이 된다. 심리 상담자는 간호 제공자와 환자가 의사 결정 과정에 참여하고, 또한 다른 가능한 대안을 검토해 보고 나서, 간호 제공자가 충분한 정보 자료를 검토한 뒤에 현명한 결정을 내렸는지 살펴보고, 그들이 적절한 계획을 세우기 위하여 충분한 시간을 투자하기를 권유해야 한다. 이 사항들을 숙지하고, 심리 상담자는 간호 제공자와 함께 긍정적인 결론을 유도하기 위하여 이 요소들에 중점을 두어야 한다.

  심리 상담자는 거주 시설(residential facility)에 환자를 입소시키는 과정의 처음부터 끝까지 간호 제공자를 도와주어야 한다. 그들은 가족 구성원이 사용할 수 있는 방법들로 무엇이 있는지를 알려 주고, 그 방법을 정한 뒤에 따라올 수 있는 영향을 이해시키고, 그들이 환자를 입소시킨 뒤 받을 수 있는 영향을 줄여 주기 위하여 많은 정보 자료를 주고 정서적인 도움을 제공해야 한다.

이 장에서는 의사 결정 과정, 그리고 환자에게 적절한 거주 간호로 무엇이 있는지, 그리고 환자에게 적합한 거주 간호가 가능한 시설을 선택하는 것을 도와주는 방법을 논하고자 한다. 마지막에서는 실제 입소 과정과 입소 후 간호 제공자의 역할을 소개한다.

거주 시설에 알츠하이머 치매 환자를 입소시키는 결정

거주 시설에 알츠하이머 치매 환자를 입소시키는 결정은 가족과 자녀와 간호 제공자에게는 힘든 일이다. 환자를 이동시키는 데 많은 이유가 있지만, 간호 제공자는 그 일을 하기를 꺼리고, 심리 상담자는 그 결정을 내리는 데 도움을 줄 수 있다.

입소하는 이유

거주 시설에 알츠하이머 치매 환자를 입소시키는 결정은 실질적, 정신적 그리고/또는 의학적 이유가 있을 수 있다. 간호 제공자는 지치거나 정서적 또는 신체적 질병 같은 자신의 개인적인 건강상의 이유로 환자를 거주 시설에 입소시킬 것이다. 요실금 또는 공격성 같은 증상들은 간호 제공자가 감당하기에 너무 어렵거나 불쾌할 수 있다. 간호 제공자는 환자를 목욕시키기 또는 침대에서 의자로 환자를 옮기기 같은 도움을 제공하는 데 신체적으로 감당하지 못할 수도 있다. 가족들의 불충분한 도움은 간호 제공자가 환자를 집에서 돌보는 것을 어렵게 만들기도 한다. 종종 다른 가족 구성원들은 간호 제공자에게 그의 일이 너무 과중하여 환자를 시설에 맡기라고 설득하기도 한다. 가끔 환자의 입소는 간호 제공자의 사망 후 다른 생존 가족이 없을 때나 간호를 해 주려는 사람이 없을 때 발생하기도 한다. 건강 간호 전문가는 집안에서의 간호 계획이 부적당하다고 생각될 때나 환자 또는 간호 제공자의 안녕이 위험에 처해 있다고 판단되면 환자의 거주 시설 입소를 권유해야 한다.

환자가 집에서 받는 간호보다 충분한 감독과 숙련된 간호를 필요로 할 시기가 올 것이다. 집안에서 간호를 해야 하는데 적절한 공간이 없거나 집에서 환자를 간호하는 데 경제적으로 가능하지 못할 수도 있다. 어떤 지역에서는 적절한 유료 가정 간호 제공자를 사용할 수 없을 수도 있다.

어떤 간호 제공자들은 그들이 제공하거나 감독할 수 있는 것보다 환자가 충분한 간호를 원하기 때문에 환자를 거주 시설에 입소시키기도 한다. 알츠하이머 치매 환자를 돌보는 일을 그들이 원하는 대로 하는 것은 때로는 고통스럽기도 하지만, 그것은 필요하고 또한 합법적이다.

거주 시설의 입소를 촉진하는 요인으로는 환자가 집에 있는 것이 더 이상 안전할 수 없는 일이 생겼거나 간호 제공자가 집에서 환자를 간호할 수 없는 그들의 건강상 또는 다른 문제들이 생기는 등의 갑작스러운 변화가 일어났을 때이다. 만일 환자가 입원하면, 의료진은 환자가 퇴원하고 나서 입소할 것을 권유할 것이다.

간호 제공자가 거주 시설 입소를 동의하기를 주저함

거주 시설에 환자를 위탁하기로 한 결정은 어려운 일이고 간호 제공자에게는 내적인 고민이 생기게 된다. 가끔 간호 제공자는 환자를 시설에 입소시켜야 하는 실질적 필요성과 '그런 일은 절대 안 하기로 한' 사전 약속 사이에서 갈등을 하기도 한다.

거주 시설 입소 결정

캐리의 어머니는 그녀에게 무슨 일이 일어나도 자신을 요양원에 보내지 말아 줄 것을 부탁했다. 이제 그녀의 어머니는 알츠하이머 치매 중기 단계에 있고, 혼자 살고 있으며, 캐리는 매일 그녀를 잠깐 동안 방문하고 있다. 캐리는 그녀의 상담자에게 전화를 걸어, 그녀는 지금 매우 갈등하고 있다고 했다. 왜냐하면 그녀가 일하고 있는 회사에서 그녀가 다른 곳으로 자리를 옮기면 그녀를 승진시켜 주겠다고 했기 때문이다. 그녀는 이것이 그녀가 진 빚을 갚을 기회였기 때문에 진정으로 이 기회를 잡고 싶어 했다. "나는 어머니를 시설에 모시고 갈 수 없어요. 나는 그녀에게 집을 하나 사 주든가, 내가 모시고 살아야 해요. 나는 그녀를 여기에 두고 갈 수 없어요. 왜냐하면 그녀를 돌볼 사람은 나밖에 없거든요." 상담자는 "그녀를 요양원에 둘 수 있는 방법은 아예 생각조차 하지 않는 것 같아요."라고 말했다. 캐리는 "그러나 내가 절대 그녀를 요양원에 보내지 않는다고 약속했는데 이제 와서 어떻게 어머니를 그곳에 보내겠어요?"라고 대답했다. 상담자는 "당신은 지금이 아닌 과거에 어머니와 약속한 거예요. 그녀의 지금 상태를 과거에 예상할 수는 없었잖아요. 만약 어머니가 미리 알 수 있었더라면 그녀도 그런 약속을 하자고는 안 했을 거예요."라고 말했다. 캐리는 "음, 어머니에게 가장 적합한 장소를 찾아보아야겠어요. 내가 결정을 내릴 수 있기를 바라요."라고 말했다. 심리 상담자는 어머니께서 요양원에 계셔도 그녀를 방문하는 것은 어려운 일이 아니라고 말했다. 그녀는 어머니를 전혀 돌보는 일을 하지 않는 것은 아니다. 캐리는 "어머니가 계속 자신이 있는 곳은 어디인지를 물어보세요. 그렇기 때문에 그녀가 요양원에 머무는 것은 그다지 어려운 일은 아닐 거예요."라고 말했다.

간호 제공자들은 그들이 돌보고 있는 환자를 거주 시설에 두면 그들이 형편없는 대접을 받거나 무시당하는 것이 두려워 환자를 그곳에 입소시키는 것을 꺼린다. 거주 시설에서의 부당한 간호를 받는 것에 대한 두려움은 그런 곳에서의 형편 없는 대접과 무시에 관한 뉴스, 가족 구성원이나 친구의 나쁜 개인적인 경험, 그리고 "나 혼자서 모든 일을 감당해야 했다."는 개인적 진술에 의하여 더욱 커진다. 심리 상담자는 간호 제공자에게 시설에서 환자가 받는 간호의 유형에 관하여 그들이 영향을 끼칠 수 있는 지위에 있음을 알려 주어야 한다. 신중히 시설을 고르고 그 시설에서의 직원들과 끊임없이 교류하면, 간호 제공자는 환자를 간호하는 역할을 계속할 수 있고, 그들이 바라는 대로 감독할 수 있게 된다.

가끔 좋은 의도를 가진 가족, 친구, 건강 간호 전문가들은 주요 간호 제공자가 그들의 친족을 입소시킬 준비가 되지 않았음에도 불구하고 그렇게 하도록 압력을 행사하기도 한다. 심리 상담자 역할의 일부는 간호 제공자가 내리는 결정이 다른 사람

의 압력에 따른 것이 아니고, 그 자신이 신중히 생각하여 내리는 것임을 재차 확인
시켜 주는 것이다.

테드는 그의 엉덩이 수술 후에 잘 걸어 다닐 수 없었고, 스스로 장소를 옮길 수도 없
었다. 몇 년 뒤, 밀리는 수술을 받았고 집에 와서도 몇 달간 재활이 필요했다. 그녀가
병원에 있는 동안에는 톰과 캐럴이 도우미가 없을 때 번갈아 밤을 새워 그를 간호했
다. 밀리가 퇴원하고 나서도 톰과 캐럴이 계속 번갈아서 밤을 새워 그를 간호했다. 이
것은 알츠하이머 치매 환자를 돌보는 일이 얼마나 힘든 일인지 깨닫게 해 주는 첫 계
기가 되었다. 테드는 요실금의 증상이 있었고, 옷을 갈아입어야 할 때마다 화를 냈다.
그는 밤중에 자주 깨서 그를 침대 밖으로 꺼내 달라고 소리를 질러댔다. 모두 간호에
지쳤고, 밀리는 밤중에 잠을 잘 수 없었기 때문에 재활이 제대로 이루어지지 않았다.
세 자녀 모두 무엇을 해야 할지 의논을 했고, 심지어 캐럴도 테드를 요양원에 보내는
것에 관하여 생각해 보자고 했다. 자녀들이 그들의 생각을 밀리에게 말하자, 그녀는
그들이 그런 제안을 하는 것에 대하여 충격을 받았다. 그녀는 이런 이야기를 한다는
것조차 생각해 보지 못했고, 그것을 고려해 보는 것만으로도 매우 고통스러웠다. 자녀
들은 어머니에게 그녀의 건강도 좋지 않고 그들 자신도 지쳤으니 아버지를 요양원에
보내서 적절한 간호를 받게 하는 것이 아버지에게도 좋은 일이 될 것이라고 말했다.

　가족 구성원들은 알츠하이머 치매 환자를 거주 시설에 입소시켜야 하는지에 관하
여 의견이 분분할 것이다. 심리 상담자는 간호 제공자와 다른 가족들을 만나 이런
차이들을 고려하여 간호 제공자와 환자에게 최선이 되는 방향으로 해결하는 데 도
움을 주어야 한다. 알츠하이머 치매 환자는 그들이 참여할 수 있는 한, 시설에 입주
하는 문제에 관한 의사 결정 과정에 참여해야 한다.

　어떤 간호 제공자들은 심리 상담자의 지원과 간병 지침을 구한다. 왜냐하면 그들
은 자신이 다른 사람을 위한 이런 중요한 결정을 하는 오직 한 사람뿐이라는 것에
매우 부담을 가지고 있기 때문이다. 그들은 이런 상황에서 최선의 결정을 내릴 수
있고, 그 결정에 자신감을 가질 수 있도록 전문가와 상담하고 싶어 할 것이다.

　간호 제공자는 환자의 입소가 영구적이지 않다는 것을 유념한다면 그에 관한 결

정을 내리는 것을 어려워하지 않을 것이다. 환자에게 입소가 적절하지 않다면, 환자는 언제든 다른 시설로 옮기거나 집으로 돌아올 수 있다. 대부분의 시설은 환자가 시설에 장기간 있는 것이 간호 제공자가 원하는 바가 아니라면 시설에 머물고 있더라도 간호 제공자의 집에 최소한 3개월 동안은 모시고 있을 수 있게 해 주고 있다.

밀리는 심리 상담자와 여러 차례의 논의 끝에 테드를 집에서 가까운 요양원에 보내기로 했다. 그러나 어느 날, 그녀는 매우 화가 나 심리 상담자에게 전화를 걸었다. "그 일을 하지 못할 것 같아요. 내가 그를 요양원에 두어 그의 상태가 더 나빠지면 어떡하지요? 병원에 있는 사람들은 나처럼 그가 무엇을 좋아하는지 모르잖아요. 직원들은 무엇이 그를 화나게 하는지도 모르잖아요. 그는 나를 요양원에 맡기지 않을 거예요. 그가 아프기 전에는 나를 항상 잘 간호해 주곤 했어요." 심리 상담자는 말했다. "이것은 정말 힘든 결정이에요. 일단 테드가 요양원에 들어가면 아무 문제가 없을 것이라고는 아무도 장담할 수 없어요. 그러나 그가 그곳에서 재활치료를 받으면 잘 지낼 수 있을 거예요. 아울러 당신은 언제든지 당신이 마음이 바뀌면 그를 집으로 데리고 올 수 있어요. 당신은 이 결정에 대하여 많은 생각을 했잖아요. 당신과 당신의 가족이 많은 방법이 무엇인가를 연구해 보았잖아요. 당신은 언제나 테드를 잘 간호해 주었고, 그가 요양원에 있건 집에 있건 간에 앞으로도 그렇게 할 수 있을 거예요. 당신과 당신 가족은 이 시기에 테드의 안녕을 위한 최선의 방법이 무엇인가를 생각한 끝에 이러한 결론에 이르게 된 거예요."

알츠하이머 치매 환자를 위하여 거주 시설을 선택하기

일단 환자가 집에서 더 이상 거주할 수 없다는 결정을 하게 되면, 간호 제공자는 그가 입소할 수 있는 시설들 중에서 그에게 적당한 시설을 골라야 한다. 어떤 지역에서는 알츠하이머 치매 환자가 선택할 수 있는 시설의 종류가 너무 많아서 선택의 폭이 넓기 때문에 시설을 고르는 과정이 혼잡스럽고 힘들다. 다른 지역에서는 알츠하이머 치매 환자를 위한 적당한 시설이 하나뿐이라서 가족들이 그 시설을 선택할 수밖에 없는 한계를 가지고 있다.

대부분의 간호 제공자는 장기간 간호 시설을 고르는 데 무방비 상태이다. 심리 상담자는 치매 환자의 단계와 신체 상태에 적당한 시설을 고르는 것을 도와줄 수 있다. 심리 상담자는 종종 다른 대안에 관해서 설명해 주고, 간호 제공자가 찾는 시설의 유형을 결정해 주어야 한다. 간호 제공자가 시설이 환자에게 제공할 간호에 관한 현실적인 기대를 갖는 것은 중요하다. 요양원에 관한 정보 자료(예: 소책자)를 발간하는 시설도 있다. 간호 제공자가 거주 시설의 선택 과정에서 도움을 받기 위하여 노인 간호 전문가의 상담을 받는 것도 가능하다.

장애인 개호(介護) 생활 또는 요양원

현재 알츠하이머 치매 환자가 선택할 수 있는 시설의 유형에는 두 가지가 있다. 장애인 개호 생활 시설(assisted living facilities)과 요양원(nursing homes)이 그것이다. 장애인 개호 생활 시설은 대개 독립적으로 움직일 수 있는 환자를 대상으로 하고, 요양원은 전문적이고 개인적인 간호를 필요로 하는 환자를 대상으로 한다.

어떤 장애인 개호 생활 시설과 요양원은 환자가 여러 시설을 옮겨 다니기보다 한 곳에 계속 머물 수 있도록, 환자가 요구하는 간호의 유형이 바뀔 때마다 그것에 대처하게끔 다양한 단계의 간호를 제공한다.[1] 한 시설에서 환자의 여생을 끝까지 지켜 주는 것은 가족에게나 환자에게 편리한 일일 것이다.

장애인 개호 생활 시설   장애인 개호 생활은 노인 주택(senior residence), 강화 주택(enriched housing), 식사와 간호를 병행하는 시설(board-and-care facilities), 집단 거주 주택(group homes), 성인 거주 주택(adult homes), 그리고 집단 주거의 다른 형태들(other types of congregate housing)을 포함하는 매우 광범위한 용어이다. 장애인 개호 생활 시설은 일반적으로 독립적인 생활이 가능하고 심각한 의학적 · 신체적

---

1) 한국 내에서 운영되고 있는 요양원도 이와 같은 서비스를 제공하고 있는지는 단언할 수 없다. - 역자 주

기능에서 손상이 없는 노인들을 위한 시설이지만, 그들이 일상생활을 감독하고 도움을 주기도 한다.

　노인 인구를 수용하는 시설들일지라도 알츠하이머 치매 환자를 위한 간호를 제공하지는 않을 것이다. 예를 들어, 장애인 개호 생활 시설에 거주하고 있는 사람들은 그들이 원할 때 마음대로 외출하고 들어올 수 있으며, 길을 찾아오지 못하는 환자들은 문제시될 것이다. 그러나 어떤 장애인 개호 생활 시설은 알츠하이머 치매 환자를 위한 병동을 마련하고 있고, 어떤 곳은 그들을 위한 병동을 지금 개설 중에 있다. 그들이 다른 장애인 개호 시설과 다른 점은 알츠하이머 치매 환자를 위하여 더 많은 감독과 간호를 제공하고, 그들이 아무도 모르게 시설을 떠나지 못하도록 안전에 주의를 기울인다는 것이다. 그들은 또한 인지적으로 손상된 환자를 위하여 활동을 제공하기도 한다.

　장애인을 위한 개호 생활 시설은 일반적으로 경증 또는 경중증 단계에 있는 알츠하이머 치매 환자를 받는다. 간호 제공자는 일단 환자가 중증의 알츠하이머 치매 단계에 돌입하면 개호 생활 시설에 입소할 수 없다는 것을 알아 두어야 한다. 이미 경중증 단계에 있는 환자의 간호 제공자는 환자를 위한 장애인 개호 생활 시설의 적합성을 평가해 두어야 한다. 그들은 환자가 곧 시설을 떠나야 함에도 불구하고 그 시설에 입소하는 것이 얼마나 가치 있는 일인가를 생각해 보아야 한다. 최중증 단계의 알츠하이머 치매 환자의 간호 제공자는 그들이 다소 매력적인 대안으로 보이는 그 시설에 입소할 수 없다는 사실을 받아들이는 것에 대하여 힘들어할 수 있지만, 더 수준 높은 간호를 제공해 주는 요양원에 입소할 수 있을 것이다.

거주 시설 입소 결정

　크리스티나가 그녀의 아버지를 장애인 개호 생활 시설에 두고 몇 년이 지난 뒤, 그 시설의 행정 직원은 그녀의 아버지가 더 이상 그곳에 머물 수 없다고 이야기해 주었다. 그는 그를 요양원으로 옮기라고 말하면서 근처에 있는 시설을 추천해 주었다. 크리스티나는 황당했다. 그녀의 아버지는 그곳에 정이 들었다. 그가 그 장소를 떠나야 한다고 그녀는 어떻게 말을 할 것인가? 그리고 이제 어디에 아버지를 맡겨야 하는가? 분명 그 직원이 나쁜 곳을 추천하지는 않았을 것이다. 크리스티나는 상담자가 그 직원에게 아버지가 계속 그곳에 머물 수 있게 할 수 있도록 설득해 줄 것을 부탁했다. 상담자가 그 제안을 거절한 것은 아니지만, 그녀는 대신 크리스티나에게 그 직원이 아버지가 떠날 것을 요구한 이유가 무엇인지 물어보았다. 크리스티나는 말했다. "그는 그들이 아버지를 간호하는 데 무슨 문제가 있는 것은 아니지만, 아버지는 그 시설이 제공하는 것 이상의 간호가 필요하다고 말했어요. 아버지가 밖을 돌아다니다가 몇 번 길을 잃은 것은 사실이고, 다른 입소자들이 그가 그들의 방에 들이닥쳐 그들의 소유물을 가지고 간다고 불평하는 것은 사실이에요. 전화벨이 울릴 때마다 아버지에게 무슨 일이 생겨서 그런 것은 아닌지 등골이 오싹해져요. 더구나 나는 아버지가 사라지거나, 아버지가 갖고 간 다른 사람의 물건을 찾는 데 직원들을 돕기 위해 계속 그곳에 들러야 해요. 그래도 나는 그곳이 아버지를 위한 최적의 장소라고 생각해요." 상담자는 시설의 행정 직원의 말이 옳다고 말했다. 비록 그 장소가 과거에는 그를 위한 좋은 장소였을지 몰라도, 그의 질병은 이미 다른 종류의 간호가 필요한 단계로 들어선 것이다. 만일 그가 있던 곳에 계속해서 머문다면, 그가 일으켰던 문제들은 더욱 심각해질 것이다. 크리스티나는 아버지의 치매 상태가 더욱 심각해진 것을 확인하고는 그의 현재 상태에 적합한 다른 시설이 필요하다는 것에 동의하였다.[2]

요양원　요양원은 사회적 및 재활 활동뿐 아니라, 주거, 식사, 개인적 그리고 보호 감독의 간호를 제공한다. 그곳의 입소자들은 일반적으로 일상생활 대부분에 필요한 의학적 간호 또는 신체적 도움을 필요로 한다. 많은 입소자는 인지적으로 손상되어 있다. 요양원은 집이라기보다는 병원이라고 생각하는 경향이 있는데, 그 이유는 그곳이 간호의 의학적 모델에 따라 생겨났기 때문이다. 간호 제공자들이 장애인 개호 생활 시설보다는 요양원을 덜 선호하는 이유는 그곳에는 아프고 노쇠한 사람들이 더 많기 때문이다.

---

2) 이런 문제가 발생하는 이유는 알츠하이머 치매 환자가 입소한 시설, 요양원, 개호 시설 등이 집단 시설이므로 다른 환자의 심신에 피해를 준다면 운영자 측에서는 싫어하므로 이 환자의 행동을 제어하기 위한 정신건강의학과 행동수정 전문 행동주의 심리학자의 조력이 필요하다. - 역자 주

어떤 요양원에서는 알츠하이머 치매 환자나 다른 인지적으로 손상된 환자들이 신체적으로 노쇠한 사람들과 함께 거주한다. 다른 요양원에서는 알츠하이머 치매 환자의 병동과 인지적으로 손상된 환자들의 병동을 구분한다. 그러한 요양원에서는 알츠하이머 치매 환자의 간호와 감독을 위한 훈련된 직원들이 있으며, 그 환자들만을 위한 특별 프로그램을 제공할 것이다. 심리 상담자는 간호 제공자에게 알츠하이머 치매 환자를 위한 병동에 환자를 두는 것이 가족들에게는 항상 좋은 일만은 아님을 알려 주어야 한다. 그들은 간호 제공자들이 자세하게 알츠하이머 치매 환자가 다른 환자들과 달리 특별하게 받을 수 있는 서비스로 무엇이 있는지 물어보도록 권고해야 한다. 비록 요양원이 매우 통제받고 있고 주, 지역의 지침을 따라야 하지만, 시설마다 간호의 철학은 각각 다르다.

거주 시설 입소 결정[3]

테레사는 그녀의 오빠인 아론이 입소할 요양원을 선택하기 위하여 여러 곳을 방문해 보았다. 그녀는 시설마다 다른 프로그램, 서비스, 건물들이 배치되어 있다는 것을 알고 깜짝 놀랐다. 그녀는 상담자에게 말했다. "나는 당신이 요양원이 심하게 통제받는다고 말해서 모두 같다고 생각했는데 어떻게 이렇게 시설마다 다를 수 있지요? 내가 본 한 곳에서는 커다란 방에서 사람들이 아무것도 하지 않고 둥그렇게 둘러앉아 있었어요. 다른 곳에서는 활동 감독자가 몇몇의 도움을 주는 사람들과 입소자들의 개인 활동을 지도해 주고 있었고요." 상담자는 비록 시설들이 통제받고는 있지만, 무엇이 적절한 간호인지 해석을 하는 데는 매우 다양한 여지가 있다고 말했다. 그녀는 "그것이 내가 당신이 고려하고 있는 각 시설에 대하여 직접 둘러보고, 직원들과도 이야기해 보고, 입소자들의 가족과도 이야기해 보라고 한 이유예요. 사실 할 수만 있다면 항상 환자들의 활동을 돌보아 주는 직원이 있는지 알아보기 위하여 당신은 하루 중에 시기를 달리해서 한 번 이상 시설을 방문해 보아야 해요."라고 말했다.

---

3) 건물과 공간, 시설 등이 입소 결정에 중요한 고려 사항이긴 하지만 이러한 물리적 조건 이외에 이러한 시설을 이용하는 데 필요한 프로그램과 자원의 이용 가능성, 직원들의 전문성, IQ뿐만 아니라 인간 친화적인 심성(정성, 봉사정신, 헌신성, 알츠하이머 치매 환자의 심리적 고통과 스트레스를 인지하고 대처하는 능력, 감수성, 책임감 등)으로 표현되는 EQ(감성지능)와 경력도 중요하다. – 역자 주

거주 시설을 선택할 때 알아보아야 할 것

간호 제공자는 환자를 위한 적당한 시설을 골랐다면 그 결정을 편안하게 생각해야 한다. 그러기 위해서는 한두 시설에 기초하여 결정을 하기보다는 여러 시설을 방문해 보아야 한다. 대부분의 간호 제공자는 거주 시설이 하고 있는 일에 관한 지침을 필요로 할 것이다. 무엇이 적절한 간호의 기준인가? 입소자들은 충분한 간호를 받고 있는가? 심리 상담자는 최선의 선택을 하기 위하여 무엇을 찾아보고 무엇을 물어보아야 하는지 제안할 수 있다. 시설에의 첫 방문은 간호 제공자에게는 매우 고통스러운 일일 것이다. 여러 시설을 방문해 봄으로써 간호 제공자들은 이런 시설이 제공해 주는 것에 관한 현실적인 관점을 형성하게 될 것이다. 직원들이 환자 돌봄에 헌신적인가?

거주 시설 입소 결정

던은 그녀의 어머니가 욕창과 탈수 증상을 보여 병원으로 가자, 그녀의 아버지가 더 이상 그녀를 집에서 돌볼 수 없다는 것을 깨달았다. 던은 매우 아름답다고 들어본 적이 있는 요양원에 가서 벽에 매우 비싼 예술품이 걸려 있는 시설을 한번 둘러보았다. 그럼에도 불구하고 그녀는 어머니가 휠체어에 앉아 아픈 사람들과 같이 있을 생각을 하니 시설이 눈에 들어오지 않았다. 그녀는 다음 날 병원 사회복지사를 만나기 위한 약속을 잡았다. 그 복지사는 그녀가 병원을 떠날 때 그녀의 어머니가 요양원에 가야 한다고 말했던 사람이다. 던은 "어제 나는 좋다고 들어본 요양원을 둘러보았는데 마음이 썩 좋지 않았어요."라고 말했다. 복지사는 "당신은 아직 그 시설을 볼 준비가 되지 않은 거예요. 모두들 요양원을 처음 방문하면, 매우 불쾌해 하지요. 당신은 여러 시설을 둘러본 다음에야 그 시설들이 어떻게 다른지에 관하여 알 수 있게 될 겁니다. 그 과정이 어려우면 어려울수록 당신은 당신의 어머니를 위한 최선의 선택을 하게 될 거예요. 당신이 무엇을 알아보아야 하는지에 관한 판단에 도움이 될 수 있는 검토 목록을 드릴게요."라고 말했다.

　　선택 가능한 시설들을 둘러보고 나면, 간호제공자는 우선순위 목록을 정하고 그들에게 중요한 서비스들의 특징들을 결정하고 없어도 될 것이 무엇인지 알아보아야 한다. 예를 들어, 가족은 집에서 가까운 시설을 선택할 것이지만, 외관이 아름답지 못할 수 있고 그들이 방문하기 불편할 정도로 많은 활동을 계획하고 있을 수 있다. 어떤 쟁점들은 장애인 개호 생활 시설이나 요양원을 결정하는 데 있어서 반드시 조사되어야 한다. 이 시설이나 요양원에서는

Ⅰ. 어떤 서비스가 제공되는가?

　　a. 어떤 종류의 의학적인 감독이 가능한가?

　　b. 어떤 재활 및 사회적 서비스가 제공되는가?

　　c. 간호하는 사람은 입소자를 위하여 어느 정도로 개인 간호를 해 주는가?

Ⅱ. 새로운 입소자를 위한 선정 자격은 무엇인가?

　　a. 입소자의 선정 자격을 배제하기 위한 인지적 또는 신체적 제한이 있는가?

　　b. 경제적인 요구 사항은 무엇인가?

　　c. 입소 과정은 무엇인가?

　　d. 질병이 진행되면 환자는 그 시설을 떠나야 하는가?

Ⅲ. 직원들은 적절한가?

　　a. 어떤 종류의 직원들이 근무하는가? 공인 간호사, 도우미, 사회복지사, 임상·상담 심리학자, 가족치료사, 물리치료사 등이 배치되어 있는가?

　　b. 주간 그리고 야간 근무 시간 동안의 직원 대 환자의 비율은 어떻게 조정·관리되는가? 누가 야간 근무를 하는가?

　　c. 알츠하이머 치매 환자를 돌볼 수 있도록 직원들은 전문적으로 훈련을 받았는가?

　　d. 가족이 시설에서 환자를 돕는 사람을 고용할 수 있는가?

Ⅳ. 시설 경영상의 간호 철학은 무엇인가?

   a. 직원들은 새로운 입소자가 시설에서 적응할 수 있도록 무엇을 어떻게 하는가?

   b. 사람들은 낮 동안 그들의 방에서 자유롭게 머물 수 있는가? 또는 그들은 일광욕실 또는 시설의 다른 방으로 가야 하는가?

   c. 환자가 화가 나서 거칠게 행동하면, 직원들이 취하는 절차는 무엇인가? 그들에게 화학적 또는 신체적 제한을 가하는가? 그렇다면 어떤 경우에서 그런 제한을 사용하는가?[4]

   d. 환자가 아프면 어떤 절차를 취하는가? 상담원, 의사, 간호사 중 누가 그 일을 처리하는가? 언제 가족에게 통지하는가?

   e. 환자는 얼마 동안 개인적인 간호를 받을 수 있는가? 시설에 근무하는 직원들은 환자의 흥미, 좋아하는 것, 싫어하는 것을 이해하고 있는 것처럼 보이는가?

   f. 직원들은 환자를 간호하는 데 있어서 가족들의 개입을 좋아하는가? 언제 가족들은 환자의 상태에 대하여 상담할 수 있는가?

   g. 이 가족들도 시설의 문화적·종교적 규칙을 지키고 있는가?

Ⅴ. 시설의 물리적 환경이 알츠하이머 치매 환자에게 적합한가?

   a. 시설이 잠겨 있는가, 아니면 환자들이 스스로 안팎 출입을 할 수 있는가?

   b. 입소자들이 안전하게 돌아다닐 수 있는 공간이 있는가?

   c. 환경은 깨끗한가?

   d. 시설이나 알츠하이머 치매 환자에게서 특이한 냄새는 나지 않는가?

   e. 입소자들에게 안전한 외부 공간이 있는가? 입소자들이 외출할 때는 직원이 동반해 주는가, 아니면 환자가 밖으로 나가기 위해서 가족이나 추가적인 유료 도우미가 필요한가?

---

4) 일부 요양원에서 폭력적이며 거칠게 행동하는 환자를 침대에 묶어 놓은 사례가 있어 비난을 받기도 했다. - 역자 주

VI. 거주 시설에서 머무는 동안에 필요한 총 비용은 얼마인가?

    a. 시설의 월 비용은 얼마인가? 각 단계에 따라 다른 수준의 서비스와 요금 구조가 갖추어져 있는가?

    b. 회비의 만기일은 언제인가? 회비의 납부가 늦어지면 어떤 일이 일어나는가?

    c. 장기 보험이 대신 지불해 줄 수 있는 비용의 한도는 얼마인가? 노인 의료보험 제도(Medicare)가 대신 지불해 줄 수 있는 비용은 어느 정도 인가? 환자의 자산이 없어진다면 어떤 일이 일어나는가?[5] (미국에서) 저소득층 의료보장 제도(Medicaid)에서도 같은 서비스를 다루고 있는가?

    d. 만일 가족 구성원이 시설 이용에 필요한 비용을 지불하기로 되어 있다면, 그 가족 모두 그 결정에 대하여 동의했는가? 만일 한 명의 가족이라도 그 약속을 지킬 수 없게 되면 어떤 일이 일어나는가?

이런 질문들을 해 보는 것은 간호 제공자가 환자를 위한 적합한 시설을 구하는 데 도움이 될 뿐 아니라, 거주 시설에서 무엇을 제공하는지, 어떤 서비스를 이용할 수 있는지, 그들이 무엇을 요구할 수 있는지를 아는 데도 도움이 된다. 그들은 도우미를 구하거나 환자를 스스로 돌보아 줌으로써, 그들이 환자에게 제공할 수 있는 서비스에 대한 지식도 얻을 수 있을 것이다.

이런 질문을 하는 것만으로는 충분하지 않다. 간호 제공자는 직원들끼리 또는 직원과 간호 제공자끼리 어떻게 상호작용을 하고 있는지 관찰하여야 한다. 그들은 입소자들에게 어떻게 이야기하는가? 그들은 참을성이 없는가 또는 사려 깊은가? 시설은 입소자가 원하는 바를 최우선으로 여기며, 따뜻하고 집 같은 분위기를 가지고 있는가?

가족 구성원은 가장 적절하다고 생각하는 시설에 관한 서로 다른 시각을 가지고 있을 것이다. 이런 경우에는 심리 상담자가 가족 구성원뿐 아니라 환자들을 만나 그들 모두에게 만족을 줄 수 있는 계획에 동의할 수 있도록 도움을 주어야 한다.

간호 제공자가 전에 환자와 떨어져 지낸 경험이 있다면 시설에 환자를 맡기고 가

---

5) 한국에서도 거주 시설에 있는 노인의 예금 통장에서 직원들이 부정 인출, 착복한 사실이 밝혀져 TV에 고발된 사실이 있다. - 역자 주

는 것에 대하여 거부감은 없을 것이다. 그러나 환자가 병원에서 요양원으로 옮겨져 가면서 연장된 병원 입원 비용을 보험이 내줄 수 없게 되거나, 간호 제공자가 아프 거나 또는 다른 이유로 그 환자를 더 이상 돌볼 수 없는 경우와 같이 선택이 빨리 내 려져야 할 때도 있다. 이런 경우, 간호 제공자들은 종종 처음으로 선택할 수 있는 시 설 또는 외관 같은 피상적인 기준만을 가지고 그 결정을 내리게 된다. 간호 제공자 는 입소가 영구적인 것이 아니고, 그들이 불만족스럽다면 언제든지 다른 시설을 알 아볼 수 있다는 것을 명심해야 한다.

가끔 가족들이 원하는 장소에 방이 모자라 입소하지 못할 수도 있다. 시설에서 방 이 날 때까지 현재의 간호 계획을 계속 진행하는 것도 가능하다. 만일 임박한 입소 를 위한 중요한 이유가 있다면, 다른 장소를 선택하는 것도 가능할 것이다.

입소 과정

일단 환자가 시설에 입소할 수 있고 입소의 날이 정해지면, 간호 제공자는 환자가 거주 시설을 옮기는 것을 도와주어야 한다. 심리 상담자도 도움이 될 수 있지만, 시 설의 직원 또한 환자를 그 시설에 입소시키는 데 어떻게 준비시켜야 하는지 조언을 해 줄 수 있고 입소의 날 전에 규칙적으로 심리 상담을 해 줄 수 있다. 많은 시설은 이런 과정을 도와주기 위하여 가족들과 환자들을 위한 사회복지사 및 도움이 되는 서비스들을 마련해 놓고 있다.

환자에게 입소 과정에 대하여 이야기하기

간호 제공자는 대부분 장기 간호 시설에 입원하는 것을 환자에게 말하는 것과 그 시기에 관하여 질문한다. 간호 제공자가 이 주제에 접근하는 방법에 관하여 전문가 들 사이에서도 일치되는 의견이 있는 것은 아니다. 심리 상담자는 사례마다 개인 차 를 존중하여 제안을 하여야 한다. 예를 들어, 만일 환자가 알츠하이머 치매의 경중중 단계이고 그가 들은 모든 정보 자료마다 걱정을 하는 경향이 있다면, 간호 제공자는 입소의 날 직전까지도 환자에게 그의 거주지 이동에 관하여 이야기하는 것을 원하지 않을 것이다. 만일 환자가 중증 또는 최중증 단계에 있다면, 환자가 그 일에 대하여 어떻게 해석하고 반응할지를 예견하는 것은 어려운 일이다.

환자의 반응은 어느 정도는 간호 제공자가 그 일을 이야기하는 방식에 달려 있다. 그 변화가 환자에게 어떤 식으로라도 부정적인 영향을 주는 것이 아니라 더 나은 환경을 만들어 주는 것임을 제안하는 것이 좋다. 환자가 그 이야기를 들은 후의 첫 반응은 명백한 무관심부터 동요에 이르기까지 다양하겠지만, 동의를 하는 반응은 매우 다르다. 궁극적으로 간호 제공자는 환자가 처하고 있는 환경과 환자에 대한 배경 지식에 근거하여 환자에게 말하는 방법이나 여부를 결정하여야 할 것이다.

수요일에 밀리와 그녀의 자녀들이 선택한 요양원에서 테드를 위한 공간이 마련되었으니 주말까지 준비하여 오라고 전화가 왔다. 그녀는 수화기를 내려놓고 울기 시작했다. 밀리는 심리 상담자에게 전화를 걸어, "우리는 테드에게 아무 말도 못했어요. 그에게 지금 무엇을 이야기해야 할까요? 나는 그를 그냥 보낼 수 없어요."라고 말했다. 심리 상담자는 밀리가 그에게 그녀가 수술에서 완전히 회복될 때까지 그를 잠시 좋은 장소에 보내는 것이라고 말해 보라고 했다. 그녀는 또한 금요일까지 그 일을 그에게 말하지 말고, 그에게 말할 때에는 다른 자녀들과 함께하라고 했다. 금요일에 톰과 캐럴은 밀리의 집에 와서 저녁 식사를 함께 했다. 저녁 식사 후, 밀리는 테드에게 "당신도 알다시피 요즘 내 건강이 좋지 않아요. 의사가 당분간 나보고 충분한 휴식을 취하라고 했어요. 내 건강이 좋아질 때까지 당신이 가서 쉴 수 있는 좋은 장소를 알아 두었어요."라고 말했다. 테드는 단지 "좋아."라고 말했다. 밀리는 테드가 화를 내지 않자 안심이 되었다. 캐럴은 "아버지가 어머니의 말을 이해했는지 모르겠어요."라고 말했다. 톰은 "그가 원하고 있는 것인지 아닌지를 알 수 없어요."라고 말했다.

환자가 시설에 가져가야 할 것

명백하게 필요한 옷이나 화장품을 제외하고, 입소하는 환자가 시설로 가져가는 개인적인 소지품의 양은 시설의 규정에 따라야 한다. 어떤 장기 간호 시설은 입소자가 의자와 옷장 같은 가구를 가져오는 것을 허용하기도 하고, 대부분의 다른 시설은 환자가 집처럼 편안하게 생각할 수 있도록 도와주는 사진 또는 작은 물건을 가져오는 것을 허용한다. 저녁 식탁이나 벽에 걸린 가족 사진 같은 친숙한 물건들을 새로운 장소에 갖다 놓으면 환자가 변화를 더욱 쉽게 받아들일 수 있을 것이다.

간호 제공자는 개인적인 소지품을 잃어버리거나 다른 장소에 갖다 놓으면 시설은 그것에 책임이 없음을 주의해야 한다. 그래서 그들은 환자를 위한 물품을 시설에 갖다 놓을 때 신중하게 선택하여야 한다. 입소자들은 종종 다른 사람의 물건을 자신의 것이라고 생각하거나 소유물이라는 개념을 알지 못하기 때문에 다른 사람의 물건을 들고 가 버리는 경우가 많다. 그래서 알츠하이머 병동에서는 잃어버리거나 다른 장소에 둔 물품들이 매우 흔하다. 간호 제공자가 취할 수 있는 최선의 방법은 물건을 보관할 수 있는 방법을 알 때까지 환자에게 필수적인 물품부터 점점 양을 늘려 갖다 놓는 것이다.

입소의 날

요양원에서 환자가 사용할 수 있는 침대가 생겼다는 연락이 오면, 환자를 다음 날 바로 모시고 와야 한다. 모든 준비를 했음에도 불구하고, 간호 제공자는 처음으로 입소를 실감할 수 있을 것이다. 모든 회의가(의문이) 엄습할 것이다. "왜 내가 이 일을 하고 있지?" "내가 이 일을 해야 하나?" 입소의 과정 동안 간호 제공자를 도와주었던 심리 상담자는 간호 제공자가 이런 생각을 하는 것은 흔히 있는 일이며 그 결정이 잘못된 것이 아님을 알려 주어야 한다. 아무리 많은 심리 상담을 하더라도 이런 부정적인 감정을 완벽하게 없애 줄 수는 없다. 간호 제공자는 종종 "이것은 내가 이제껏 해 왔던 일 중에 가장 어려운 일입니다."라고 말하기도 한다.

거주 환경이 바뀌는 입소 당일은 종종 간호 제공자에게는 분주하고 정서적으로 힘든 날이다. 그래서 그들은 가져오지 못한 물건(소지품)을 부탁할 수도 있고 환자가 시설로 들어간 후 그의 감정을 추스를 수 있도록 친구나 가족과 동반하는 것이 좋다.

심리 상담자는 환자의 입소 뒤에 간호 제공자가 내린 결정에 대해 그가 적응하는 것을 돕기 위하여 그들과 만날 수 있다. 심리 상담자는 알츠하이머 치매 환자가 처음에는 고통스럽고 시간이 지나면서 점차 나아지는 적응 기간을 겪는다는 것을 설명해 줄 수 있다.

밀리의 심리 상담자는 그녀가 테드를 요양원에 데리고 갈 때 그녀의 아들인 톰과 동반할 것을 조언했다. 그들이 요양원에 가는 동안, 그녀는 매우 불쾌해하며 톰에게 차를 돌려 집으로 가자고 했다. 톰은 "안돼요, 어머니. 어머니의 건강이 좋지 않다는 것을 잘 아시잖아요. 아버지는 괜찮을 거예요."라고 말했다. 그는 요양원으로 계속 운전을 했다. 그들이 그곳에 도착하자 밀리는 울면서, "어떻게 아버지를 여기 두고 갈 수 있겠니?"라고 말했다. 간호사는 그녀를 부축하며 다른 간호사에게 전화해 테드와 톰을 위층으로 모시고 가라고 했다. "당신은 이 일에 적응할 시간이 필요하겠어요." 그녀는 밀리에게 그녀가 원하는 시간에 언제든지 전화해도 좋다고 말했다. "우리는 곧 그에게 점심을 주러 갈 거예요. 당신이 좋다면 그와 함께 점심을 먹고, 아니면 나중에 또 들르세요." 톰은 아래층으로 돌아와, "아버지는 잘 계세요. 아주 좋은 룸메이트를 만났어요. 어머니에게는 힘든 일이겠지만, 저는 아버지가 이곳에 잘 계실 거라고 생각해요. 아버지와 점심을 함께 먹고 캐럴의 집에 가는 게 어때요?"라고 말했다. 밀리가 다음 주에 그녀의 지지 집단 모임에 참석해, "나는 슬픕니다."라고 말한 뒤 "내가 한 일이 옳은 것일까요?"라고 물었다. 그들은 그가 안전한 장소에 있으며, 그녀가 좋은 요양원을 선택했고, 그녀가 원하는 만큼 그를 방문할 수 있다고 말하면서 그녀를 안심시켰다.

입소에 대한 간호 제공자의 반응

친족을 거주 시설에 입소시키는 행동은 안도감뿐만 아니라 죄책감, 외로움, 슬픔, 걱정, 무기력의 감정을 일으킨다. 종종 간호 제공자는 여러 가지 감정을 번갈아서 느끼기도 한다. 심리 상담자는 이런 일을 미리 준비하고 입소 전후 간호 제공자가 느낄 수 있는 감정을 헤아려 그들이 잘 대처할 수 있도록 도와주어야 한다.

간호 제공자는 환자를 거주 시설에 두면서 자신의 삶에 생긴 변화에 적응하는 데 어려움을 느낀다. 그들은 간호의 직접적인 책임이 있었거나 간호를 하는 사람을 감독하는 일을 했을 것이다. 그들은 과거의 돌보는 일의 역할을 양도하고 그들의 친족이 새로운 환경에서 어떻게 지내는지 알 수 없다는 사실을 받아들이는 데 어려움을 겪는다. 만일 환자가 간호 제공자와 같이 살았다면, 특히 그 사람이 배우자라면, 혼자 사는 것에 적응하는 일은 특히 힘들 것이다.

많은 거주 시설은 환자의 가족 구성원을 위하여 지지 집단을 가지고 있고, 간호 제공자는 그들과 같은 경험을 하고 있는 사람들과 생각을 공유할 수 있도록 그 집단에 참여하는 것이 좋다.

알츠하이머 치매 환자가 시설에 입소한 후에 간호 담당 직원의 역할

많은 간호 제공자는 가족이 환자를 장기 간호 시설에 보내면 환자를 돌보는 일을 할 수 없을까 봐 걱정하기도 한다. 어떤 사람은 돌보는 일에 대한 책임을 끝낼 수 있다는 것에 대하여 안도하기도 한다. 간호 제공자는 환자를 거주 시설에 두는 것이 책임을 바꾸는 형태와 유사하다는 것을 유념해야 한다. 매일 그 자리에서 해야 하는 간호와 감독은 시설의 책임이지만, 간호 제공자는 환자를 규칙적으로 방문하고 환자가 보살핌을 잘 받고 있는지를 확인해야 한다.

방문의 이유

간호 제공자의 방문은 많은 목적을 가지고 있다. 가장 중요한 이유는 규칙적인 접촉을 통하여 환자와의 관계를 유지하는 것이다. 어느 단계의 치매 환자라도 친숙한 목소리와 낯익은 얼굴을 보면 상태가 좋아질 것이다. 심리 상담자는 방문 동안 간호 제공자와 환자에게 즐거움을 줄 수 있는, 옛 가족 사진을 보는 것과 같은 활동을 권해 줄 수 있다. 간호 제공자는 다른 가족 구성원들 또한 방문할 것을 요청할 수 있다.

거주 시설에 있는 환자가 치매 증상이 있을 때는 가족 구성원의 방문이 환자의 안녕을 위하여 필수적이다. 간호 제공자는 직원이 환자를 인격체로 간주하도록 도와줄 수 있다. 어느 누구보다도 간호 제공자와 다른 가족들은 직원들과 공유할 수 있는 환자의 과거사, 습관, 좋아하는 것과 싫어하는 것에 대하여 잘 알고 있다. 그들은 환자가 아프기 전에 좋아했던 것에 대하여 직원들에게 이야기해 줄 수 있다. 간호 제공자는 환자가 예전에 가지고 있던 흥미에 맞는 행동에 참여할 수 있는지 요청할 수 있다.

간호 제공자는 환자의 상태와 환자가 잘 간호받고 있는지에 관하여 정기적으로 직원들에게 물어보아야 한다. 간호 제공자는 환자에 대하여 잘 알고 있고 집에서 환자를 돌볼 때 사용했던 방법을 또한 알고 있기 때문에 환자에게 문제가 생겼을 때 직원들은 그것을 해결하는 데 도움이 될 수 있을 것이다. 가족들은 직원들과 좋은 관계를 쌓아 나가고, 그들에게 감사한 마음을 가지고 조심스럽게 대하여야 할 것이다.

만일 간호 제공자가 문제를 해결하는 데 있어서 추가적인 도움이 필요하다고 생각되거나 개인적 수준의 간호를 제공받아야 한다고 느끼면, 그들은 여력이 있고 시설에서 허용되는 범위 내에서 추가적인 도우미를 고용할 수 있다.

간호 제공자가 방문하면, 그들은 환자의 몸무게, 기능의 변화, 외상 등을 확인하고 싶어 할 것이다. 만일 환자가 요실금의 증상을 보이면, 환자가 규칙적으로 옷을 갈아입고 있는지 궁금해할 것이다. 만일 환자가 움직일 수 없다면, 간호 제공자는 주기적으로 환자의 욕창을 점검하고 싶을 것이다. 환자가 잘 돌보아지고 있는지를 가장 잘 알기 위해서는 일주일 동안 다른 날 다른 시간에 환자를 방문하는 것도 좋은 방법이다.

간호 제공자는 얼마나 자주 환자를 방문해야 하는가

간호 제공자가 얼마나 자주 환자를 방문해야 하는가에 관한 질문에 관한 정답은 없다. 간호 제공자는 환자의 입소 뒤 그의 간호에 다양한 정도로 관여하게 될 것이다. 심리 상담자의 방문은 간호 제공자의 스케줄에 맞아야 하고, 다른 사람의 이해나 의무에 배치되지 않아야 하며, 가장 중요한 것은 간호 제공자의 건강과 안녕을 중시해야 함을 제안하길 원할 것이다. 그리고 심리 상담자는 간호 제공자가 환자의 상태와 간호에 관한 일관된 지식을 가질 수 있을 정도의 빈도가 적절하다고 제안할 수 있다. 간호 제공자는 또한 환자가 일상적으로 참여하고 있는 활동에 방해가 되지 않도록 환자의 스케줄을 고려해야 한다.

환자를 돌보는 배우자는 장시간 동안 환자를 매일 방문하면서 집에 있는 음식을 가지고 오거나 직원의 신분에서 환자를 간호하기도 한다. 이것은 환자의 입소 뒤에 그와의 유대 관계를 유지할 수 있는 기회를 제공하기도 하지만, 이런 행동은 오로지 환자를 보고자 하는 욕망에서 비롯되며, 심리 상담자에게 점검을 받아야 한다.

거주 시설 입소 결정

도로시는 그녀의 남편 대럴을 수년간 간호해 왔다. 그런데 그는 치료될 수 없는 만성 설사병에 걸려, 그가 깨끗하게 있기 위하여는 24시간 간호가 필요했다. 그녀는 그를 시설에 입소시키기로 결정했다. 그녀는 집에서 쉽게 운전하여 갈 수 있는 거리에 있는 시설로 결정했다. 그녀는 퇴근 후 그에게 매일 들러 그의 저녁 식사를 가져왔다. 그녀는 그의 식사를 먹여 주고 그가 잠들 때까지 그의 옆을 지켰다. 요양원에 있는 사회복지사는 도로시가 너무 마르고 피곤해 보여 의사를 한번 찾아가 보라고 제안하였다. 그녀는 의사를 방문하여, "나는 15파운드나 몸무게가 줄었고 사람들이 내가 지쳐 보인다고 말해요. 나는 항상 피곤합니다."라고 말했다. 의사는 그녀의 일상을 물어보았다. 그녀는 집에 도착하면 무엇을 먹기에는 안절부절못하여, 취침을 하기 위하여 편안한 상태로 되려면 수시간이 걸린다고 말했다. 의사는 그의 방문 횟수를 줄이라고 말해 보았지만, 그녀는 그를 요양원에 보냈다는 것이 마음에 걸려 그를 낯선 사람들 틈에 둔다는 것이 용납할 수 없다고 했다. 의사는 그녀의 건강 상태를 알아보기 위하여 몇 가지 검사를 실시했다. 그는 그녀가 다른 누구에게라도 이 문제들에 관하여 이야기해 보았느냐고 물어보았다. 그녀가 아니라고 대답하자, 그는 "당신은 치료를 하면 좋아질 수 있을 것 같습니다. 계속 이렇게 지내면 안 됩니다."라고 말하면서 그녀에게 동료들의 이름들을 건네주었다.

심리 상담자는 어떤 간호 제공자들은 그들이 살아온 생활 주거지에서 떠나 입소를 한 환자들의 빈자리를 메우는 법을 알지 못하여, 시설에 가서 환자의 옆을 지키며 간호 제공자의 역할을 계속한다는 것을 발견할 수 있을 것이다. 그들은 환자가 없는 그들의 삶이 공허하다고 생각하며, 그들과 함께 보내는 시간에 익숙해져 있을 것이다. 그들이 환자에 대한 감독과 간호의 책임을 시설에 넘겼음에도 불구하고, 그들은 배우자에게 더 나은 간호를 해 줄 수 있다고 생각하며, 그들이 환자를 유기했다고 생각하면서 죄책감을 느끼고, 아무 데에도 갈 곳이 없다.

특히 환자를 돌봐 왔던 배우자는 그들과 함께 있는 것과 그들의 삶에 참여하는 데에 기쁨을 느껴 왔다. 그들은 요양원에서 자원봉사자 일을 지원하여, 매일 활동에 참여하여 그들의 친척뿐 아니라 다른 환자들도 방문할 수 있다.

어떤 간호 제공자는 환자를 전혀 방문하고 싶어 하지 않거나 휴일이나 특별한 일이 있을 때에만 방문한다. 간호 제공자는 많은 환자 사이에 그들의 친척이 있는 것을 보는 것이 너무 슬퍼 방문하는 것을 고통스러워하기도 한다. 어떤 사람은 환자의

거주 시설 입소 결정

스티브의 상담자는, 그가 다른 어떤 이유보다 자신이 원해서 요양원에 입소하게 된 부인 조앤을 너무 자주 방문하는 것이 아닌가 하고 생각했다. 상담자가 스티브에게 왜 그녀를 그렇게 자주 방문하는지 물어보면, 그는 "조안을 보러 가지 않고 내가 할 수 있는 일이 무엇이 있을까요?"라고 대답했다. 상담자는 10년 동안이나 돌보는 일을 해 온 그가 공허함을 느끼고 있으며 그것이 요양원에서 시간을 보내면서 채워진다는 것을 알았다. 스티브는 "나는 이곳에서는 쓸모 있다고 생각이 돼요. 조안과 시간을 보내고 나면, 나는 다른 환자도 방문해요. 가끔 그들에게 간식도 주곤 해요. 나는 그들이 미소 짓는 것이 좋아요. 많은 입소자가 내가 아니면 방문해 주는 사람도 없는 걸요."라고 덧붙였다. 상담자는 은퇴하고 그녀가 아프기 전 사회적 삶을 정리하도록 도와준 조앤에게 의지하고 있는 스티브는, 그가 외롭다고 생각하고 있지만 요양원에서 환자들을 도와주는 것이 그에게는 집에서 떠난 조앤의 빈자리를 채워 주는 좋은 방법이며, 그의 삶에 다른 의미를 줄 수 있을 것 같다고 생각했다.

시설 입소 자체에 죄책감을 느끼고 그 환자를 대면하는 것을 어려워한다. 어떤 사람들은 환자와 무엇을 할지 또는 무슨 말을 해야 할지 몰라 방문을 꺼린다. 그들은 그들 자신이 간호를 하는 데 어떤 공헌도 할 수 없을 것이라고 생각한다.

만일 간호 제공자가 이 행동에 대하여 걱정스러워한다면, 심리 상담자는 간호 제공자가 방문을 하지 않는 이유 또는 자주 방문하지 않는 이유를 알아보는 것을 도와줄 수 있다. 심리 상담자는 간호 제공자에게 환자의 복지를 위해서 시설의 직원에게 환자에 대한 가족의 계속적인 관심을 보여 주는 것이 중요하다고 말해 줄 수 있다. 심리 상담자는 간호 제공자와 환자 모두에게 즐거움을 주는 행동을 추천하여, 간호 제공자가 환자를 방문할 때 느낄 수 있는 지루함과 고통을 줄일 수 있다.

알츠하이머 치매 환자가 요양원에 입소하고 나면, 간호 제공자는 그들의 요구 사항과 환자의 변화에 따라 적응의 계속적인 과정을 경험하게 된다. 만일 그들이 시설의 간호에 대하여 자신감이 생기고 신뢰가 쌓였다면, 그들은 환자를 덜 방문해도 될 것이다. 또는 환자가 신체적으로 아프고 기능의 작용에 심각한 변화가 생겼다면, 그들은 자주 방문해야 할 것이다. 심리 상담자는 돌보는 일의 전체적인 과정에서 지속적인 도움과 지침을 제공해 줄 수 있다.

심리 상담자용 검목표(checklist)

거주 시설에 알츠하이머 치매 환자를 입소시키는 결정
□ 간호 제공자에게 환자가 거주 시설에 입소하더라도 그가 간호를 계속할 수 있는 방법을 설명해 주기
□ 환자의 입소 결정이 자유롭게 내려졌는지 그리고 그것이 친구나 가족의 압력의 결과가 아닌지를 조사하기
□ 간호 제공자에게 입소는 영구적인 것이 아님을 상기시켜 주기

거주 시설을 선택하기
□ 가능한 한 여러 가지 방법을 설명해 주고 가족들이 가장 적합하다고 판단되는 시설을 선택할 수 있도록 도와주기[5)]
□ 장애인 개호 생활 시설(assisted living facilities)에서 제공되는 간호의 수준을 설명해 주고 환자가 더 많은 간호를 필요로 한다면 다른 유형의 시설로 옮겨 갈 수 있다는 것을 알려 주기
□ 간호 제공자가 요양원에 다른 병동과 달리 알츠하이머 치매 환자 전용 병동이 따로 마련되어 있는지를 물어볼 것을 제안하기
□ 간호 제공자에게 거주 간호 시설을 방문할 때 조사해야 하는 검사 항목을 제공하기
□ 간호 제공자가 거주 시설을 선택하기 전에 여러 시설을 방문해 볼 것을 권유하기

입소 과정
□ 간호 제공자가 환자에게 이동해야 하는 이유를 잘 설명할 수 있도록 조언해 주기
□ 간호 제공자에게 개인적인 물품을 잃어버리거나 잘못 두는 것을 방지하기 위하여 표시해 줄 것을 말해 두기

---

5) 입소를 결정하기 위해 거주 관련 시설을 방문하는 경우에 방문자에게 보여 주는 시설과 장비가 전시용에 불과한 것은 아닌지를 확인할 수 있도록 입소자가 현장을 견학하고 입소자 개인별 맞춤형 치료나 개입 프로그램의 운영 현황을 살펴보게 할 수 있다. 아울러서 병원 내 간호 제공자나 물리치료사를 비롯한 직원들의 자질과 전문성, IQ 못지않게 중요한 검토 사항은 이들의 봉사정신과 헌신성, EQ(감성지능), SQ(인간친화지능) 수준 및 직무 스트레스와 탈진을 극복할 수 있는 역량, 이들 감정 노동자(emotional wokers)에 대한 입소 시설 운영자 측의 배려 등이 좋은 시설인지를 판단하는 기준이 될 수 있다. – 역자 주

□ 입소 뒤 간호 제공자에게 도움을 주기 위하여 항상 대기하기

거주 시설에 알츠하이머 환자가 입소한 후에 간호 제공자의 역할

□ 알츠하이머 치매 환자가 보살핌을 잘 받고 있다는 것을 확인하기 위해 정기적으로 가족들이 방문할 수 있다는 것을 간호 제공자가 환자에게 상기시키기

□ 알츠하이머 치매 환자의 최근 상태를 진단, 간호하기 위하여 직원이 정기적으로 환자 곁에 머물러야 한다는 의견을 간호 제공자가 거주 시설 운영자 측에 전달하기

□ 간호 제공자가 알츠하이머 치매 환자 방문(문병) 빈도와 기간을 입소 시설 담당자와 의논하기

□ 문병 기간 동안에 알츠하이머 치매 환자와 간호 제공자가 정서적 교류를 하기

제13장

알츠하이머 치매 환자의 생애에 대한 마지막 단계: 사망과 사별

전체적인 악화 척도(Global Deterioration Scale: GDS)의 일곱 번째 단계인 알츠하이머 치매의 마지막 단계는 무한정의 시간 동안 지속되며, 그 환자가 죽음에 얼마나 가까이 다가왔는지 예측하는 것은 매우 어려운 일이다. 환자들은 이 단계에서 평균 7년 동안 살 수 있다고 알려져 왔다.[1] 이 단계의 환자에게는 윤리적, 종교적, 도덕적 문제들을 포함한 의학적 치료 문제들이 발생하기 쉽다.

심장마비 또는 폐렴과 같은 급성 질병 환자가 아니라면 사람은 일반적으로 주요 신체 기관의 완벽한 정지로 인해 사망하게 된다. 그러나 알츠하이머 치매 환자의 대부분은 이러한 마지막 단계까지 살지 못하고, 다른 원인에 의하여 사망하는 경우가 많다.[2]

이 장에서는 알츠하이머 치매의 마지막 단계에서 간호 제공자가 직면하는 쟁점

---

1) 알츠하이머 치매 발병 후에 10년 내외까지 생존하는 것으로 알려져 있다. - 역자 주

2) 미국의 한 연구진은 알츠하이머 치매를 일으키는 뇌세포 배양 기술을 개발하는 성과를 이룩했다고 발표했다(2014년 10월 13일 한국 YTN 뉴스 보도). - 역자 주

들, 환자의 죽음, 그리고 사별(死別, bereavement)과 이 쟁점을 처리하는 방법, 전문가와 가족들의 도움을 얻는 방법에 관하여 논의할 것이다.

알츠하이머 치매 환자의 마지막 단계

심리 상담자는 간호 제공자와 그 가족들에게 지침을 제공하기 전에 알츠하이머 치매의 마지막 단계에 있는 환자의 성격이나 증상에 대하여 이해하고, 이 단계에서 간호 제공자가 나타내는 반응을 알고 있는 것이 중요하다.

환자의 상태

최중증의 단계 동안, 알츠하이머 치매 환자는 말하고 걸을 수 있는 능력을 상실하고, 도움이 없이는 앉아 있지 못하며, 결국에는 그들의 머리를 똑바로 들 수도 없게 된다. 그들은 더 이상 장과 신장을 조절하지 못한다. 궁극적으로 그들은 먹여 주어야 하고, 삼키는 데도 어려움을 겪는다. 그들은 모든 일상생활을 수행하는 데 있어서 다른 사람들에게 전적으로 의존한다. 이 단계의 알츠하이머 치매 환자가 보통의 방법으로 그들이 느끼는 고통을 표현할 수 없다는 것을 아는 것은 매우 중요하다.

알츠하이머 치매의 최중증 단계에 있는 환자는 점점 움직일 수 없게 되어, 결국에는 수축(완전히 펼 수 있도록 관절이 움직이지 못함), 피부 쇠약 그리고 욕창[3]에 걸릴 위험이 있다. 불충분한 영양과 수분 섭취는 요실금뿐만 아니라 피부 쇠약과 욕창의 위험을 증가시킨다. 삼키는 것의 어려움은 영양 실조로 이어질 뿐 아니라, 질식의 위험 때문에 위보다는 폐로 음식을 섭취하게 된다. 침대에만 누워 있는 이 단계의 환자는 수축 폐렴(contracting pneumonia)에 걸리기 쉽다.

---

3) 자력으로 움직이지 않고 침대에 장기간 누워서 지내고, 혈액 순환이 원활하지 않아서 등에 피부병이 생긴다. – 역자 주

잘 걷지 못하고, 도움 없이 앉지도 못하며, 스스로 먹지도 못하는 증상은 환자의 관절이 수축하고 활동을 하지 못함으로 인하여 근육이 약해지기 때문이다. 유연함을 갖기 위하여 매일 운동하는 것은 수축의 시기를 늦추어 줄 수 있을 것이다. 간호 제공자는 이 운동을 안전하고 효과적으로 하기 위하여, 알츠하이머 치매 환자가 시설에 입원한 처음부터라도 전문적인 훈련이 필요하다는 사실을 알고 운동하는 것을 조력해야만 한다.

알츠하이머 치매의 마지막 단계와 관련된 이 모든 상태는 충분한 보살핌과 간호가 제공된다면 잠재적으로 최소화될 수 있다. 이 단계의 환자를 간호하는 것은 엄청난 양의 시간과 돈을 필요로 하고, 간호 제공자가 최선을 다해서 간호를 한다고 하더라도 완벽하게 증상을 방지할 수는 없을 것이다.

알츠하이머 치매의 마지막 단계에 대한 간호 제공자의 반응

알츠하이머 치매의 마지막 단계에서 환자에 대한 반응은 간호 제공자마다 제각각일 것이다. 어떤 사람은 환자를 오래 돌본 것에 대한 사랑과 공감을 가지고, 이 단계에서 돌보는 일을 받아들이고 새로운 수준의 간호가 필요하다는 것에 적응할 것이다. 대부분의 간호 제공자는 환자가 필요로 하는 간호의 양에 압도당하고 겁을 먹는다. 어떤 간호 제공자는 이해하기 힘든 소리와 행동을 보이는 환자와 소통할 수 없다는 것에 무기력해지고 좌절한다. 환자와 가깝게 지내던 간호 제공자에게는 특히 그들이 의존적인 사람이 되어 가는 것을 바라보는 것이 고통스러울 것이다.

알츠하이머 치매의 마지막 단계에 진입한 환자가 간호 제공자에게 어려운 점 중의 하나는 이 단계가 얼마나 지속될 것인지를 예측할 수 없다는 데 있다. "만일 이 기간이 6개월 또는 일 년이라면 나는 참을 수 있을 것 같아요. 이 기간이 언제 끝날지 알 수 없다는 것이 나를 정말 참기 힘들게 만들어요." 어떤 간호 제공자는 언젠가는 이 관계가 끝난다는 것을 알면서도 환자와의 유대관계를 원하는 반면, 다른 사람은 다른 이유에서 그들과의 관계가 소원해지기를 원한다.

간호 제공자가 환자에 대하여 여러 가지 복합적인 감정을 갖게 된다는 것도 놀라운 일이 아니다. 한쪽에서 보면, 그들은 환자를 살리기 위하여 할 수 있는 모든 일을 할 것이다. 다른 쪽에서 보면, 그들은 자신들뿐만 아니라 환자가 고통스럽지 않도록 환자가 죽기를 바랄 수도 있다.[4] 어떤 사람은 환자가 살 가망이 없음에도 불구하고 최선의 노력을 기울이기도 한다. 어떤 간호 제공자는 환자와 돌보는 일을 하는 환경에 대해 화를 내고 적개심을 품고, 심각하게 아픈 환자에게 이런 생각을 한다는 것에 대하여 죄책감을 느끼기도 한다. 간호 제공자들은 친구와 가족과 이런 감정을 공유한다는 것이 적당하지 않다고 생각하거나 그들이 비판당하고 오해받을까 봐 걱정하기도 한다.

환자에 대하여 복합적인 감정을 가지고 있는 간호 제공자들은 그들이 환자의 삶과 죽음에 대한 결정을 내릴 때 그들의 판단을 신뢰하기를 두려워한다. 그들은 환자를 위한 최선의 방법이 아님에도 그의 생명을 연장해야 하는 결정을 내릴 때 고민하게 된다. 환자와 친밀한 인간관계가 있는 간호 제공자는 환자를 떠나 보내는 조치를 취할 수 없을 것이다.

심리 상담을 할 때, 간호 제공자는 비난의 두려움 없이 그들이 생각하는 바를 표현하고 그 감정을 가지고 있다는 것에 대한 압박에서 벗어나야 한다. 간호 제공자는 왜 이런 감정을 가지고 있는지에 대한 직관을 가지고 그것에 익숙해져야 할 것이다. 이것은 그들에게 부정적인 감정을 갖게 하지 않고 이 단계에서 내려야 하는 많은 어려운 결정을 내릴 수 있게 해 줄 것이다. 지지 집단 또한 이와 같은 감정들을 잘 해결할 수 있는 통로가 될 수 있을 것이다.

> 테드는 알츠하이머 치매의 마지막 단계에 도달하였다. 밀리는 주중에는 세 번, 그리고 주말과 일요일에 요양원에 있는 그를 계속 방문했다. 밀리는 심리 상담자에게 전화를 걸어, "테드는 말할 수 없어요. 그는 침대에 누워 있고 거의 움직이지 못해요. 그는 내 목소리나 손짓에 반응하지 못해요. 그는 내가 그곳에 있다는 것을 알지 못할

---

4) 이와 관련된 헌신적이면서도 종교적 영성(religious spirit)이 담긴 노력을 기울이고 정서적 서비스를 함께 제공하는 것을 임종 간호(hospice care)라고 한다. - 역자 주

거예요. 그렇지만 나는 여전히 그와 함께 있고 싶어요. 그래서 내가 방문할 수 있는 만큼 그를 만나러 가는 거예요. 나는 그의 손을 잡거나 내 손을 그에게 둘러 그의 옆에 앉아 있어요. 그 아이 이야기와 직장, 집 주변의 이야기를 해 주어요. 가끔 그가 좋아하는 음악을 테이프에 녹음해서 그에게 가져다주어요. 내가 미쳤다고 생각하세요?"라고 말했다. 심리 상담자는 "당신은 어떻게 생각하는데요?"라고 되물었다. 밀리는 "가끔 나 자신을 미쳤다고 생각하기도 해요. 그는 내가 그곳에 있다는 것도 모르니까요. 그러나 누가 알아요? 아마도 그는 나의 존재를 느낄지도 몰라요. 나는 우리가 함께 했던 사랑과 소중한 날들을 생각하고 있어요. 나는 그의 마지막까지 그와 함께하고 싶어요. 만일 내가 그의 자리에 있었더라도 그는 나처럼 내 곁에 있어 주었을 거예요."라고 말했다. 심리 상담자는 "당신은 전혀 미친 게 아니에요. 아마도 당신이 하는 일이 테드를 진정시켜 줄 수 있을 거예요."라고 말했다.

알츠하이머 치매 환자의 마지막 단계에서 간호 제공자의 역할

　간호 제공자는 이 단계의 환자에게 개인적으로 간호를 해 주는 것의 가치에 대하여 의문을 갖는다. 심리 상담자는 간호 제공자에게 이 단계에 있는 환자의 삶에 그들도 영향을 끼칠 수 있다는 것을 이해하도록 도와줄 수 있다. 심리 상담자는 간호 제공자가 친족의 정서적, 영적, 신체적인 요구를 이해하는 것을 도움으로써 그들의 요구가 얼마나 충족되었나 알 수 있도록 하며, 그가 간호를 계속 할 수 있도록 해 줄 수 있다. 이 단계 동안, 간호 제공자는 의학적 치료에 대한 결정을 해야 할 수도 있으며, 어떤 경우에는 의학적 치료를 그만두어 환자가 죽게 내버려 두기도 한다. 심리 상담자는 간호 제공자가 이런 어려운 결정을 내리기 위하여 준비하는 것을 돕기 위하여 지침을 제공할 수 있다.

환자와의 정서적 유대를 유지하기

비록 알츠하이머 치매의 최중증 단계의 환자가 더 이상 말을 할 수는 없지만, 그들은 어떤 것을 위하여 사람의 주의를 끌기 위해서나 고통이나 불편함을 호소하기 위하여 신음, 비명, 끙끙거리는 소리들을 낸다. 그들은 또한 신체 언어로서 소통한다. 찡그린 얼굴이나 무모한 행동은 불편, 요구 또는 고통의 징표일 것이다. 각 환자는 간호 제공자가 경험으로써 해석하는 것을 배워야 할 그들만의 소통 방법을 가지고 있다. 한 환자는 그가 성가실 때는 머리를 돌려 버린다. 다른 환자는 소리를 냄으로써 의사소통을 시도한다.

경험이 많은 간호 제공자조차도 항상 환자가 보내는 사인들을 올바르게 해석하는 것은 아니다. 심리 상담자는 간호 제공자의 간호를 얼마나 환자가 받아들이고 있는지 알 수는 없지만, 그가 환자를 위하여 기울이는 모든 노력을 높이 평가하여야 한다.

어떤 간호 제공자는 그들의 친척과 자연스럽게 관계를 유지하지만, 다른 사람은 이 단계의 환자와 정서적인 관계를 유지하기 위하여 어떤 지침과 도움을 필요로 한다. 간호 제공자는 이 단계의 환자와 소통하기 위하여 신체 언어와 음성 억양을 사용하는 방법을 배워야 할 것이다. 그리고 그들과의 즐거운 경험과 관계를 유지하기 위하여 자극을 주는 것이 좋다. 가족 구성원은 그들의 친척에게 부드럽게 이야기할 수 있고, 그들을 마사지해 주고, 그들이 좋아했던 음악을 틀어 주고, 방의 향기를 좋게 하기 위하여 향초나 오일을 사용할 수 있다. 마지막 단계의 환자는 이런 자극에 다양한 반응을 보이기 때문에, 심리 상담자는 간호 제공자가 이런 행동에 대해 보이는 환자의 반응에 주의를 기울이고 그들이 이런 행동을 좋아하지 않더라도 실망하지 않을 것을 미리 말해 줄 수 있다. 이 단계의 환자들은 자신을 만져 주는 것을 좋아하는 사람도 있고 그렇지 않은 사람도 있다. 좋다는 표시로는 미소, 소리, 간호 제공자에게로 관리의 방향을 바꾸는 것이 있을 수 있다.

알츠하이머 치매의 마지막 단계의 환자에 대한 신체적인 간호는 무관심, 기계적인 방법 또는 섬세한, 참여적인 방법으로 이루어진다. 만일 신체적인 간호 업무가 환자와 정서적인 접촉을 할 수 있는 기회로 사용된다면, 그것은 일종의 사회적 상호작용이 될 것이다. 그러나 이런 방식으로 사용될 수 없는 이유는 환자가 통상적인 방식으로 반응할 수 없기 때문이다. 그럼에도 불구하고 간호 제공자는 환자를 먹이고, 입히고, 목욕시키고, 이동시키는 동안 환자에게 말을 건넬 수 있고, 이것은 그들과의 상호작용이 될 수 있고, 간호 제공자가 환자를 더욱 존중해 줄 수 있는 방식이다. 심리 상담자는 가족, 친구, 유료 도우미를 포함한 모든 간호 제공자가 섬세하고 인간적인 방식으로 신체적인 간호를 할 수 있는 방법을 찾는 것을 도와줄 수 있어야 한다.

환자가 살 곳을 정하기

오로지 알츠하이머 치매만을 갖고 있는 환자는 그들이 사망할 때까지 집에서 생활한다. 신체적 · 정서적인 희생(손실)이 엄청난 반면, 적절한 공식적 · 비공식적인 도움을 간호 제공자가 받을 수 있다면 이 모든 일을 감당하는 것이 훨씬 수월할 것이다. 간호하는 가족 구성원은 환자를 돌보는 데 있어서 보통 질병의 초기에 전문가 또는 다른 도우미의 도움을 받으며, 이것이 나중에는 총체적인 실질적 간호의 요구로 변화한다. 만일 간호 제공자가 신체적으로 마지막 단계에 있는 환자를 돌볼 수 없다면 간호 계획을 바꾸는 것이 필요하고, 집으로 오는 도우미를 구하거나 환자를 요양원에 입소시키는 등의 방법을 사용할 수 있다. 마지막 단계의 환자에게 의학적인 간호를 제공하는 것은 환자를 의사에게 데리고 가는 것이 매우 힘들기 때문에 가정 간호 기관 또는 집으로 올 수 있는 의사를 준비시키는 것이 필요하다. 만일 환자가 말기 환자에 대한 임종 간호 수용 시설(hospice)에 등록되어 있다면, 위에서 예시한 이런 문제들은 집에서 받을 수 있는 서비스로 인하여 현저히 완화될 것이다.

성인 자녀들은 종종 그들의 건강한 한쪽 부모가 말기 알츠하이머 치매 환자를 돌보느라고 신체적으로 지칠까 봐 걱정을 하고, 왜 그들이 환자를 집에서 살게 하려고 고집하는지 이해하지 못한다. 아마도 그들은 질병의 심각한 단계에도 불구하고 단지 아픈 배우자가 집에 머무는 것이 아닌, 수년간 삶을 함께해 온 배우자의 가치를 이해하지 못할 것이다. 자녀들은 건강한 한쪽 부모가 알츠하이머 치매 환자를 돌보는 일로 인하여 아프게 되어, 결국에는 양쪽의 부모를 모두 잃게 될까 봐 두려워한다. 심리 상담자는 자녀들과 부모가 상황을 다르게 해석하더라도, 그들 서로의 관점을 공감하도록 도와줄 수 있다.

만일 환자가 요양원에서 지내왔다면, 비록 간호 제공자가 집으로 환자를 종종 데려오더라도 중기 단계에서 입소를 한 원인이 된 문제 행동이 줄어들 수 있기 때문에 환자는 요양원에 머물러 있을 것이다. 가끔 집에서 간호를 받은 환자는 마지막 단계에서 요양원으로 옮겨지는데, 그 이유는 환자가 더 많은 간호를 필요로 하거나 가족들이 환자가 집에서 사망하기를 바라지 않기 때문이다.[5] 간호 제공자는 이런 가장 어려운 시기에 새로운 환경에서 환자를 돌보는 방법을 배워야 할 것이다. 심리 상담자는 그들이 적응하는 것을 도와주고 그들이 사용할 수 있는 도움들을 알도록 도와줄 수 있다.

만일 환자가 마지막 단계로 들어서기 전 수년간을 요양 기관에서 살았다면, 간호 제공자는 그곳의 직원들, 다른 간호 제공자, 그들과 오랜 관계를 가져온 다른 입소자들에게 도움을 받을 수 있을 것이다. 직원들은 환자가 소통하는 방식을 알 것이고, 가족들이 방문하는 동안 환자와의 관계를 유지할 수 있도록 도와줄 것이다. 기관에서는 이 단계의 환자를 위하여 말기 환자에 대한 임종 간호 및 수용 시설(palliative care and hospice), 지지 집단, 영적 또는 종교적 지침, 사회복지사 또는 심리학자에 의한 심리 상담 등 다양한 서비스를 제공할 것이다. 많은 경우에 간호 제공자는 요양원의 다른 입소자들에게 가족 같은 사람이 되어 그곳에서 많은 시간을 보내기도 한다.

---

5) 우리나라에서는 자택이나 요양원 또는 알츠하이머 치매 환자가 입소해 있던 시설에서 사망했을 경우에 문상(조문)객 맞이하기나 장례 절차의 부담 때문에 종합병원에서 운영하는 장례식장에 위임(물론 경비는 유족이 부담함)하여 처리하는 경우가 많다. – 역자 주

알츠하이머 치매 환자에 대한 의학적 간호 쟁점을 다루기

알츠하이머 치매의 마지막 단계에서는 이 시점의 환자에게 가장 필요한 의학적 절차의 양과 종류에 관한 결정이 내려지게 된다. 식도관을 삽입할 것인지, 폐렴을 치료할 것인지, 또는 환자가 숨쉬는 것을 돕기 위하여 호흡기를 달 것인지가 이런 결정의 한 예가 될 수 있다.

이런 결정을 내리는 것이 어려운 주요 이유는 그것이 환자의 삶을 단축시키거나 연장시킬 수 있기 때문이다. 어떤 간호 제공자는 환자의 삶을 연장시키는 것이 그의 삶의 질을 향상시키는 것이 아니기 때문에 그 일이 가치가 있는지에 대하여 확신하지 못한다. 어떤 간호 제공자는 무슨 일이 있어도 환자의 삶을 연장시키려고 한다. 왜냐하면 그들은 그것이 옳다고 생각하거나, 그것이 환자가 원하는 바라고 생각하거나, 그들이 환자를 떠나 보내는 것을 원하지 않기 때문이다. 이 결정을 내리는 과정에는 한 사람 이상이 관여해야 하며, 그들의 의견은 다양할 수 있다.

이 결정의 결과에 대한 객관적 확실성은 없다. 비록 간호 제공자가 특정 치료를 하기보다는 환자를 죽도록 내버려 두기로 결정했다면, 그들은 그럼에도 불구하고 무한정의 시간 동안 살아남을 수 있다. 간호 제공자는 한 번 이상 유사한 결정을 내려야만 할 것이다.

환자에게 음식을 먹이는 것의 어려움　환자가 음식을 삼키기 어려워지기 시작하면서, 간호 제공자는 고통을 받거나 겁을 먹는다. 간호 제공자는 식이요법을 바꾸어 식도관 사용을 권해 줄 수 있는 의사와 상담을 할 수 있다. 심리 상담자는 그 결정이 반드시 환자가 더 이상 음식을 먹지 못한다는 것을 의미하는 것이 아님을 알고 있어야 한다. 심리 상담자는 간호 제공자가 의사에게 환자의 상태를 평가하고 문제의 원인을 밝힐 수 있는 전문가를 추천해 줄 것을 요구하도록 제안할 수 있다.

간호 제공자가 의사에게 물어볼 수 있는 질문에는 다음과 같은 내용이 포함된다. 환자에게 음식을 천천히 먹여 주면 환자가 먹을 수 있는가? 어느 정도의 음식이 가장 삼키기 쉬운가? 진하고 부드러운 액체로 된 음식이 적당한가? 음식을 주는 데 있어서 신중을 기하고 시간을 들이면 삼키는 어려움이 감소되는가? 간호 제공자의 딜레마는 이 단계에 있는 환자에게 음식을 먹이는 데 시간을 들이느냐 또는 그 일을 해 줄 수 있는 사람을 고용하느냐이다. 간호 제공자는 먹으려고 애쓰는 환자에게 음식을 주는 데 시간을 할애하려고 할 것이다. 삼키는 데 어려움을 겪는 환자를 치료할 방법이 없다면, 간호 제공자는 환자에게 식도관을 삽입할지에 관하여 고민을 하게 될 것이다.

이 단계의 알츠하이머 치매 환자가 먹거리를 삼키는 것이 더 이상 불가능하다면, 어떤 사람들은 이미 신체는 작용하지 않고, 식도관이 수명을 연장하는 것이 아니라 고통만을 증가시키는 것이라고 주장하기도 한다. 만일 환자가 사전 지시를 준비해 두었거나 또는 그들의 바람을 아는 건강 간호 대리인을 지명해 두었다면, 식도관을 사용하는 데 관련된 결정은 이미 내려졌을 것이다. 사전 지시가 없다면, 가장 가까운 가족 구성원은 환자가 음식의 섭취를 위해서 튜브를 삽입하는 것에 관한 동의를 해야 할 것이다.

임종 단계의 결정

제니는 엉덩이 뼈가 부러져 입원했을 때는 알츠하이머 치매의 최중증의 초기 단계 환자였다. 수술을 받고 나서, 그녀는 먹을 때 장치를 사용해야 했다. 직원들이 그녀에게 음식을 먹일 때에는 간호사들은 그녀가 음식을 잘 삼킬 수가 없기 때문에 질식할까 봐 걱정했다. 의사는 그녀의 딸 중의 한 명인 수지에게 제니가 음식을 잘 삼킬 수 있도록 식도관을 사용할 것을 권유했다. 수지는 그 결정을 내리는 데 있어서 다른 자매들과 상의해 보고, 그 결과를 그에게 알려 주겠다고 말했다. 그녀의 딸들은 전에 어머니가 기계에 의존해서 생존하는 것을 원하지 않는다고 명백히 말했기 때문에 그 기구의 사용을 반대했다. 수지는 "그러면 엄마를 죽게 내버려 두겠다는 거야?"라고 말했다. 마침내 그 자매들 중 한 명은 "아마도 사회복지사가 이 일을 해결하는 데 도움을 줄 수 있을 거야. 엄마가 허락한다면, 문제가 생겼을 때 우리가 그녀에게 전화를 걸 수 있어."라고 말했다. 사회복지사는 의사와 그 자매들과 만나서 그 문제를 이야기해 볼 것을 제안했다. 그 만남에서 수지의 두 자매는 식도관 삽입에 대한 반대 의사를 분명히 밝혔고, "다른 대안은 없나요?"라고 물었다. 의사는 "내가 환자의 삼키는 능력에 관한 평가를 해 보고, 어느 정도 정상적으로 먹을 수 있다고 판단이 되면 식도관 삽입의 시기를 좀 더 늦출 수는 있어요. 하지만 위험이 따른다는 것은 명심하세요."라고 말했다.

평가의 결과는 그들의 어머니가 음식을 삼키는 데 문제는 좀 있지만, 전문가의 말대로라면 그 어려움 중 일부는 수술의 후유증에 의하여 생길 수도 있다. 전문가는 비록 질식의 위험은 있지만, 만일 어머니가 먹을 때 똑바로 앉아서, 음식의 농도를 조절하며 천천히 먹는다면, 식도관이 없이도 적절한 영양을 섭취할 수 있을 것이라고 딸들에게 말해 주었다. 딸들은 어머니의 바람에 따라 식도관 없이, 서로 번갈아서 시간을 갖고 어머니에게 음식을 먹여 드리기로 했다.

폐렴 치료   알츠하이머 치매의 마지막 단계의 환자가 폐렴(pneumonia)으로 고통당하는 것은 흔한 일이며, 그것으로 인하여 병원에 치료받으러 자주 가게 된다. 이런 입원들은 환자나 간호 제공자에게 극히 힘든 일이며 피할 수 없는 사소한 전쟁처럼 느껴지기도 한다. 결과적으로 어떤 간호 제공자들은 다음에 또 같은 증상이 생기더라도 그것이 환자를 죽음으로 몰고 갈 것을 예상하면서도 병원을 찾지 않기도 한다. 어떤 사람들은 후속 치료의 계획에 관여하길 원하지 않거나 환자의 삶을 연장하기 위하여 각 증상의 치료를 계속 받기를 원하기도 한다.

테드는 폐렴 증상을 몇 번 앓았고, 그것이 그를 매번 더 약하게 만들었다. 그가 입원한 뒤 요양원으로 돌아오던 날, 밀리는 일찍 퇴근하고 요양원으로 가서 테드의 옆에 앉아 있었다. 저녁이 다가오자, 그녀는 방의 불을 어둡게 해 주고 침대 가장자리에 걸터앉았다. '당신은 너무 피곤해 보여요.' 라고 그녀는 혼자 생각했다. 그런데 그때 테드가 마치 그녀의 생각을 읽고 그 생각에 동의라도 하는 것처럼 그녀를 빤히 바라보았다. 그녀는 더 이상 테드에게 공격적인 치료를 받게 하지 않으리라고 결심했고, 심리 상담자에게 그의 여생을 최대한 편안하게 보내게 하기 위하여 그를 말기 환자 수용 시설에 등록시키는 방법에 관하여 물어보았다. 그녀는 그날 밤 집으로 운전하고 오면서, 그 일을 자녀들에게 이야기해야겠다고 생각했다. 그러나 어떻게 할 것인가? 다음 날 그녀는 심리 상담자에게 전화를 걸어 그녀의 결정에 관하여 알려 주었다. "내 아이들에게 어떻게 이야기해야 할지에 관하여 당신과 이야기하고 싶어요." 라고 그녀가 말했다.

심폐 기능 소생법　심폐 기능 소생법(cardio-pulmonary resuscitation: CPR)은 원래 죽음이 예견되는 사람을 구하기 위해서가 아니라, 갑자기 죽음을 맞이하는 사람을 구하기 위하여 발명되었다. 그러나 소생시키지 말 것(DNR)이라는 지시가 없다면, 심폐 기능 소생법은 심장이 멈춘 누구에게나 일반적으로 응급의학 기술자나 의료진에 의하여 실시된다. 심폐 기능 소생법은 몸이 견디기 힘들기 때문에, 이 시술을 받은 알츠하이머 말기 환자는 그들이 살아남으면 건강이 더욱 악화된다. 의사에게 날인된 소생시키지 말 것(DNR)이라는 지시는 사전에 집에서 준비해 둘 수 있다. 병원에서는 환자 또는 간호 제공자가 환자가 심폐 기능 소생법을 견디지 못할 것 같아 보이면 소생 시키지 말 것에 사인을 할 것을 요청받을 것이다.

입원 말기　알츠하이머 치매 환자는 치료를 위해 병원으로 가야 할 증상을 보이면, 환자의 전반적인 상태를 고려하여 병원으로 가는 것이 적절한 것인지에 관한 결정을 내려야 한다. 환자가 같은 증상으로 반복적으로 입원을 하면, 간호 제공자는 의학적 치료로 인한 고통과 불편함을 더 이상 원하지 않는다는 결정을 할 수도 있다. 만일 환자가 요양원에 살고 있다면, 간호 제공자는 환자가 입원하기를 바라지 않는다는 자세하게 쓰인 진술서를 제공해야만 한다. 만일 환자가 집에 있다면, 이런 결정들은 환자의 담당 의사와 상의하여 내려져야 할 것이다.

말기 환자에 대한 임종 간호[6] 및 수용 시설　말기 환자에 대한 임종 간호를 설명해

---

6) 우리나라 보건복지부는 2015년 5월 7일 가정형 호스피스(임종 간호) 제도를 신설하는 내용의 암관리법

임종 단계의 결정

자녯과 그녀의 아버지는 어머니 버튼 부인의 질병의 전 과정 동안 중요한 결정을 내려야 할 때마다 찾았던 상담자를 만나러 왔다. 버튼 부인은 요양원에 살고 있고 작년에 세 번 입원을 했다. 처음에 그녀는 요로 감염이 있었고 보통의 치료법으로는 증세가 좋아지지 않았다. 다음에는 알 수 없는 원인에 의하여 열이 났고, 세 번째는 욕창 감염이 원인이었다. 이제 그녀는 패혈증이 생겨, 남편은 그녀의 부인을 더 이상 입원시키지 않고 요양원에서 편안하게 죽음을 맞이할 수 있도록 해 주었다. 그의 딸 자녯은 그에게 몇 가지 유보 사항을 남겨 두고 동의를 했다. 그녀는 상담자에게 "이제까지 우리의 결정은 모두 어머니를 살려두기 위한 것이었어요. 이제 그녀의 생을 마감하기 위한 결정을 내리고 있어요. 나는 계속 나 자신에게 이것이 어머니를 위한 것인지 또는 나를 위한 것인지 물어보고 있어요."라고 말했다. 상담자는 간호 제공자의 표정에서 질문의 심오함을 느낄 수 있었다. 그녀는 "당신이 생각해 볼 수 있는 몇 가지 질문을 해 볼게요. 첫 번째, 당신이 수년간 어머니에게 헌신적인 사람이었음에도 왜 지금 당신이 이기적이라고 생각하고 있는지 궁금해요."라고 말했다. 자녯은 "나는 내 어머니가 죽기 바라면 안 될 것 같아요."라고 대답했다.

주는 합의된 정의는 없다. 그러나 공통적 원리들은 그 모든 것을 알려 준다. 말기 환자에 대한 임종 간호의 목표는 급성 간호에서 보조적 간호로 이동한다. 그것은 알츠하이머 말기 환자, 그들의 가족과 친구를 위한 서비스이다. 그것의 목표는 치료가 아니라 환자에게 최상의 삶의 질을 제공해 주는 것이다. 말기 환자에 대한 임종 간호는 고통 경감, 필요시의 의학적 치료, 정서적 도움과 정보 자료의 제공, 환자와 가족들에게 추천하기 등의 서비스를 포함한다. 말기 환자에 대한 임종 간호는 집에서

개정안을 입법 예고했다. 호스피스(hospice)는 죽음을 앞둔 환자가 편안한 임종을 맞이하도록 연명 치료 대신 통증 완화와 상담 등을 제공하는 의료 활동이다. 보건복지부 관계자는 지금까지는 관련 시설(병원 등)에 입원해야만 호스피스 대상자가 될 수 있었는데 앞으로는 가정에서도 이용할 수 있도록 의료 서비스 제공 방식을 다양화하자는 취지라고 설명했다. 이 가정형 호스피스는 입원형 호스피스 병동을 운영하는 병원이 출장 호스피스 팀을 구성하여 환자의 집을 직접 방문해서 필요한 서비스를 제공하는 방식으로 이뤄진다. – 역자 주

또는 병원에서 행해질 수 있다.

어떤 가족들은 환자의 죽음을 언제 맞이하게 될지 모르기 때문에 시간은 예측 불가능하지만, 전통적 의학적 서비스를 이용하기보다는 말기 환자에 대한 임종 간호를 제공받아 환자가 더 편안하게 지내기를 원한다. 환자의 상태는 항상 변하고 환자가 보통 6개월 미만으로 살지만, 말기 환자 수용 시설에 가는 것이 적당할 것이다.

죽음이 임박하면, 간호 제공자는 가능한 한 그것을 위엄 있고 편안하게 맞이하는 방법을 고려해 볼 것이다. 어떤 사람에게는 말기 환자 수용 시설이 환자와 가족이 원하는 의학적 간호와 도움이 되는 서비스를 제공할 것이다. 어떤 사람에게는 부가적인 도움은 필요치 않을 것이다.

말기 환자 간병의 한 형태인 말기 환자 수용 시설은 일생을 마감하는 것을 준비하는 데 필요한 간호가 목적이다. 알츠하이머 치매 환자가 매우 심한 단계에 이르러 의학적 치료가 더 이상 이롭거나 바람직해 보이지 않으면 말기 환자 수용 시설이 적합할 것이다. 말기 환자 수용 시설의 프로그램에는 의사, 간호사, 사회복지사, 가정 건강 도우미, 목사 그리고 자원봉사자들이 환자가 생을 마감할 때까지, 죽고 난 후, 그리고 사별의 과정까지 환자와 가족을 도와준다. 말기 환자 수용 시설을 선택한 가족들은 치료를 거부하는 것 대신, 환자가 생을 마감할 때까지 최선의 간호를 제공하는 것이다.

말기 환자를 수용하는 시설은 알츠하이머 치매 환자를 위한 서비스로서 생각되지는 않는데, 그 이유는 알츠하이머 말기 환자는 언제 사망할지 알 수 없고, 언제 그곳으로 옮겨져야 하는지 결정하기가 쉽지 않기 때문이다. 이 문제를 해결하기 위하여 알츠하이머 치매 환자를 위한 특별한 기준이 마련되어 있다. 노인 의료보험 제도(Medicare) 지침은 기능적 평가단계 척도(Functional Assessment Staging[FAST] Scale)의 7단계에 있는 환자로 지난 12개월 동안 폐렴이나 요로 감염 같은 급성 질환에 걸렸어야 한다. 이 지침은 변할 수 있기 때문에, 현재의 요구 사항이 무엇인지 반드시 검토해 보아야 한다. 이 정보 자료는 직접적으로 노인 의료보험 제도(Medicare)와 말기 환자 간병의 서비스를 제공하는 기관을 통하여 알 수 있다. 가족 구성원, 의사 그리고 다른 건강 간호 제공자들은 환자를 말기 환자 수용 시설에 등록할 수 있다.

말기 환자 수용 시설 서비스는 요양원, 환자의 집, 정해진 병원에서 받아 볼 수 있다. 장비와 약물들은 필요할 경우에 제공될 것이다. 말기 환자에 대한 임종 간호는 보통 저소득층 의료보장 제도(Medicaid)나 노인 의료보험 제도(Medicare)에서 비용을 지불해 준다.

어떤 경우에는 환자 또는 가족이 말기 알츠하이머 치매 환자에 대한 임종 간호가 의미하는 가치를 이해하지 못한다. 그들은 환자가 계속 고된 치료를 받기를 원하고 삶을 연장할 수 있는 방법을 찾아본다. 어떤 의사들은 성공(회복)의 가망성이 없을지라도 환자를 치료하는 것을 그만두기를 거부한다.

가족들에게 말기 환자 수용 시설에 입소하는 것을 권고하기에 적당하지 못한 상황도 있을 수 있다. 정부 기관의 보험에 의하여 가정 간호 비용을 지원받은 가족들은 가정 간호를 받을 수 있는 시간의 비용보다는 시설의 비용이 비싸거나 그들이 말기 환자 간병을 위하여 현재 받고 있는 서비스를 바꾸는 것을 원하지 않을 때 그러하다. 어떤 사람들은 환자가 더 이상 그 시설 가입 요건을 충족하지 못하여 기관을 다시 나오는 경우가 생길 수도 있기 때문에 주저한다(6개월 안에 사망하지 않고 6개월 동안 편안한 상태로 머물렀을 때). 그들은 서비스를 받기보다는 그만두려고 할 것이다. 말기 환자 수용 시설 같은 서비스의 한계로 인하여, 심리 상담자들은 간호 제공자가 지역 말기 환자 수용 시설 프로그램의 대표를 만나 그들이 원하는 것을 제공하고 있는지 확인해야 한다는 것을 일러 두어야 한다.

심리 상담자와 이야기를 한 후, 밀리는 자신이 내린 결정을 자녀에게 이야기할 때 심리 상담자가 옆에 있어 줄 것을 부탁했다. 그녀는 가족 심리 상담 회기를 마련했고 멀리 있는 매트도 비행기를 타고 와 줄 것을 부탁했다. 모든 가족이 심리 상담자의 사무실에 모였을 때, 밀리는 자녀들에게 그녀는 테드가 더 이상 고통스러운 검사와 치료를 받는 것을 원치 않고 그를 요양원에 있는 말기 환자 수용 시설에 등록하고 싶다고 말했다. 캐럴은 "엄마, 어떻게 그럴 수 있어요? 무슨 생각을 하고 계신 거예요? 아버지를 돌아가시도록 내버려 둘 거예요?"라고 말했다. 톰은 말을 가로채며, "어떻게 엄마에게 그렇게 말할 수 있어?"라고 말했다. 매트는 조용히 창밖을 바라보았다. 캐럴은 심리 상담자를 향해 물었다. "당신이 어머니에게 시킨 겁니까? 어머니 혼자서는 생각할 수 없는 일이에요." 밀리는 "아니다, 캐럴. 그것은 나의 결정이야. 아버지는 그동안 너무 많은 고생을 하셨다. 그는 지쳤고 약해졌어. 나는 이것이 그를 위한 최선의 방법이라고 생각한다. 너희들이 나의 의견에 동의하라고 요구하는 것이 아니라, 그저 내가 아버지에게 하는 일에 대하여 나를 믿어 달라고 하는 것이다."라고 말했다. 그녀는 가족들에게 아버지가 말기 환자 수용 시설에 가는 것이 그에게 무슨 의미가 있는지를 이야기해 보자고 권했다.

치료 결정을 내리기

알츠하이머 치매의 모든 단계 동안에 많은 결정이 내려지지만, 말기에 내려지는 결정은 환자의 삶을 연장시키느냐 또는 단축시키느냐에 관한 것이기 때문에 가족과 간호 제공자가 당면하는 가장 괴로운 선택이 된다. 삶을 연장하는 것을 중단하는 것을 묘사하는 데 사용되는 용어로 '서두른 죽음(hastened death)' '도움 받은 자살(assisted suicide)' 그리고 '안락사(euthanasia)'와 같은 것은 결정을 내리는 것을 더욱 힘들게 만든다. 이런 용어는 어느 정도는 부정적 의미를 내포하고 있으며, 어떤 것들은 필요 없는 고통을 종식시키기 또는 친척의 바람을 이뤄 주기 같은 의미를 갖고 있다. 투병과 생존에 따른 고통에도 불구하고 삶을 유지하는 데 가치를 두는 가족들의 문화적 배경은 삶을 마감하는 결정을 좌우하고 그들이 사전 지시를 준비했느냐에 따라 좌우될 것이다.

결정을 내리는 데 있어서 심리 상담자의 역할   심리 상담자는 간호 제공자를 위해서 결정을 내려서는 안 된다. 대신 그들이 이 논쟁을 깊게 생각하고 그들 자신이 결정을 내리게 도와주어야 한다. 심리 상담자의 사전 경험, 언제 도움을 주어야 하는지, 고통을 참아내는 능력 그리고 가족 들이 겪는 격한 다른 감정들은 간호 제공자가 결정을 내리는 데 도움이 될 수 있을 것이다. 이 결정을 내리는 것이 얼마나 힘든지에 관한 생각을 표현함으로써, 심리 상담자는 간호 제공자가 갖고 있는 부담을 줄여 주고 결정을 내리게 할 수 있다.

심리 상담자는 전문적 의견을 넘어선 의학적 서비스 또는 다른 추천을 해서는 안 된다. 이 결정에 의학적, 심리적, 법적, 경제적, 윤리적 그리고 영적인 면을 고려하기 위하여, 가족들은 이 분야의 전문가들과 심리 상담해 보는 것이 필요하다. 심리 상담자들은 간호 제공자에게 물어볼 질문들을 제안하고 각 결정의 찬성과 반대 의견을 말해 주면서 치료가 의미하는 함의를 이해하는 것을 도울 수 있다.

간호 제공자가 결정을 내리는 것을 돕는 데 필요한 지침   사전 지시가 있더라도, 간호 제공자가 그것을 따르기 힘들다고 생각할 수 있다. 왜냐하면 실제 상황은 종이에 쓰인 것처럼 명백하지 않기 때문이다. 심리 상담자는 간호 제공자가 치료에 관한 결정을 내릴 때 사용할 수 있도록 다음과 같은 지침을 마련해 줄 수 있다.

- ◆ 환자가 원했던 바를 알아보라. 환자가 쓴 요망 사항이 있는가? 특정 문서를 작성하지 않았다면, 환자가 제공하는 다른 정보 자료들이 있는가? 결정을 도와줄 만한, 환자가 했던 말이나 행동이 있는가? 만일 그렇다면 간호 제공자는 환자의 요구 사항을 따르고 있는가? 그렇지 않다면 왜 그런가?
- ◆ 간호 제공자가 과거에 내린 결정들은 무엇에 근거하고 있는가? 건강을 해치는 절차와 입원은 하지 않았는가?
- ◆ 주치의의 조언 내용은 무엇인가? 부차적인 의견으로 고려되고 있는가?
- ◆ 그 결정이 알츠하이머 치매 환자의 삶의 질에 어떤 영향을 끼칠지 조사해 보라. 그 환자는 고통스러워 보이는가? 진단과 치료 절차는 그의 고통을 가중시키는가 감소시키는가?
- ◆ 그 결정의 경제적 의미는 무엇인가? 간호의 비용, 유산, 수입의 감소 등과 같은 쟁점은 없는가?
- ◆ 다른 가족들도 그 결정에 동의하는가?
- ◆ 그 결정의 결과는 무엇인가? 간호의 문제는 없는가? 가족 분쟁은 없는가? 간호 제공자는 그 결정 후에 어떤 기분이 들 것인가? 그들이 환자를 유기한 것처럼

또는 환자의 바람을 존중한 것처럼?
◆ 간호 제공자가 다른 사람의 삶에 영향을 끼친다는 것에 대하여 불편하게 생각하고 있는가?

이 쟁점을 미리 조사할 때, 그 과정은 간호 제공자의 생각을 명확하게 하는 데 도움을 준다. 심리 상담자가 머지않아 이런 결정을 해야 하는 간호 제공자를 알고 있다면, 심리 상담자는 이 쟁점들을 떠올려 가족들이 정보 자료를 모으고 그들의 복잡한 감정을 진정시킬 수 있는 시간을 주어야 한다.

심리 상담자는 모든 준비와 사전 고려에도 불구하고 실제 상황은 그들이 계획한 것과 다를 수 있다는 것을 알고 있어야 한다. 많은 사람은 그들이 특별 조치에는 동의하지 않을 것이라고 말한다. 그러나 그들은 알츠하이머 치매 환자를 죽게 내버려 두어야 하는 결정을 해야 하는 순간에는 알츠하이머 치매 환자에게 조치를 취하지 않아야 하는 것을 매우 힘들게 생각한다. 이런 상황에 처한 간호 제공자들은 그들이 미리 내린 결정에 대하여 그들이 마음을 바꾸게 되면 나타날 결과에 대처하기 위한 부가적인 도움을 필요로 할 것이다.

사전 지시가 없는 상황에서 결정을 내리기   사전 지시를 준비하는 것이 문화적 가치와 맞지 않을 때, 죽음을 준비한다는 것을 받아들일 수 없거나 생각조차 할 수 없는 사람들도 있다. 죽음과 죽는다는 것은 많은 가족 사이에서 공개적으로 논의되지 않는다. 사전 지시 없이, 간호 제공자는 알츠하이머 치매 환자가 원했던 것이 무엇일지 생각해 보아야 한다. 간호 제공자는 알츠하이머 치매 환자가 전에 내렸던 결정들, 종교적 믿음, 다른 사람의 간호와 관련하여 했던 말들을 검토해서 알츠하이머 치매 환자의 바람을 유추할 수 있어야 한다. 만일 알츠하이머 치매 환자가 병원에 있다면, 알츠하이머 치매 환자를 대표하는 사람은 간호 제공자가 결정을 내리는 데 도움을 줄 수 있도록 그가 윤리 위원회 같은 기관에 참여하기를 권고할 수 있다. 의사와 다른 의료진은 간호 제공자에게 의학적으로 내포하는 의미에 관한 정보 자료 그리고 다른 결정을 내렸을 때의 현실들과 관련된 정보 자료를 제공해 줄 수 있다.

삶을 마감하는 결정에 관한 가족 분쟁　　삶을 마감하는 결정은 어떤 가족들은 환자를 죽도록 내버려 두자고 하고 다른 가족들은 치료를 계속하자고 할 때 가족 간의 분쟁을 일으킨다. 특히 심한 정서적 교류는 치료를 중단하는 결정을 내릴 때 일어난다. 의학적 상태와 선택이 암시하는 바에 관한 서로 다른 해석 또는 이해의 부족으로 인하여 의견의 불일치가 일어난다. 가족들끼리도 개인적으로는 같은 가치를 가지고 있지도 않고 그 서로 다른 가치로 인하여 서로 다르게 해석할 것이다. 가끔 가족 구성원들은 특정 상황에서 환자가 무엇을 원하는지를 해석하는 데에도 의견을 달리한다.

때로는 누구도 의사 결정의 책임자로서 정해지지도 않고, 문서로 된 지시 사항도 없는 경우가 있다. 가족들은 만일 서로 간의 의견 불일치가 있으면 누구의 결정을 따를지 결정해야 할 것이다. 심리 상담자는 가족들 중에 환자와 가장 가까운 사람이 누구였는지를 정하고 그 사람이 결정을 내리게 하는 과정을 도와줄 수도 있을 것이다. 누가 결정을 내려야 하는지 가족들이 동의하는 것을 도와줄 수 있는 사항들은 최근에 그리고 과거에 누가 가장 많이 환자와 만나 왔는지와 환자를 간호한 기여도를 평가하는 것을 포함한다. 병원에서는 일반적으로 합의된 의사 결정의 권력 체계가 있다. 배우자로 시작하여, 성인 자녀, 부모, 그다음 성인 형제자매, 그리고 마지막으로 친한 친구가 그것이다. 만일 법적 후견인이 있다면, 그들이 가장 큰 권력을 가지고 있을 것이다. 만일 환자가 병원에 없다면, 심리 상담자는 가족 간의 의견 불일치를 해결할 수 없을 때 이 권력 체계를 제안할 수 있다.

심리 상담자는 가족을 한자리에 모이게 해서 환자의 바람과 요구를 존중할 수 있도록 하는 의사 결정 과정을 만들기 위하여 가족 회기를 소집할 수 있다. 심리 상담자는 가족 분쟁이 심화되는 것을 피하고 다른 권력 체계로 돌리기 위하여 가족 간에 의사 결정이 불일치할 경우 중재할 수 있다. 만일 이해 관계의 분쟁이 의견 일치를 보지 못한 것에 있다면, 궁극적으로 윤리 위원회가 분쟁을 해결하고 의사 결정을 촉진하기 위하여 소집될 수 있거나, 법적 절차가 필요하게 될 것이다.

가끔 간호 제공자들은 다른 가족들과의 관계 불화가 싫어, 그들이 믿고 있는 신념과 환자에게 무엇이 최선인지에 관한 생각들을 양보해야 한다고 생각한다.

임종 단계의 결정

모리스의 부인은 알츠하이머 치매의 최중증 단계에 있고 더 이상 보행이 불가능하며 삼키는 데 어려움이 생긴 이래로 6개월 동안 요양원에 있었다. 요양원의 의사는 그녀의 영양 섭취를 위해 위관을 투입할 것을 제안했다. 모리스는 이 절차가 취해지는 것에 반대하지만, 의사의 권유 때문에 그 결정을 따르지 않을 수 없었다. 그의 부인은 사전 지시도 없었고, 이 주제에 관하여 그들끼리 이야기한 바도 없었다. 그는 이 주제에 대하여 논할 수 있는 지지 집단에서 이 이야기를 꺼내 보았다. 그가 이 주제에 대하여 논의해 본 결과 그가 생각한 것이 옳다는 결론에 이르렀다. 그가 자녀들에게 그의 결정에 대하여 이야기했을 때, 그들은 그에게 매우 화를 냈다. 세 자녀 모두 그가 그 뜻대로 이행하면 다시는 그와 이야기를 하지 않겠다고 했다. 다음 주 지지 집단 모임에서 그는 "무엇을 어떻게 해야 할지 모르겠어요. 나는 내 자녀로부터 소외되는 것이 두려워요."라고 말했다. 집단의 도움으로, 그는 그의 자녀들이 아직 엄마를 떠나 보내는 데 준비가 되지 않았다는 것과 그는 더 이상 자녀들에게 고통을 주기 원하지 않는다는 사실을 알아냈다. 그는 그 관을 삽입하기로 결정했다. 모리스는 그 결정에 대하여 절대 편안하지 않았지만, 그의 자녀들은 그 결정에 안도했다.

치료의 중지   환자가 결정을 할 수 없을 때, 누가 치료의 중지에 관한 결정을 내리는가에 관한 법은 주마다 매우 다양하다. 말기 알츠하이머 치매 환자를 돌보는 과정은, 건강 간호 전문가에게는 환자는 죽어 가고 더 이상의 연명 치료는 그 죽음의 과정을 연장할 뿐이라는 것이 매우 명백할 것이다. 이 시점에서 의사는 더 이상의 치료를 매우 하찮은 일로 여길 테지만, 간호 제공자는 이 판단을 받아들이려고 하지 않을 것이고, 가족들 사이에서도 이 결정에 관하여 논쟁이 있을 수 있다.

사전 지시의 이용   사전 지시와 같은 문서들은 환자가 원하는 것과 그가 내리는 결정에 관하여 유추할 때 매우 유용하다. 건강 간호 대리인으로 선택된 사람은 환자의 바람 또는 환자의 가치에 관한 지식이 있어야 한다.
사전 지시는 보통 그것이 사용되기 오래전에 쓰인다. 간호 제공자는 환자가 여전히 선택을 할 수 있는 능력이 있을 때에도 같은 결정을 할 것인지 고민을 할 것이다. 심지어 사전 지시가 준비되어 있더라도, 기대치 못했던 상황들이 생겨 가족들 간 의견 불일치를 초래하기도 한다. 사전 지시하의 환자의 바람은 따르기 쉬운 것이 아니라 오히려 상황을 더 복잡하게 만들기도 한다. 알츠하이머 치매 환자의 간호 제공자는 다른 가족들에게도 그들의 의견을 물어보고 그들 사이에 의견 불일치가 있는지 확인해 보아야 한다. 이 상황을 해결하고자 하는 간호 제공자와 가족들은 정보 자료와 도움을 위하여 심리 상담자에게 조언을 구할 수 있다.

문서로든 구두로든, 환자의 과거의 결정을 수행하는 과정은 그 결정에 반대하는 간호 제공자에게는 매우 어려운 일이다. 이런 간호 제공자는 친족의 바람을 따르기 위하여 도움을 필요로 한다. 그들은 가족, 목사, 친구 그리고 심리 상담자의 도움을 받아보기를 권유받아야 한다.

알츠하이머 치매 환자의 사망

알츠하이머 치매 환자가 사망하면, 비록 그 죽음이 예견되고 치매 환자와 연락을 끊었던 가족들에게도 그 최후가 매우 충격적일 것이다. 간호 제공자는 슬픔, 상실, 환자가 더 이상 고통받지 않고 돌보는 일이 끝났다는 안도감 등 다양한 감정을 느낄 것이다.

어떤 가족들은 환자의 뇌를 해부하는 데 동의하여 알츠하이머 치매 연구에 공헌할 수 있다는 것에 위안을 얻기도 한다. 알츠하이머 치매 환자는 죽고 나서야 그 질병의 원인 및 증상에 관한 진단을 확실하게 받을 수 있다.

환자의 사망에 대한 간호 제공자의 반응

대부분의 경우, 간호 제공자가 얼마나 환자 없이 삶을 영위했고, 직장에 다니고, 사회 활동을 하고, 여가 생활을 했든지 간에, 그들은 환자의 죽음에 반응할 것이다. 어떤 사람들은 그 사람의 죽음을 너무도 슬퍼하여 놀라기도 하고, 다른 사람들은 그다지 고통스럽지 않는 것에 대하여 의아해하기도 한다.

사별 또는 애도(mourning)는 상실의 정상적인 과정이다. 애도는 죽은 사람으로부터 그들을 분리시키고 미래를 준비할 수 있는 힘을 갖게 해 준다. 환자가 사망하면, 가족들의 반응은 친족의 삶에 있어서 환자의 중요성, 관계의 강도와 질을 포함한 많은 요소에 의존한다. 또한 그것은 죽음의 환경에도 의존한다. 긴 질병 끝에 예견된 죽음보다도 갑작스러운 죽음에 더 다양한 반응을 보일 것이다.

알츠하이머 치매 환자는 매우 심각한 질병의 단계까지 알츠하이머 치매와 관련된 원인으로 사망하는 경우는 거의 없다. 보통 알츠하이머 치매 환자는 매우 오랜 시간 아파 왔기 때문에, 죽음의 직접적인 영향은 갑작스러운 죽음보다는 덜 심각할 것이다.

물론 알츠하이머 치매 환자는 질병의 어느 단계에서라도 사고 또는 환자에게 감염된 질병에 의하여 사망할 수 있다. 이런 일이 발생하면, 다른 노인을 모시고 사는 집에서 생기는 일과 유사한 일들이 발생할 것이다. 아마도 어떤 가족들은 비록 그 죽음이 빨리 다가오긴 했어도 그 환자에게 반드시 닥칠 쇠퇴의 과정을 단축했다고 생각할 것이다. 그러나 심리 상담자는 어떻게 가족들이 죽음에 반응할지 가정하기보다는, 적절한 도움을 주기 위하여 그것이 그들에게 의미하는 바를 이해하고 있어야 한다. 간호 제공자는 친구나 가족이 환자를 임종 말기까지 살게 하기보다는 미리 죽게 하는 것이 낫다는 말을 들으면 매우 화를 낸다. 유사하게, 모든 가족이 심각한 단계에 있는 환자가 죽는다고 다 안도하는 것은 아니다. 각 조문자의 개인적인 경험은 항상 존중되어야 한다.

심리 상담자는 환자가 사망하면 간호 제공자가 매우 복잡한 심경을 가질 것이라는 것을 예견할 수 있어야 한다. 그들은 환자가 겪는 고통이 끝났다는 것에 안도하면서도 상실감에 매우 괴로워할 것이다. 그들은 간호의 짐을 덜었다는 것에 기뻐하면서도 그런 감정을 갖는다는 것에 대해 매우 죄책감이 들 것이다. 환자의 죽음에 대한 어떤 간호 제공자의 반응은 돌보는 일을 끝내기 위한 그들의 바람에 따라 그 결정이 내려진 것에 대한 죄책감에 매우 복잡할 것이다.

말기 환자 수용 시설에서 테드가 프로그램에 등록하면 무슨 일이 일어날지에 관하여 밀리와 가족에게 설명해 주었지만, 그들은 그들과 테드가 받은 여러 가지 도움으로 인하여 깜짝 놀랐다. 말기 환자 수용 시설의 의사와 보조원들은 테드를 편안하게 해 주는 것이 무엇인지에 대하여 그들 가족에게 이야기해 주었다. 테드는 이미 먹지 못하기 때문에 음식은 제공되지 않을 것이다. 그의 피부를 상하지 않게 하기 위하여 몸에 수분을 보충하기 위한 약간의 물만 제공될 것이다. 그는 당장 고쳐질 수 있는 고통만을 반복적으로 호소할 것이다. 의사는 며칠 이내에 테드가 사망할 것이라고 예견했다. 밀리와 그 자녀들은 번갈아서 평화로워 보이는 테드의 옆을 지켰다. 음악치료사는 그가 예전에 무슨 음악을 좋아했는지 물어보아 그들이 함께 그것을 들으면서 과거를 회상할 수 있도록 음악이 녹음된 테이프를 가져다주었다. 그날 저녁에는 사회복지사가 그녀와 만날 수 있도록 가족들을 초대했다. 그들은 그녀에게 테드가 죽는다는 것을 받아들이는 것이 얼마나 어려운 결정이었는지 그리고 그들이 그를 말기 환자 수용 시설에 두는 결정을 한 것이 잘한 결정이라는 것을 이야기해 주었다. 사회복지사는 그들이 계속 테드와 대화를 할 것을 제안했다. 그녀는 그들 각자에게 테드가 들었어야 했는데 듣지 못한 말이 있는지 물어보았다. 톰은 그의 아버지와 밤 시간을 같이 보내 그가 그 시간 동안 아버지에게 하지 못했던 말을 하고 싶다고 이야기했다. 사회복지사는 밀리에게 매우 피곤해 보이니 좀 쉬라고 이야기한 뒤, 톰이 그녀의 자리를 지킬 것이라고 말해 주었다. 가족들은 환자의 옆에 있을 수 있고 테드가 간호가 필요할 때 언제라도 간호사를 부를 수 있다는 것이 매우 안심이 되었다. 가족들은 떠나기 전 테드를 만났다. 밀리가 아침에 돌아왔을 때, 테드는 예전과 같아 보였지만 숨을 가파르게 쉬고 있었다. 의사는 그가 언제든지 죽을 수 있다고 말했다. 밀리가 가족들에게 전화를 걸어 그들은 다시 요양원으로 모였다. 그날 오후 테드는 가족들이 지켜보는 가운데 사망했다. 마지막 인사를 하는 것은 매우 힘든 일이었다. 사회복지사는 그들이 슬픔을 추스를 수 있는 장소인 휴게실로 그들을 초대했다.

알츠하이머 치매 환자가 사망하면 그를 돌보았던 가족들은 처음으로, 그 환자가 아프기 전에 어떤 사람이었는지, 간호 제공자는 환자의 간호를 위하여 매일 무엇을 했는지 회상할 기회를 갖게 된다. 그들은 그런 생각을 전에 하지 못했던 것에 대하여 유감스러워할 것이다. 어떤 간호 제공자들은 환자의 사망을 슬퍼할 것이고 그가 살지 못한 삶에 대하여 후회할 수도 있다. 어떤 사람은 환자의 질환과 관련된 일들을 회상하고 그들이 가졌던 안 좋은 생각이나 환자에게 해 주지 못했던 것에 대하여 죄책감을 느낄 것이다. 이런 간호 제공자들은 안정을 찾고 그들이 한 간호에 대하여 만족을 하는 사람들보다 환자의 죽음에 적응하는 데 더 어려움을 갖는다.

알츠하이머 치매 환자의 죽음은 간호 제공자에게 전환점이 되고 그들에게 다른 상실감을 가져다줄 것이다. 돌보는 일이 없는 그들의 삶과 일과는 처음에는 그 공백을 채우는 데 어려움을 느낄 것이다. 빈집에 오는 것은 환자와 수십 년을 산 배우자에게는 매우 매우 견디기 어려운 일일 것이다. 많은 간호 제공자가 환자를 같이 간호해 왔던 가정 건강 도우미에게 애착을 가지고 있고 환자의 죽음으로 그들과 더 이상 만남을 갖지 못하게 되면 그들을 그리워하기도 한다.[7] 환자의 간호에 헌신적이었던, 혼자 살아 본 적이 없거나 환자와 같이 살아온 간호 제공자는 그들 스스로를 재정립하고 완전하게 다른 새로운 삶을 다시 시작해야 한다.

어떤 간호 제공자들은 돌보는 일과 관련하여 만들어 놓았던 도움 체계를 상실한다. 만일 환자가 요양원에 있었다면, 간호 제공자들은 이제는 더 이상 규칙적으로 만날 일이 없는 가족들 또는 다른 환자들과 관계를 맺었을 것이다. 그들은 간호 제공자 지지 집단 모임을 그만두고 사별 집단에 등록해야 할 것이다.

밀리와 그녀의 심리 상담자는 포옹을 했다. 밀리는 "나는 마음이 너무 아파요. 나는 테드가 죽을 것이라는 것을 오랫동안 알고 있었지만, 지금 내 마음을 추스를 수가 없어요. 나는 정말 막막해요. 왜 그는 이런 것으로 죽어야만 했을까요? 이것은 공평하지 않아요. 나는 여전히 그가 필요해요."라고 말했다. 심리 상담자는 밀리의 손을 잡으며, "어려운 일이라는 것을 알아요. 당신은 너무 빨리 테드를 잃었어요."라고 말했다. 밀리는 "가끔은 그를 수년 전 잃은 것같이 생각돼요. 나는 지금 내가 화를 낸다는 것에 깜짝 놀라요. 나는 그가 정말 떠났다는 것을 실감하지 못하나 봐요. 사실 가

7) 옮긴이는 이 문장에 표현된 것과 동일한 감정을 본인의 어머니, 그리고 본인을 부모님처럼 사랑으로 보살펴 주신 고 이영덕 서울대학교 사범대학 교수(전 국무총리)와 정확실 이화여자대학교 교수가 돌아가셨을 때 체감했는데 3년이 다 된 현재까지 그 외상적 충격(psychotrauma)이 사라지지 않고 있다. – 역자 주

끔 그가 나와 방에 함께 있다고 느낄 때도 있어요."라고 말했다. 심리 상담자는 "사람들이 슬픔에 잠겨 있을 때는 말이 안 되는 느낌들을 갖기도 하지요. 밀리, 당신은 너무 멀리 와 버린 것 같아요."라고 대답했다. "미안해요, 글로리아. 나는 내 자녀를 생각하고 있었어요. 우리의 대부분의 시간을 테드를 돌보는 데 썼어요. 이제 그가 떠나고 나니, 우리가 더 이상 무엇을 이야기할 수 있을지 모르겠네요. 이제 그들은 예전처럼 자주 만나지 않을 거예요." 심리 상담자는 "당신이 얼마나 걱정하고 있는지 알겠어요. 당신이 그들과 만날 새로운 방법을 찾기 전에 시간이 좀 걸릴 거예요. 그러나 당신은 그들과 항상 가까운 관계를 유지할 수 있을 거예요."라고 말했다. 밀리는 "그러나 내가 당신을 그만 만나야 하나요?"라고 말했다. 심리 상담자는 "아니에요. 당분간 우리는 계속 만날 수 있을 거예요."라고 말했다.

심리 상담자는 조문의 과정에서 슬픔을 동반하는 낯설고 무서운 경험들을 정상으로 돌아오게 만들고 적절한 시기에 고통을 보내고 희망과 자신감을 표현하게 할 수 있도록 정서적 · 실질적인 도움을 간호 제공자에게 제공할 수 있다. 그들은 또한 심각한 반응을 보이거나 슬픔이 줄어들지 않는 간호 제공자를 위한 더욱 강력한 치료를 위한 추천도 해 줄 수 있을 것이다. 죽음에 반응할 수 없는 간호 제공자도, 마음속에 가지고 있는 슬픔이 그들의 삶이 다시 자리 잡는 것을 방해하기 때문에 그들이 가지고 있는 고민들을 정당화하기도 한다.

많은 경우에 심리 상담자는 그들이 가족의 일부분인 것처럼 느꼈고, 환자의 죽음으로 인한 깊은 슬픔을 경험할 것이다. 간호 제공자들은 가끔 심리 상담자를 환자의 장례식에 초대하기도 한다. 만일 심리 상담자가 참석하기로 결정했다면, 그들이 가족의 일원같이 행동하길 원하는지, 조문객 속에 그저 조용하게 있을 것인지 그들의 역할을 명확히 해야 할 것이다.

사체 부검

현재 알츠하이머 치매가 부검(autopsy)에 의해서만 명확하게 진단받을 수 있기 때문에 어떤 사람들은 환자가 죽으면 부검을 요청하고, 그들은 사전 지시에 있는 이 요청 사항을 동봉한다. 문서화된 지시 사항이 없이, 어떤 가족들은 진단을 확인하기 위하여 부검을 원하기도 한다. 부검을 요청하는 다른 이유는 알츠하이머 치매에 관한 연구와 치료법 개발에 도움이 되길 바라기 때문이다. 가족들은 대부분의 연구 센터에서는 환자의 조직을 받기를 바란다는 것을 알고 있어야 한다.

만일 환자가 뇌 증여 프로그램에 등록되어 있다면, 가족들은 환자가 죽으면 부검 책임자와 연락을 취해야 한다. 부검을 수행하는 비용은 프로그램이 지불할 것이다. 만일 사전 계획이 없고 가족들이 부검을 원하면, 그들은 장례식장에 그것을 알리고 환자의 의사, 지역 병원, 알츠하이머 협회 지역 분회 또는 의학 검사 사무실에서 어디서 그리고 어떻게 부검이 행해지는가에 대하여 물어보아야 할 것이다. 가족들은 저소득층 의료보장 제도(Medicaid), 노인 의료보험 제도(Medicare), 또는 다른 개인 보험에서 부검의 비용을 대주지 않을 경우 그들이 비용을 부담할 가능성이 있는지에 관하여도 알아보아야 할 것이다.

가족들은 뇌의 부검이 인체의 분해가 아니기 때문에 열린 관에서 그 시신을 옮겨 놓을 수 있다는 것을 알아야 한다. 사람들이 부검을 반대하는 이유가 개인적인 신념에 근거한 것도 있지만, 그들은 전체의 몸이 훼손되는 것을 원하지 않거나 이제 환자가 죽었으니 더 이상의 관련 정보 자료가 필요 없다고 생각하기 때문이다. 어떤 가족들은 알츠하이머 치매 진단을 부검을 통해 확인하고 싶어 하는데 그 이유는 어떤 유전적인 암시를 알고 싶어 하기 때문이다. 그러나 어떤 가족들은 그들이 유전될지 모를 그 질병에 대하여 알고 싶지 않기 때문에 부검을 원하지 않는다. 만일 간호 제공자가 부검을 허락하라는 요청을 받더라도, 그들 또는 가족들이 반대하면 대부분의 경우 그 절차를 반대할 수 있는 권리를 갖는다.

   테드가 죽은 지 일 년 후, 캐럴은 추수감사절 저녁 식사 후에 어머니의 설거지를 도우며 밀리와 함께 부엌에 있었다. 그녀는 "엄마, 지금도 슬퍼 보이세요. 잘 지내고 계신 건가요?"라고 말했다. 밀리는 "네 말이 맞다. 나는 지금 슬프다. 오늘 모든 가족이 모인 자리라서 그런지 너의 아버지가 더욱 그립구나."라고 대답했다. 캐럴은 "엄마, 나도 아버지가 그리워요."라고 말했다. 밀리는 "너도 알다시피 아버지가 죽기까지 아버지는 알츠하이머 치매를 10년 동안이나 앓았잖니. 나는 너희들이 없었다면 아버지를 그렇게 오랜 기간을 돌보지 못했을 거야. 글로리아 역시 이 가족의 진정한 선물이야. 나는 글로리아가 없었다면 아버지의 병을 견뎌 내지 못했을 것 같다."라고 말했다. 캐럴은 "엄마, 혼자서 어떻게 지내고 계세요?"라고 물었다. 밀리는 "사실 생각했던 것보다 나는 잘 지내고 있어. 나는 예전의 친구들도 만나고, 내 지지 집단에 있었던 사람들과도 연락을 하고 지낸단다. 나는 게임도 배워서, 일주일에 한 번 그 게임도 한단다. 그리고 나는 옆집에 사는 마지와 많은 시간을 같이 보내고 있지. 그녀는 내년 봄에 다른 나라로 여행도 같이 가자고 하던걸. 아마 나는 가게 될 것 같아."라고 말했다.

심리 상담자용 검목표(checklist)

알츠하이머 치매의 마지막 단계

□ 간호 제공자가 알츠하이머 치매 말기 환자의 특별한 요구를 이해하도록 돕기

□ 이 단계에서 내려지는 결정의 심오한 의미를 알기

□ 결정을 내려야 하는 간호 제공자의 감정을 조사하고 그 표현을 할 수 있는 환경을 만들어 주기

알츠하이머 치매의 마지막 단계에서 간호 제공자의 역할

□ 간호 제공자가 이 단계의 환자의 삶의 질에 어떤 영향을 끼칠 수 있는지 이해하는 것을 돕기

□ 간호 제공자가 음식을 삼키는 어려움에 대한 평가를 받기 위하여 전문가에게 요청하라고 제안하기. 간호 제공자가 전문가가 제안하는 음식 섭취의 방법을 알아볼 수 있도록 도와주기

□ 간호 제공자에게 말기 환자 간병 수용 시설에서 제공되는 서비스에 대하여 알려 주기

□ 간호 제공자가 치료 결정을 내리는 것을 도와줄 수 있는 지침(manual)을 제공하기

□ 가족들 간에 치료 결정에 관한 의견 불일치가 있을 경우 가족 회기를 열어서 결정하기

알츠하이머 치매 환자의 사망

□ 간호 제공자가 환자의 사망 후에 복잡한 감정을 가질 수 있다는 것을 알아 두기

□ 조문 과정에서 도움을 제공하기

□ 슬픔이 극도에 달한 간호 제공자가 더 심화된 심리 상담을 받을 수 있도록 추천해 주기

□ 간호 제공자에게 부검의 이점을 설명하기

부록 A   ●●●   간호 제공자 평가 총집(總集)

　뉴욕 대학교 의과대학 내 알츠하이머 치매 치료 센터에서 사용하고 있는 배우자 간호 제공자 중재안 연구에서 사용된 평가는 간호 제공자와 환자 모두에게 구조화된 자신의 보고서로 구성되어 있다. 이 기구들은 가능한 한 신뢰할 만한 정보 자료들 중에서 선택되었다. 우울증과 고통 같은 결과를 평가하기 위해서, 우리는 모집단 규준을 대규모로 사용했다. 이것은 간호 제공자의 웰빙을 향상시키기 위한 상대적인 효율성을 비교할 수 있게 하였다. 대부분의 기구들은 간호 제공자보다는 일반적인 사람을 위하여 고안되었고, 이것은 우리가 간호 제공자와 일반인, 다른 질병이 있는 환자와도 비교할 수 있게 해 주었으며, 간호 제공자가 가진 부담감과 유사한 다른 사람들이 가진 부담을 비교할 수 있었다.

　즉석 심리 상담을 계속 사용할 수 있기 때문에, 심리 상담자는 각 가족들과 이 자료의 활용도를 측정하기 위하여 대다수의 시간을 즉석 심리 상담을 하는 데 사용하였다. 만일 환자가 요양원에 있다면, 종합 검사의 다른 형태가 처방될 것이다. 그리고 환자가 사망하면, 간호 제공자는 환자가 사망한 후 1년이나 2년 후에 돌보는 일과 관련한 것이 아닌 사정을 받게 될 것이다.

1. **일반적인 정보 자료**: 뉴욕 대학교 의과대학 내 알츠하이머 치매 치료 센터에서 발전된 간호 제공자 질문지(The Caregiver Questionnaire)는 간호 제공자에 관한 광범위하고 자세한 정보 자료를 제공한다. 기본적 인구 통계적 정보 자료; 가족 조직, 생활 방식에 관한 질문들, 간호 제공자의 삶의 변화들, 그리고 환자의 건강 상태로 인하여 떠맡게 된 새로운 책임들; 간호 제공자가 받고 있는 공식적 그리고 비공식적 도움; 환자의 질병, 자택 간호의 비용으로 인한 재정적 어려움, 그리고 (미국에서는) 저소득층 의료보장 제도(Medicaid)의 사용.

2. **간호 제공자의 심리 상태**: 우리는 시간이 지나면서 생기는 작지만 중요한 변화에 민감한 심리적 상태에 관한 세부적인 기준들이 있다.

   a. 노인의 우울증 척도(Geriatric Depression Scale)($\propto$ = .94 ; Yesabage et al, 1983). 이 30개 항목에서, '예/아니요' 우울증 기준은 특히 노인 인구를 위해서 고안되었다.

   b. 간이 정신건강의학과 평가 척도(Short Psychiatric Evaluation Scale)(SPES; ICC = .68, Pfeiffer, 1975). 이 자가 진단용 15개의 항목은 노인의 기능적 정신과 장애의 정도와 존재를 알아보기 위하여 고안되었다.

   c. 걱정거리 척도(Burden Scale)($\propto$ = .88; Zarit et al, 1985)는 치매 환자를 간호 제공자가 경험한 특정 스트레스를 측정하기 위한 22가지의 질문으로 구성되어 있다.

   d. 기억 그리고 행동 문제들 검목표($\propto$ = .80; Zarit et al, 1985)는 간호 제공자를 화나게 한 행동의 사례뿐만 아니라 이런 일들의 빈도까지 알아볼 수 있는 30개의 질문으로 구성되어 있다. 간호 제공자의 반응의 기준은 환자의 문제 행동의 간호 제공자의 평가에 관한 주요 정보원이 된다.

   e. 관찰된 스트레스 척도(Perceived Stress Scale)(PSS; $\propto$ = .78 for persons over 65; Cohen, S, 1988)는 만성적인 고통에 민감한 14개의 리커트(Likert) 척도로 구성되어 있다.

3. **간호 제공자의 신체적 건강(Caregiver Physical Health)**: 간호 제공자 신체적 건강 형식(Caregiver Physical Health Form)은 the OARS 종합 검사의 질문지에서 원용되었다(ICC = 0.83; Duke Center for the Study of Aging and Human Development, 1978). 이것은 의사의 방문 횟수, 아픈 날들의 수, 지난 4개월 동안 병원에 입원한 날짜; 지난달에 사용한 약물의 수; 최근의 질병; 그리고 신체적, 시각적, 그리고 청각적 장애에 관한 질문들을 포함한다. 또한 최근 간호 제공자의 신체 건강에 관한 몇 가지 주관적인 등급을 포함한다. (각 4단계, 가장 좋음부터 형편없음까지)

4. **사회적인 도움(Social Support):** 우리는 중재의 영향이 긍정적인 결과를 낳는다는 가정을 하고 사회적 지원의 긍정적, 부정적 영향에 관한 자세한 사정을 실행했다. 다음과 같은 문항을 측정하는 것 외에, 간호 제공자 질문지(The Caregiver Questionnaire)는 받고 있거나 받고 싶은 비형식적 도움뿐만 아니라 사용할 수 있는 형식적 도움에 관한 질문들도 포함되어야 한다.

   a. 뇌졸중 사회 연결망 목록(The Stokes Social Network List, ∝ = .92; Stokes, 1983)은 사회적 네트워크의 규모와 구성(예를 들면, 친구, 친족의 수, 가깝게 생각하는 사람의 수)과 사회적 네트워크(예를 들면, 도움, 감정적 지원)에서 다양한 국면들에 관한 간호 제공자의 만족도를 평가한다. 이것은 간호 제공자의 정신 건강이 중요하다고 발표한 한 연구의 사회적 지원의 국면을 포함한다.

   b. 부가적인 사회적 지원 사정은 뉴욕 대학교 ADRD센터에서 발전되어 뇌졸중 사회 연결망 목록에 등록된 간호 제공자의 사회적 네트워크에서 제공되는 사회적 지원에 관한 자세한 정보 자료를 가지고 있다. 그것은 각 개인이 받고 있는 기능적 도움의 특정 유형의 양과 질에 관한 질문을 포함한다.

   c. 가족 통합(Family Cohesion). FACES III instrument(∝ = .77; Olson et al, 1987)에서 발전된 16항목 통합 기준은 가족의 통합을 평가한다(주로 간호 제공자의 관점에서).

5. **간호 제공자의 성격(Caregiver Personality)**

   a. 신판 성격목록(∝ = for the N, E, and O scales range from .89 to .93; Costa & McRae, 1988). 신판 성격목록은 다섯 개의 주요 평범한 성인 성격의 특징을 측정한다. 신경증적인 성질, 외향성, 경험의 공개성, 유쾌한 정도 그리고 면밀성. 이 측정은 노인에 관한 주제를 다루는 많은 연구에서 사용되었다. 신판 성격목록은 돌보는 일을 하면서 간호 제공자가 겪는 우울증의 주요 원인이 되는 성격을 알아보기 위하여 연구되어 왔다.

   b. 삶의 적응력 질문지(Orientation to Life Questionnaire)(∝ ranged from .82 to .95; Antonovsky, 1993)는 융합력을 측정한다(Sense of Coherence: SOC)(세상

이 살 만하고 이해할 만하다고 생각하는지). 융합력은 성인의 삶에 있어서 건강
상태와 삶의 만족도의 중요한 지표가 되는 것으로 밝혀졌다.

6. 알츠하이머 치매 환자의 기능

a. 일반적으로, 전체적인 악화 등급 표(The Global Deterioration Scale, GDS; $\propto$ = .83; Reisberg et al, 1982)에 의하여 환자의 치매의 심각한 정도가 정해진다. 알츠하이머 치매 환자에 관한 간호 제공자가 알고 있는 기초적인 정보 자료와 면접에 의하여 기반을 둔, 심리 상담자에 의한 환자의 등급 표이다. 전체적인 악화 등급 표는 뉴욕 대학교 ADRD센터에서 알츠하이머 치매 환자에 관한 환자의 진단 평가를 할 때 기준이 되고, 일반적으로 알츠하이머 치매 환자에 관한 환자의 기능적 상태를 구분 지을 때 사용된다. 치매 환자는 이 척도에서 4에서 7까지의 점수를 얻는다.

b. 환자에게서 나타나는 문제적 행동의 빈도는, 치매 환자에게서 보이는 30개의 공통적 문제점으로 구성된, 환자가 집에서 기억 그리고 행동 문제들 검목표(Memory and Behavior Problems Checklist)(Zarit et al, 1985)를 가지고 매일 평가를 받을 수 있다.

c. 간호 제공자의 신체적 건강(Caregiver Physical Health): 간호 제공자 신체적 건강 형식(Caregiver Physical Health Form)은 the OARS 종합 테스트 질문지에서 채용되어(ICC = 0.83; Duke Center for the Study of Aging and Human Development, 1978), 돌보는 배우자 연구에서 환자의 등급 매길 때 사용했었고, 이것은 간호 제공자 스스로 자신의 신체 건강을 체크해 볼 수 있다.

7. 가정 환경 설문 조사(Home Environment Questionnaire): 우리 직원들에 의하여 발전된 이 기구는 환자와 간호 제공자 모두를 위한 가정의 환경의 안전성을 평가하기 위하여 '예/아니요' 질문으로 구성되어 있다. 질문들은 칼, 라이터, 창틀과 같은 안전장치에 관한 위험한 물건들의 접근성에 관한 것들을 포함한다.

8. 치료의 평가와 간호 제공자의 만족도(Assessment of Treatment Delivery and Caregiver Satisfaction With Treatment): 각 심리 상담 회기에서 가족 구성원의 참석은 기록될 것이다. 치료 집단에서 간호 제공자를 위한 형식적 심리 상담 회기는 심리 상담자에 의하여 메모가 될 것이다. 이 척도는 가족 모두가 동의한 그들이 요청한 도움과 자료, 가족 분쟁 그리고 해결 방안, 심리 상담자가 추천한 자료들을 포함한다(예: 일시적인 휴식, 도우미 고용, 안전 조치를 취하기, 요실금의 영향으로부터 보호하기). 간호 제공자가 이 조언을 따랐는지는 다음 회기에서 기록될 것이다. 통제 집단들도 자신들 스스로 이 서비스를 사용할 수 있기 때문에, 심리 상담자는 간호 제공자에게 치료와 통제집단에게 지원 집단에 얼마나 참여하는지 다른 형식적인 서비스를 사용하지는 않는지 물어보아야 한다.

　아울러서, 이 연구의 연장된 기간 동안, 심리 상담자는 간호 제공자, 가족들, 환자에 의하여 심리 상담을 위하여 소집된 즉석 심리 상담의 수와 길이를 기록해야 한다(전화상이든 직접적인 만남을 통해서이든). 이 기록은 구조화된 형식으로 저장되어 치료와 통제 집단 모두에서 간호 제공자와 가족들의 심리 상담 요청의 기록을 제공할 것이다.

부록 B   ●●●   참고 자료

알츠하이머 치매 환자 및 그들의 가족을 위한 단체

Alzheimer's Association

National Headquarters

919 N Michigan Ave, Ste 1100

Chicago, IL 60611-1676

800 272-3900

www.alz.org

Alzheimer's Disease Education & Referral Center

PO Box 8250

Silver Spring, MD 20907-8250

800 438-4380

www.alzheimers.org

Alzheimer's Disease Centers (ADCs)

www.alzheimers.org (Choose "Links to Other Federal Resources")

800 438-4380

Clinical Trials Information

www.ClinicalTrials.gov

건강 관련 정보 자료와 노인에 대한 조력을 제공하는 단체

Resource Directory for Older People

National Institute on Aging

Information Center

PO Box 8057

Gaithersburg, MD 20898-8057

800 222-2225

The Eldercare Locator

800 677-1116

www.eldercare.gov

National Association of Professional Geriatric Care Managers

1604 N Country Club Rd

Tucson, AZ 85716-3102

520 881-8008

www.caremanager.org

National Hospice and Palliative Care Organization

1700 Diagonal Rd, Ste 625

Alexandria, VA 22314

800 658-8898

www.nhpco.org

National Association for Home Care

228 7th St SE Washington, DC 20003

202 547-7424

www.nahc.org

미국에서 보건을 관장하고 일반 국민들에게 건강 관련 서비스를 제공하는 연방 및 주 기관

The Department of Health and Human Services

200 Independence Ave SW

Washington, DC 20201

877 696-6775

www.hhs.gov

Administration on Aging

330 Independence Ave SW

Washington, DC 20201

General Information: 202 619-0724

Statistical and Gerontology Information: 202 619-7501

www.aoa.dhhs.gov

National Institutes of Health

Bethesda, MD 20892

www.nih.gov

National Institute on Aging

Bldg 31, Rm 5C27

31 Center Dr, MSC 2292

Bethesda, MD 20892

Alzheimer's Disease Information: 800 438-4380

Age-Related Publications: 800 222-2225

www.nia.nih.gov

부록 C ••• 알츠하이머 치매 관련 자료[1]

"노인의 날"을 부끄럽게 하는 한국의 노인 복지 수준

우리 부모님이나 주위 어르신들이 대상자일 수 있는 노인 복지 수준의 현황이 세계적인 조사기관의 조사에 의해서 부정적인 실상이 노출되었으며 개선 대책이 필요함을 알려 준다.

권위가 있으며 객관적으로 노인 복지 수준과 현황을 조사 발표한 다음 자료가 전하는 메시지는, '한국의 노인 복지, 이대로 좋은가'라는 문제 제기와 해법이 필요함을 느끼게 하는 동시에 노인 복지 행정과 정책을 공급자 중심에서 수요자 중심으로 개편, 수정하는 개혁과 전문가의 양성, 노인 병원의 개원 등이 필요함을 절감하게 해 준다.

한국 노인의 복지지수, 중국 베트남보다도 낮아

'전 세계에서 어떤 나라가 노인들이 가장 살기 좋을까'를 비교, 분석한 자료를 보면, '세계 노인의 날'이었던 10월 1일에 '2014 세계 노인 복지 지수(Global Ageing Wellbeing Index: GAWI)가 발표되었다. 영국 소재 국제 노인 인권 단체 '헬프 에이지 인터내셔널(Help Age International)'이 전 세계 96개국 노인의 사회적·경제적 복지 수준을 조사했다.

지구상에서 최고의 '노인 천국'은 노르웨이였고 그다음은 스웨덴, 스위스, 캐나다, 독일 등이 그 뒤를 이었다. 한국은 주변 국가인 필리핀(44위), 베트남(45위), 중국(48위)보다 뒤진 50위를 기록했다. 한국의 1인당 평균 국내 총생산(GDP)은 관련

국가들보다 4~13배가 높다. 그러면 '웰빙(wellbing)'에는 '돈(mony)' 이외에 어떤 것이 필요할까?

이번 조사에서는 크게 ① 소득 안정성, ② 건강 상태, ③ 고용과 교육(역량), ④ (노인에게) 우호적인 환경 조성이라는 요건이 포함된 4개 영역으로 나뉘어 진행했다. 노인 복지 영역별 점수가 말해 주는 2014년의 자화상은 '교육도 받고 일도 하지만, 경제적으로·정서적으로 불안정한' 모습이었다.

가장 순위가 낮은 분야는 '소득 안정성'이었다. 노인들이 경제적으로 안정적인지를 살펴보면, 한국은 96개국 중에서 80위였다. 연금 수급률 등이 갱신되면서 2013년(90위)보다는 약간 나아졌지만 여전히 바닥권이었다. 특히 노인 소득 수준이 중·장년층에 비해서 크게 떨어지는 것이 원인으로 꼽혔다. 이 보고서는 "한국은 상당한 수준으로 경제성장이 이뤄졌지만, 노인의 47.2%가 중간소득의 반도 안 되는 수입으로 생활한다"고 발표했다.

'건강 상태' 부문은 2013년 8위에서 42위로 추락했다. 기대수명, 앞으로의 건강 예상지수 등은 아시아 평균보다 높았지만, 2014년 조사에서는 정신·심리 분야가 강화되면서 순위가 크게 하락했다. 그러나 일본은 해당 분야에서 세계 5위에서 1위로 올라섰다.

이 보고서는 "한국은 50세 이상에서 내 인생이 의미가 있다"라고 답한 비율은 35~49세 비율의 70%에 불과했는데, 조사 시점상으로는 "아시아에서 꼴찌"라는 것이다. 그러나 싱가포르와 같은 국가에서는 오히려 노년층에서 "인생이 의미(meaning of life) 있다"라고 응답한 비율이 높았다.

한국 사회에서는 생활환경도 노인에게 우호적이지 않은 것(54위)으로 나타났다. 즉, 어려울 때 의지할 사람이 있는지, 밤길을 혼자 다녀도 안전한지, 하고 싶은 일을 자유롭게 선택하고 있는지 등에 대한 답변은 모두 아시아에서 평균 이하였다. 상대적으로 좋은 평가를 받은 것은 대중교통 접근성뿐이었다. 중등 이상의 교육 수준, 고용률 등을 합친 '역량' 부문은 19위로, 유일하게 중상위권에 포함됐다. 이와 같은 노인 복지 후진국의 위상은 한국의 경제 성장과 발전의 현실에 어울리지 않는다는 비판적 관점에서 언론에서는 관련 해법의 제시와 대책의 마련은 행정부와 입법부인국회의 몫이라는 점을 환기시키고 있다.

한국 사회에서 노인들은 선진국이 경험한 고령사회의 문제점을 다 겪고 있다. 빈곤에다 각종 질환, 고독과 우울증 등에 시달린다. 이런 문제가 극단적인 행동을 야기한다. 노인 자살률이 세계 최고 수준이다. 최근 4년 동안에 자살을 시도한 노인이 배 정도 늘었다. 61세 이상의 강력범죄(살인·성폭행·방화·강도 등)가 지난해 1697건으로 2007년(841건)의 두 배가 됐다. 범행 동기는 '현실 불만'이 가장 많다. 노인 두 명 중 한 명꼴로 각종 질환을 앓고 있다.

매년 10월 2일은 18회째 맞는 노인의 날이었다. 이날 노인 유공자 포상 등 각종 행사가 열리고, 여야는 노인 복지 향상에 힘을 쓰는 '효자 정당'이 되겠다고 다짐했다. 보건복지부도 2015년에 노인 복지 예산을 약 9조원으로 38% 증액했다고 발표했다. 여야와 정부 모두 행복한 노인 시대를 열겠다며 달콤한 덕담을 쏟아놓았다. 그런데 정부 부처 중에서 예산을 제일 많이 쓰는 보건복지 행정 정책이 공허하게 들리고 실효성이 의심스럽다.

노인의 날에 노인들은 그리 행복하지만은 않다. 현주소를 보면 오히려 우울하다. 노인들 중에서 국민연금을 받는 사람이 32%에 불과한 데다 금액도 월평균 33만원에 지나지 않는다. 노인 빈곤율이 48.1%에 달한다. 한 외신은 "한국은 노인 빈곤의 심각성과 해결방법, 연금 수준의 적합성 등에 대한 국가적 논의가 필요해 보인다"고 논평했다.

정부는 국방비보다 많이 배정되고 있는 2015년 노인 예산을 2조 4482억 원(38%) 늘릴 것이라고 자랑하지만 대부분이 경직성 예산인 기초연금이다. 이를 빼면 노인 복지 예산은 불과 3% 정도 증액되었을 뿐이며 그중 대부분이 기초연금이다. 정부의 노인정책은 항상 뒷전이었다. 2006년부터 저출산·고령화 계획을 시행했지만 저출산에 집중됐다. 노인을 위한 주요 정책은 장기요양보험과 기초연금 등에 지나지 않으며 출산 장려 정책은 시간이 필요하지만 고령화는 지금 당장의 문제다. 매년 신규 노인이 30만~40만 명 증가한다. 상당수는 노후 준비가 안 된 채 노인이 된다. 이들을 방치할 수 없다.

우선 장기요양 서비스의 질 제고 등 기존 정책의 내실화가 필요하다. 가장 중요한 것이 일자리이다. 시장에서 일자리를 구하지 못하는 사람들에게는 정부가 제공해야 하는데, 대가(월급)가 10년째 20만 원으로 묶여 있다. 가능한 범위 내에서 조정해야 한다. 전문 지식과 기술을 갖춘 노인들을 위해 사회공헌형 일자리를 많이 만들 필요가 있다. 노인을 보호 대상으로만 볼 게 아니라 사회에 기여하도록 역할을 부여해야 한다. 극빈층 노인 구제도 시급하다. 부양하지 않는 자식 때문에 보호를 받지 못하는 노인이 수십만 명에 달한다. 부양의무자 기준을 더 풀어야 한다. 그리고 노인 복지 예산의 집행 계획을 공급자 중심 정책에서 수요자 중심 정책으로 바꿔야 하며, 현재의 국가, 산업, 경제 발전의 과실을 성취하는 데 있어서 오늘의 70, 80대 노인들은 그 주역이며 공로자였다는 관점에서, 즉 노인 복지는 노인 어르신들이 마땅히 누려야 할 권리라는 관점에서 추진되어야 한다.

알츠하이머 치매(AD): 착한 치매와 미운 치매 및 예방

우리 부모님이나 친지들이 노화(ageing)와 관련된 가능한 한 피하고 싶은 알츠하이머 치매(AD)로 노후를 비참하게 보내는 알츠하이머 치매를 예방하는 방법이나 절차에 관한 설명이 필요한데 이 기회에 상식적인 퇴행성, 진행성 알츠하이머 치매 예방법을 소개한다.

치매 예방 7계명과 3·3·3 수칙

노인성 치매의 종류가 많은데 그중에서도 '착한 치매'와 '미운 치매'가 있다고 한다. 대소변도 못 가릴 정도로 가족 등의 다른 사람들을 괴롭게 하는 것이 미운 치매라면, 인지기능은 좀 떨어지더라도 감정 조절을 잘하며 정상적으로 의사소통과 신변처리는 물론 활동력, 판단력이 정상이라면 그것은 착한 치매라는 것이다. 치매가 어찌 착할까마는 뇌의 전두엽을 활성화하고 충동을 잘 조절하면 얼마든지 가능하다고 한다.

최근엔 마흔 안팎의 젊은 조로성(早老性) 치매(presenile dementia) 환자도 많다. 건강보험심사평가원 발표를 보면 지난 5년간 40대 미만 치매 환자가 45%나 늘었다. 여자보다 남자가 많아 더 놀랍다(그 반대의 경우도 알려져 있다). 진료를 받은 전체 환자 수도 21만 7,000여 명에서 40만 5,000여 명으로 5년 동안 87% 증가했다. 병원을 찾지 않은 환자까지 합치면 최소 60만 명 이상이 치매 환자인 것으로 추정된다.

진행성 인지능력의 퇴화를 유발하는 불행한 난치병인 치매 증상은 초기·중기·말기 치매로 나눈다. 초기 치매는 약속이나 물건, 단어 등을 자주 잊어버리는 정도이고, 중기 치매가 되면 돈 계산이나 가전제품 조작을 제대로 못하고 화장실 이용도 서툴다. 말기 치매로 악화되면 가족과 친지도 알아보지 못한다. 초기·중기는 인지 자극 등의 비약물 치료, 식이조절, 운동 등으로 치료할 수 있다. 이후에도 약리작용이 다른 두 가지 이상의 약제를 함께 처방하는 병용요법 등 복잡한 방법을 쓸 수는 있다.

중요한 것은 예방이다.

우선 한국치매학회가 제시한 일명 '진인사대천명 수칙(盡人事待天命 守則)'이 유용하다. '진'땀나게 운동하고, '인'정사정 없이 담배를 끊고, '사'회활동을 열심히 하면서, '대'뇌 활성화를 위한 독서나 신문읽기·글쓰기에 힘쓰고(머리를 쓰면서 살고), '천'박하게 술 마시지 말며, '명'을 늘리는 음식을 먹으라는 것이다. 어떤 의사는 '고'혈압과 고지혈증을 예방하고, 고염식(high salt food)을 회피하라는 지침을 더한 7계명을 제안하기도 한다.

'3·3·3 수칙'도 그럴듯하다. '3권(勸) - 1주일에 세 번 이상 걷기, 책이나 신문 읽고 글쓰기나 사람을 만나서 대화하기, 생선과 채소 먹기' '3금(禁) - 술을 줄이고, 담배 끊고, 머리 다치지 않기' '3행(行) - 정기 건강 체크, 가족·친구와 소통, 치매 조기 점검'이 그것이다. 문제는 아는 것보다 실행하는 것이지만(고두현, 2014),[2] 포도주에는 치매 예방 물질이 포함되어 있어서 가끔 마시는 것이 유익하다.

노망(老妄)이라고 했던 AD를 예방하기 위해서 권고되고 있는 처방을 간명히 예시한다.

---

2) 고두현(2014). 치매 예방 10계명과 3·3·3 수칙. 서울: 한국치매학회.

(1) AD의 원인 물질인 알루미늄 용기를 식생활에서 사용하지 말 것

(2) 머리를 뜨겁지 않게 할 것(예: 뜨거운 물로 머리를 감는 것이 유해함.)

(3) 마취 유경험자가 건망증, AD 발병 가능성이 높음.

(4) 포도주는 치매예방 효과가 있지만, 알코올은 알코올성 치매의 원인 물질임(제산제로 된 소화제는 유해하다.).

(5) 교통사고나 연탄가스 중독으로 뇌 손상이 발생되면, AD 발병 가능성이 높음.

(6) 수면 장애도 AD 발병 가능성을 높임.

(7) 애처가를 둔 남편(아내), 머리를 쓰지 않으면, AD 발병 가능성이 높다. 선의(善意)에서 시어머니를 가끔 화나게 하는 며느리가 효부일 수가 있다.

(8) 사람을 만나서 교감, 의사소통을 하거나 습관적으로 유산소 운동을 한다.

(9) 신문을 정독하거나 독서를 즐기고, TV 시청이나 영화 관람하기(머리를 쓰며 살라.)

(10) 스트레스를 이용, 극복하기. 긍정적 스트레스(예: 외식하기, 사람 만나서 담소하기, 부부가 취미 활동하기, 여행하기, 구경하기, 놀기, 합창으로 노래하기나 악기를 연주하기, 음악회에 가서 듣고 즐기기, 봉사하기)

(11) 고기와 같은 지방이 많은 음식보다 채식을 주로 한다.

이 세상의 모든 사람이 오래 건강하게 살기를 원하면서도 늙는 것은 원하지 않는다. 노인들이 품위 있고 건강하게 노후를 맞이하기를 소원하지만 알츠하이머 치매 노인들에게는 그 실현이 불가능하며, 희망 사항일 뿐이다. 알츠하이머 치매는 가족력(family history)에 의해서 발병되는 유전병이다.

미래에 노인성 치매를 치료하는 약제가 개발, 실용화된다면 노벨 의학상을 수상하게 될 것이다.

알츠하이머 치매 환자를 돌보는 힘들고 장기간의 간호와 간병에 따른 복잡하고 미묘한 난제들에 대한 대처 방안이나 지침(manual)을 이 책에서 실무적으로 소개했는데, 최근에는 정신건강의학이나 심리 상담 또는 아동과 청소년, 또는 성인이나 노인정신병리학에의 이론적으로나 임상 심리상의 방법론상의 방향이 근거(evidence)

에 의한 접근이 주류를 이루고 있다. 이 책은 미국의 뉴욕 대학교 의과대학 내 알츠하이머 치매 치료 센터에서 응용되고 있는 축적된 경험과 임상적 방법론(knowhow)을 기반으로 기술되어 있고 관련 주제와 내용 및 이론과 방법론의 신뢰성을 높이 평가할 수 있으므로 국내의 알츠하이머 치료와 간호를 담당하는 실무진에 중요한 참고 자료가 될 수 있을 것으로 기대한다.

알츠하이머 치매 환자를 대하는 의료 문화와 생활환경, 가족 문화가 미국과 우리나라가 서로 다르지만, 한국이 미국의 의료계의 문화와 대처 방안을 배우고 참고할 만한 주제와 대처 방향성을 제시하고 있다고 생각하고 난해한 작업을 진행하면서 장인정신(匠人精神, Craftmanship)을 표현한 내공(內功)이 투자되었다.

요양원에 알아보니까 알츠하이머 치매 환자 간병 지침(Manual)이 불충분하여 담당 직원이나 운영자가 필요성을 느끼고 있다는 반응이었으며, 가족이나 친지들 중에서 알츠하이머 치매 환자로 장기 고생하는 친지가 있어서 알츠하이머 치매 환자와 간병인의 고충을 잘 알 수 있었다. 옮긴이는 한국 심리학계에서 최초로(1992년)『노인 심리학(The Psychology of Human Ageing)』을 번역·출판했을 뿐만 아니라, 강원대학교와 한림대학교에서 다년간 노인 심리학을 강의한 경험이 있다. 즉, 노인 심리학에 관한 남다른 관심과 애정을 갖고 있으며, 그러한 내공의 일환으로 이 책을 번역했다.

이 책의 발간 취지를 간호 제공자(caregivers)와 정신건강의학과, 정형외과 전문가, 발달정신 장애 전문의, 노인 의학 전문가, 의료진과 심리 상담 전문가, 임상 심리학 전문가에게 실무적으로 설명, 안내하고 있는 내용은 8, 9, 10, 11, 11, 12, 13장이다.

알츠하이머 치매 노인을 보살피는 의료진들에게는 환자들을 측은지심(惻隱之心)으로 대하고, 존중하면서 배려, 안전우선, 정성과 노력, 전문성이 수반되는 고 IQ나 신선한 창의성, 감성지능(EQ), 인간미, 알츠하이머 치매 상태가 개선, 치료될 수 있다는 회복 가능성에 대한 믿음과 의지력이라는 덕목이 필요하다.

아마도 다음에 소개하는 "미지의 세계인 뇌 지키기 연구 프로젝트가 기대하는 바와 같이 긍정적 성과를 거둔다면, 많은 노인(우리 부모님)을 괴롭히고 있는 노인성

(알츠하이머) 치매를 예방하고 치료할 수 있는 정신건강의학적, 뇌과학적, 심리치료적인 좋은 방안들이 실용화가 가능할 것으로 기대한다.

2000년대에 인류가 풀어내야 할 미지의 과제

21세기에 해결 가능할 것으로 생각되는 과제가 유전자(DNA) 지도(Genom) 작성과 인간의 두뇌 구조와 기능 연구이다. 기대되는 성과는 불치병, 난치병을 치료해서 수명을 연장하는, 즉 장수의 시대가 도래하게 된다는 것이다. 이 중 후자에 관해서 상술한다.

2000년대의 인류가 풀어내야 할 미지의 과제를 유전자 지도 작성 연구 계획(Human Genom Project: HGR)과 뇌의 10년(Decade of Brain)을 선포하였으며 아울러서 뇌 연구 계획(Brain Research Project)으로 정하고 세계 각국이 정책적·재정적으로 뒷받침을 해서 연구를 추진하고 있다. 뇌 연구의 방법과 내용을 소개한다.

선진국들은 인공두뇌 개발에 열을 올리고 있다. 지식 기반 사회(Knowledge-based Society)로 지칭되는 새 밀레니엄에는 인공두뇌를 잘 활용하는 국가가 세계 경영의 주도권을 잡게 될 가능성이 크기 때문이다.

금세기의 최강국 미국은 일찌감치 1990년대를 '뇌의 10년(Decade of Brain)'으로 선포하고 뇌 정복에 나섰다.

미 국립과학재단(NSF)이 97년부터 수행 중인 '학습 및 지능 시스템 연구'는 대표적인 인공두뇌 프로젝트이다. 5개 연방부처와 16개 기관이 매년 8천억 원을 출연해 이 프로젝트를 지원하고 있다. 미국에 비해 출발은 늦었지만 일본 역시 21세기를 '뇌의 세기'로 선언하고 과학기술청 주도 아래 '뇌 과학' 프로젝트를 추진 중이다. 2016년까지 매년 1천억 엔의 연구비를 투입할 예정이다. 기초과학의 본산인 유럽도 새 천 년에는 구겨진 자존심을 회복하겠다면서 유럽연합(EU) 차원에서 '신경망 응용 프로젝트(ANNIE)'를 진행하고 있다.

우리나라는 1998년 5월 「뇌 연구 촉진법」을 제정, 10개년 계획의 '브레인 테크 21'을 추진하고 있다. 한국과학기술원(KAIST) 뇌과학연구센터 주관으로 오는 2007년까지 계속될 이 프로젝트에는 총 1천억 원 가량의 연구비가 투입된다.

2000년대를 지향하는 이 시점에서 세계 여러 나라들이 거시적인 안목을 가지고 두 가지 사업을 추진하고 있다. 그중의 하나는 인체 내에 모든 유전자 기능을 밝혀내고 병든 유전인자를 잘라 내서 정상 유전인자를 삽입하는 유전자 치료를 시도하는 생명과학 차원의 인간 유전자 지도 연구 계획(Human Genom Project: HGR)과 인간의 두뇌 연구를 추진하고 있다(김정휘, 1996, p. 208).

이 중에 후자에 관해서 구체적으로 설명하면, 1997년부터 2017년까지 인간의 뇌 연구에 대한 거대(巨大) 프로젝트가 20년 계획으로 시작되었다.

- ◆ "뇌를 안다": 뇌의 기능과 작용에 대한 해명
- ◆ "뇌를 만든다": 뇌형, 人工 知能型(artificial intelligence) 컴퓨터(PC)의 개발, 이용, 및 진화
- ◆ "뇌를 지킨다": 뇌 조직 및 기능 관련 질병의 치료 · 극복 · 예방
- ◆ "뇌과학을 응용한다": 의료공학을 IT, 생명과학, 의료기기, 로봇, PC에서 이용함

이렇게 세 가지 영역에서 뇌 연구가 진행되고 있다.

"뇌를 안다"와 관련해서는 크게 세 가지를 생각할 수 있다.

첫째는, 유전인자(gene)가 갖고 있는 정보 자료를 판독함으로써 뇌의 신경회로의 기본 구조를 아는가이다.

둘째는, 그 신경회로를 지나는 정보 자료(information)의 흐름을 연구한다.

셋째는, 신경회로의 구조와 정보 자료의 흐름을 바탕으로 뇌가 어떻게 정보 자료를 처리하고 있는가를 관찰 · 분석하는 시스템적 접근이다.

이상의 세 가지 연구가 진행되고 나서야 비로서 인간의 두뇌가 어떻게 작용 · 기능하는가를 알 수 있다. 과거에는 인간의 뇌와 마음(mind)은 심리학이나 철학에서만 연구가 이뤄져 왔으나 이제는 학제적 접근에 의한 통섭적인 연구가 진행되고 있다. 뇌의 어느 부위가 언제 어떻게 활동하고 있는가를 조사할 수 있는 높은 정확성의 계측 장치가 개발되면서 뇌의 오묘하고 신비한 고차원의 기능을 해명하는 일이 가능해졌다.

또 뇌를 연구함으로써 얻어진 자료(data)를 사용하여 인공지능형 컴퓨터를 만들

고 인간의 뇌가 과학적으로 설명하는 연구도 진행되고 있다. 이것이 "뇌를 만든다"에서 진행하고 있는 연구이다. 인간의 두뇌처럼 학습하거나 추론, 창의력을 발휘하는 컴퓨터의 개발도 추구되고 있다.

"뇌를 지킨다"는 뇌를 안다, 뇌를 만든다는 연구에 따른 지식을 바탕으로 뇌 관련 질환이나 노화(老化, ageing)를 극복하려는 연구이다. 뇌의 여러 부분이 손상(損傷)되면 신경 계통의 난치병이나 정신 질환, 학습 장애(LD)를 초래한다. 이러한 뇌 기능 및 구조 이상이나 손상에 관련된 병의 원인을 억제하거나 제거하는 일은 뇌에 대한 지식이 개발, 축적되면 가능해진다.

유전자 공학, 생명과학을 구사하여 유전인자의 결함을 가능한 대로 보전하는 일이나 또는 근본적으로 고치려는 연구도 가능해질 것이라는 전망이다.

뇌를 지킨다는 점에서 최대의 목표는 노화(ageing)이다. 뇌의 노화를 지연시키면 노인성 치매, 뇌졸중, 지적장애, 학습장애(Learning disability: LD)와 ADHD, 자폐증의 문제는 상대적으로 작아진다. 몸의 노화보다 뇌의 노화가 더 빨리 진행되는 것이 노인성 치매의 근본적 문제이기 때문이다.

알츠하이머 장애와 무관하며 건강한 노부모를 젊은 자녀가 봉양하는 문제로 심한 스트레스와 부담을 느낀다고 호소한다고 하는데, 불치병인 (알츠하이머) 노인성 치매를 앓고 있는 부모의 간병과 모시기에 엄청난 부담을 느끼고 뿐만 아니라 맞벌이를 하는 친자녀가 현실적으로 부양하가 쉽지 않으므로 장관을 한 교수도 노모(老母)를 요양원에 모시고 있는 현실을 개탄만 할 수는 없다. 바라기는 기존의 정신병원이 아니라 시도별로 치매 치료를 위한 쾌적하고 현대화된 인텔리전트(지능)형 국립 치매 전문 병원을 설치, 운영하는 것이 해법이다. 서울, 대구, 부산 같은 대도시에는 2~3개 정도를 설립해야 하며, 서울의 대표적인 메이저 병원 수준으로 운영되도록 정부 예산을 투자하는 것이 바람직하다. 뿐만 아니라 대학 병원과 제휴하여 별도로 설치하는 방안도 병행하는 것이 필요하다. 설립과 운영의 주체가 갈등의 소지가 되지만, 정부는 병원 설립 부지나 건물 신축 및 증축을 부담하고 운영은 의과대학의 의료진이 담당하는 방안이 해법일 수가 있다. 국내외에서 치매 전문의 양성을 장·단기 계획으로 추진하는 노력도 필요하다

"부모 봉양이 이혼보다 더 심한 스트레스"……
영국의 40~60대 샌드위치 세대, 하소연 ~ 어찌 하오리까

영국의 '샌드위치 세대'에게는 부모를 봉양하는 일이 이혼보다 더 스트레스를 받는 일이라는 조사 결과가 나왔다.

영국 사회서비스품질위원회(CQC)가 17세 이하의 자녀를 둔 이른 바 샌드위치 세대 259명을 대상으로 2014년 7, 8월에 실시한 설문 조사 결과 응답자의 84%가 나이든 부모를 어떻게 돌볼지 결정하는 일이 '매우' 또는 '꽤' 스트레스를 받는 일이라고 응답했다고 영국 데일리 메일이 2014년 10월 5일 보도했다. 이 조사 자료에서는 부모 봉양이 이혼(32%)으로 느끼는 스트레스의 정도보다 압도적으로 높았다.

샌드위치 세대는 자신의 자녀뿐만 아니라 나이든 부모도 함께 돌봐야 하는 40~60대를 가리키는 용어이다. 핵가족화와 늘어난 기대수명, 늦은 출산 등으로 샌드위치 세대는 늘어나고 있다고 CQC는 설명했다.

부모가 자신들이 살고 있는 집에서 충분히 잘살 수 있을지, 어떤 케어 주택(노인주거복지시설)이 부모를 가장 잘 돌볼지 등을 결정하는 일이 스트레스 원인으로 꼽혔다. 또 부모를 봉양하기 위한 비용에 대한 걱정과 케어 주택에 부모를 보낼 때 드는 죄책감 등도 스트레스를 가중시키는 요인으로 분석됐다.

부모 봉양에 이어 주택 구입(67%), 자녀의 학교 선택(44%), 자녀 돌보기(37%), 이혼 및 재혼(30%)이 2~5위를 차지했다.

결혼한 자녀가 부모 부양 문제와 관련된 부담과 생활 스트레스(life stress)로 인한 부담감은 영국의 샌드위치 세대만이 유일하게 경험하며 호소하는 문제가 아니라, 한국의 경우도 비슷한 문제인데, 아마도 그 주요 이유가 생활비(경제력) 부담과 아파트 구조가 핵가족에 편리하게 설계되어 있어서 노부모와 손자와 자녀 세대가 동거하기에 불편한 구조로 설계되어 있는 것도 현실적으로 부모 봉양을 부담스럽게 만드는 조건인 것으로 판단된다. 노부모와 자녀와 손자, 즉 삼대의 동거가 가능한 아파트가 희소하다. 아마도 그 해법은 부모 편에서 경제력이 있다면, 같은 아파트 단지 내에서 같은 동의 마주볼 수 있거나 또는 위아래 층에 거주하면서 서로 생활을 공유하는 것도 해법일 수가 있다.

여성 치매 사망률 10년 새 3배 급증 ⋯ 여성암보다 높아

2013년에 여성 10만 명 중 12명은 치매(알츠하이머 치매) 때문에 사망했다. 여성의 치매 사망자 수와 사망률 모두 통계 작성이 시작된 1983년 이후 최고치를 기록해 정부의 관련 대책 마련이 절실하다고 지적된다.

2014년 9월 28일 통계청이 발표한 '2013년 사망원인 통계'에 따르면 지난해 여성의 치매 사망률(인구 10만 명당 사망자)은 11.9명으로 10년 새 8.3명(3.3배)이나 급증했다. 치매로 죽은 여성은 지난해에만 총 3,012명으로 10년 전보다 31배 늘었다.

치매는 2011년 여성 사망률 9위에 오르면서 처음으로 10위권 내에 진입했고, 지난해에는 만성하기도 질환(10.6명)을 제치고 8위에 올랐다. 2013년에 여성 사망률 1위는 암(111.8명)이었지만 치매는 유방암(8.8명), 자궁암(4.9명) 등 대표적인 여성암보다 사망률이 높았다. 치매 사망률은 2008년 5.3명으로 자궁암(5.1명)을, 2012년 9.5명으로 유방암(7.9명)을 제쳤다.

남성의 치매 사망률은 2013년에 5.2명으로 여성의 절반도 안 됐다. 치매는 주로 60세 이상 노인에게서 나타나는데 남성보다 여성의 평균수명이 길고 여성은 신경세포를 보호하는 에스트로겐이 폐경 이후 줄어들어 치매 발생률이 높아지기 때문이다.

현재 치매 환자는 총 50만 명으로 추산되며 2020년에 100만 명으로 2배가 될 전망이다.

정지향 이대목동병원 신경과 교수는 "60대 이상 여성은 치매 예방을 위해 남성보다 사회적 활동, 두뇌 활동, 운동 등을 열심히 해야 한다"며 "치매로 인한 폐렴, 욕창, 요도감염 등으로 사망하기 때문에 가족들이 2차 감염을 막기 위해 노력해야 한다"고 조언했다.

참고문헌 ●●●

Aneshensel C, Pearlin L. Caregiving careers and stress processes. In: Aneshensel C, Pearlin L, Mullan J, Zarit S, Whitlatch C, eds. *Profiles in Caregiving, the Unexpected Career*. San Diego, Calif: Academic Press; 1995:16-39.

Antonovsky A. The structure and properties of the Sense of Coherence scale. *Soc Sci & Med*. 1993:36;725-733.

Boss P, Caron W, Horbal J, Mortimer J. Predictors of depression in caregivers of dementia patients: boundary ambiguity and master. *Fam Process*. 1990;29:245-254.

Busse EW, Blazer DG eds. *Textbook of Geriatric Psychiatry*. 2nd ed. Washington, DC: The American Psychiatric Press, Inc; 1996.

Butler R, Lewis M, Sunderland T. *Aging and Mental Health: Positive Psychosocial and Biomedical Approaches*. 5th ed. Boston, Mass: Allyn and Bacon; 1998.

Coffey CE, Cummings J, eds. *Textbook of Geriatric Neuropsychiatry*. 2nd ed. Washington DC: The American Psychiatric Press, Inc; 2000.

Cohen D, Eisdorfer C. *Loss of Self: A Family Resource for the Care of Alzheimer's Disease and Related Disorders*. 2nd ed. New York, NY: WW Norton & Company, Inc; 2001.

Cohen S, Kamarck T, Marmelstein R. A global measure of perceived stress. *J Health Soc Behav*. 1988;24:385-396.

Costa PT, McCrae, RR. *The NEO Personality Inventory Manual*. 1st ed. Odessa, Fla: Psychological Assessment Resources; 1985.

Dawson P, Wells D, Kline K. *Enhancing the Abilities of Persons with Alzheimer's and Related Dementias: A Nursing Perspective*. New York, NY: Springer publishing Company; 1985.

Duke University Center for the Study of Aging and Human Development. *Multidimensional functional assessment: The OARS methodology;* 1978.

Hellen CH. *Alzheimer's Disease: Activity-Focused Care*. 2nd ed. Boston, Mass: Butterworth Heinemann; 1998.

Hinman-Smith E, Gwyther LP. *Coping with Challenging Behaviors: Education Strategies for Work with Alzheimer's Families*. Durham, NC: Duke University Medical Center; 1990.

Khachaturian ZS, Radebaugh TS, eds. *Alzheimer's Disease, Cause(s), Diagnosis, Treatment, and Care*. Boca Raton, Fla and New York, NY: CRC Press; 1996.

Mace NL, Rabins PV. The *36-Hour Day*. 3rd ed. Baltimore, MD: Johns Hopkins University Press; 1999.

Mace N, ed. *Dementia Care: Patient, Family and Community*. Baltimore, MD: Johns Hopkins University Press; 1991.

Mahoney E, Volcifer L, Hurley A. *Management of Challenging Behaviors in Dementia*. Baltimore, MD: Health Professions Press; 2000.

McGoldrick M, Giordano J, Pearce JK, Giordano J, eds. *Ethnicity and Family Therapy*. New York, NY: Guilford Publications, Inc; 1996.

McKhann G, Drachman D, Folstein M, Katzman R, Price D, Stadlan EM. Clinical diagnosis of Alzheimer's disease: report of the NINCDS-ADRDA work group under the auspices of the Department of Health & Human Services Task Force on Alzheimer's Disease. *Neurology*. 1984;34:939-944.

Mittelman MS, Ferris SH, Shulman E, Steinberg G, et al. A comprehensive support program: effect on depression in spouse-caregivers of AD patients. *Gerontologist*. 1995;35:792-802.

Mittelman MS, Ferris SH, Shulman E, Steinberg G, Levin B. A family intervention to delay nursing home placement of patients with Alzheimer disease: a randomized controlled trial. *JAMA*. 1996;276:1725–1731.

Mittelman MS, Ferris SH, Shulman E, Steinberg G. The effects of a multi-component support program on spouse-caregivers of Alzheimer's disease patients: results of a treatment/control study. In: Heston LL, ed. *Progress in Alzheimer's Disease and Similar Conditions*. Washington, DC: American Psychiatric Press; 1997:259–275.

Olson DH, Portner J, Lavee Y. Family adaptability and Cohesion Evaluation Scales III. In: Fredman N, Sherman R, eds. *Handbook of Measurements for Marriage and Family Therapy*. New York, NY: Brunner/Mazel; 1987.

Pearlin LI, Mullin JT, Semple SJ, Skaff MM. Caregiving and the stress process: an overview of concepts and their measures. *The Gerontologist*. 1990;30(5):583–594.

Pfeiffer E. A short psychiatric evaluation schedule: a new 15-item monotonic scale indicative of functional disorder. In: *Proceedings, Bayer-Symposium VII, Brain Function in Old Age*. New York, NY: Springer - Verlag; 1979.

Reisberg B, Franssen E. Clinical stages of Alzheimer's disease. In: de Leon MJ, ed. An Atlas of Alzheimer's disease. *The Encyclopedia of Visual Medicine Series*. Pearl River, NY: Parthenon; 1999.

Reisberg B. Functional assessment staging (FAST). *Psychopharmacol Bull*. 1988;24.

Reisberg B, Ferris SH, de Leon MJ, Crook T. The Global Deterioration Scale for assessment of primary degenerative dementia. *Amer J Psychiatry*. 1982;139(9).

Ronch JL. *Alzheimer's Disease: A Practical Guide for Families and Other Caregivers*. New York, NY: The Crossroad Publishing Co; 1991.

Souren L, Franssen, E. *Broken Connections*. Royersford, Pa: Swets & Zeitlinger Publishers; 1994.

Stokes JP. Predicting satisfaction with social support from social network structure. *Am J Community Psychol*. 1983;11:141–152.

Tappen R. *Interventions for Alzheimer's Disease*. Baltimore, MD: Health Professions Press; 1997.

Yesavage JA, Brink TL, Rose TL, Adey M. The geriatric depression rating scale: comparison with other self-report and psychiatric rating scales. In: Crook T, Ferris SH, Bartus R, eds. *Assessment in Geriatric Psychopharmacology*. New Canaan, Conn: Mark Powley Associates; 1983:153–165.

Warner M. *The Complete Guide to Alzheimer's Proofing Your Home*. West Lafayette, Ind: Purdue University Press; 1998.

Yale R. *Developing Support Groups for Individuals with Early-Stage Alzheimer's Disease: Planning, Implementation and Evaluation*. Baltimore, MD: Health Professions Press; 1995.

Zarit SH, Orr NK, Zarit JM. *The Hidden Victims of Alzheimer's Disease, Families under Stress*. New York, NY: New York University Press; 1985.

찾아보기 ●●●

《인 명》

Boss, P. 48

Epstein, C. 6

Mittelman, M. S. 6, 13

Pearlin, L. 49

Peter-Strickland, T. 278

Pierzchala, A. 6

Reisberg, B. 34, 38

Sinacola, R. S. 278

《내 용》

21세기 건강 관리의 도전 11
65세 이상 노인의 치매 유병률 3
ApoE-4 26
NINCDS-ADRDA 지침 29

가정 간호 기관 143
가정 간호 도우미 91
가정 건강 도우미 186, 314
가정 돌봄 기관 151
가정에서 알아보는 치매 환자 점검표 51
가족 관계 218
가족 구성원 65
가족 구성원들의 안녕 155
가족 구성원을 변화시키는 결정 107
가족 구성원을 초대하기 109
가족 구성원의 반응 120
가족 구성원의 분쟁 120
가족 구성원이 직면하는 경제적 문제 204
가족 분쟁 103
가족 심리 상담 103, 104, 107, 108
가족 심리 상담 과정 110
가족 심리 상담 기술 106
가족 심리 상담의 목적 103, 105
가족 심리 상담의 의미 105
가족 심리 상담의 목표 125
가족 안에서의 관계와 역할 125
가족 지원의 가치에 관한 연구 106
가족 참여를 위한 준비 104
가족 회기 참여 84

가족 회기의 범주 116
가족과 친구로부터 도움 받기 200
가족들이 환자가 참여하기를 원하는 이유 108
가족력 175
가족을 이해하기 123
가족의 정의 107
가족의 지원 103
가치관 304
각자의 관점을 알아 가기 113
간병 고독 8
간병 독신 8
간병 살인·자살 8
간병 실업 8
간호 제공자 6
간호 제공자 자신을 위한 삶 215
간호 제공자 지지 집단 155
간호 제공자 질문지 391
간호 제공자가 가족이 간병에 참여하는 것을 거부하는 이유 105
간호 제공자가 겪고 있는 문제 152
간호 제공자가 멀리 살고 있을 경우 224
간호 제공자가 문제를 해결하는 방법을 알아보기 141
간호 제공자들이 느끼는 감정 175
간호 제공자를 위한 지지 집단 164
간호 제공자에 대한 심리 상담 27
간호 제공자에 대한 평가 결과를 복습하기 84

간호 제공자에게 즉석 심리 상담을 제공하
　　기 138
간호 제공자와 환자의 관계 65
간호 제공자와 환자의 유대 46
간호 제공자의 감정의 강도 180
간호 제공자의 개성 76
간호 제공자의 딜레마 251
간호 제공자의 스트레스 83
간호 제공자의 신체적 건강 69, 70
간호 제공자의 심리 상담 81
간호 제공자의 안녕 49, 215
간호 제공자의 역할 69
간호 제공자의 요구 164
간호 제공자의 장점 82
간호 제공자의 저항 105
간호 제공자의 정서적 건강 70
간호 제공자의 정서적 질환의 극단적인 사
　　례 70
간호 제공자의 정체성에 대한 위협 242
간호 철학 349
간호의 유형 340
감독의 필요성 250
감성지능 172
감정에 집중된 이유 105
감정의 공유 158
감정이입 180
갑상선 기능 저하증 28
갑상선 질환 22
갑작스러운 죽음 384
개방성 124
개방적인 가족 125

개인별 회기 104
개인의 가치 202
개인적인 신념 304
거주 시설 182, 306, 333
거주 시설에 환자를 입소시키는 과정 337
거주 시설을 선택하기 342
거주 시설을 선택할 때 알아보아야 할 것
　　347
거주 시설의 입소를 촉진하는 요인 339
건강한 배우자 217
경계의 모호성 이론 48
경제적 비용 202
경제적 상태 64
경제적 위기 322
경제적 쟁점 203
경제적 · 법적 문제의 관리 251
경중증 알츠하이머 치매(GDS 5) 37, 40,
　　243, 254, 261, 315
경증 기억력 장애(GDS 3) 36, 37
경증 알츠하이머 치매(GDS 4) 37, 39, 278
경증 인지장애(MCI) 21, 22
경증 인지장애의 특징 23
경축 285
경험과 지식의 저장소 155
계약의 목적 168
고독사 10
고령 사회 9
고령화 사회 9
고립 196, 198
고용 상태 64
공감 180

공개 집단 164
공격성 265
공동체 서비스 324
공동체 활동 314
공동체에서의 지위 상실 202
공식적 간호 서비스의 조합 314
공인 간호사 324
공허함 211
과거 경험 166
과거의 분쟁사 116
과거의 약속을 검토하기 119
과잉보호 189
관(공무원)주도형 복지 행정 4
관계 자본 210
관을 끼우지 말 것(DNI) 291
교육 수준 64
교육적 자원 158
구조 163
구조적 또는 조직적 특징 163
국가 성인 주간간호 서비스 협회(NADSA) 329
국립 치매노인병원 4
극심한 고통 184
글루타민산염 24
급성 재활 기관 298
급성과 만성의 중간의 기관 298
기관에서의 일시적 위탁 간호 333
기능적 평가단계 척도(FAST Scale) 34, 35, 376
기능적인 쇠퇴 24
기대수명 26

기본적 정신운동 기술 43
기억력 결손의 객관적인 증거 36
기억력 쇠퇴 22
기억력 장애 센터 30
기억력에 심각한 문제가 있는 환자 25
기억상실성 경도 인지장애(aMCI) 55

나이 61, 162
나이 든 간호 제공자 61
나이와 관련된 기억력 장애(AAMI) 21, 22
내담자와의 관계를 정립하기 139
내분비물 호르몬 장애 28
내적인 균형이 깨지는 과정 173
내향적인 사람 75
노년을 즐기기 10
노노(老老) 간병 8
노력지능 172
노르에피네프린 24
노쇠 23
노인 센터 326
노인 요양 시설 4
노인 의료보험 제도(Medicare) 73, 203, 274, 329, 350, 376, 377, 388
노인 인구의 삶의 질을 향상시킬 수 있는 방법 26
노화와 관련된 징표 25
논의될 것에 대한 두려움 167
뇌 기능의 점진적인 상실 234
뇌 증여 프로그램 388
뇌수종 28
뇌졸중 28

뉴욕 대학교 의과대학 내 알츠하이머 치매 치료 센터(NYU-ADC)　6, 11, 30, 34, 49, 57, 58, 59, 82, 83, 88, 92, 118, 123, 124, 135, 137, 147, 148, 155, 169, 319

뉴욕 대학교의 배우자 간호 제공자 중재 연구　12

늘 따라다니기　261

다른 사람의 의견과 경험에 기초한 기대　166

다양성　160

단기간 일시적 위탁 간호　313

단백질의 이상 축적　24

당뇨병 병력이 있는 치매 환자　7

당면한 문제　60

대처 방식　126

대화 방식　127

대화에서의 장애　195

도우미　320, 321

도움 받은 자살　378

도파민　24

돌보기 위한 방법　131

돌보는 역할에 적응하기　171

돌보는 일　46, 104

돌보는 일의 긍정적인 면　158

돌보는 일의 단계　162

돌보는 일의 부담　73, 192

동요　231, 264

되짚어주기(feedback)　111, 119

두뇌　172

떠돌아다니기　259

루이소체병　28

마지막 가족 회기　122

말기 환자에 대한 임종 간호 및 수용 시설　374

망상　233, 267

맞춤형 (노인) 복지 행정　4

모계(母系) 유전　26

목욕 거부　257

목욕하기　256

무관심　263

문제를 해결하기 위하여 새로운 대안을 모색하기　142

문제와 쟁점을 알아내기　85

문화　62, 128, 162

문화적 가치　107

물건 숨기기　262

물건을 찾지 못함　262

물리적인 환경의 변화　240

물리치료사　324

미국의학협회(AMA)　10

반복적인 질문　258

발작적 신경반응　43

밤샘 위탁 간호　314

방향감각　175

배경지식　67

배변실금　128

베타 아밀로이드　5

변화 과정의 시작 116
변화하는 삶의 방식 243
병원에서 일어나는 문제 행동 295
병원에서 일어나는 특별한 문제 285
병원에서의 간호 제공자의 역할 287
복지 수혜자 진화형 (노인) 복지 행정 4
본뜨기 학습 97
부검 27, 28
부검을 반대하는 이유 388
부모에 대한 의무 132
부모와 자녀 간의 관계 변화 222
부모의 이혼과 재혼 217
불만족 235
불면증 266
불안한 사람 75
비공개 집단 164
비밀 113
비언어적 대화 265
비현실적인 기대 66, 165
비형식적 지원 72

사례 관리 311
사별 364, 384
사별 집단 168, 386
사생활 193, 226
사전 지시가 없는 상황에서 결정을 내리기 380
사전 지시의 이용 382
사체 부검 388
사회 활동의 변화 243
사회경제적 지위 162

사회성 지능 172
사회적 네트워크 72
사회적 상호작용 369
사회적 지원 72, 156
사회적 지원과 환자의 행동의 의미 49
사회적 지원의 주요 원천 73
삶을 마감하는 결정 381
삶을 마감하는 결정에 대한 가족 분쟁 381
삶의 방식의 변화 189
삶의 연장 시술 291
삶의 질 74, 291
상실감 202, 210, 212
상실의 문제 210
상황의 심각도를 평가하기 140
새로운 가정에서의 역할 132
새로운 관계 216
새로운 기회 214
새로운 역할 맡기 189
생명을 연장해야 하는 결정 366
생활 방식을 변경하는 것 310
생활 방식을 선택하기 308
생활 방식을 이해하고 적응하기 310
생활 습관병 5
서두른 죽음 378
서비스 제공자의 영속성 137
서비스의 기간 137
선별을 위한 면담 168
성 역할 61
성인 주간 센터 328
성인 주간 프로그램 314
성인 환자 보호 활동 182

성적 관계의 변화 213

세계 노인 복지 지수(GAWI) 400

세로토닌 24

소견 설명서 82, 132

소견 설명서를 소개하기 113

소모성 증후군 184

수면 각성 주기 장애 266

수면장애 266

수축 364

수축 폐렴 364

스트레스 11, 156, 183

스트레스 과정 모델 49

스트레스 과정 이론 103

스트레스 원인 48

스트레스 환경에 적응하는 간호 제공자의
　　능력 127

스트레스를 견디는 내성의 감소 234

스트레스에 관한 각 가족 구성원의 반응
　　126

스트레스의 원인이 평가되는 방식 126

슬픔 182

시각화 98

식사배달 서비스 224

식이요법 275

신경 세포의 퇴화와 상실 24

신경의학적 검사 31

신경전달물질 24

신체검사 31

신체적 장애 67

신체적인 간호 368

심리 상담 71, 82, 172

심리 상담 과정 84

심리 상담 과정에서 고려할 사항 89

심리 상담 과정의 단계 84

심리 상담 기술과 전략 92

심리 상담 목적을 설계하기 87

심리 상담 전략과 기술 82

심리 상담 합의의 조건 82

심리 상담 환경 82

심리 상담의 진행 과정을 평가하기 89

심리 상담자 22, 76

심리 상담자가 묻는 질문 141

심리 상담자가 지지 집단에서 고려하여야
　　할 것 161

심리 상담자용 검목표 78, 101, 133, 154,
　　170, 207, 230, 270, 300, 335, 360,
　　390

심리 상담자의 역할 117, 304

심리측정 검사 31

심리치료 165

심폐 기능 소생법(CPR) 374

아세틸콜린 24

안녕(well-being) 13, 190

안락사 378

안전 240

안전 귀가 프로그램 260

알츠하이머 치매 말기 단계 248

알츠하이머 치매 센터 31

알츠하이머 치매 연구 센터 151

알츠하이머 치매 환자를 돌보는 가족 45

알츠하이머 치매 환자를 돌보는 배우자

210
알츠하이머 치매 환자를 돌보는 성인 자녀
221
알츠하이머 치매 환자를 돌보는 일이 가족
에게 끼치는 영향 44
알츠하이머 치매 환자를 위한 활동 246
알츠하이머 치매 환자를 집에서 돌보기
304
알츠하이머 치매 환자에 관한 소견 설명서
82
알츠하이머 치매 환자에게 친화적인 환경
239
알츠하이머 치매 환자와 대화하기 247
알츠하이머 치매 환자와의 관계 162
알츠하이머 치매 환자의 뇌의 병리학적 변
화 24
알츠하이머 치매 환자의 미래에 관한 두려
움 175
알츠하이머 치매 환자의 치료 12, 237
알츠하이머 치매 환자의 행동에 대한 오해
232
알츠하이머 치매 4, 5, 11, 21, 24, 31
알츠하이머 치매가 더욱 악화될 때 178
알츠하이머 치매가 있는 가족 구성원 48
알츠하이머 치매로 인한 가족의 재결합
220
알츠하이머 치매에 관한 가족의 지식 129
알츠하이머 치매에 관한 심리 상담자의 경
험과 지식 81
알츠하이머 치매에 관한 오해 131
알츠하이머 치매에 대한 간호 제공자의 지

식 71
알츠하이머 치매에 대한 교육 129
알츠하이머 치매와 공존하는 증상 30
알츠하이머 치매와 관련된 기억력의 변화
25
알츠하이머 치매의 마지막 단계 25, 363,
364, 371
알츠하이머 치매의 마지막 단계에 대한 간
호 제공자의 반응 365
알츠하이머 치매의 마지막 단계에서 간호
제공자의 역할 367
알츠하이머 치매의 발병률 11
알츠하이머 치매의 본질 21
알츠하이머 치매의 사회적 귀결 196
알츠하이머 치매의 영향에 대한 오해 141
알츠하이머 치매의 원인과 관련된 공통적
인 두려움 26
알츠하이머 치매의 이해 22
알츠하이머 치매의 조짐 22
알츠하이머 치매의 중기 단계 25, 90, 247
알츠하이머 치매의 증상 24, 187
알츠하이머 치매의 진단과 위탁 간호 29,
314
알츠하이머 치매의 진단을 위한 지침 29
알츠하이머 치매의 초기 단계 25, 90, 232,
247, 253, 274, 316, 326
알츠하이머 치매의 초기 증상 29
알츠하이머 치매의 평가 57
알츠하이머 치매의 후기 단계 45, 280
알츠하이머 협회(Alzheimer's Association)
32, 116, 149, 203, 315

알코올 남용 275

애도 384

애착 있는 정서적 유대 195

약물 남용 275

약물의 부작용 258

약물치료 258, 278, 289

양가감정 216

양식과 치료적 접근법을 정하기 88

어려운 상황에서도 웃음을 찾는 간호 제공
　　　자 75

언어적 공격 265

언어치료사 324

여가 활동의 변화 245

여러 가지로 해석할 수 있는 손상 48

역경극복 역량 172

역할 변화 189

역할 포기 190

역할극 97

역할의 균형 맞추기 191

연명 치료 291

연장자 모임 215

영양 275

영양사 324

예견된 죽음 384

옷 입는 것의 어려움 255

외피기저 세포 퇴화 28

외향적이고 사회적 관계가 활발한 사람 75

요실금 128, 187, 274, 356, 364

요양원 343, 345

욕창 364

우울증 71, 263

운전 253

위대한 세대 9

위축 263

유머 99

유사 녹말체 플라크 24

유산 처리 문제 66

유연성의 상실 285

음주 문화 5

응급상황 140

응급실 283

의료진의 요구와 우선순위 288

의무 64

의무감 200

의식을 회복시키지 말 것(DNR) 291

의학적 간호 쟁점 371

의학적 결정을 내릴 때 환자를 포함시키기
　　　280

의학적 응급상황 281, 282

의학적 치매 평정(CDR) 34, 35

이해심 많은 경청자 174

인간관계 209

인간관계의 본질 210

인간관계의 상실 211

인과응보 3, 62

인구통계적 특성 60

인종 62, 162

인지 능력 쇠퇴의 단계 21, 34

인지 능력의 쇠퇴를 측정하기 위한 척도 34

인지 재구성 95

인지장애 23

인지적 및 기능적 쇠퇴 209

인지적 접근 106

일대일 간호 306

일몰 증상 264

일반화된 경직증상 43

일상생활 193

일상생활 활동 254

일상생활의 도구적 활동 251

일상적 건강 돌봄 274

일상적 돌봄에 대한 지루함 185

일시적 위탁 간호 313

일시적 위탁 간호의 장점 314

일어날 반응에 관한 두려움에 대한 논의 166

일주기 리듬 장애 266

임종 간호 366

입소 과정 351

입소에 대한 간호 제공자의 반응 354

입원 284

입원형 간병 9

자기 태만 70

자기공명영상법(MRI) 30, 31

자녀에게 도움을 요청하기 218

자발성 185

자살을 상상하거나 계획하고 있는 간호 제공자 70

자신의 삶을 위한 시간과 에너지 181

자유의 상실 199

자존감의 상실 189

자해 266, 292

작업치료사 324

잘 우울해지는 성격 75

장기 경제 계획 203

장애 보험 73

장애인 개호 생활 시설 343

장애인 보조 도우미 183

재택 치료 기관 318

재택 치료 도우미 323

재택 치료 서비스 315

재택 치료를 도와주는 공식적인 서비스 313

재택 치료사 318

재택형 간병 9

재향군인국 73

재혼 219

쟁점과 처리되어야 할 문제를 확인하기 115

저소득층 의료보장 제도(Medicaid) 73, 183, 203, 329, 350, 377, 388, 391

적절한 간호의 기준 347

전두엽의 손상 234

전두측두엽 치매 28

전체적인 악화 척도(GDS) 34, 37, 363

전통적인 스트레스 장애 184

전화 내용을 문서화하기 144

전화 심리 상담 138

전화 심리 상담 기록 145

전화 통화의 기본적인 형식 144

전화를 걸게 된 동기 145

전화를 걸게 된 동기를 파악하기 141

전화를 마무리하기 143

젊은 간호 제공자 61

점진적으로 낮아지는 스트레스 역치 234
정보 자료를 이끌어 내는 과정 58
정상적인 삶의 단계로 진전하고 싶은 욕망
　　132
정서적 고통 211
정서적 반응 174
정서적 유대 368
정서적인 지원 157
정신 병력이 있거나 심각한 병리학적 증상
　　이 있던 간호 제공자 161
정신건강의학적 평가 31
정신사회적 접근 258
정신사회적인 중재 25
정신질환의 진단 및 통계 편람 제4판(DSM-
　　IV) 29
정신착란 283
정체성 252
조사 93
존엄한 요양 228
종교 63, 128, 162
종교적 영성 366
주간 보호 센터 143
주류 문화 62
주행성의 신체 리듬 42
중재의 이점 49
중재자 48
중증 알츠하이머 치매(GDS 6) 37, 42
즉석 심리 상담 12, 82, 118, 135, 136, 391
즉석 심리 상담 시에 전화를 받는 사람 148
즉석 심리 상담 전화로부터 심리 상담자가
　　배울 수 있는 것 145

즉석 심리 상담을 효과적으로 실행하기 위
　　한 제안 147
즉석 심리 상담의 과정 138
즉석 심리 상담의 구성 요소 136
즉석 심리 상담의 목표 135
즉석 심리 상담의 한계 152
증상에 대한 간호 제공자의 해석 232
증상의 진행상의 맥락 181
지난 회기를 검토하기 119
지능 172
지도자의 삶의 방식 164
지속적인 돌봄 137
지지 집단 155
지지 집단 경험 163
지지 집단 과정의 이점 156
지지 집단에 관한 오해 165
지지 집단을 위하여 간호 제공자가 준비하
　　는 방법 164
지지 집단의 목적 165
지지 집단의 지도자 164
지지 집단의 참여에 관한 간호 제공자의 저
　　항과 걱정 166
직무 설명서 316
진단 130
진단이 암시하는 의미 172
진행 중인 심리 상담 회기 119
진행성 상피 세포 마비 28
진행성 손상 46
진행성 신경퇴화적 질병 24
진행성 퇴화 173
질병 없이 장수할 수 있는 방법 26

질병에 관한 간호 제공자의 이해와 반응 71
질병에 관한 정보 자료 66
질병에 적응하는 시간 178
질병에서 오는 좌절과 슬픔 158
질병을 수용하기 위한 삶의 방식 변화 226
질병을 수용하는 법 239
질병의 부당함 174
질환 진행 과정 131
질환의 원인 24
집단 구성 161
집단 구성에서의 다양성 162
집단 참여에 있어서 적격성 160
집단에 참여하는 데 동의하는 것 166
집단의 계약과 규칙 168
집에서의 건강 관리 서비스 323

참가자 83
참석자 간의 대화 형식의 모델 112
천천히 현재를 사는 법 173
초기 환자 지원 집단 327
최근의 고려 사항에 관한 쟁점을 확인하기 121
최중증 알츠하이머 치매(GDS 7) 38, 43, 244, 364
최초의 가족 회기 112
치료관련 의학적 결정에서 본인 의견 반영하기 280
치료 집단에 있는 간호 제공자 13
치료법 131
치료의 중지 382
치매 23

치매 관련 비용 4
치매 노인 간병 지침 4
치매 노인에 대한 행정적 · 경제적 대책과 지원 4
치매 자가 진단 검목표 53, 54, 55
치매 증상 5
치매 판정 32
치매 환자 서포터 8
치매가 진행 중인 배우자를 돌보는 일 49
치매를 일으키는 원인 4
치매의 다른 원인 26
치매의 원인 30
치매의 초기 단계 39
친밀한 관계(rapport) 112, 137

카르마(karma) 3
컴퓨터 단층촬영(CT) 30, 31

탈진 156, 183, 184
태아알코올 증후군(FAS) 5
통증 완화 간호 151
통찰력 162
퇴원 준비 298
퇴행성 질환 190

파킨슨병 28
편집증 267
편집증적인 생각 269
편집증적인 행동 269
평가 57
평가의 구성 요소 58

평균 생존 기간 7

폐렴 24, 373

품위 있게 노년을 맞이하기 10

피부 쇠약 364

피크병 28

한국에서 활용되고 있는 치매 환자 진단 자
    료 51

한국형 치매 선별 질문지(KDSQ) 53

행동 수정 96

행동 증후군 257

행동장애 11

행동적 증상의 주요 원인 233

행동적 · 심리적 증상 231, 233

행동지능 172

현대판 고려장 10

현실적인 기대감 197

혈관성 치매 4, 5, 28

혐오 185

협응력 241

형식적 지원 73

형제자매 간의 분쟁 227

호스피스 151

혼자 사는 알츠하이머 치매 환자를 돌보기
    223

혼자 일어설 수 없는 알츠하이머 환자 285

혼합된 가족 66

혼합된 집단의 이점 162

환각 233, 267, 268

환자가 시설에 가져가야 할 것 352

환자가 원하는 도움 246

환자로 인한 곤혹 200

환자로부터의 도움 상실 213

환자를 가족 구성원에 포함시키는 문제
    108

환자를 돌보는 일이 가족에게 끼치는 영향
    21

환자에 관한 정보 자료 66

환자에게 일어난 변화에 대한 정서적 반응
    178

환자와의 관계 상실 210

환자의 가정환경 67

환자의 복지 359

환자의 사망 383

환자의 사망에 대한 간호 제공자의 반응
    383

환자의 인권 228

환자의 존엄성 289

환자의 행동에 대한 간호 제공자의 이해 71

환자의 행동에 대한 반응 72

환자의 행동의 원인 71

환자의 현재 증상 46

활동할 수 있는 기회 189

회기를 마무리하기 118, 122

회복의 가능성 291

흡연 275

희망의 상실 187

《저자 소개》

Mary S. Mittelman
뉴욕 대학교 의과대학의 정신의학과 및 정신재활의학과 연구교수로 재직 중이며, 알츠하이머 치매와 심리사회적 개입 방법에 관하여 연구하고 있다.

Cynthia Epstein
뉴욕 대학교 인지신경과학센터에 재직 중이며 공인사회사업가(ACSW)로 일하고 있다.

Alicia Pierzchala
임상사회사업가(CSW)로 일하고 있다.

《역자 소개》

김정휘
중앙대학교 문리과대학 심리학과 졸업
서울대학교 학생지도연구소 연구생 과정 수학(상담 심리학 전공)
서울대학교 교육대학원 석사
한국교원총연합회 재직
중앙대학교 대학원 박사
국민대학교 대학원 박사과정 수료(교육 심리학 전공)
강원대학교, 서울여자대학교, 덕성여자대학교, 한림성심대학, 한림대학교 출강
이화여자대학교 객원교수
춘천교육대학교 명예교수

〈저서 · 역서〉
학생 체벌과 교육: 체벌해도 문제, 안 해도 문제(공저, 한국학술정보, 2011)
아동과 청소년의 심리치료(공역, 시그마프레스, 2010)
교육의 위기: 교사의 직무 스트레스와 탈진(역, 박학사, 2009)
발달장애 아동과 청소년 문제의 예방원리와 실제(역, 시그마프레스, 2009)
교직과 교사(공저, 학지사, 2007)(문화체육관광부 추천 우수학술도서)
천재인가, 광인인가: 저명인사들의 창의성과 광기의 연관성 논쟁에 대한 연구(역, 이화여자대학교
　　출판부, 2007)
교사의 직무 스트레스와 탈진: 교육의 위기(공저, 박학사, 2006)
지능 심리학(역, 시그마프레스, 2006)(문화체육관광부 추천 우수학술도서)

아동과 청소년의 발달정신병리학(공저, 시그마프레스, 2004)
영재학생을 위한 교육(공저, 박학사, 개정판, 2004)
남성의 폭력성에 관하여: 무엇이 여성에 대한 폭력을 야기하는가?(공역, 이화여자대학교출판부, 2003)(문화
　　체육관광부 추천 우수학술도서)
화폐 심리학(공역, 학지사, 2003)
영재학생, 그들은 누구인가(교육과학사, 1993)
교육심리학 입문(공저, 원미사, 2001)
영재성 발달에 영향을 기치는 가족의 역할(교육과학사, 2001)
위기에 처한 청소년 지도의 이론과 실제—상담 전문가, 교사, 심리학자, 대인 서비스 전문가들을 위하여—
　　(민지사, 2001)
진단명: 외상후 스트레스 장애(PTSD)—원인, 증상, 치료와 예방—(공역, 시그마프레스, 2013)
대학교수의 자화상—세계의 대학교수 국제 비교—(역, 교육과학사, 2000)
교육심리학 탐구(공저, 형설출판사, 1998)
영재학생 식별 편람(원미사, 1998)
영재학생의 발달에 영향을 끼치는 필요 · 충분조건들: 가정, 영재 자신, 학교의 영향(편저, 원미사, 1996)
정서와 행동문제 및 학습장애를 갖고 있는 아동과 청소년의 이해(편저, 원미사, 1996)
교사의 직무 스트레스 연구(교육신서 202)(공저, 배영사, 1994)
노인 심리학(역, 성원사, 1992)
학교 · 학생 · 교사 · 교육(교육신서 148)(배영사, 1990)
자라지 않는 아이(유아교육신서 38)(역, 샘터사, 1970)
인간의 지능 탐구—지능 심리학—(역, 박학사, 2014)
지능, 영재성, 천재성(박학사, 2014)
영재 교육: 심리학과 교육학에서의 조망(역, 이화여자대학교 출판부, 2004)(대한민국학술원 추천 우수학술
　　도서)
한국과 서양의 인재들의 인생 행로 탐구(2018)
교육 심리학 사전(학지사, 2019)
노인 심리학: 생리 · 심리 · 사회학적 관점(역, 근간)

김은영
강원대학교 사회과학대학 심리학과 졸업
연세대학교 미래교육원 상담심리 연수
대학원 상담 심리학 전공

알츠하이머 치매 노인의
간호제공자에 대한 심리 상담 지침
Counseling the Alzheimer's Caregiver: A Resource for Health Care Professionals

2015년 8월 31일 1판 1쇄 발행
2019년 2월 19일 1판 2쇄 발행

지은이 • Mary S. Mittelman · Cynthia Epstein · Alicia Pierzchala
옮긴이 • 김정휘 · 김은영
펴낸이 • 김진환
펴낸곳 • (주) **학지사**

　　　　　121-838 서울특별시 마포구 양화로 15길 20 마인드월드빌딩
대표전화 • 02)330-5114　　　팩스 • 02)324-2345
등록번호 • 제313-2006-000265호

홈페이지 • http://www.hakjisa.co.kr
페이스북 • https://www.facebook.com/hakjisa

ISBN 978-89-997-0744-5 93180

정가 20,000원

이 도서의 국립중앙도서관 출판시도서목록(CIP)은 서지정보유통지
원시스템 홈페이지(http://seoji.nl.go.kr)와 국가자료공동목록시스템
(http://www.nl.go.kr/kolisnet)에서 이용하실 수 있습니다.
(CIP제어번호: CIP2015020788)

교육문화출판미디어그룹 **학지사**

심리검사연구소 **인싸이트** www.inpsyt.co.kr
원격교육연수원 **카운피아** www.counpia.com
학술논문서비스 **뉴논문** www.newnonmun.com
간호보건의학출판 **학지사메디컬** www.hakjisamd.co.kr